말 과 글 을 살 리 는

문법의 힘

두고두고 찾아보는 한국어 사용 설명서

말과 글을 살리는 문법의 힘

ⓒ정재윤, 2016

초판 1쇄 2016년 12월 1일 발행
초판 2쇄 2017년 8월 14일 발행
2판 1쇄 2023년 8월 7일 발행
2판 2쇄 2023년 9월 25일 발행

지은이 정재윤
펴낸이 김성실
교정교열 최인수
책임편집 박성훈
표지 디자인 이창욱
본문 디자인 김은혜
제작 한영문화사

펴낸곳 시대의창   **등록** 제10-1756호(1999. 5. 11)
주소 03985 서울시 마포구 연희로 19-1
전화 02)335-6121   **팩스** 02)325-5607
전자우편 sidaebooks@daum.net
페이스북 www.facebook.com/sidaebooks
트위터 @sidaebooks

ISBN 978-89-5940-818-4 (03710)

말 과 글 을 살 리 는

문법의 힘

정재윤 지음

시대의창

말과 글, 지식보다는 감수성이 문제다

말을 하거나 글을 쓸 일이 점점 더 많아지고 있습니다. 학교에서는 연구 과제를 발표하거나 보고서를 제출합니다. 회사에서는 직원들을 대상으로 제품 교육을 하거나 임원들을 대상으로 사업 계획을 발표합니다. 소비자를 대상으로 신제품 발표회를 해야 할 때도 있습니다. 블로그나 SNS에 글을 쓰는 사람도 많아졌습니다.

자기 생각을 조리 있게 표현하는 것은 매우 중요한 일입니다. 자기 생각을 설득력 있게 전달한다는 것은 경쟁력을 갖추는 일이기도 합니다. 논리적이고 효과적으로 말을 하거나 글을 쓰기 위해 반드시 갖추어야 할 것이 바로 문법 지식입니다. 문법 공부를 해야 하는 까닭입니다.

꼭 문법 지식을 얻기 위해서만 문법 공부를 하는 것은 아닙니다.

문법 공부를 한다는 것은 우리말의 규칙을 이해하고 왜 이런 규칙이 생겨났는지를 탐구하는 일입니다. 흔히 공부는 암기가 아니라 이해라고 하는데, 문법 공부도 예외가 아닙니다. 다시 말해 문법 공부는 문법 지식을 외우는 것이 아니라, 우리말을 좀 더 정확하고 효과적으로 사용하기 위한 규칙을 몸에 익히는 일입니다.

음악을 하는 사람은 음에 민감하고, 미술을 하는 사람은 형태와 색깔에 민감합니다. 마찬가지로 말과 글을 잘 다루려면 언어에 민감해야 합니다. 문법 지식을 모두 알 수는 없습니다. 그보다 이 단어는 어떻게 발음해야 정확한지, 왜 그렇게 발음해야 하는지, 이 문장은 문법에 맞는지 등을 늘 따져 보는 문제의식이 있어야 합니다. 이것은 말과 글에 대한 감수성을 기르는 것이며, 말과 글에 대한 감수성을 길러 주는 것이 바로 문법이 가진 힘입니다.

이 책은 말과 글을 제대로 사용하고자 하는 사람들을 위한 책입니다. 딱딱한 문법 지식을 교과서처럼 전달하기보다 일상생활에서 흔히 겪을 수 있는 사례를 들어 우리말의 규칙을 알아갈 수 있도록 썼습니다. 이 책이 말과 글에 대한 감수성을 기르는 데에 조금이나마 도움이 되기를 바랍니다.

정재윤

차례

2 음성과 음운—소리의 규칙

5 통사-문장의 규칙

---

8 한국어의 규범

음직임에 온 신경을 곤두세운 채, 나는 마치 얼음조각이라도 된 양 가만히 서 있었다. 갑자기 있었던 것, 그래서 가물가물 희미한 의식 저편으로부터 서서히 생각이 그 모습을 드러내며 돌아오는 밀랍이 감지됐다. 언어의 신비가 베일을 벗는 순간이었다.'

바람의 방향을 가리키는 풍향계, 기온을 나타내는 온도계, 불을 나타내는 연기 등은 형식이 내용의 결과를 나타낸다. 이런 기호를 지표 기호라고 한다.

교통 신호등이나 군대의 계급장, 병원을 나타내는 녹십자 등은 '이런 형식은 이런 내용을 가리키는 것으로 합시다' 하고 사람들끼리 서로 약속하고 관습적으로 인정한 것이다. 이런 기호를 상징 기

안에서도 지역마다 발소리가 다른 경우도 많다. 이처럼 방언이 존재한다는 것도 언어의 자의성을 보여 주는 예다.

또 있다. 옛날에는 '어엿브다'라는 발소리가 '불쌍하다'는 의미였지만, 지금 그 소리는 '어여쁘다로, 의미는 아름답다'로, 형식과 내용이 모두 바뀌었다. 만약 발소리와 의미의 관계가 필연적이라면 발소리와 의미에 변화가 있어서는 안 될 것이다. 이것도 언어가 자의성을 띤다는 것을 보여 준다.

소리를 흉내 내는 말은 그래도 자의성이 덜하지 않을까? 한국 개나 영국 개나 짖는 소리는 같지 않을까? 그런데 이것도 [멍멍], [바우와우]로 서로 형식이 다르다.

'누군가 펌프에서 물을 긷고 있었다. 선생님은 물이 쏟아져 나오는 꼭지 아래에다 내 손을 갖다 대셨다. 차디찬 물줄기가 꼭지에 닿은 손으로 계속해서 쏟아져 흘렀다. 선생님은 다른 한 손에다 처음에는 천천히, 두 번째는 빠르게 '물'이라고 쓰셨다. 선생님의 손가락 움직임에 온 신경을 곤두세운 채, 나는 마치 얼음조각이라도 된 양 가만히 서 있었다. 갑자기 있었던 것, 그래서 가물가물 희미한 의식 저편으로부터 서서히 생각이 그 모습을 드러내며 돌아오는 밀랍이 감지됐다. 언어의 신비가 베일을 벗는 순간이었다.'

바람의 방향을 가리키는 풍향계, 기온을 나타내는 온도계, 불을 나타내는 연기 등은 형식이 내용의 결과를 나타낸다. 이런 기호를 지표 기호라고 한다.

교통 신호등이나 군대의 계급장, 병원을 나타내는 녹십자 등은 '이런 형식은 이런 내용을 가리키는 것으로 합시다' 하고 사람들끼리 서로 약속하고 관습적으로 인정한 것이다. 이런 기호는 상징 기호라고 한다. 형식과 내용이 밀접하게 연결된 도상 기호나 지표 기호와 달리, 상징 기호는 형식과 내용 사이에 직접적인 연관성이 없다. 그저 사람들이 사회적 합의하에 그 내용과 형식을 연결해서 기호로 사용하고 있을 뿐이다.

그럼 언어는? 언어도 생각을 전달하는 수단이 분명하니까 기호의 일종이다. 그렇다면 언어의 내용은 '전달하고자 하는 의미'일 테고, 형식은 '말소리나 글자'가 되겠다. 그리고 '자연계에 강, 호수, 바다, 지하수 따위의 형태로 널리 분포하는 액체'를 가리킬 때 '물'이라는 말소리 또는 글자를 쓰는 것은 사람들끼리 관습적으로 받아들이는 일이다. 그러므로 언어는 상징 기호의 하나가 되겠다.

1

언어, 한국어

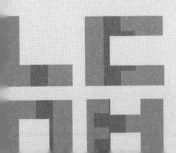

말소리와 의미에 변화가 있어서는 안 될 것이다. 이것도 언어가 자의성을 띤다는 것을 보여 준다.

소리를 흉내 내는 말은 그래도 자의성이 덜하지 나 영국 개나 짖는 소리는 같지 않을 우와우]로 서로 형식이 다르다.

분절성 때문에 한정된 언어 기호를 이용해서 다양한 '승호가 공을 찬다' 라고나 공을 찬다 '승호 혼자서는 알 수 없으니까…시 … 호가 공을 던진다 '승호가 공을 찼다 '승호가 공 레가 빅뱅의 소설 (책상은 책 … 승호가 남아있는 공을 잡았다 등등. 문득 '왜 책상을 꼭 책상이 … 수 있는 것이 아니다. 무지개는 원래 경계선이 그 이유를 납득할 수 없었던 남자 … 연속적 스펙트럼으로 이루어진다. 그런데 우리는 자를 지갑종이라 부르고, 책상을 알람… 노, 초, 파, 남, 보라고 마치 무지개가 일곱 가지 색깔로 분서 그 남자는 아침에 그림에서 일어나 옷을 입고 명이 나뉘어 있는 듯이 표현한다. 경계가 분명하지 않은데도 우리 명원에 앉아 무엇을 어떻게 부를까 곰곰이 생각하게 된다. 이렇게 는 그것의 종류를 '검실, 대점, 사발, 공기'로 나누어 부른다. 동해, 낱말을 바꾸는 작업을 계속하는 남자는 어떻게 될까? 남해, 서해라고 나누어 부르기는 하지만 실제로 바다를 쪼갤 수는 말소리와 의미의 관계가 자의적이긴 하지만, 사회적으로 한번 받아 없는 노릇이다. 이 또한 언어의 분절성을 보여 주는 예들이다. 들여지고 나면 개인이 함부로 바꿀 수 없다. 자의성이 있다 하더라 **공통점이 무언가-추상성**

말을 이해하지 못하고 생기 …과 나는 사람에게 이해시키기 …킵 다. 소설 속의 그 남자는 결국 침묵 속에서 혼자 살아갈 수밖에 없 게 되었다.

시간이 가면 변한다-역사성

언어 기호는 사회적인 약속이긴 하지만, 시간이 흐름에 따라 변하기도 한다. 이것을 언어의 역사성이라고 한다. '곳고리 → 꾀꼬리'처럼 말소리가 바뀌기도 하고, '어리다'는 말소리가 '어리석다'는 의미에서 '나이가 적다'는 의미로 바뀌기도 한다. 예전에 쓰이던 '은, 즈믄,'을 대신해 새로운 낱말 '백, 천, 강'이 쓰이기도 한다. '사래 너른 주리여(사래를 다른 누구에게 주리오)' 처럼 예전에는

사람은 냄새가 같긴 제도 개와 고양이가 사진을 보고 고양이 '개인 지 고양이인지 알아맞힌다. 그러나 인공 지능이 이런 능력을 갖기란 매우 어려운 일이라고 한다. 서로 다른 개 사진 수만 장과 고양이 사진 수만 장을 입력해도, 개의 공통된 특징과 고양이의 공통된 특징을 파악하지 못하고 개와 고양이 사이의 차이점을 알아내지 못하기 때문이다. 수많은 종류의 개나 고양이에게서 공통된 특징을 뽑아내는 능력을 추상화하는 능력이라고 하는데, 로봇에게는 없는 추상화 능력이 사람에게는 있다. 그래서 대여섯 살 짜리 아이도 사진을 보고 개인지 고양이인지 구별해 낸다.

개 한 마리 한 마리의 생김새와 속성은 모두 다르다. 사람들은 이

언어란 무엇인가

누군가 펌프에서 물을 긷고 있었다. 선생님은 물이 뿜어져 나오는 꼭지 아래에다 내 손을 갖다 대셨다. 차디찬 물줄기가 꼭지에 닿은 손으로 계속해서 쏟아져 흘렀다. 선생님은 다른 한 손에다 처음에는 천천히, 두 번째는 빠르게 '물'이라고 쓰셨다. 선생님의 손가락 움직임에 온 신경을 곤두세운 채, 나는 마치 얼음 조각이라도 된 양 가만히 서 있었다. 갑자기 잊었던 것, 그래서 가물가물 흐릿한 의식 저편으로부터 서서히 생각이 그 모습을 드러내며 돌아오는 떨림이 감지됐다. 언어의 신비가 베일을 벗는 순간이었다.

헬렌 켈러의 자서전《내가 살아온 이야기》에서 시각·청각 장애로 언어를 잃었던 헬렌이 처음으로 '물'이라는 단어가 무엇을 가리키는지를 이해하는 순간, 언어라는 것이 무엇인지 깨닫는 순간을 묘사한 대목이다. 헬렌 켈러는 물론 대단한 사람이지만, 내 생각에 더 대단하신 분은 여기에서 '선생님'이라고 불린 앤 설리번이다.

들지도 보지도 못하는 헬렌은 남의 의도를 도통 알아들을 수 없다. 말도 못하기 때문에 자기 생각을 제대로 전달하지도 못한다. 남들이 자기 생각을 알아주지 못하면 악을 쓰며 몸부림 칠 수밖에 없다. 앤 설리번은 이런 아이와 하루 종일 씨름하며 수화를 가르치려 애쓰다 헬렌에게 맞아 앞니 하나가 부러지기까지 한다. 아서 펜 감독의 영화 〈미러클 워커〉(1962)를 보면 앤 설리번이 고군분투하는 모습이 아주 잘 그려져 있다. 앤 설리번 역할을 맡은 앤 밴크로프트가 이 영화로 아카데미 여우 주연상을 받았다.

앤 설리번은 헬렌이 고집 세고 폭력적인 것은 자기 생각을 전달할 수가 없어서라는 것을 대번에 간파했다. 오죽 답답하면 저러겠는가. 그래서 기를 쓰고 헬렌에게 언어(글자)를 가르쳐 주려고 했다. 답답한 건 헬렌만이 아니었다. 앤 설리번도 답답하기는 헬렌 못지않았다. 들지도 보지도 못하는 아이에게 어떻게 언어를 가르친단 말인가. 말이 통해야 말이지. 헬렌이 말을 듣고 이해할 수만 있었어도 수화를 가르치고 글자를 가르치기는 그리 어렵지 않았을 것이다. 이처럼 언어는 자기 생각을 전달하는 아주 중요한 수단이자 방법이다.

● 언어는 기호다

말이나 글로 하는 언어만이 생각을 전달하는 수단이 되지는 않는다. 사랑하는 사람에게 '나는 당신을 사랑합니다'라는 말 대신 아름다운 장미꽃을 선물한다면, 장미꽃이 생각을 전달하는 수단이 되는 셈이다. '적군이 쳐들어온다'는 정보를 전달하려고 봉화를 올린다면, 봉화가 생각을 전달하는 수단이 된다. '멈추시오'라는 말 대신 붉은 신호등을 켠다면, 신호등이 생각을 전달하는 수단이다. 이렇게 생각을 전달하는 여러 가지 수단을 통틀어 **기호**라고 한다.

기호는 전달하고자 하는 내용과 그 내용을 실어 나르는 형식으로 이루어진다. 장미꽃이나 봉화, 신호등 따위가 형식이라면 '당신을 사랑합니다', '적군이 쳐들어온다', '멈추시오' 등은 내용이다. 언어의 형식과 내용을 어려운 말로 '기표(記標)와 기의(記意)'라고도 한다. 소쉬르라는 기호학자는 이를 가리켜 '시니피앙signifiant과 시니피에signifié'라고 불렀다.

　기호의 형식과 내용이 서로 어떤 관계에 있느냐에 따라 기호를 세 가지 종류로 나눌 수 있다.

　건물의 설계도나 마을 지도, 도로 표지판 같은 기호의 형식은 한눈에 보아도 그것이 가리키는 내용의 모양새를 본뜬 것이다. 이렇게 내용의 모양새를 비슷하게 모사한 기호를 **도상 기호**라고 한다. 흔히 '아이콘'이라고 불리는 것들이 이것이다.

바람의 방향을 가리키는 풍향계, 기온을 나타내는 온도계, 불을 나타내는 연기 등은 형식이 내용의 변화를 따라 움직인다. 이런 식으로 형식이 내용에 밀접하게 연동하는 기호를 **지표 기호**라고 한다.

교통 신호등이나 군대의 계급장, 병원을 나타내는 녹십자 등은 '이런 형식은 이런 내용을 가리키는 것으로 합시다' 하고 사람들끼리 서로 약속하고 관습적으로 인정하는 것이다. 이런 기호는 **상징 기호**라고 한다. 형식과 내용이 밀접하게 연관된 도상 기호나 지표 기호와 달리, 상징 기호는 형식과 내용 사이에 직접적인 연관성이 없다. 그저 사람들이 사회적 합의하에 그 내용과 형식을 연결해서 기호로 사용하고 있을 뿐이다.

그럼 언어는? 언어도 생각을 전달하는 수단이 분명하니까 기호의 일종이다. 그렇다면 언어의 내용은 '전달하고자 하는 의미'일 테고, 형식은 '말소리나 글자'가 되겠다. 그리고 '자연계에 강, 호수, 바다, 지하수 따위의 형태로 널리 분포하는 액체'를 가리킬 때 '물'이라는 말소리 또는 글자를 쓰는 것은 사람들끼리 관습적으로 받아들이는 일이다. 그러므로 언어는 상징 기호의 하나가 되겠다.

언어는 기호다. 말소리를 기록한 것이 글자라고 치면 형식은 말소리, 내용은 의미인 기호다. 의미와 말소리의 관계는 동전의 앞뒤와 같다. 둘 중 어느 하나가 없으면 언어로서 기능할 수가 없다. 기호로서 언어에는 몇 가지 특성이 있다.

꼭 그렇게 불러야 할 이유는 없다—자의성

한국어에서 '사람이 그 속에 들어가서 살기 위해 지은 건물'이라는 의미가 있는 말은 〔집〕이다. 그런데 이 '집'을 영어로는 〔하우스〕, 프랑스어로는 〔메종〕, 일본어로는 〔이에〕, 중국어로는 〔자〕라고 각각 다르게 말한다. 의미가 같은데 의미를 전달하는 말소리는 각각 다르다. 만약 의미와 말소리의 관계가 필연적이라면, 곧 사람이 들어가서 사는 건물을 의미하는 말소리가 필연적으로 〔집〕이어야 한다면, 세상 모든 사람들이 '집'을 가리켜 말할 때 다 같이 〔집〕이라고 할 것이다. 그러나 '집'을 가리키는 말은 한국어에서 우연히 〔집〕이 되었고, 영어에서는 우연히 〔하우스〕가 되었다. 이처럼 의미와 말소리의 관계는 필연적이 아니라 임의적이다. 언어 기호의 이러한 특성을 자의성이라고 한다.

만약 의미와 말소리의 관계가 필연적이라면 한 가지 말소리에는 한 가지 의미만 있어야 할 것이다. 그러나 한국어에서 〔배〕라는 말소리는 '먹는 배'를 뜻할 때도 있고, '타는 배'를 가리킬 때도 있고, '사람의 배'를 의미할 때도 있다. 거꾸로 호랑이/범, 인간/사람, 메아리/산울림의 경우처럼 서로 다른 말소리가 같은 의미를 띠기도 한다. 이처럼 동음이의어나 이음동의어가 있다는 것도 의미와 말소리의 관계가 자의적이라는 증거다.

또, 우렁쉥이/멍게, 솔/부추/정구지, 전/지짐처럼 같은 한국어 안에서도 지역마다 말소리가 다른 경우도 많다. 이처럼 방언이 존재한다는 것도 언어의 자의성을 보여 주는 예다.

또 있다. 옛날에는 '어엿브다'라는 말소리가 '불쌍하다'는 의미였지만 지금 그 말소리는 '어여쁘다'로, 의미는 '아름답다'로 형식과 내용이 모두 바뀌었다. 만약 말소리와 의미의 관계가 필연적이라면 말소리와 의미에 변화가 있어서는 안 될 것이다. 이것도 언어가 자의성을 띤다는 것을 보여 준다.

소리를 흉내 내는 말은 그래도 자의성이 덜하지 않을까? 한국 개나 영국 개나 짖는 소리는 같지 않을까? 그런데 이것도 [멍멍], [바우와우]로 서로 형식이 다르다.

혼자서는 살 수 없으니까 – 사회성

페터 빅셀의 단편 소설 〈책상은 책상이다〉에서 주인공 남자는 어느 날 문득 '왜 책상을 꼭 책상이라고 불러야 하지?' 하는 의문에 빠진다. 그 이유를 납득할 수 없었던 남자는 침대를 그림이라고 부르고, 의자를 자명종이라 부르고, 책상을 양탄자라고 부르기로 한다. 그래서 그 남자는 아침에 그림에서 일어나 옷을 입고는 양탄자 옆의 자명종에 앉아 무엇을 어떻게 부를까 곰곰이 생각하게 된다. 이렇게 단어를 바꾸는 작업을 계속한 남자는 어떻게 됐을까?

말소리와 의미의 관계가 자의적이긴 하지만, 사회에서 한번 받아들여지고 나면 개인이 함부로 바꿀 수 없다. 자의성이 있다 하더라도 특정한 의미를 특정한 말소리로 나타내자고 사회적으로 약속한 것이기 때문이다. 이것을 언어의 사회성이라고 한다.

언어에 관한 사회적 약속을 지키지 않으면 다른 사람들이 하는 말을 이해하지 못하고 자기 생각도 다른 사람에게 이해시키기 어렵다. 소설 속의 그 남자는 결국 침묵 속에서 혼자 살아갈 수밖에 없게 되었다.

시간이 가면 변한다 – 역사성

언어 기호는 사회적인 약속이기는 하지만, 시간이 흐름에 따라 변하기도 한다. 이것을 언어의 역사성이라고 한다. '곳고리 → 꾀꼬리'처럼 말소리가 바뀌기도 하고, '어리다'는 말소리가 '어리석다'는 의미에서 '나이가 적다'는 의미로 바뀌기도 한다. 예전에 쓰이던 온, 즈믄, ᄀ름을 대신해 새로운 단어 백, 천, 강이 쓰이기도 한다. '사해를 녀글 주리여〔사해를 다른 누구에게 주리오〕'처럼 예전에는 '누가 무엇을 누구를 주다'라는 형식으로 썼지만, 지금은 '누가 무엇을 누구에게 주다'로 구문 형식이 바뀌었다. 시간의 흐름에 따라 문법도 변한 것이다.

인위적으로 나누었다 – 분절성

늑대 울음소리를 인간의 언어로 정확히 기록할 수 있을까? 그러니까 자음과 모음을 나누고 한 글자씩 끊어서 적을 수 있을까? 비슷하게 흉내를 낼 수 있을지 몰라도, 자연의 물리적인 소리는 그렇게 끊어서 인식할 수 없다. 그러나 사람의 말소리는 단어나 자음, 모음으로 나누어 인식할 수 있다. 예를 들어 '승호가 공을 찬다'는 문장을 나누어 보자.

먼저 주어, 목적어, 서술어로 크게 나눌 수 있다.

승호가/공을/찬다

여기서 다시 명사와 조사, 어간과 어미를 끊어 보자.

승호/가/공/을/차-/-ㄴ-/-다

이것을 다시 자음과 모음으로 나눠 보면 아래와 같다.

ㅅ/ㅡ/ㅇ/ㅎ/ㅗ/ㄱ/ㅏ/ㄱ/ㅗ/ㅇ/ㅇ/ㅡ/ㄹ/ㅊ/ㅏ/ㄴ/ㄷ/ㅏ

　이처럼 사람의 말소리는 문장 성분, 단어, 자음과 모음으로 쪼개어 나눌 수 있다. 이처럼 여러 단위로 쪼개지고 합해질 수 있는 언어의 특성을 분절성이라고 한다.
　바로 이러한 분절성 때문에 한정된 언어 기호를 이용해서 다양한 표현을 만들 수 있다. '승호가 공을 찬다' '아라가 공을 찬다' '승호가 돌을 찬다' '승호가 공을 던진다' '승호가 공을 찼다' '승호가 공을 찼구나' '키가 큰 승호가 날아오는 공을 잡았다' 등등.
　말소리만 분절할 수 있는 것이 아니다. 무지개는 원래 경계선이 분명하지 않은 연속적 스펙트럼으로 이루어진다. 그런데 우리는 '빨, 주, 노, 초, 파, 남, 보'라고 마치 무지개가 일곱 가지 색깔로 분명히 나뉘어 있는 듯이 표현한다. 경계가 분명하지 않은데도 우리는 그릇의 종류를 접시, 대접, 사발, 공기로 나누어 부른다. 동해, 남해, 서해라고 나누어 부르기는 하지만 실제로 바다를 쪼갤 수는 없는 노릇이다. 이 또한 언어의 분절성을 보여 주는 예들이다.

공통점이 무언가 – 추상성

'알파고'라는 인공 지능 프로그램과 바둑 기사 이세돌이 바둑 대국을 벌였다. 그 결과를 보며 사람들은 알파고의 능력에 경악하고 겁을 먹기도 했다. 이러다가 언젠가는 인공 지능이 인간을 지배하는 건 아닐까?

  사람은 대여섯 살만 돼도 개와 고양이 사진을 보고 그것이 개인지 고양이인지 알아맞힌다. 그러나 인공 지능이 이런 능력을 갖기란 매우 어려운 일이라고 한다. 서로 다른 개 사진 수만 장과 고양이 사진 수만 장을 입력해도, 개의 공통된 특징과 고양이의 공통된 특징을 파악하지 못하고 개와 고양이의 차이점을 알아내지 못하기 때문이다. 수많은 종류의 개나 고양이에게서 공통된 특징을 뽑아내는 능력을 '추상화'하는 능력이라고 하는데, 로봇에게는 없는 추상화 능력이 사람에게는 있다. 그래서 대여섯 살짜리 아이도 사진을 보고 개인지 고양이인지 구별해 낸다.

  개 한 마리 한 마리의 생김새와 속성은 모두 다르다. 사람들은 이들의 생김새와 속성에서 공통된 요소를 뽑아서, 다시 말해 추상화해서 거기에 이름을 붙인다. 진돗개, 삽살개, 풍산개 같은 개념은 추상화를 통해 생겨난 것이다. 진돗개, 삽살개, 풍산개 등등의 공통점을 다시 뽑아내면 '개'라는 단어로 추상화된다. 이처럼 추상화 과정에서 형성된 개념을 전달하므로 언어는 추상성을 띤다.

그런데 추상 명사만 추상화 과정을 거쳐서 만들어진다고 오해해서는 안 된다. **추상 명사**는 사랑, 희망, 용기처럼 '구체적인 형태가 없는 개념을 나타내는 명사'다. 추상 명사뿐만 아니라 방금 말했듯이 개, 고양이는 물론이고 돌, 나무 같은 **구체 명사**도 추상화 과정을 거쳐서 만들어진 것이다.

다만, 이런 **보통 명사**와 달리 **고유 명사**는 추상화 과정을 거친 것이라고 보기 어렵다. 세종 대왕, 한강, 한라산 등은 특정 대상에 붙은 이름으로, 그 이름을 가진 존재는 세상에 하나밖에 없다. 그러므로 고유 명사는 여러 사물의 공통된 특성을 모아 놓은 개념이라고 볼 수 없다.

한없는 끝말잇기처럼 – 창조성

언어를 이루는 말소리의 개수는 유한하다. 그러나 이 말소리로 우리는 무한히 많은 단어를 만들 수 있고, 문장도 무한히 만들 수 있다. 이것을 언어의 창조성이라고 한다. 영어를 예로 들면 단어 20개로 만들 수 있는 문장의 개수가 10^{30}개나 된다고 한다. 단어가 50만 개라면? 문장의 수는 거의 무한하다고 봐야 할 것이다.

그뿐이 아니다. 지금 이 순간에도 생전 듣도 보도 못한 참신한 단어가 만들어지고, 세상에 없던 새로운 문장이 생산되고 있다. 과거를 회상해 표현할 수도 있고, 겪어 보지 못한 미래를 상상해 표현할 수도 있다. 공상의 날개를 한없이 펼칠 수도 있고, 문법에 맞지 않는 말조차 만들어 낼 수 있다.

어린아이가 말을 배우는 과정을 살펴보면 언어의 창조성을 새삼 느낄 수 있다. 어린아이가 하는 말은 단순히 자기가 들은 문장을 외워서 하는 것이 아니다. 어린아이는 몇 개 배우지 않은 단어를 가지고 자기가 이미 익힌 문형을 응용해 새로운 문장을 만들어 낸다. 인간이 태어날 때부터 언어 사용 능력을 갖고 있다는 증거다. 또 사람들은 문법에 맞지 않는 이상하기 짝이 없는 문장도 충분히 이해한다. 언어의 창조성은 인간의 창조성이기도 하다.

● 언어는 구조다

언어는 구조물이다. 단어는 자음과 모음이라는 요소로 짜인 구조물이고, 문장은 단어라는 요소들로 짜인 구조물이고, 이야기는 문장이라는 요소들로 짜인 구조물이다. 그리고 언어는 단어와 문장, 이야기로 이루어진 거대한 구조물이다. 구조물로서 언어에는 두 가지 특성이 있다.

지켜야 할 것이 있다-규칙성
'승호는 밥이 먹었다.' '어제 아라는 일찍 집에 갈 것이다.' '애야,

지금 유치원에 가세요?' 이런 문장을 보면 굳이 전문가가 아니라도 '응? 무슨 문장이 이래? 이상하잖아!' 하고 생각할 것이다. 이들 문장이 이상한 것은 정상적인 한국어 문장 구조가 지켜야 할 규칙을 지키지 않았기 때문이다. 이렇게 한국어의 규칙을 지키지 않은 문장을 비문법적인 문장, 줄여서 '비문'이라고 한다.

　신기한 것은, 규칙을 지키지 않은 문장이 이상하다는 것을 어린아이도 금세 안다는 것이다. 인간의 타고난 언어 능력 내지는 직관 덕분이라고 하겠다. 정상적인 문장을 쓰려면 규칙을 지켜야 한다. 이것이 바로 언어의 규칙성이다.

　앞에 든 문장들을 규칙에 맞게 제대로 고쳐 보면 이렇게 될 것이다. '승호는 밥을 먹었다.' '어제 아라는 일찍 집에 갔다.' '애야, 지금 유치원에 가니?' 이제 문법에 맞는 문장이 되었다. '비문'이 아니므로 '정문'이라고 해야 할까? 아니면 '적격문'이라고 부를까? 그런데 이런 단어는 사전에 없다.

　'승호는 밥을 먹었다'에서는 '먹었다'라는 타동사에 상응하는 목적어 '밥을'이 결합했다. '어제 아라는 일찍 집에 갔다'에서는 '어제'라는 부사어에 상응하는 과거형 '갔다'가 쓰였다. '애야, 지금 유치원에 가니?'에서는 '애야'라고 낮춰 부르는 호칭에 상응하는 아주 낮춤의 해라체 '가니'가 쓰였다.

　'승호는 밥을 먹었다'라는 문장을 '승호는 어머니가 차려 놓으신 밥을 먹었다', '승호는 어머니가 차려 놓으신 밥을 허겁지겁 먹었다'라고 바꾸어 쓸 수도 있다. 이들 각각의 문장이 규칙에 맞는 문장이 되는 것은 각 언어 요소의 앞뒤에 올 수 있는 말들을 늘어놓았기 때문이다. 이처럼 일정한 규칙에 따라 나란히 놓이는 언어 요소들이 맺는 관계를 **통합 관계**라고 한다.

짜임새가 있다 - 체계성

대형 마트에 가 보자. 축구장만큼이나 넓은 매장이 식품, 생활용품, 화장품, 주방용품, 가구, 완구, 의류, 신발, 스포츠, 가전, 문구, 도서 등의 코너로 나뉘어 있다. 그 가운데 식품 코너로 가 본다. 다시 과일, 채소, 쌀, 정육, 수산물, 가공 식품, 냉장 식품, 건강식품 등으로 판매대가 나뉘어 있다. '참 체계적이다!'라는 말이 절로 나온다. 이처럼 '일정한 원리에 따라서 낱낱의 부분이 짜임새 있게 조직되어 통일된 전체'를 **체계**라고 한다.

언어는 그 나름의 체계를 갖추고 있다. 다시 말해 체계성이 있다. 예를 들어 음운에는 자음과 모음이 있고, 자음에는 유성음과 무성음이 있고, 무성음에는 마찰음과 파열음, 파찰음이 있는데, 그 소리를 만드는 숨의 세기에 따라 예사소리, 거센소리, 된소리로 나뉜다. 단어에도 체계가 있다. 가족과 관련해서는 '나'를 기준으로 한 세대 위에 '아버지, 어머니', 두 세대 위에 '할아버지, 할머니', 한 세대 아래에 '아들, 딸', 두 세대 아래에 '손자, 손녀', 이런 식으로 '세대와 성별에 따른다'는 원리에 따라 짜임새 있게 조직되어 있다. 또 '산울림-메아리', '범-호랑이'처럼 유의 관계, '아버지-어머니', '가다-오다'처럼 대립 관계, '새-제비/비둘기/참새'처럼 상하 관계 등을 맺으면서 체계를 이루기도 한다.

조사와 어미 같은 문법 요소도 체계를 이룬다. '내가 고개를 들었
다' '근영이는 고향에 내려갔겠다' '어머니도 아들에게 눈물을 보이
시더라' 같은 문장에서 볼 수 있듯이 '나, 고개, 근영이, 고향, 어머
니, 아들, 눈물' 같은 체언 뒤에는 '가, 를, 는, 에, 도, 에게, 을' 같
은 조사가 온다. 그리고 '들-, 내려가-, 보이-' 같은 용언의 어간 뒤
에는 '-었-, -다, -갔-, -겠-, -시-, -더-, -라' 등의 어미가 붙는다.
이렇게 문법 요소들도 질서 있게 조직되어 있다. 이것이 바로 언어
의 체계성이다.

다음의 네 문장은 같은 체계를 따르고 있다.

호랑이가	사슴을	잡았다.
사자가	기린을	먹었다.
고양이가	쥐를	뒤쫓았다.
늑대가	양을	죽였다.

세로축에 놓인 '호랑이가/사자가/고양이가/늑대가' 중 어느 하
나, '사슴을/기린을/쥐를/양을' 중 어느 하나, '잡았다/먹었다/뒤쫓
았다/죽였다' 중 어느 하나를 각각 선택해서 늘어놓아도 말이 된다.
여기에서 세로축에 놓인 단어들 사이의 관계를 **계열 관계**라고 한다.

지금까지 살펴본 것을 바탕으로 정리해 보면, '언어란 각각의 언

어 요소들이 가로축으로는 규칙성을 가지고 통합 관계를 이루고, 세로축으로는 체계성을 가지고 계열 관계를 이루는 거대한 구조물이다'라고 할 수 있겠다.

● 언어의 기능

사람은 언어를 통해 생각을 전달한다. 생각을 전달하려면 말하는 이와 듣는 이가 있어야 하고, 전달하는 형식과 내용, 말하는 때의 상황이나 장면이 있어야 한다. 이들 각각의 측면이 언어의 기능을 말해 준다.

지시 기능

'나무'라는 단어는 '줄기나 가지가 목질로 된 여러해살이 식물'을 가리킨다. '희망'이란 단어는 '앞일에 대하여 어떤 기대를 가지고 바람'을 뜻한다. '지금 창밖에 눈이 내린다'는 문장은 눈이 내리는 상황을 보고 이야기하는 것이다. 이처럼 어떤 사물이나 개념, 상황 등을 가리켜 말하는 것이 언어의 지시 기능이다. 이때 언어는 주로 정보를 전달하는 일을 하기 때문에 언어의 지시 기능을 **정보적 기능**이라고도 한다. 이것이 언어의 가장 기본적인 기능이라고 하겠다. 전하는 내용이 무엇이냐, 주제나 화제가 무엇이냐 하는 것과 관련 있는 기능이다.

표현 기능

'아, 슬퍼' '세상에 이런 일이!' '아, 눈이 오는구나' 같은 문장은 말하는 이의 슬픔, 분노, 감탄 등을 나타낸다. 이처럼 말하는 이의 감정 상태나 어떤 일에 대한 태도 등을 표현하는 언어의 기능을 표현 기능 또는 **정서적 기능**이라고 한다. 말하는 이의 기분이나 상태와 직접 관련이 있는 기능으로서 감탄이나 감정을 표현하는 말, 욕설, 독백, 자문자답 등이 사용된다.

지령 기능

'밖으로 나가라' '우리 일어섭시다' '문 좀 닫아 주시기 바랍니다' '잠깐 기다려 주실래요?' 같은 문장에서는 말하는 이가 듣는 이에게 명령, 청유, 부탁 등을 표현한다. 문장의 형식은 다르지만 모두 듣는 이에게 어떤 행위를 하도록 요구하는 기능을 한다. 이것을 지령 기능이라고 한다. 직접 듣는 이가 있어야 하는 기능이다.

친교 기능

'선생님, 안녕하셨어요?'라는 질문에 '응, 요즘 많이 바쁜가?'라는 식으로 대답할 수 있다. 이때는 오가는 말의 내용보다 서로 말했다는 것 자체가 중요하다. 이처럼 사람 사이의 유대를 확인하고 앞으로 할 대화를 원활하게 해 주는 언어의 기능을 친교 기능이라고 한다. 의례적인 인사말이 이런 기능을 대표하는 말이다.

친교 기능으로 해석해야 할 말을 지령 기능으로 해석하면 대화

가 어색해진다. 오랜만에 만나는 선배에게 '언제 식사 한번 하시죠'
라고 말했는데, '그래, 좋아. 몇 월 며칠 몇 시에 만날까?' 하고 대
답하면 후배는 말문이 막힐 것이다. 말을 할 때의 상황과 관련 있는
기능이다.

미적 기능

> 얇은 사 하이얀 고깔은
> 고이 접어서 나빌레라.
>
> 파르라니 깎은 머리
> 박사 고깔에 감추오고,
>
> 두 볼에 흐르는 빛이
> 정작으로 고와서 서러워라.

조지훈의 시 〈승무〉의 한 구절이다. 여기에 쓰인 언어는 듣는 이
(독자)를 감동케 하는데, 이런 것을 미적 기능이라고 한다. 시를 비
롯한 문학 작품을 쓸 때 작가는 여러 문학적인 기법을 사용하여 언
어의 미적 기능을 최대한 발휘하려고 애쓴다.

문학 작품뿐만 아니라 실은 언어가 쓰이는 모든 장면에서 미적
기능이 발휘된다. "꿈을 꿀래, 꿈을 이룰래?" 어느 고등학교 교실

에 걸려 있는 글귀다. "놀랄 만두 하군." 만두 광고 카피다. 속담을 보면 전문가들보다 일반 백성들의 미적 감각이 더 뛰어난 듯하다. '콩 심은 데 콩 나고, 팥 심은 데 팥 난다.' 구조가 비슷한 어구를 짝지어 표현 효과를 높였다.

메타언어적 기능

언어학은 사람들이 일상에서 쓰는 언어를 연구하는 학문이다. 언어학의 연구 대상이 되는 일상 언어를 **대상 언어**라고 한다. 예를 들어 '한효주가 영화에서 정가를 불렀다'라는 대상 언어가 있다. 그리고 '정가란 국악의 성악 가운데 하나다'라는 문장은 대상 언어를 설명하는 언어다. 이와 같이 '대상 언어에 대한 언어'를 **2차 언어** 또는 **메타언어**라고 한다.

'메타'란 '더 높은'이라는 뜻인데, 보통 '그것 자체에 대한'을 뜻한다고 보면 되겠다. 메타언어가 '언어에 대한 언어'라는 뜻이듯이 '메타비평'이라고 하면 '비평에 대한 비평'이라는 뜻이고, '메타이론'은 '이론에 대한 이론'을 뜻한다.

예를 들어 영어 문법을 한국어로 설명한다면 영어가 대상 언어가 되고, 한국어가 메타언어가 된다. 이때 한국어는 영어 문법에 대해 메타언어적 기능을 하는 것이다. 사전의 단어 풀이도 메타언어적 기능을 하고, 대개의 학술 서적에서 쓰이는 언어의 기능도 메타언어적 기능이라고 하겠다. 지금까지 쓰인 대상 언어들을 설명하거나 분석하는 것이 주로 학술 서적이 하는 일이기 때문이다.

일상생활에서도 메타언어적 기능은 많이 쓰인다. '효주는 이제 경성에 안 간다네. 본정통에 있는 그 술집 말일세'에서 뒷문장은 메타언어적 기능을 한다. 이처럼 메타언어는 말하는 이와 듣는 이가 서로 같은 이야기를 하고 있는지 확인하고자 할 때 쓰인다. 자기가 무슨 말을 하는지 설명하거나, 상대방이 자기가 하고 있는 말을 제대로(실은 자기가 말하는 뜻으로) 이해하고 있는지 확인할 때 쓰이는 말이다.

언어의 기능을 여섯 가지로 나누어 살펴보았다. 그러나 언어의 한 가지 표현에 한 가지 기능만 나타나는 것은 아니다. '달이 참 밝다'라는 문장은 '달이 밝음'을 나타내는 지시 기능, '달이 밝아서 좋다'라는 표현 기능, '산책할까'라는 지령 기능, 나아가서는 '할 말이 있는데'라는 친교 기능까지 나타낸다. 다만 말을 하는 문맥과 장면에 따라 어떤 기능이 주로 강조되느냐 하는 차이가 있을 뿐이다. 사람 말을 제대로 이해하려면 문맥과 상황에 맞게 탄력적으로 이해해야 할 일이다. 안 그러면 눈치 없다는 소릴 듣는다.

인간의 삶과 언어

> 내가 그의 이름을 불러 주기 전에는
>
> 그는 다만
>
> 하나의 몸짓에 지나지 않았다.
>
> 내가 그의 이름을 불러 주었을 때
>
> 그는 나에게로 와서
>
> 꽃이 되었다.

　김춘수의 시 〈꽃〉의 첫 부분이다. 시인은 말한다. 이름을 불러 주기 전에 그는 아무런 의미가 없는 존재였다. 그러므로 인식할 수도 없는 존재였다. 그런데 이름을 불러 주자 의미를 갖게 되었고, 그제야 인식할 수 있는 존재가 되었다. 다른 말로 하면 언어(이름)가 있기 전에는 사고(인식)할 수 없었는데, 언어가 있고 나니 사고를 할 수 있게 되었다는 뜻이다. 더 극단적으로 말하면 언어가 있기 전에는 존재 자체가 없었다는 뜻이다. 인식할 수 없다면 존재한다고도 할 수 없으므로.

● 언어와 사고

파스칼은 '인간은 생각하는 갈대'라고 했다. 데카르트는 자신이 '생각하기 때문에 존재한다'고 했다. 이처럼 생각한다는 것, 사고한다는 것은 인간의 큰 특징이다.

그렇다. 우리는 아침부터 밤까지 끊임없이 머릿속에서 생각이라는 것을 한다. '5분만 더 자도 되지 않을까?' '오늘 점심은 짜장면이나 시켜 먹자' '주말에는 영화나 한 편 때려야겠군' 하는 간단하고 쉬운 생각부터 '한반도 비핵화'나 '인공 지능이 인간의 사고를 앞지를 날이 올까?' 하는 문제에 관한 복잡하고 어려운 생각까지.

그런데 생각은 무엇으로 할까? 바로 앞에서 이런저런 생각들을 글로 적어 놓은 것처럼, 생각은 언어로 하는 것이 아닐까? 언어 없이 사고한다는 것이 가능할까?

하지만 모차르트가 작곡을 할 때, 머릿속에서 언어로 생각한 다음 곡을 만들었을까? 피카소가 그림을 말로 먼저 그린 다음 화폭에

옮겼을까? 예술가들의 머릿속을 오가는 소리와 색채는 생각이 아니란 말인가? 우리도 평소에 어떤 생각은 있는데, 말로 표현하지 못할 때가 많지 않은가. 그렇다면 사고는 언어가 없어도 가능하지 않을까?

언어가 사고를 지배한다

색깔이 다른 카드 120장을 늘어놓는다. 그중 한 장을 골라 학생에게 잠깐 보여 준 뒤, 다른 카드와 함께 섞는다. 그런 다음 학생에게 조금 전 보여 준 카드를 찾아내게 한다. 학생들은 그 이름을 아는 기본적인 색깔로 된 카드는 쉽게 찾아냈다. 그런데 이름을 붙이기 어려운 중간 색깔로 된 카드는 쉽게 찾아내지 못했다. 이름이 없으면 기억하기도 어렵다는 뜻이다.

한국어는 높임법과 높임말이 발달했다. 그래서 한국인은 상하 관계에 더 예민하고, 예의나 격식을 매우 중요하게 여긴다. 아버지에게 존댓말을 쓰고 자란 아이는 그렇지 않은 아이들보다 아버지를 대하는 태도도 더 조심스럽고 깍듯하다.

무지개는 서로 경계가 모호한 여러 가지 색깔로 이루어져 있다. 그러나 우리는 무지개가 일곱 가지 색깔로 이루어져 있다고 생각하고, 또 눈에도 그렇게 보인다. 일곱 개로 경계를 나누고 일곱 색깔의 이름을 붙여 놓았기 때문이다.

이처럼 우리가 실제 세계를 있는 그대로 보고 경험하는 것이 아니라 언어를 통해 비로소 인식한다는 이론을 **언어의 상대성 이론**이라

한다. 사피어와 그의 제자 워프가 세운 이론이라고 해서 '사피어 워프 가설'이라고도 한다.

워프는 언어가 사고를 지배하는 예로 이누이트의 말을 들었다. 이누이트(에스키모. 이누이트는 '사람'이라는 뜻이고 에스키모는 '날고기를 먹는 사람'이라는 뜻이다. 에스키모라는 말을 쓰면 실례!) 말에는 내리는 눈, 바람에 휩쓸려 온 눈, 녹기 시작한 눈, 땅 위에 있는 눈, 단단하게 뭉쳐진 눈 등등 '눈'을 뜻하는 단어가 여럿 있다. 단어가 여러 개 있기 때문에 눈을 다양하게 구별해서 인식한다는 것이다. 반면 영어에는 'snow'라는 한 가지 단어밖에 없기 때문에 당연히 눈을 구별하지 않는다는 것.

그러나 필자 생각에 이는 오히려 '사고가 언어를 지배하는' 것을 보여 주는 예처럼 보인다. 영어로는 'rice' 한 단어로 표현하는 것을 한국어로는 모, 벼, 쌀, 밥, 이렇게 네 단어로 나누어 표현한다. 우리 민족은 밥을 주식으로 할뿐더러 쌀로 밥만 해 먹는 게 아니라 죽, 떡, 술 등도 만든다. 그래서 쌀과 밥을 구별할 필요가 있었다. 쌀은 벼의 알곡을 힘들게 도정(요즘에는 기계화로 도정 작업에 사람의 힘이 덜 들게 되었지만)해서 얻는 것이므로 당연히 쌀과 벼가 구별되었다. 쌀을 많이 생산해야 했으므로 농사법에 대해 연구했고, 그러다 보니 모와 벼도 구별하게 되었다. 이처럼 같은 사물을 단계에 따라 구별할 필요성(사고)이 생겼고, 그에 따라 이름(언어)이 생긴 것이다. 영어를 쓰는 민족은 쌀을 주식으로 하지 않기에 세세하게 구별할 필요성(사고)도 생기지 않았고 따라서 다양한 이름(언어)도 생기지 않았다. 마찬가지로 눈과 얼음을 잘 보지 못하는 민족들은 눈을 여러 가지 언어로 달리 부를 필요성을 느끼지 않았다.

사고가 언어를 지배한다

우리는 기본적으로 '나'를 중심으로 생각한다. 멀리 있는 것보다는 가까운 것, 늦은 것보다는 이른 것, 바깥보다는 안을 먼저 생각한다. 이른바 '나 먼저 원리'다. 이런 사고방식은 우리가 쓰는 언어에도 그대로 반영된다. '여기저기, 이것저것'이라고 하지 '저기여기, 저것이것'이라고 하지 않는다. '오늘내일, 조만간'이라고 하지 '내일오늘, 만조간'이라고 하지 않는다. '자타, 안팎'이라고 하지 '타자, 밖안'이라고 하지 않는다. 영어도 마찬가지다. 'here and there(여기저기), this and that(이것저것), sooner or later(조만간), home and abroad(국내외)' 등등. 사고가 언어에 반영되는 것이다.

우리는 힘 있고 두드러지는 것을 앞세운다. '장단, 고저, 여야, 주종, 경향, 경부선, 부모, 남녀'처럼 그것이 공간이든, 사람이든, 지명이든, 성별이든 더 힘 있고 눈에 잘 띄는 것을 앞세우는 우리의 사고방식이 언어에 깃들어 있다. '진위, 선악, 상벌'이란 단어에서는 부정적인 것보다 긍정적인 것을 앞세우는 우리의 생각을 읽을 수 있다.

사고가 단순하면 언어도 단순하고 사고가 복잡하면 그것을 표현하는 언어도 복잡해진다. '사람'이라는 단수보다 '사람들'이라는 복수가 한 자라도 더 글자 수가 많다. '눈'에서 나오는 '눈물'도 글자

수가 더 많고, '푸르다'에서 나온 '푸르러지다'는 더 길고 복잡하다. '오다, 가다'보다 과거를 나타내는 '왔다, 갔다'가 더 복잡하다.

김춘수는 〈꽃〉에서 "내가 그의 이름을 불러 주기 전에는 그는 다만 하나의 몸짓에 지나지 않았다"라고 했다. 그러나 셰익스피어는 〈로미오와 줄리엣〉에서 "장미는 우리가 그것을 장미라 이름 붙이지 않아도 충분히 향기로울 텐데"라고 했다. 언어와 사고의 관계는 아직 명확히 밝혀지지 않았다. 하나는 분명하다. 언어가 사고에 영향을 미치기도 하고, 사고가 언어에 영향을 미치기도 한다. 좀 더 실용적으로 얘기하자면, 언어 능력이 뛰어나면 그만큼 더 논리적이고 합리적인 사고를 할 수 있고, 논리적이고 합리적인 사고를 하면 그만큼 더 언어 능력이 발달한다.

● 언어와 사회

인간은 사회적인 동물이다. 모여서 사는 존재라는 뜻이다. 모여서 살자니 서로 의사소통을 할 필요가 있고, 의사소통의 도구가 바로 언어다. 다시 말해 인간이 사회를 이루고 살아가는 데에 꼭 필요한 것이 언어다. 그래서 언어에는 사회의 모습이 반영된다.

같은 말을 쓰는 사람들이라 하더라도 오랫동안 멀리 떨어져 살다 보면 말이 달라진다. 그렇게 다른 지역과 달라진 말을 **지역 방언**이라고 한다. 흔히 사투리라고 한다. 나비 연구가 석주명은 '새로운 나비가 나타나는 곳에 새로운 방언이 나타난다'고 보았고, 어류학자 정문기는 '새로운 물고기가 나타나는 곳에 새로운 방언이 나타난다'고 생각했다.

현대 한국어의 표준어는 서울 방언이다. 정치적이나 문화적으로 중심지인 서울의 말을 표준어로 채택한 것이다. 그렇다고 서울말이 다른 지역 방언보다 훌륭한 것은 아니다. 어떤 언어가 다른 언어보다 더 훌륭한 법은 없다. 그럼에도 사람들은 서울말을 사투리에 비해 더 상냥하고 부드러운 것으로 인식한다. 그리고 자기 지방 사투리는 구수하고 친근하다고 생각하면서도 다른 지방 사투리는 무뚝뚝하고 촌스럽다고 생각한다. 이런 편견은 어디에서 생겨날까?

사회 계층이나 성별, 나이에 따라 다른 말을 쓰기도 한다. 이런 방언을 지역 방언에 견주어 **사회 방언**이라고 부른다.

사회 방언 가운데 사회 계층에 따른 방언을 **계급 방언**이라고 한다. 요즘이야 계급이 없기 때문에 계급 방언이 없지만, 신분제가 엄격했던 봉건 사회에는 계급 방언이 적지 않았다. 아마 전형적인 계급 방언은 궁에서 쓰던 궁중어이겠다. 왕이 먹는 밥을 '수라', 왕의 얼굴을 '용안', 왕족의 침실을 '지밀', 왕족이 나가거나 나오는 것을 '납시다', 음식을 잡수는 것을 '젓수다'라고 했다. 왕실의 권위를 높이기 위해서는 쓰는 말부터 달라야 했던 것.

우리말에 높임법이 발달한 것도 이런 봉건 사회가 낳은 유물이라고 하겠다. 오늘날 경어법이 많이 느슨해진 것은 그만큼 사회가 민주적이고 평등하게 변했기 때문이다.

성별에 따른 방언은 우리말에서 그리 눈에 띄지 않지만, 여성과 남성의 언어가 조금은 다르다. 예를 들어 뜻밖의 상황이 발생했을 때 남성은 주로 "일 났다", "이런 젠장" 하는 식으로 말한다면, 여성은 "어떡해", "웬일이니" 같은 표현을 많이 사용한다.

성역할에 대한 고정 관념이 아직 남아 있어서 언어에도 그것이 반영되어 있다. 순경과 여순경, 변호사와 여변호사, 군인과 여군, 미용사와 남자 미용사, 간호사와 남자 간호사 등등의 말을 보면 알 수 있다.

남녀평등이 상당히 이루어졌다고는 하지만, 아직 남성을 우위에 두는 사고방식이 언어에 나타난다. 부모, 남녀, 아들딸, 신랑 신부, 장인 장모 같은 말을 보면 남성을 우위에 두는 태도가 어순에 반영되어 있다. 그래서 욕할 때는 '연놈'이라고 여자를 가리키는 말을 앞에 둔다. 여자 아이를 꾸짖을 때도 '이놈 봐라'라며 남자 아이에게 쓰는 말을 사용하곤 하는데, '이년 봐라'라고 하면 너무 심한 욕이 되기 때문이다. 특이하게도 '암수'만은 여성이 앞에 있다. 한자어로 '자웅'이라고 할 때도 여성이 앞에 있다. 이유가 무엇일까?

나이와 세대에 따라 쓰는 말이 다르기도 하다. 청소년들은 유행어나 속어를 많이 쓴다. 노인들은 '골 때리다, 쌩까다, 토끼다, 쪽팔리다' 같은 말을 잘 쓰지 않는다. 요즘 젊은 세대는 '자네 그러면 쓰나' 같은 말투를 잘 쓰지 않는다. 그래서 하게체의 말은 앞으로 없어질지도 모른다.

● 언어와 문화

가야금, 강강술래, 거문고, 고싸움, 고추장, 김장, 김치, 누룽지, 대보름, 도깨비, 떡, 부럼, 비빔밥, 살풀이, 삿갓, 수제비, 씨름, 아리랑, 온돌, 옷고름, 장아찌, 족두리, 찌개 같은 단어를 외국인에게 설명한다고 생각해 보자. 번역을 할 수 있다면 간단하겠지만, 이런 단어에 해당하는 외국어가 있을 리 없다. 일일이 길게 설명해야 할 터인데, 그래 봤자 만족할 만한 설명이 되기 어려울 것이다. 이들 단어는 우리 고유의 문화를 반영한 단어들이기 때문이다. 이처럼 언어에는 그 말을 사용하는 사람들의 문화가 깃들어 있다.

눈과 함께 생활하는 이누이트의 말에는 당연히 눈에 관한 단어가 많으며, 눈의 색깔인 흰색을 가리키는 말도 열 개가 넘는다고 한다. 오스트레일리아 원주민 말에는 모래에 관한 단어가 많고, 아라비아 말은 낙타에 관한 어휘가 발달되어 있으며, 마사이의 언어에는 소의 종류를 나타내는 단어가 많다.

우리의 가치관이나 정서도 언어에 반영되어 있다. '점잖다'는 '젊지 않다'라는 말에서 유래한 말이다. 우리 선조는 어린 것보다 조금 나이를 먹은 것에 더 가치를 두었음을 알 수 있다. '시간을 벌다, 시간을 낭비하다'라는 표현을 보면 시간을 돈과 같이 가치 있는 것으로 인식했음을 알 수 있다. 영어로는 '새가 노래한다'고 하지만 우리말에서는 '새가 운다'라고 한다. 한자어를 쓴 '전(前)날'은 과거를 가리키지만 토박이말로 쓴 '앞날'은 미래를 표현한다.

언어에는 문화가 반영되어 있을 뿐만 아니라 언어 자체가 훌륭한 문화유산이기도 하다. 우리 조상들이 남긴 수많은 문학 작품을 보면 알 수 있다. 한글의 창제 원리를 밝힌 《훈민정음》은 유네스코가 선정한 세계 기록 유산이다.

한국어와 한글

● 한국어의 특질

세상에는 4000가지가 넘는 언어가 있다고 한다. 언어를 분류하는 기준은 크게 두 가지다. 형태상 구조가 어떻게 되어 있는지에 따라 나누거나, 계통을 따져서 나누거나. 그런데 기준을 얼마나 세세하게 적용하느냐에 따라 언어의 가짓수는 많아지기도 하고 적어지기도 한다.

한국어는 이들 언어 중 하나다. 계통상 분류로는 알타이 어족에 속한다는 설이 널리 알려져 있지만, 근거가 부족하다는 반론도 강하게 제기되었다. 현재까지 연구된 바로는 여러 가지 가설이 있을 뿐 유력한 정설은 없다. 한국어는 다른 언어와 친족 관계가 없다는 주장도 있다. 다른 언어와 구별되는 한국어의 성질을 알아보자.

음운의 특질

한국어의 자음에 울림소리(유성음)는 ㄴ, ㄹ, ㅁ, ㅇ 네 가지 뿐이고 나머지는 안울림소리(무성음)인데, 안울림소리는 예사소리(평음, ㄱㄷㅂㅅㅈ)/된소리(경음, ㄲㄸㅃㅉㅆ)/거센소리(격음, ㅋㅌㅍㅊ)로 삼중 체계를 이룬다. 이 삼중 체계 때문에 우리는 달, 딸, 탈이나 불, 뿔, 풀을 각각 다른 의미를 지닌 다른 소리로 구별할 수 있다. 그런데 영어나 독일어, 일본어의 자음은 유성음/무성음 이중 체계를 이룬다. 그래서 이들 언어를 사용하는 사람들은 '달'과 '탈', '불'과 '풀'을 잘 구별하지 못한다. '부산, 대구, 광주'를 '푸산, 태구, 쾅주'라고 발음하는 것도 이 때문인데, 우리가 단어의 첫 자음을 무성음으로 발음하기 때문이기도 하다.

한국어의 자음에는 마찰음이 ㅅ, ㅆ, ㅎ 세 개뿐이다. 그런데 영어에는 f, v, θ, ð, s, z, ʃ, ʒ, h 등 마찰음의 개수가 훨씬 더 많다. 그래서 우리가 영어 배울 때 고생한다. 예를 들어 'ð'와 'd'를 구별해서 발음할 수 있는 한국인은 그리 많지 않을 듯하다.

현대 한국어의 첫소리에는 둘 이상 되는 자음이 한꺼번에 올 수 없다. 그런데 영어에서는 'spring'이나 'street'처럼 첫소리에 자음이 둘 이상 올 수 있다. 우리는 이것을 읽을 수 없기 때문에 '스프링, 스트리트'처럼 자음에 모음 'ㅡ'를 붙여서 읽는다. 물론 이렇게 읽으면 서양 사람들은 잘 못 알아듣는다.

현대 한국어에서는 첫소리로 'ㄹ'이나 '냐, 녀, 뇨, 뉴, 니'를 쓰지 않는다. 그래서 '려행(旅行)'을 '여행'이라고 읽고, '녀자(女子)'를 '여자'라고 읽는다. 물론 외래어인 경우는 예외로 '라면, 라디오' 등 첫소리에 얼마든지 ㄹ이 올 수 있다.

한국어의 자음은 음절 끝 위치에서 완전히 파열되지 않는다. 다시 말해 '기역', '부엌'은 〔기역〕, 〔부억〕으로 닫힌 채 발음되지, 〔기여그〕, 〔부어크〕로 발음되지 않는다. 그러나 영어에서는 'egg', 'cake' 발음을 할 때, 〔에그〕, 〔케이크〕처럼 발음한다. 끝소리 자음을 닫힌 채로 발음하지 않고 터뜨리면서 발음하기 때문이다.

한국어에서는 음절의 끝소리에 자음이 두 개 오더라도 한 자음만 발음된다. 예를 들어, '흙', '값'은 〔흑〕, 〔갑〕으로 발음된다.

한국어에는 양성 모음은 양성 모음끼리, 음성 모음은 음성 모음끼리 어울리려 하는 모음 조화 현상이 있다. '닫아, 먹어', '종알종알, 구불구불'처럼 용언의 어간과 어미가 결합될 때나 의성·의태어에서 ㅏ, ㅗ는 ㅏ, ㅗ끼리 ㅓ, ㅜ는 ㅓ, ㅜ끼리 어울린다.

어휘의 특질

한국어의 어휘는 고유어·한자어·외래어, 삼중 체계로 이루어져 있는데, 이 가운데 한자어가 60퍼센트 가까이를 차지한다.

토박이말 또는 순우리말이라고도 하는 고유어로는 의성어나 의태어 같은 상징어가 발달했다. 의성어나 의태어를 '퐁당퐁당'과 같이 양성 모음으로 쓰면 가볍고, 밝고, 맑고, 작고, 빠른 느낌을 주고 '풍덩풍덩'과 같이 음성 모음으로 쓰면 무겁고, 어둡고, 흐리고, 크고, 느린 느낌을 준다.

고유어로는 감각어도 발달했다. 노란색을 나타내는 색채어의 예를 들어 보면 '노랗다'를 중심으로 '노르께하다, 노르스름하다, 노릇하다, 샛노랗다, 싯누렇다' 등등, 미각어의 예를 들어 보면 '달다'를 중심으로 '달디달다, 달짝지근하다, 달콤하다' 등등 다양한 파생어가 있다. 이런 감각어는 비유적 표현으로도 쓰인다. 우리는 식인종이 아니지만 사람을 '짜다, 싱겁다, 맵다'고 표현하곤 한다.

한국어에서는 이미 있는 기본어를 바탕으로 다른 기본어를 합하거나(**합성어**), 기본어가 가지를 치는 방식(**파생어**)으로 새로운 단어를 만든다. 예를 들어 '손'이라는 기본어에 다른 기본어를 합쳐서 손목, 손등, 손바닥, 손가락 등의 합성어를 만든다. '기쁘다, 슬프다, 울다, 웃다' 같은 용언의 어간에 접미사 '-(으)ㅁ'을 붙여서 기쁨, 슬픔, 울음, 웃음 등의 파생어를 만든다. 이렇게 단어 형성법이 발달한 것도 한국어의 특질 가운데 하나다.

한국어에는 친족어가 발달되어 있다. '아버지'를 가리키는 어휘가 아빠, 아버님, 가친, 선친, 춘부장, 선대인 등 여러 가지 있고, 영어로는 'uncle' 하나로 표현되지만 우리에게는 백부, 숙부, 큰아버지, 작은아버지, 아저씨, 외삼촌, 이모부, 고모부 등 다 다른 이름이 있다.

문법의 특질

한국어는 조사와 어미가 발달했다. '그가 나를 사랑한다'라는 문장을 살펴보면, 체언 '그'가 주어임을 나타내려고 조사 '가'를 사용했고, 체언 '나'가 목적어임을 나타내려고 조사 '를'을 사용했다. 그리고 용언 '사랑하다'가 현재 사실임을 나타내려고 어미 '-ㄴ다'를 사용했다. 이처럼 한국어는 체언과 용언에 조사와 어미를 붙여야만 한 문장을 이룰 수 있다.

이 문장에 다른 조사와 어미를 더 붙여서 더 많은 의미를 나타낼 수도 있다. '그가요 나만을 사랑했답니다', '그만은 나를 사랑했었겠지요' 등등. 이렇게 조사와 어미를 체언이나 용언 뒤에 계속 붙여 가면서 문장을 만드는 특질이 있기 때문에 형태 구조상 한국어는 **첨가어**로 분류된다. **교착어**라고도 하는데, '교착'도 어차피 붙는다는 뜻이다.

'그가 나를 사랑한다'를 중국어로 쓰면 '他愛我〔타아이워〕'다. 단어의 순서를 바꾸어 '我愛他〔워아이타〕'라고 쓰면 '내가 그를 사랑한다'라는 뜻이 된다. 중국어에서는 주어가 되든 목적어가 되든 단어의 형태가 바뀌지 않는다. 이런 언어를 '고립어'라고 부른다. 고립어에서는 단어의 형태가 바뀌지 않으니까 단어의 순서로만 문장의 뜻을 알 수 있다. 그러나 한국어에서는 문장 안에서 단어가 하는 역할을 조사와 어미가 결정하므로, 단어의 순서가 바뀌어도 문장의 뜻은 변하지 않는다. 느낌이 좀 달라질지는 몰라도. '그가 나를 사랑한다', '나를 그가 사랑한다', '사랑한다 그가 나를' 등등.

'그가 나를 사랑한다'를 영어로 하면 'He loves me'가 된다. '내가 그를 사랑한다'는 'I love him'이다. 'he'가 'him'으로, 'loves'가 'love'로, 'me'가 'I'로 바뀌었다. 영어에서는 이런 식으로 단어의 형태나 어미가 바뀌어서 여러 가지 문법 관계를 나타낸다. 이런 언어를 '굴절어'라고 한다. 서양 언어는 대개 굴절어다.

세계 언어의 50퍼센트가 영어 'He loves me'처럼 '주어＋서술어＋목적어' 구조로 이뤄지고, 우리말 '그는 나를 사랑한다'처럼 '주어＋목적어＋서술어' 구조를 이루는 언어는 40퍼센트 정도 된다. 아랍어나 켈트어처럼 '서술어＋주어＋목적어' 구조로 되어 있는 언어도 10퍼센트 된다고 한다. 이렇게 원칙적으로 서술어가 맨 뒤에 오는 것이 우리말의 특질 가운데 하나다. 정보 전달이라는 측면에서 보아, 문장에서 가장 중요한 것은 주어와 서술어다. 그런데 우리말에서는 서술어가 맨 뒤에 오기 때문에 '한국말은 끝까지 들어 보아야 안다'고 한다. 이는 효율성이 떨어진다는 뜻이기도 하다.

'나를 사랑한 스파이, 탁자 위에 놓인 책, 빨리 먹었다, 아주 빨리'처럼 우리말에서는 꾸미는 말이 중심어(꾸밈을 받는 말) 앞에 놓인다.

그런데 영어에서는 'fair play(정정당당한 대결), magic carpet(마법 양탄자)'처럼 꾸미는 말이 앞에 오기도 하지만, 'something special(특별한 것), The Spy Who Loved Me(나를 사랑한 스파이)'처럼 꾸미는 말이 뒤에 오기도 한다. 여기에서도 중요한 것은 뒤에 놓이는 우리 말의 특질을 볼 수 있다.

• 한글의 특질

인간이 사회를 이루고 살기 위한 기본적인 수단 가운데 하나가 언어다. 언어는 말인데, 말은 한번 하고 나면 날아가 버린다. 거리상으로 멀리까지 전달되지도 않는다. 이런 시간과 공간의 제약을 극복하고자 만든 것이 글자(문자)다. 다시 말해 말을 기록한 것이 문자다. 하지만 처음부터 말소리를 글로 적은 것은 아니었다.

한국어의 문자

지구상에는 몇 백 가지 문자가 있는데, 그중 한글을 비롯해 몇 가지를 빼고는 문자는 대개 몇 천 년에 걸쳐 진화해 왔다. 문자는 일반적으로 '그림 문자 → 상형 문자 → 표의 문자 → 음절 문자 → 음소 문자'의 순서로 발달해 왔다고 할 수 있다.

　그림 문자는 어떤 사실이나 생각을 그림으로 나타낸 것이다. 이것도 의사소통을 위한 수단이었다는 점에서 문자의 성격을 지녔다고 할 수 있겠다. 그러나 말소리를 적은 것이 아니라는 점에서, 그리고 같은 그림이 다른 사실이나 생각을 표현할 수도 있고, 같은 사실이나 생각을 다른 그림으로 표현할 수도 있다는 점에서 문자로서 충분하지 않다.

사물의 모습을 좀 더 추상적으로 간략하게 본떠 만든 문자를 **상형 문자**라고 한다. 예를 들어 한자에서는 해의 모양을 본떠 '日(일)' 자를 만들고 달의 모양을 본떠 '月(월)' 자를 만들었다. 초기의 한자나 수메르 문자, 이집트 문자 등이 이런 상형 문자에 해당한다.

그러나 모든 사물을 일일이 형상으로 나타내는 데에는 한계가 있다. 그리고 추상적인 개념이나 생각은 형상으로 표현하기도 어렵다. 그래서 사물 자체뿐만 아니라 그 사물과 관련된 개념을 나타내는 데에도 그 문자를 썼다. 예를 들어 '해'를 뜻하는 '日'이 '빛, 낮, 날' 같은 개념까지 나타내고, '日'과 '月'을 합친 '明(명)' 자가 '밝음, 똑똑함'이라는 뜻을 나타낸다. 이런 문자를 **표의 문자**라고 한다.

상형 문자나 표의 문자는 사물 하나에 대해 한 문자, 또는 생각 하나에 대해 한 문자를 쓰는 '단어 문자'다. 이런 단어 문자를 쓰려면 사물이나 생각의 수만큼 많은 문자를 만들어야 하기 때문에, 문자의 수가 너무 많아져서 골치다. 게다가 그 많은 문자들을 각각 다른 모양으로 만든다는 것도 어려운 일이다.

그래서 문자 하나로 한 가지 뜻을 나타내는 문자가 아니라 말소리를 나타내는 문자가 만들어졌는데, 이것이 **표음 문자**(소리글자)다. 표음 문자 가운데 한 음절을 한 문자로 나타내는 문자를 '음절 문

자'라고 한다. 일본의 가나 문자가 음절 문자에 속한다. 예를 들어 '가'라는 음절을 적으려면 한글로는 'ㄱ' 자와 'ㅏ' 자, 두 개를 합쳐 써야 하는데, 가나 문자로는 'か' 한 자면 된다. 간단한 방식으로 보이지만 한 언어를 완전히 표기하려면 그 언어의 음절 수만큼 문자가 필요하므로, 음절 수가 많은 언어에서는 문자로서 효용성이 떨어진다고 하겠다. 일본어에는 50개 문자가 있는데, 거꾸로 말하면 50음절로 모든 말을 할 수 있다는 뜻도 되는 걸까? 실제로는 탁점이나 반모음같이 부가되는 요소가 있어 음절 수가 50개보다는 많지만, 그래도 일본어는 비교적 음절 수가 적은 언어다.

한 문자가 자음이나 모음 소리 하나만을 표기하는 문자를 '음소 문자'라고 한다. 알파벳과 한글이 대표적인 음소 문자인데, 음소 문자는 적은 문자를 조합해 다양한 말소리를 표기할 수 있기 때문에 사용하기 편리하다.

한글은 음소 문자보다 더 발달한 '자질 문자'라고 주장하는 이들도 있다. 한글 자모는 단순히 말소리를 표기하는 게 아니라, 입 속에서 소리가 만들어지는 위치 같은 음운의 자질까지 알려 주는 문자라는 것이다.

한글의 제자 원리

한글이 어떻게 만들어졌는지를 살펴보면 한글을 왜 '음운의 자질까지 반영되어 있는 자질 문자'라고 하는지 알 수 있다. 세종 대왕이 1443년 음력 12월에 '훈민정음'이란 이름으로 28문자를 창제했고,

집현전 학자들이 이에 대한 해설서를 써서 1446년에 펴냈다. 이 해설서 제목은 문자 이름과 똑같은 《훈민정음》인데, '해례'가 들어 있어서 흔히 '훈민정음 해례본'이라고 부른다. 이 '해례본'에 바로 한글이 어떻게 만들어졌는지 제자 원리가 설명되어 있다.

먼저 한글 자음의 기본 글자는 'ㄱ, ㄴ, ㅁ, ㅅ, ㅇ' 다섯 글자다. 예전에 어떤 국어 선생님은 이것을 '가네모상'이라고 불렀다. 이 다섯 글자는 해당 소리가 나는 발음 기관의 모양을 본떠 만들었다. 'ㄱ'은 혀뿌리가 목구멍을 막는 모양을 본떴고, 'ㄴ'은 혀가 윗잇몸에 붙는 모양을 본떴고, 'ㅁ'은 입의 모양을 본떴고, 'ㅅ'은 이의 모양을 본떴고, 'ㅇ'은 목구멍의 모양을 본떴다. 이처럼 기본 다섯 글자는 사물의 형상을 본떠 만든 상형 문자처럼 발음 기관의 모양을 본떠서 만들었다.

나머지 글자들은 이 기본 글자들에 한 획씩 더해 가는 가획 원리에 따라 만들었다.

ㄱ → ㅋ

ㄴ → ㄷ → ㅌ

ㅁ → ㅂ → ㅍ

ㅅ → ㅈ → ㅊ

ㅇ → ㆆ → ㅎ

기본 글자와 소리 나는 위치가 비슷한데 소리가 조금 더 세게 날 때 한 획을 더 그었음을 알 수 있다. 머리 좋다. 오늘날 휴대폰에 문자 입력하는 방식 중에 이 원리를 그대로 사용한 방식도 있지 않은가. 한 획을 더하면 기본 소리가 어떻게 변할지 소리의 자질까지 글자 모양으로 짐작할 수 있다.

ㄹ과 오늘날엔 쓰이지 않는 ㅇ, ㅿ은 예외적인 문자라고 하지만, 이 역시 혀와 목구멍과 이의 모양을 본뜬 것임을 짐작하기 어렵지 않다. 훈민정음의 자음은 이렇게 모두 17자다.

모음을 만들 때도 상형의 원리를 따랐다. 우주 형성의 기본이 된다는 천지인의 모습을 본떴는데, 'ㆍ'는 하늘의 모습을 본떠 둥글게 하고, 'ㅡ'는 땅을 본떠서 평평하게 하고, 'ㅣ'는 사람이 서 있는 모습을 본떠서 만들었다. 이 세 문자를 바탕으로 ㅗ, ㅏ, ㅜ, ㅓ를 만들고 여기에 다시 한 획씩 더 그어 ㅛ, ㅑ, ㅠ, ㅕ까지 기본 모음을 나타내는 문자 11자를 완성했다. 합성의 원리를 따른 것이다.

된소리를 표시하는 ㄲ, ㄸ, ㅃ, ㅉ은 새로 만든 것이 아니라 이미 만든 자음을 나란히 쓴 것(병서)이고, 받침에는 다시 첫소리를 쓰도록 했다. 그래서 세종 대왕은 자음 17자와 모음 11자를 합하여 "새로 스물여덟 자를 만드노니 사람마다 쉽게 익혀 날로 쓰기 편안하게 하고자 할 따름"이라고 하신 것이다.

움직임에 온 신경을 곤두세운 채, 나는 마지 얼음조각이라도 된 양
가만히 서 있었다. 갑자기 잊었던 것, 그래서 가물가물 흐릿한 의식
저편으로부터 서서히 생각이 그 모습을 드러내며 돌아오는 떨림이
감지됐다. 언어의 신비가 베일을 벗는 순간이었다."

바람의 방향을 가리키는 풍향계, 기온을 나타내는 온도계, 불을
나타내는 연기 등은 형식이 내용의 결과를 나타낸다. 이런 기호를
지표 기호라고 한다.

교통 신호등이나 군대의 계급장, 병원을 나타내는 녹십자 등은
'이런 형식은 이런 내용을 가리키는 것으로 합시다' 하고 사람들끼
리 서로 약속하고 관습적으로 인정한 것이다. 이런 기호는 상징 기

안에서도 지역마다 말소리가 다른 경우도 많다. 이처럼 방언이 존
재한다는 것도 언어의 자의성을 보여 주는 예다.

또 있다. 옛날에는 '어엿브다'라는 말소리가 '불쌍하다'는 의미였
지만, 지금 그 말소리는 '어여쁘다'로, 의미는 아름답다로 형식과
내용이 모두 바뀌었다. 만약 말소리와 의미의 관계가 필연적이라면
말소리와 의미에 변화가 있어서는 안 될 것이다. 이것도 언어가 자
의성을 띤다는 것을 보여 준다.

소리를 흉내 내는 말은 그래도 자의성이 덜할까? 한국 개
나 영국 개나 짖는 소리는 같지 않을까? 그런데 이것도 [멍멍], [바
우와우]로 서로 형식이 다르다.

2

음성과 음운

소리의 규칙

'누군가 펌프에서 물을 긷고 있었다. 선생님은 물이 쏟아져 나오는
꼭지 아래에다 내 손을 갖다 대셨다. 차디찬 물줄기가 꼭지에 닿은
손으로 계속해서 쏟아져 흘렀다. 선생님은 다른 한 손에다 처음에
는 천천히, 두 번째는 빠르게 '물'이라고 쓰셨다. 선생님의 손가락
움직임에 온 신경을 곤두세운 채, 나는 마지 얼음조각이라도 된 양
가만히 서 있었다. 갑자기 잊었던 것, 그래서 가물가물 흐릿한 의식
저편으로부터 서서히 생각이 그 모습을 드러내며 돌아오는 떨림이
감지됐다. 언어의 신비가 베일을 벗는 순간이었다.'

바람의 방향을 가리키는 풍향계, 기온을 나타내는 온도계, 불을
나타내는 연기 등은 형식이 내용의 결과를 나타낸다. 이런 기호를
지표 기호라고 한다.

교통 신호등이나 군대의 계급장, 병원을 나타내는 녹십자 등은
'이런 형식은 이런 내용을 가리키는 것으로 합시다' 하고 사람들끼
리 서로 약속하고 관습적으로 인정한 것이다. 이런 기호는 상징 기
호라고 한다. 형식과 내용이 밀접하게 연관된 도상 기호나 지표 기
호와 달리, 상징 기호는 형식과 내용 사이에 직접적인 연관성이 없
다. 그저 사람들이 사회적 합의하에 그 내용과 형식을 연결해서 기
호로 사용하고 있을 뿐이다.

그럼 언어는? 언어도 생각을 전달하는 수단이 분명하니까 기호의
일종이다. 그렇다면 언어의 내용은 '전달하고자 하는 의미'일 테고,
형식은 말소리나 글자가 되겠다. 그리고 '자연계의 강, 호수, 바
다, 지하수 따위의 넓이 분포되는 액체를 가리킬 때 '물'이
라는 말소리 또는 글자를 쓰는 것은 사람들끼리 관습적으로 받아들
이는 일이다. 그러므로 언어는 상징 기호의 하나가 되었다.

말소리와 의미에 변화가 있어서는 안 될 것이다. 이것도 언어가 자
의성을 띤다는 것을 보여 준다.

소리를 흉내 내는 말은 그래도 자의성이 덜할까? 한국 개
나 영국 개나 짖는 소리는 같지 않을까? 그런데 이것도 '멍멍', [바
우와우]로 서로 형식이 다르다.

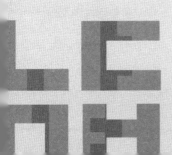

분절성 때문에 한정된 언어 기호를 이용해서 다양한
수 있다. '승호가 공을 찬다' '이라구 공을 찬다' '승호
혼자서는 살 수 없으니까 승호가 공을 던진다' '승호가 공을 찼다' '승호가 공
페터 빅셀의 소설 승호가 날아오는 공을 잡았다' 등등.
수 있는 것이 아니다. 무게라는 원래 경계선이
그 이유를 납득할 수 없었던 연속적 스펙트럼으로 이루어진다. 그런데 우리는
노, 초, 파, 남, 보라고 마치 무지개가 일곱 가지 색으로 분
명히 나뉘어 있는 듯이 표현한다. 경계가 분명하지 않은데도 우리
는 그릇의 종류를 접시, 대접, 사발, 공기로 나누어 부른다. 동해,
남해, 서해라고 나누어 부르기는 하지만 실제로 바다를 쪼갤 수는
없는 노릇이다. 이 또한 언어의 분절성을 보여 주는 예들이다.

공통점이 무언가-추상성

길을 떠났다가 뜻밖의 사기 경우도, 다른 사람들과 의사소통이 막혔
다. 소설 속의 그 남자는 결국 침묵 속에서 혼자 살아갈 수밖에 없
게 되었다.

시간이 가면 변한다-역사성

언어 기호는 사회적인 약속이기는 하지만, 시간이 흐름에 따라 변
하기도 한다. 이것을 언어의 역사성이라고 한다. '곳고리 → 꾀꼬
리처럼 말소리가 바뀌기도 하고, '어리다'라는 말소리가 '어리석다'
는 의미에서 나이가 적다는 의미로 바뀌기도 한다. 예전에 쓰이던
'즘, 즈믄,'을 대신해 새로운 낱말 '백, 천, 강'이 쓰이기도 한
다. '자래 넌날 즈리에(자래를 다른 누구에게 주리오)'처럼 예전에는

사람은 네댓살 겨우 쬐도 개와 고양이의 사진을 보고 고양이 개인
지 고양이인지 알아맞힌다. 그러나 인공 지능이 이런 능력을 갖추
긴 매우 어려운 일이라고 한다. 서로 다른 개 사진 수만 장과 고양
이 사진 수만 장을 입력해도, 개의 공통된 특징과 고양이의 공통된
특징을 파악하지 못하고 개와 고양이 사이의 차이점을 알아내지 못
하기 때문이다. 수많은 종류의 개나 고양이에게서 공통된 특징을
뽑아내는 능력을 추상화하는 능력이라고 하는데, 로봇에게는 없는
추상화 능력이 사람에게는 있다. 그래서 대여섯 살 꼬마 아이도 사
진을 보고 개인지 고양이인지 구별해 낸다.

개 한 마리 한 마리의 생김새와 속성은 모두 다르다. 사람들은 이

말이 되는 소리와 말이 안 되는 소리

| 음성과 음운 |

● 모든 소리가 음성일까?

한 개그 프로그램에 '리얼 사운드'라는 코너가 있었다. 그 가운데
한 장면이다.

> 김대성: 접시 깨지는 소리 '쨍그랑', 이거 좀 이상하지 않습
>   니까? …… 정확한 발음으로 들어 보시죠.
> 유민상: 파스챙통땅때랭!

사물의 소리를 흉내 낸 의성어가 사물의 소리를 제대로 흉내 내
지 못한다고 비판하면서 그 사물의 소리를 성대모사하고, 그 성대

모사한 것을 다시 흉내 내서 적어 놓은 글로 웃기는 개그다. 그런데 이 개그가 우스운 이유는 뭘까?

세상에는 여러 가지 소리가 있다. 조용한 방 안에 앉아 있자면 멀리서 전철 지나가는 소리, 자동차 소리, 이웃집에서 아기 우는 소리, 벽에 걸린 시계 째깍거리는 소리……, 정말 여러 가지 소리가 들린다. 그리고 아주머니들이 골목길을 지나가며 서로 얘기하는 소리도 들린다.

이 소리들 가운데 사람들이 말하는 소리를 말소리 또는 '음성'이라고 한다. 사람이 내는 소리 가운데는 물론 웃음소리도 있고 울음소리도 있고 기침 소리도 있다. 그러나 이런 소리들은 음성이라고 하지 않는다. 말을 할 때 내는 소리가 아니기 때문이다. 말을 하느라 입과 목 같은 발음 기관을 사용해서 내는 소리만을 **음성**이라고 하는 것이다.

음성과 음성이 아닌 소리를 구별하는 가장 큰 차이는 분절성이 있느냐 없느냐 하는 것이다. 접시가 깨지는 소리는 사실 말이나 글로 정확히 표현할 수 없다. 가장 큰 이유는, 사물이 내는 소리는 끊어져서 나지 않고 연속적으로 나기 때문이다. 자음과 모음으로 구분할 수 없고 한 글자 한 글자 끊을 수도 없다. 그런데 우리는 그 소리를 흉내 내 말할 때 '쨍그랑'이라고 자음과 모음으로 이뤄진 세 음절로 끊어서 발음한다. 사람의 말소리는 다른 소리와 달리 분절성이 있다는 뜻이다.

접시 깨지는 소리를 성대모사한 소리는 사람이 내는 소리라도 말소리, 곧 음성이라고는 할 수 없다. 말하려고 내는 소리가 아니기 때문이다. 앞서 예를 든 개그 프로그램에서는 음성이 아닌 성대모사 소리를 음성인 것처럼 다시 글로 써 놓았으니 우스울 수밖에 없다. 물론 성대모사 자체가 보여 주는 재미도 있겠지만.

서로 다른 음성을 듣고 같은 소리로 인식한다?

사람들의 목소리는 제각각 다르다. 그래서 음성도 저마다 다르다. 똑같은 '사랑'이라는 단어도 어떤 사람의 음성은 굵고 어떤 사람의 음성은 가늘다. 같은 사람이 발음할 때도 화가 났을 때와 즐거울 때 제각기 소리의 높이와 크기가 다르다. 심지어는 아침에 다르고 저녁에 다르다. 이론상으로는 '사랑'이라는 단어가 발음될 때마다 그 소리는 매번 조금씩 다르다. 그래도 우리는 그것을 서로 다른 말로 받아들이지 않고 '사랑'이라는 말로 동일하게 인식한다. '사랑'이라는 단어를 연필로 쓰건 볼펜으로 쓰건, 또박또박 쓰건 흘려 쓰건 똑같이 '사랑'이라는 단어로 인식하는 것과 마찬가지다. 왜 그럴까?

음성의 높이, 굵기, 크기, 울림의 폭 등등이 제각각 달라도 우리는 조금 다른 부분은 무시하고 같은 부분만 받아들인다. 공통적인 것만 받아들여서 그것이 '사랑'이라는 단어라고 인식한다. 우리 머릿속에는 '사랑'의 기준 발음이 저장되어 있고, 누군가 '사랑'이라고 발음하면 우리 머릿속에 있는 기준 발음 '사랑'과 비교해서 마치 유전자 검사나 지문 인식을 하듯이 '음, 이 음성은 기준 발음과 80퍼센트 일치, 통과!' 이런 식으로 단어를 인식하는 듯하다. 우리

각자의 머릿속에 있는 기준 발음, 머릿속에서 같은 소리라고 인식하는 소리, 이것을 '음운'이라고 부른다.

다시 말해 **음성**은 높이, 굵기, 크기, 울림 등등이 제각각 다른 구체적인 말소리이고, **음운**은 이 구체적인 소리들 가운데 공통적인 것만을 뽑아 놓은 추상적인 소리다. 이 추상적인 소리 덕분에 우리는 다른 사람들과 의사소통을 하며 살 수 있는 셈이다.

● 단어를 구별하는 차이는 음운

도대체 음운이 뭐길래 이렇게 복잡한 설명을 들으면서까지 알아야 하는 것일까? 그것은 음운이 단어를 구별하는 데에 매우 중요한 역할을 하기 때문이다.

'불, 뿔, 풀'을 예로 들어 보자. 세 단어 모두 '울' 소리가 들어 있기는 하지만, 셋은 분명 서로 다른 뜻을 지닌 단어다. 이 세 단어를 서로 다른 단어로 만드는 것은 자음 ㅂ, ㅃ, ㅍ이다. 첫소리의 자음이 의미의 차이를 가져온 것이다.

자음뿐 아니라 모음도 의미의 차이를 가져온다. '발, 벌, 볼, 불'을 예로 들어 보자. 네 단어 모두 첫소리 자음은 ㅂ, 받침이 되는 끝소리 자음은 ㄹ이다. 하지만 네 단어는 분명히 서로 다른 뜻을 지닌 단어다. 이번에 네 단어를 서로 다른 단어로 만드는 것은 모음 ㅏ, ㅓ, ㅗ, ㅜ다. 모음도 의미의 차이를 가져온다는 것을 알 수 있다.

이처럼 단어 사이에 의미의 차이를 낳는 자음과 모음을 음운이라고 한다. 그런데 자음과 모음을 더 작은 것으로 쪼갤 수 있을까? 물론 더는 쪼갤 수 없다. 그러므로 **음운**이란 '말의 뜻을 구별하게 하는, 소리의 가장 작은 단위'라고 정의할 수 있다.

자음과 모음 말고도 의미의 차이를 가져오는 것이 또 있다.

"내 말은 말도 참 잘 들어."

초등학교 언젠가 국어 교과서에 나왔던 문장이라고 기억한다. 앞의 '말'은 [말]이고, 뒤의 '말'은 [말:]이다. 소리의 길이가 다르다. 같은 '말'이지만 소리의 길이가 다르면 뜻도 다르다. 그러므로 '소리의 길이'도 음운에 해당한다. 중국어에서는 높낮이(성조), 영어에서는 세기(강세)도 음운으로서 기능하는데, 우리말에서는 방언에 그 흔적이 남아 있지만 쓰임새가 크지 않다.

결국 음운이란 모음과 자음, 그리고 소리의 길이와 높낮이, 세기를 말한다. 그런데 모음과 자음은 소리와 소리 사이의 경계가 분명한 반면, 길이와 높낮이, 세기는 그 소리 사이의 경계가 분명하지 않다. 그래서 모음과 자음을 **음소**, 길이·높낮이·세기를 **운소**라고 구별해서 부르기도 한다. 눈치 빠른 사람은 알겠지만, '음소+운소＝음운'인 것이다.

막힘없이 나는 홀소리

| 모음 |

● 단모음과 이중 모음

모음(홀소리)은 입안에서 별다른 장애를 받지 않고 나는 소리다. ㅏ,
ㅑ, ㅓ, ㅕ…… 같은 것을 모음이라고 한다는 것은 누구나 알 것이
다. 그렇지만 별다른 장애를 안 받는다는 거지, 장애가 전혀 없다는
뜻은 아니다. 자음에 비해 장애를 덜 받는 것이라고 이해하자.

　실제로 모음을 하나씩 발음해 보면 입의 모양과 크기가 달라지
고, 입안에서 혀도 부지런히 움직인다. 다시 말해 입과 혀의 장애를
여러 가지로 조금씩 받으면서 소리를 내는 것이다. 그리고 모음은
모두 목청이 떨려 울리는 소리, 곧 **울림소리(유성음)**다.

　모음 가운데, 발음의 시작부터 끝까지 입 모양이 달라지지 않는

모음을 **단모음**이라고 한다. 모음을 하나하나 소리 내어 보면 쉽게 알 수 있을 것이다. 단모음은 'ㅣ, ㅟ, ㅔ, ㅚ, ㅐ, ㅡ, ㅜ, ㅓ, ㅗ, ㅏ' 이렇게 10개다. '키위 제외해, 금붕어 좋아'라고 외우면 쉽다고 누가 그랬다.

이상하다. ㅟ, ㅚ 발음을 할 때는 입 모양이 달라지는 것 같은데. 이렇게 생각하는 사람도 있을 것이다. 대부분 그렇게 생각할지도 모르겠다. 이런 사람들은 ㅟ, ㅚ를 단모음이 아니라 이중 모음으로 발음하고 있을 것이다. 원칙대로라면 ㅟ, ㅚ를 단모음으로 발음해야 한다. 그러나 이중 모음으로 발음하는 사람이 워낙 많다 보니, 표준 발음법에서도 ㅟ, ㅚ를 이중 모음으로 발음해도 된다고 허용한다.

'ㅟ'를 단모음으로 발음하려면 입을 동그랗게 오므리고 'ㅣ'를 발음하면 된다. 'ㅚ'는 마찬가지로 입을 동그랗게 오므리고 'ㅔ'를 발음하면 된다. 물론, 발음 시작부터 끝까지 입을 동그랗게 오므린 채로 있어야 한다. 입 모양이 변하지 않아야 단모음이니까.

단모음과 달리 발음하는 도중에 입 모양이 달라지는 모음이 **이중 모음**이다. 예를 들어 'ㅑ'를 발음해 보면 처음에는 혀가 'ㅣ' 자리에 있다가 결국에는 'ㅏ' 자리로 옮아간다. 그래서 입 모양이 변한다. 다른 말로 하면 'ㅣ' 발음으로 시작해서 'ㅏ' 발음으로 끝내는 것이다. 이중 모음에는 'ㅣ'로 시작하는 이중 모음(ㅑ ㅕ ㅛ ㅠ ㅒ ㅖ) 6개, 'ㅗ/ㅜ'로 시작하는 이중 모음(ㅘ ㅙ ㅝ ㅞ) 4개, 그리고 'ㅢ', 이렇게 모두 11개가 있다.

이중 모음은 'ㅣ + ㅏ, ㅗ + ㅏ'처럼 단모음 두 개가 합쳐져서 된 것이라고 생각하기 쉽다. 그러나 이중 모음을 만들 때의 'ㅣ, ㅗ/ㅜ'는 단모음처럼 길게 발음되지 않고 살짝 미끄러지듯이 지나가는 소리다([j], [w]). 그래서 미끄러울 활(滑) 자를 써서 '활음'이라고도 하고, 온전한 모음이 아니라고 해서 **반모음**이라고도 부른다. 반모음은 소리와 성질이 모음과 비슷하지만, 반드시 다른 모음과 결합해서 발음된다는 점에서 자음과도 비슷하다. 그래서 '반자음'이라고도 한다. 따라서 이중 모음이란 '반모음+단모음'으로 이뤄지는 셈이다.

'ㅢ'는 특이하다. 'ㅡ'와 'ㅣ' 가운데 어느 것이 반모음인지 알기 어렵다. 그러나 'ㅡ'를 반모음으로 보지 않기 때문에 '단모음 ㅡ + 반모음 ㅣ'로 본다.

● 입 모양과 혀의 위치에 따라
-단모음의 체계

단모음은 혀의 위치에 따라 전설 모음과 후설 모음으로 나뉜다. 발음할 때 혀끝이 앞으로 나오면 **전설 모음**이고(ㅣ ㅟ ㅔ ㅚ ㅐ), 혀끝이 뒤로 가면서 발음되면 **후설 모음**이다(ㅡ ㅜ ㅓ ㅗ ㅏ). 복잡하다고? 전설 모음에는 모두 'ㅣ' 모음이 들어가 있다고 생각하면 기억하기 쉬울 것이다.

입을 벌리는 정도에 따라서 단모음을 나눌 수도 있다. 혀끝의 높이에 따라, 혀끝이 높으면 **고모음**(ㅣㅟㅡㅜ), 중간이면 **중모음**(ㅔㅚ ㅓㅗ), 혀끝이 낮으면 **저모음**(ㅐㅏ)으로 나눈다. 입을 크게 벌릴수록 혀끝이 내려간다고 생각하면 헷갈리지 않을 것이다.

입술의 모양에 따라 단모음을 나눌 수도 있다. 입술을 둥그렇게 오므려서 소리를 내면 **원순 모음**이고(ㅟㅜㅚㅗ), 입술을 펴서 소리를 내면 **평순 모음**이다(ㅣㅔㅐㅡㅓㅏ). 말로 하면 복잡한 것 같지만, 실제로 소리를 내 보면 금세 알 수 있다.

목청, 이, 입술에 닿는 소리

| 자음 |

● 자음의 이름은 어떻게 정해졌을까?

이번에는 자음(닿소리)에 대해서 알아보자. 먼저 우리말 자음의 이름부터. 기본 자음 14개의 이름은 '기역, 니은, 디귿, 리을, 미음, 비읍, 시옷, 이응, 지읒, 치읓, 키읔, 티읕, 피읖, 히읗'이다. 이 이름들을 가만히 보면 거기에는 나름대로 이름을 붙인 공식이 있다.

해당 자음 + ㅣ + ㅡ + 해당 자음

그런데 공식에 안 맞는 이름이 몇 개 있다. 기역, 디귿, 시옷. 왜 이렇게 되었을까?

세종 대왕이 처음 훈민정음을 만들었을 때(1443년), 낱낱의 자모를 뭐라고 불렀는지는 지금 알 수 없다. 그런데 최세진이라는 사람이 1527년에 지은 《훈몽자회》라는 책에 처음 한글 자모의 순서와 이름이 나온다. 이 책에는 앞의 공식대로 한글 자모의 이름이 적혀 있는데, 그 이름을 적는 방법이 오늘날과는 달랐다.

어떤 방법으로 한글 자모의 이름을 적었을까? 한글을 모르는 외국인한테 한글 자모의 이름을 가르쳐 준다고 생각해 보자. 오늘날 같으면 영어 알파벳을 써서 가르쳐 주었을 것이다. 그러나 그때는 한자를 이용했다. 최세진은 한자를 써서 니은은 尼隱(니은), 리을은 梨乙(리을), 미음은 眉音(미음)……, 이런 식으로 이름을 표시했다. 그런데 기윽의 윽, 디읃의 읃, 시읏의 읏으로 소리 나는 한자가 없었다.

일단 '기윽'은 '윽'과 소리가 비슷한 '역(役)'이라는 한자를 대신 써서 '其役(기역)'이라고 했다. 그래서 기윽이 기역이 되고 말았다.

그리고 읃과 읏은 비슷한 한자를 찾지도 못해서 끝 말(末) 자와 옷 의(衣) 자를 빌려 썼다. 대신 末 자와 衣 자 둘레에 동그라미를 쳤다 (㈎, ㈏). 소리로 읽지 말고 뜻으로 읽으라는 표시였다. 다시 말해 '말'과 '의'로 읽지 말고, '끝(중세한국어에서는 귿)'과 '옷'으로 읽으라는 뜻이었다. 그래서 디읃이 아니라 디귿이 되고, 시읏이 아니라 시옷이 되었다. '디귿'이라는 이름 때문에 '티읕'을 '티긑'인 줄 아는 사람도 있다. 이런 사정을 알고 나면 틀리지 않을 것이다.

참고로 말하자면, 북한에서는 '기윽, 디읃, 시읏'이라고 부른다.

공식대로 자음 이름을 붙인 것이다. 남한 학자들은 전통을 존중하고, 북한 학자들은 원칙을 존중하기 때문이 아닐까 생각해 본다.

● 자음의 체계

소리를 내는 위치에 따라

자음은 어떻게 해서 나는 소리인지 알아보자. 앞에서 모음은 입안에서 별다른 장애를 받지 않고 나는 소리라고 했다. 자음은 거꾸로 입안에서 여러 가지 장애를 받고 나는 소리다. 목청을 지난 공기가 어딘가에서 막히거나 길이 좁아지면 공기가 장애를 입으면서 여러 가지 소리가 나게 되는데, 이 소리들이 자음이란 말이다. 그럼 무엇이 공기를 막고, 무엇 때문에 길이 좁아질까?

실제로 발음을 해 보면 잘 알 수 있다. 그런데 모음은 자음 없이 홀로 소리가 나지만(그래서 모음을 '홀소리'라고도 한다), 자음은 모음 없이 혼자서는 발음될 수 없다. 그러니 자음에 'ㅏ'를 붙여서 소리 내 보자. 예를 들어 '마' 소리를 내는데, 'ㅏ'에는 신경 쓰지 말고 'ㅁ' 소리가 어디에서 나는지에만 집중해 보자. 'ㅏ'는 자음만으로는 소리를 낼 수 없어서 그냥 형식적으로 붙이는 거니까.

'ㅁ'은 입술 사이에서 소리가 난다. 'ㅁ' 소리 말고 입술 사이에서 나는 소리가 또 있다. 숨의 세기를 달리 해 보자. 마! 바! 빠! 파! 옳다. 'ㅂ ㅃ ㅍ'도 입술 사이에서 소리가 난다. 이런 소리들을 **입술소**

리(양순음兩脣音)라고 한다. 애당초 'ㅁ'의 모양이 입의 모양을 딴 한자에서 온 것이다. 입[ㅁ]에서 약간 세게 공기가 나오는 모양을 그린 것이 'ㅂ'이고, 더 세게 나오는 모양을 그린 것이 'ㅍ'이다. 한글은 과학적이기 이전에 참 알기 쉽게 만들어진 글자라는 것을 알 수 있다.

다른 데서 나는 소리도 찾아보자. '가, 나, 다, 라……' 순서대로 발음해 보는 것이 좋겠다. 이렇게 해 보면 'ㄴ'과 'ㄷ ㄸ ㅌ' 'ㄹ' 'ㅅ ㅆ'은 잇몸 근처에서 소리가 난다. 혀끝이 윗잇몸에 닿으며 나는 소리다. 이런 소리를 **잇몸소리**(치경음齒莖音)라고 한다.

'ㅈ ㅉ ㅊ'은 혀가 입천장에 닿았다가 떨어지면서 소리가 난다. 정확히는 혓바닥과 입 앞쪽의 딱딱한 입천장 사이에서 소리가 난다. 그래서 이런 소리는 **센입천장소리**(경구개음硬口蓋音)라고 한다.

'ㄱ'은 혀의 뒷부분이 입천장을 막을 때 소리가 난다. 혀의 뒷부분과 뒤쪽의 부드러운 입천장 사이에서 소리가 나는 것이다. 이런 소리를 **여린입천장소리**(연구개음軟口蓋音)라고 한다. 'ㄱ ㄲ ㅋ'이 여린입천장소리다. 그런데 여린입천장소리가 하나 더 있다. 바로 받침으로 올 때의 'ㅇ' 소리다.

마지막으로 남은 하나, 'ㅎ' 소리는 목에서 난다. 목에서 나기 때문에 **목청소리**(후음喉音)라고 한다.

이런 소리들이 모두 자음이다. 소리가 어디서 나느냐, 곧 조음 위치에 따라서 자음을 분류해 보았다.

소리를 내는 방법에 따라

소리를 내는 방법, 곧 조음 방법에 따라서 자음을 나눌 수도 있다. '소리를 내는 방법이 서로 다른가?' 하는 의문이 생길 수도 있다. 다시 한번 소리를 내 보자. 가, 나, 다, 라…….

먼저 허파에서 나오는 공기를 일단 막았다가 그 막은 자리를 터뜨리면서 내는 소리가 있다. 'ㄱ, ㄷ, ㅂ'이 그런 소리다. 이와 비슷한 'ㄲ ㅋ, ㄸ ㅌ, ㅃ ㅍ'도 그러하다. 이처럼 혀나 입술이 공기의 흐름을 막았다가 그 막은 자리를 터뜨리면서 내는 소리를 **터짐소리(파열음)**라고 한다.

입안이나 목청 사이의 통로를 좁히고 공기를 그 좁은 틈 사이로 내보내어 마찰을 일으키면서 내는 소리도 있다. 'ㅅ'이 그렇다. 'ㅆ'도 그런 소리고, 목청에서 나는 'ㅎ'도 기도를 마찰하면서 지나간다. 이런 소리를 **갈이소리(마찰음)**라고 한다.

ㅈ은 어떨까? ㅈ 소리를 내어 보면 처음엔 공기를 막았다가 나중에는 마찰을 일으킨다. 다시 말해 파열과 마찰, 두 가지 성질을 모두 가진다. 이런 성질이 있는 'ㅈ ㅉ ㅊ'을 **붙갈이소리(파찰음)**라고 한다. '파찰'은 파열과 마찰에서 한 글자씩 따온 것이다.

'ㄴ, ㅁ, ㅇ'은 코로 공기가 나오면서 소리가 난다. 코에서 나는 소리니까 **콧소리(비음)**라고 한다.

마지막으로 'ㄹ'은 혀끝을 잇몸에 가볍게 대었다가 뗄 때, 또 혀끝을 잇몸에 댄 채로 공기를 흘려보낼 때 소리가 난다. 공기가 흐를 때 나는 소리라고 해서 **흐름소리(유음)**라고 한다.

숨의 세기와 울림에 따라

숨의 세기에 따라서 자음을 나눌 수도 있다. 'ㅊ, ㅋ, ㅌ, ㅍ'을 **거센소리**(격음), 이름에 '쌍' 자가 들어가는 'ㄲ, ㄸ, ㅃ, ㅆ, ㅉ'을 **된소리**(경음)라고 한다. 'ㄱ, ㄷ, ㅂ, ㅅ, ㅈ'은 **예사소리**(평음)다. 이들은 모두 파열음, 파찰음, 마찰음으로 **안울림소리**(무성음)다.

그런데 비음 'ㄴ, ㅁ, ㅇ'과 유음 'ㄹ'은 입안이나 코 안에서 울려서 나는 소리이기 때문에 **울림소리**(유성음)다.

자음의 종류를 이렇게 시시콜콜히 알아야 하나 싶겠지만, 문법을 이해할 때 유용하게 써먹을 수 있으니까 짚고 넘어가자.

[디그디]? [디그지]? [디그시]?

| 발음의 법칙 1. 음절의 끝소리 규칙과 연음 규칙 |

● 음절, 발음할 수 있는 가장 작은 덩어리

자음과 모음의 차이로 우선 꼽을 수 있는 것이 홀로 발음할 수 있느냐 없느냐다. ㅏ, ㅗ 같은 모음은 홀로 소리가 나올 수 있지만 ㅂ, ㄷ 같은 자음을 읽으려면 반드시 모음을 붙여서 읽어야 한다.

예를 들어 '하늘이 파랗다'라는 문장을 소리 나는 대로 써 보자. [하느리 파라타]. 이때의 '하', '느', '리', '파', '라', '타'처럼 소리를 낼 수 있는 가장 작은 덩어리를 음절이라고 한다. 이 문장은 6개 음절로 이루어졌다. 모든 말은 이렇게 음절 단위로 마디를 이루어서 발음된다. 이들 음절을 살펴보면 각각 모음이 하나씩 있다. 이렇게 음절이 만들어지려면 반드시 모음이 있어야 한다. 다시 말하지만 한국어에서는 자음만으로 소리를 낼 수가 없으니까.

그럼, 외국어에서는 자음만으로도 소리를 낼 수 있나? 그렇다. '파랗다'를 영어로 'blue'라고 한다. 'b'는 자음이고 뒤에 모음이 없는데도 소리가 난다. 'spring'처럼 자음이 연달아 셋씩 올 때도 있다. 물론 '스프링'이라고 한국어식으로 발음하면 외국 사람들은 못 알아듣는다. 'milk'를 '밀크'라고 발음하면 미국에서 우유 한 잔 사 먹지 못할 것이다. 독일어 'Arbeit'는 우리나라에서 부업이나 시간제 일자리라는 뜻으로 쓰이지만 원래는 '일'이라는 뜻이다. 이것을 우리 식으로 '아르바이트'라고 발음하면 독일 사람들은 못 알아듣거나, 잘해야 '일'의 복수형으로 이해한다. 영어나 독일어로는 모음 없이 발음해야 하는데, 우리 식으로 'ㅡ'라는 모음을 넣어 발음하면 외국인들은 못 알아듣는 것이다. 이렇게 외국어에서는 한국어와 달리 자음만으로도 소리를 낼 수 있다.

한국어에서 음절은 모음 하나로 이루어지거나, 모음을 중심으로 앞이나 뒤에 자음이 연결돼서 한 음절을 이룬다. 결국 한국어의 음절은 {(자음)+모음+(자음)} 구조로 되어 있다고 할 수 있다.

음절 구조	예
모음 하나	아, 야, 어, 여
자음 + 모음	가, 나, 다, 라
모음 + 자음	악, 약, 억, 역
자음 + 모음 + 자음	강, 눈, 달, 북

이것을 보고 '아'나 '야'는 {자음＋모음}이 아닌가 하고 의문을 품는 사람이 있을지도 모르겠다. 그러나 '아'나 '야' 같은 경우의 'ㅇ'은 받침에 오는 '이응'과 다르다. 받침에 오는 '이응'처럼 소리가 나는 자음이 아니라, 소리가 없는 단순한 기호다. 글자를 쓸 때 {첫소리 자음＋가운뎃소리 모음＋(받침소리 자음)} 형식을 갖추어 써야 하는 우리말 서법 때문에, 첫소리 자음이 올 자리에 그려 넣는 동그라미라고 생각해야 한다.

'결국 음절이란 우리가 흔히 말하는 글자랑 같은 거 아닌가?' 하고 생각할 수도 있겠다. 뭐, 한국어에서는 음절 단위로 글을 쓰니까 그렇게 보일 수도 있다. 하지만 앞에서 소리 나는 대로 읽어 보라고 한 데에는 다 이유가 있다. 음절은 글자와 같은 게 아니라 소리를 낼 때 한 번에 나오는 소리의 덩어리라고 생각하는 게 옳다. 굳이 말하자면 음절은 소리 나는 대로 적은 각각의 글자로 봐도 되겠다.

● 끝소리 자음의 발음은 일곱 가지로 정해져 있다

본격적으로 '음절의 끝소리 규칙'에 대해서 알아보자. 끝소리? 끝에서 나는 소리? 그렇다. 음절의 중심을 이루는 모음을 가운뎃소리(중성), 그 앞의 자음을 첫소리(초성), 그 뒤의 자음을 끝소리(종성)라고 한다. 결국 받침을 말한다. 더 정확히는 받침이 내는 소리를 말한다. 지금은 소리에 대해 이야기하고 있다는 것을 잊지 말자.

그럼, 끝소리 규칙이란 끝소리를 내는 규칙인가? 우리말은 소리 나는 대로 쓰는 말이니까 그냥 소리 나는 대로 쓰고 읽으면 되는 것 아닌가? 끝소리 규칙이 따로 있을 필요가 있나?

그렇지 않으니까 따로 규칙이 있는 것이다. 자, '낫'을 한번 소리 내어 읽어 보자. [낟]. 그럼, '낮, 낯, 낱, 낳'은? [낟, 낟, 낟, 낟]. 다 똑같은 소리가 난다. ㅅ, ㅈ, ㅊ, ㅌ, ㅎ으로 각각 표기가 다르니까 모두 다른 소리가 나야 하는데, 모두 소리가 같다. 모두 ㄷ으로 소리 난다. 'ㅅ, ㅈ, ㅊ, ㅌ, ㅎ'(사자가 차를 타고 하하 웃는다)을 대표하는 소리, 곧 대표음은 ㄷ이라는 뜻이다.

그럼 '밖', '부엌'은 어떨까? [박], [부억]. 모두 ㄱ으로 난다. 곧 ㄲ과 ㅋ의 대표음은 ㄱ이다.

그럼 '잎'과 '무릎'은? [입], [무릅]. ㅂ으로 난다.

이렇게 살펴보면 한국어에서 음절의 끝에 발음되는 자음은 'ㄱ, ㄴ, ㄷ, ㄹ, ㅁ, ㅂ, ㅇ' 일곱 개뿐이다. 이 일곱 소리가 아닌 자음이 받침에 오면 이 일곱 자음 가운데 하나로 바뀌어 발음된다. 이렇게 음운이 바뀌는 현상을 '음절의 끝소리 규칙'이라고 한다.

받침이 두 개 있을 때도 그런가? 그러니까 ㄺ이나 ㅄ 같은 겹받침일 경우? '흙', '없다'를 한번 소리 내어 읽어 보면 알 수 있겠지? [흑], [업:따]. ㄱ과 ㅂ으로 발음되네. 이것도 음절의 끝소리 규칙에 해당하겠다.

그러니까 받침에 오는 모든 자음은 'ㄱ, ㄴ, ㄷ, ㄹ, ㅁ, ㅂ, ㅇ' 일곱 자음 가운데 하나, 곧 대표음으로 발음된다. 이 일곱 자음을 굳

이 외울 필요가 있을까, 발음만 해 보면 아는데? 그래도 외우고 싶다면, '그냥 둘리만 보여.'

● 모음 조사가 붙으면 원래 받침소리가 되살아난다

그런데 뭔가 이상하다. '꽃'은 음절의 끝소리 규칙에 따르면 〔꼳〕이라고 읽어야 한다. 하지만 '꽃이'는 〔꼬치〕라고 읽어야 하잖아? 설마 〔꼬디〕라고 읽어야 하는 것은 아니겠지?

좋은 질문이다. 일곱 개 자음 '그냥 둘리만 보여' 외의 자음이라도 다음에 모음으로 시작하는 말이 오면 원래의 받침소리가 되살아난다. 그래서 〔꼬치〕라고 발음하는 게 옳다. 마찬가지로 '낮으로'는 〔나스로〕, '낮에'는 〔나제〕, '밭에서'는 〔바테서〕라고 발음한다. 이것을 연음 규칙이라고 한다.

그러면 '꽃 위'는 〔꼬뒤〕가 아니라 〔꼬취〕라고 읽어야 하나? '밭 안'도 〔바단〕이 아니라 〔바탄〕이라고 읽어야 하나? 이상하다.

아직 설명이 끝나지 않았다. 〔꼬뒤〕, 〔바단〕이라고 읽는 것이 옳다. 받침 뒤에 모음으로 시작하는 말이 오더라도 그 말에 독립적인 뜻이 있을 때는 끝소리 규칙을 따라야 한다. '위'와 '안'은 독립적인 뜻이 있는 말이다. 그러니까 'ㅊ'과 'ㅌ'의 대표음 'ㄷ'을 살려서 〔꼬뒤〕, 〔바단〕이라고 읽어야 한다. 반면에 '-이'나 '-으로', '-에', '-에서' 같은 조사는 그 자체만으로는 뜻이 없는 말이니까 〔꼬치〕, 〔나스로], [나제], [바테서]라고 읽는다. 원래의 받침소리를 살려서. **연음 규칙**.

규칙의 예외

그럼 '디귿이'는 어떻게 읽어야 할까? '-이'는 뜻이 없으니까, [디그디]로 읽어야 하지 않을까? 땡! 틀렸다. 모든 법칙에는 예외라는 게 있는 법(물론 이 법칙에도 예외는 있을지 모르지만). '디귿이'는 [디그시]라고 읽어야 한다.

뭐? 'ㅅ'으로 읽는다고? 그건 연음 규칙을 따르는 것도 아니고, 끝소리 규칙하고도 맞지 않잖아? 우리나라 문교부(교육부)에서 정한 표준 발음법 제16항을 보면 다음과 같이 규정되어 있다.

표준 발음법 제16항

한글 자모의 이름은 그 받침소리를 연음하되, 'ㄷ, ㅈ, ㅊ, ㅋ, ㅌ, ㅍ, ㅎ'의 경우에는 특별히 다음과 같이 발음한다.

디귿이[디그시]	디귿을[디그슬]	디귿에[디그세]
지읒이[지으시]	지읒을[지으슬]	지읒에[지으세]
치읓이[치으시]	치읓을[치으슬]	치읓에[치으세]
키읔이[키으기]	키읔을[키으글]	키읔에[키으게]
티읕이[티으시]	티읕을[티으슬]	티읕에[티으세]
피읖이[피으비]	피읖을[피으블]	피읖에[피으베]
히읗이[히으시]	히읗을[히으슬]	히읗에[히으세]

원칙적으로 연음 규칙을 따르자면 '디귿이'는 [디그디/디그지], '디귿을'은 [디그들]로 발음해야 한다. 그런데 대부분 사람들이 [디그시], [디그슬]로 발음하고 있다. 이러한 현실 발음을 반영해 특별 규정을 둔 것이다. 하긴, 누가 [디그지]라고 발음하겠나? [히으흘]? 아이고, 이상해라.

이상한 문제 또 하나. '맛있다'는 어떻게 발음해야 맞을까? 당근, [마신따] 아닌가? 그런데 '맛' 다음에 의미가 있는 '있다'라는 말이 왔다. 그렇다면 [마딛따]라고 발음해야겠네. 그렇다. [마딛따]가 원칙적으로 맞는 발음이다. 그런데 [마신따]라고 발음해도 된다. 이것도 예외다. [마신따]라고 발음하는 사람이 워낙 많아서 학자들이 두 손 들고 항복한 거다. '그렇게 발음해도 괜찮습니다, 할 수 없지요' 하고 말이다. '멋있다'도 마찬가지로 원칙적으로 [머딛따]로 발음해야 하지만, [머신따]라고 발음해도 괜찮다. 원래 문법이란 많은 사람들이 하는 대로 따라가는 거니까. 물론 '맛없다'는 [마덥따], '멋없다'는 [머덥따]로 발음해야 한다. 규칙대로. 그리고 많은 사람들이 발음하는 대로.

'규칙이란 한번 정하면 그대로 따라야 하는 거 아닌가? 괜히 복잡하게……' 하는 생각도 든다. 그대로 따라야 하니 학교에서 문법을 가르치지만, 현실을 무시해서도 안 된다. 그런 의미에서 문법은 살아 있는 생물체 같은 거라고 이해하고 넘어가자.

[실라면]이냐, [신나면]이냐?

| 발음의 법칙 2 . 자음 동화 |

● 자음과 자음이 만나서 바뀐다

서울시 관악구 신림동은 상당히 많이 알려진 동네다. 서울대학교가
자리 잡고 있는 동네로 아는 사람도 있고, 고시촌이 있는 동네로 아
는 사람도 있다. 젊은이들 사이에서는 순대 타운이 있는 동네로 알
려져 있을 공산이 크다.

'신림동'이라고 쓰지만 읽을 때는 [실림동]이라고 읽는다. '신림
동'에서 '신'은 ㄴ 받침인데 ㄹ로 발음하는 것이다. 이유는? 모두들
그렇게 발음하니까? 맞는 말이다. 모두들 그렇게 발음하니까 그렇
게 읽는 것이 문법의 정신이기도 하다. 그런데 왜 모두들 그렇게 발
음할까? 물론 [신] [림] [동], 이렇게 발음하기가 힘들어서다.

ㄴ 받침 다음에 ㄹ 발음을 정확하게 하려면, 못할 것도 없지만 우리 혀가 고생할 것이다. 서양 사람들은 힘들지도 않은지, ㄴ 다음에 ㄹ 발음을 정확하게 한다. Henry(헨리)나 only(온리)를 생각해 보면 알 수 있다. 그러나 우리는 발음하기 편하게 받침 ㄴ을 살짝 ㄹ로 바꾸어 발음한다. 뒤에 오는 '림' 자의 첫소리 ㄹ에 맞추어. 이렇게 받침 자음과 뒤에 오는 첫소리 자음이 만나 두 자음이 같거나 비슷한 소리로 바뀌는 현상을 '자음 동화'라고 한다. 어린이들이 주로 읽는 동화가 아니라, 같을 동(同)에 될 화(化), '같아진다'는 뜻이다. 두 자음이 항상 같아지는 것은 아니고 비슷하게 바뀔 때도 있지만 그냥 동화라고 부른다.

유음화 – 흘러가는 소리로 바뀐다

'신림동'이 [실림동]이 되는 것이 자음 동화다. ㄴ과 ㄹ이 만나는 비슷한 예로 '난로[날:로]'나 '대관령[대:괄령]'을 들 수 있다. 그럼 '설날'은 어떨까? [설:랄]이라고 발음하니, 이것도 ㄴ이 ㄹ로 바뀌어서 소리 나는 자음 동화다. 그런데 '난로'나 '대관령'하고는 조금 다르다. 무엇이 다를까? 무엇이 무엇을 만나는지 살펴보자.

'난로'와 '대관령'에서는 ㄴ이 ㄹ을 만났고, '설날'에서는 ㄹ이 ㄴ을 만났다. 이것이 다른 점이다. 어쨌든 모두 ㄴ → ㄹ로 바뀌었다. [ㄴㄹ]이 [ㄹㄹ]로, [ㄹㄴ]이 [ㄹㄹ]로. 이렇게 ㄴ이 앞뒤의 ㄹ을 만나 ㄹ로 바뀌는 것을 자음 동화 가운데서도 특히 유음화(흐름소리 되기)라고 한다. 이것은 유음이 아닌 자음이 유음 'ㄹ'로 바뀌는 현상이기에 이런 이름이 붙었다.

비음화-콧소리로 바뀐다

대표적인 자음 동화 현상으로 유음화 말고 비음화(콧소리되기)라는 것도 있다. 짐작할 수 있듯이, 이것은 비음이 아닌 자음이 비음으로 바뀌는 현상이다.

비음으로는 'ㄴ, ㅁ, ㅇ'이 있다. '국물'을 예로 들어 보자. [궁물]. ㄱ → ㅇ으로 바뀐다. ㄱ이 비음인 ㅇ으로 바뀌었으니 비음화의 한 예가 되겠다. '밥물'은 어떤가? [밤물]. ㅂ → ㅁ으로 바뀌었다. 이것도 비음화다. '문을 닫는다' 할 때의 '닫는다'도 [단는다]로 소리 나니까 ㄷ → ㄴ으로 바뀌는 예다. 그러니까 정리해 보면 비음화는 ㄱ, ㅂ, ㄷ 받침이 뒤에 오는 비음 ㅁ, ㄴ을 만나서 비음 ㅇ, ㅁ, ㄴ으로 바뀌는 현상이다.

그럼 '종로'나 '음력' 같은 경우는 어떨까? ㄹ → ㄴ으로 바뀌어 [종노], [음녁]이라고 소리 나니까 이것도 비음화다. 다만, 이때는 ㅇ, ㅁ 받침 뒤에 오는 ㄹ이 비음인 ㄴ으로 바뀌는 것이다. 결론적으로 비음이 아닌 자음이 비음으로 바뀌면 모두 비음화라고 할 수 있다.

지금까지는 두 자음이 만나서 한 자음만 바뀌는 것을 보았다. 그런데 두 자음 모두가 바뀌는 비음화 현상도 있다. '백로'라는 단어를 보자. 어떻게 소리가 나나? [뱅노]. ㄱ → ㅇ으로, ㄹ → ㄴ으로 바뀌었다. 두 자음이 모두 비음으로 바뀐다. '독립'도 비슷하다. [동

닙]. '독립문'은 어떨까? 〔동님문〕. ㄱ → ㅇ으로, ㄹ → ㄴ으로 바
꿔고, ㅂ도 ㅁ으로 바뀐다. 한 단어 안에서 비음화가 무려 세 번이
나 일어난다.

[실라면]과 [신나면]의 싸움

자음 동화에는 유음화와 비음화, 두 가지가 있다는 것을 알았다. 그
런데 가끔 유음화와 비음화가 서로 싸울 때가 있다. '신라면'이라는
단어를 보자. 상표명이라고 거부감을 갖지는 말자. 목적에 충실하
게 발음 규칙을 살펴보자는 거니까. 〔실라면〕이 맞을까, 〔신나면〕이
맞을까?

원칙대로라면 ㄴ 다음에 ㄹ이 오는 거니까 유음화가 되어서 〔실
라면〕이라고 읽어야 맞을 것이다. 그런데 〔실라면〕이라고 하는 사
람은 별로 못 본 거 같다. 광고에서도 〔신나면〕이라고 읽는다. 사람
들이 모두 잘못 발음하는 건가?

먼저, ㄴ과 ㄹ이 만날 때는 유음화가 일어나는 게 맞는데, 앞뒷말
가운데 하나가 홀로 쓰일 수 있는 말일 때는 비음화가 일어나기도
한다. ㄹ → ㄴ이 되는 거다. '신라면'에서, '라면'이라는 단어는 앞
의 '신' 없이도 홀로 쓰일 수 있는 말이다. 이럴 때는 유음화가 일어
나지 않고, 비음화가 일어난다. 다시 말해 〔실라면〕이라고 발음되지
않고 〔신나면〕이라고 발음되는 거다. 그러니까 〔신나면〕이라고 발
음하는 게 옳다. 이 라면 회사에서는 실은 브랜드 '신'을 더 알리고
싶어서 〔신나면〕이라고 불렀을 수도 있겠다.

다른 예를 들어 보자. '생산량'이나 '의견란', '등산로' 같은 단어를 소리 내어 읽어 보자. [생산냥], [의:견난], [등산노]. 모두 ㄴ과 ㄹ이 결합하면서도 [ㄹㄹ]로 발음되지 않고 [ㄴㄴ]으로 발음된다. '생산'이나 '의견', '등산'이 모두 홀로 쓰일 수 있는 말이기 때문이다. 유음화가 일어나지 않고, 비음화가 일어나는 것이다.

복잡하다는 생각도 든다. 그냥 [생살량], [의:결란], [등살로], 이렇게 발음하면 될 것을……. 그러나 그렇게 발음했다가는 무슨 말인지 사람들이 잘 못 알아들을 것이다. [등살로], 이렇게 발음하면 사람들이 '등산로'라고 이해하겠나? 무슨 등살로 고기를 구워 먹으려나 보다, 이렇게 이해하면 곤란하다. 혼자서도 쓰일 수 있는 말을 정확히 밝히려다 보니까 유음화 대신 비음화가 일어났다고 봐야 한다. 하지만 이건 어디까지나 실제 발음을 고려해서 정한 예외 사례다. 그러므로 [ㄴㄴ]으로 발음하는 단어와 [ㄹㄹ]로 발음하는 단어를 따로 정해서 사전에 그 발음을 표시하도록 되어 있다. 사전에 발음을 표시해 두면 문제가 없을 것 같지만, 이 때문에 생기는 문제가 적지 않다.

아웃렛! [아운넫]? [아울렏]?

'선릉'을 [선능]이라고 읽는 사람들이 적지 않다. 누군가 [선능]이라고 발음하길래 '그럼 전라도도 [전나도]라고 해야겠네?' 하고 대꾸한 적이 있는데, '선릉'은 [설릉]이 옳다. 서울 지하철 2호선 운영을 맡은 서울메트로에서 해 놓은 영문 표기도 'Seolleung'이다.

그런데 '임금이나 왕후의 무덤'을 가리키는 '능'이라는 말을 강조하려다 보니 [선능]이라고 발음하는 사람이 많아진 듯하다. 심지어 '태릉'을 [태능], '서오릉'을 [서오능]이라고 발음하는 사람도 있다.

이것이 유음화냐 비음화냐의 문제인데, 실은 사람들이 실제로 어떻게 발음하느냐의 문제다. 필자는 개인적으로, 역사적인 유물이나 역사 용어 같은 것은 통일해야 하지 않을까 생각한다. 예컨대 김좌진 장군이 일본군과 싸워 크게 이긴 싸움, '청산리 전투'는 어떻게 읽어야 할까? 유음화냐 비음화냐, 어느 쪽이 맞을까? 필자는 [청살리 전투]라고 읽고 싶다. 그러나 [청산니 전투]라고 발음하는 사람이 많다. 실제로 그 지역, 곧 두만강 상류 지역에 있던 청산리의 주민들이 [청산니]라고 발음했다면 [청산니]라고 해야 할 것이다. 이런 역사 용어들은 모두 표준 발음법의 용례로 정해 놓으면 좋겠다는 생각이다.

유음화냐 비음화냐 하는 문제는 새로 생겨나는 말일수록 심각하다. 외래어가 대표적인데, 'online'은 어떨까? 우리말 표기는 '온라인'이다. [온라인]? [온나인]? [올라인]? 문법대로 따지자면 '온'에 '라인'이니까 [ㄴ+ㄹ] → [ㄹ+ㄹ], [올라인]으로 발음해야 맞을 것이다. 하지만 사전을 찾아보면 [온나인]이라고 발음한다. 'line(라인)'이 홀로 쓰일 수 있는 말이니까 이렇게 발음을 정했을까? 어쨌든 이것도 비음화의 승리라고 봐야겠다.

이처럼 사전에 올라 있는 단어는 사전에 따르면 되겠지만, 아직 사전에 없는 말이 문제가 된다. 'outlet'은 어떨까? 우리말 표기는

'아웃렛'. 이것도 '온라인'처럼 비음화가 일어난다면 〔아운넫〕이어야 할 것이다. 그런데 좀 이상하다! 〔아운넫〕이라고 발음하면 촌에서 왔냐고 사람들이 흉보겠지? 쓸 때도 아예 '아울렛'이라고 쓰는 사람이 많다. 그것이 더 원음에 가깝기 때문일 것이다. 그냥 〔아울렏〕이라고 읽어야 하나? 그래도 뭐랄 사람은 없겠지만, 왠지 찜찜하다. 어쨌든 Good luck(굿럭)!

신발은 [신기는] 것일까, [신끼는] 것일까?

| 발음의 법칙 3. 된소리되기 |

● 무성음끼리 만나면
  뒤에 오는 소리가 된소리로 바뀐다

한 부부가 귀여운 딸을 데리고 외출을 하려 한다. 엄마는 아이에게
새로 산 구두를 신기고 싶어 한다.

　"슬기야, 새로 산 구두 신자[신ː짜]."

　그런데 바깥 날씨가 춥다. 아빠가 정색을 하고 말한다.

　"날도 추운데, 그냥 털신 신기지[신끼지]?"

　엄마가 반대한다.

　"양말 두꺼운 것 신겼어[신겼어]. 그냥 구두 신겨[신겨]."

　두 사람, 서로 발음이 다른데도 말은 잘 통한다. [신끼다]와 [신

기다), 누구의 발음이 맞는 것일까?

　놀이동산에서 즐거운 한때를 보낸 슬기네 가족, 이번에는 분식집을 찾았다.

"우리 김밥[김:빱] 먹을까?"

"응."

슬기가 대답했지만, 아빠는 매콤한 것이 당긴다.

"나는 비빔밥[비빔빱] 먹을래."

서로 다른 취향은 관두고, 이 가운데 잘못 발음한 것은?

　'집단'은 [집딴], '꽃밭'은 [꼳밭] → [꼳빧], '학교'는 [학꾜]로 소리 난다. 받침 ㅂ, ㄷ, ㄱ 뒤에 오는 무성음 ㅂ, ㄷ, ㄱ, ㅅ, ㅈ이 된소리 ㅃ, ㄸ, ㄲ, ㅆ, ㅉ으로 바뀌는 것이다. 이런 현상을 된소리되기(경음화)라고 한다. 이럴 때의 된소리되기는 아주 자연스러운 현상이다. 받침으로 오는 무성음은 파열음인데, 파열이 마무리되기 전에 잇따라 또 무성음을 발음하려다 보니 뒤에 오는 소리는 저절로 된소리가 된다. 너무나 자연스러운 현상이라 표기에도 반영하지 않는다. 곧 소리는 [학꾜]로 나지만 쓸 때는 '학꾜'가 아니라 '학교'라고 쓴다.

　그러나 받침이 ㅂ, ㄷ, ㄱ이 아닌데도 뒤에 오는 소리가 된소리이면 소리 나는 대로 적는다. '살짝', '몽땅', '산뜻하다' 등이 그러하다. 우리말은 소리 나는 대로 적는 것이 대전제이기 때문이다.

받침이 유성음인데도 된소리되기가 나타날 때가 있다

'양말을 신고 자다', '인형을 꼭 껴안고 자다' 등에서는 〔신:꼬〕와 〔껴안꼬〕로 소리가 난다. '두 남매는 닮지 않았다', '밥을 굶지 말고'에서도 각각 〔담:찌〕, 〔굼:찌〕로 소리 난다. 동사나 형용사가 활용할 때, 받침이 ㄴ, ㅁ과 같은 유성음인데도 뒤에 오는 소리가 된소리가 되는 것이다.

그러나 ㄴ, ㅁ으로 끝나는 명사 뒤에 조사가 올 때는 된소리되기가 나타나지 않는다. 헤밍웨이가 쓴 책은 〔노인과 바다〕이지, 〔노인 꽈 바다〕가 아니다. 〔구름도 울고 넘는〕이지 〔구름또 울고 넘는〕이 아니다.

'신다'나 '안다'에 '기'를 붙여 사동사나 피동사를 만들었을 때도 된소리로 발음하지 않는다. '신기다'는 〔신기다〕, '안기다'는 〔안기다〕라고 발음해야 한다. 그러므로 신발은 〔신기는〕 것이지 〔신끼는〕 것이 아니다. 〔신끼는〕이라고 발음하는 사람은 〔촌:싸람〕. 응? 〔신키다〕라고 발음하는 사람도 있다고? 그건 또 뭐지?

[김:밥]일까, [김:빱]일까?

'촌사람〔촌:싸람〕'처럼 두 명사가 합해져서 한 명사가 됐을 때도 된소리되기가 일어난다. '문고리', '눈동자', '강가'는 받침이 무성음이 아닌데도 각각 〔문꼬리〕, 〔눈똥자〕, 〔강까〕라고 된소리가 난다. 그럼 '김밥'은? 많은 사람이 〔김:빱〕이라고 발음하고 있지만, 아직은 〔김:밥〕이 표준 발음이다.* 이유가 뭘까?

규칙은 이렇다. '문고리'가 [문꼬리]가 되는 것은 '문의 고리'이기 때문이다. '강가'를 [강까]라고 발음하는 것도 '강의 가'이기 때문이다. 곧, 앞 단어가 뒤에 오는 단어를 꾸밀 때에 된소리되기가 일어난다는 것이다. 그런데 '김밥'은 '김의 밥'이 아니라 '김으로 만 밥'이기 때문에 두 단어 사이의 관계가 다르다고. 그래서 [김:밥]이 옳다고.

그런데 이 규칙에는 예외가 너무 많다. 규칙대로라면 '돼지고기'는 '돼지의 고기'니까 [돼:지꼬기], '소기름'은 '소의 기름'이니까 [소끼름]이라고 발음해야 할 것이다. 물론 우리가 실제로 이렇게 발음한다면 사이시옷을 넣어서 '돼짓고기', '솟기름'이라고 적어야 하겠지만. 그리고 '비빔밥'은 '비빔의 밥'이 아니니까 [비빔밥]이라고 발음해야 하겠지만 [비빔빱]이 맞는 발음이다.

'돼지고기'나 '소기름'처럼 앞 단어가 뒤에 오는 단어를 꾸미는 합성어라 하더라도 된소리가 나지 않는 경우가 적지 않다. '고래기름', '기와집', '말방울'도 된소리되기가 일어나지 않는다. 같은 말 뒤에서도 된소리되기가 일어날 때도 있고 일어나지 않는 경우도 있다. '머릿결[머리껼]'이라고 읽지만, '머리글[머리글]'이라고 한다. 결국, 말을 사용하는 언중이 어떻게 발음하느냐에 따라서 표준 발음

---

*   '김밥'의 표준 발음은 원래 [김:밥]이었으나, 현실 쓰임을 고려하여 2016년 이후 [김:빱]도 표준 발음으로 인정하고 있다.

이 결정된다. 어떻게 발음해야 할지 잘 모르겠다 싶으면 일일이 사전을 찾아볼 일이다.

이건 조금 다른 이야긴데, [보끔밥]이라고 발음해야 할 '볶음밥'을 [뽀끔밥], 심지어는 [뽀끔빱]이라고 발음하는 사람은 어떤 사람일까? 아마 '소주'를 [쏘주]라고 발음하는 사람일 것이다. 그뿐만 아니라 '고추'를 [꼬추], '세련'을 [쎄련], '동그라미'를 [똥그라미]라고 발음하는 사람도 많다. 그 심정 정말이지 이해는 되지만, 그건 일반적인 된소리되기하고는 거리가 멀다.

한자어는 대책 없다

뒤에 오는 말을 꾸미는 ㄹ 다음에도 된소리되기가 나타난다. '할 것을[할꺼슬], 갈 데가[갈떼가], 할 수는[할쑤는], 갈 곳[갈꼳], 만날 사람[만날싸람]' 등이 그렇다. ㄹ로 시작되는 어미에서도 마찬가지로 된소리되기가 일어난다. '할걸[할껄], 할수록[할쑤록], 할지라도[할찌라도]' 같은 말이 그러하다.

한자어도 ㄹ 받침 뒤에 ㄷ, ㅅ, ㅈ이 오면 된소리로 발음된다. 갈등[갈뜽], 일시[일씨], 발전[발쩐]이라고 발음한다. 그러나 ㄹ 받침 뒤에 ㄱ, ㅂ이 오면 된소리되기가 일어나지 않는다. 결과[결과], 활보[활보]라고 읽고, '불법'은 [불뻡]이라고 읽는 사람이 많겠지만 [불법]이 표준 발음이다.* 물론 여기에도 예외가 있다. '물가(物價)'는 [물까]라고 읽는다.

어떤 한자어에서 된소리되기가 일어나는지를 규칙으로 알기는 어렵다. 예를 들어 '물건〔물건〕'이라고 읽지만 '사건〔사ː껀〕'이라고 읽는다. '헌법〔헌ː뻡〕'이라고 읽지만 '방법〔방법〕'이 표준 발음이다. 〔방뻡〕이라고 읽는 사람도 있지만…… . '효과'도 많이들 〔효ː꽈〕라고 발음하지만 〔효ː과〕가 맞는 발음이다.**

왜 이렇게 발음하는지 원인을 설명하기는 쉽지 않다. 옛날부터 그렇게 읽어 왔기 때문이라고, 원래의 중국 발음을 표기하려다 보니 그렇게 되었다고 이해하고 넘어가자. 다시 한번 사전 찾기를 권한다.

---

* 〔불뻡〕 또한 2017년부터 표준 발음으로 인정되었다. 표준 발음법 제26항에 따르면 한자어에서, 'ㄹ' 받침 뒤에 연결되는 'ㄷ, ㅅ, ㅈ'은 된소리로 발음하는데, 'ㄹ' 받침 뒤에 연결되는 'ㅂ'도 몇 개의 예외가 있어 규정에 명시되지는 않았지만 대체로 된소리로 난다.

** '효과'의 표준 발음 또한 원래는 〔효ː과〕였으나, 현실 발음을 인정하여 2017년부터 〔효ː꽈〕도 표준 발음으로 인정되었다. 이처럼 한자음의 된소리 발음에 대해서는 현행 표준 발음법 규정으로 설명되지 않는 것이 많다.

듀오 '10cm', [십센티]냐, [십센치]냐?

| 발음의 법칙 4. 구개음화 |

정부가 역사 교과서를 국정화하겠다고 발표하자, 역사학계와 교육계를 비롯해 각계각층에서 반대 움직임이 거세게 일어났다. 가수 이승환도 서울 마포의 한 클럽에서 국정화 반대 콘서트를 열었다. 이승환이 자기 돈을 들여 연 이 무료 콘서트에 29세 이하 젊은 청중이 엄청나게 많이 모여들었다. 이승환과 뜻을 같이하는 밴드도 여럿 이 콘서트에 참여했는데, 그 가운데 '10cm'라는 밴드도 있었다. 이 밴드는 두 명으로 이루어진 듀오인데, 두 사람의 키 차이가 10cm라서 이름을 이렇게 붙였단다. 한글로는 '십센치'라고 적는다.

여기는 국정화 문제를 이야기하는 자리가 아니므로 '십센치'라는 이름에 대해서 이야기해 보자. '센티미터'를 줄여서 '센티'라고 하는데, 왜 '센티'를 〔센치〕라고 읽었을까?

• ㄷ → 지, ㅌ → 치로 바뀐다

'굳이'는 〔구디〕라고 읽지 않고 〔구지〕, '해돋이'는 〔해도디〕라고 읽지 않고 〔해도지〕라고 읽는다. '같이'는 〔가티〕라고 읽지 않고 〔가치〕, '붙이다'는 〔부티다〕라고 읽지 않고 〔부치다〕라고 읽는다. ㄷ이나 ㅌ 다음에 'ㅣ'가 오면 'ㄷ → 지', 'ㅌ → 치'로 바꾸어 발음하는 것이다. 원래 구개음(입천장소리)이 아닌 ㄷ과 ㅌ이 'ㅣ'를 만나서 구개음인 ㅈ과 ㅊ으로 바뀌어 소리 나는 것이다. 이런 현상을 구개음화(입천장소리되기)라고 한다.

구개음화가 일어나는 까닭은 물론 그렇게 하는 것이 발음하기 편해서다. 실제로 발음을 해 보면 알 수 있겠지만, '디'와 '티'를 발음하기보다는 '지'와 '치'를 발음하기가 더 편하다. ㅈ과 ㅊ이 발음되는 위치와 'ㅣ'를 발음하는 위치가 거의 같기 때문이다.

ㅣ 모음뿐만 아니라 'ㅑ, ㅕ, ㅛ, ㅠ'에 숨어 있는 짧은 ㅣ 모음을 만날 때도 구개음화가 일어난다. 이때의 'ㅣ'를 '반모음 ㅣ'라고 부른다. 모음과 같이 발음하지만 음절을 이루지 못하는 아주 짧은 모음이기 때문이다. 예를 들어 '닫혀'는 〔다텨〕 → 〔다쳐(→ 다처)〕, '붙여'는 〔부텨〕 → 〔부쳐(→ 부처)〕라고 소리 난다.

늘 바뀌는 것은 아니다

ㄷ과 ㅌ이 ㅣ 모음을 만났다고 해서 항상 구개음화가 일어나는 것은 아니다. ㅣ 모음으로 시작하는 단어가 독립적인 뜻을 지닌 단어

라면 구개음화가 일어나지 않는다. 예를 들어 '홑이불'은 〔호치불〕이라고 읽지 않고 〔혼니불〕이라고 읽는다. '밭이랑'은 〔바치랑〕이라고 읽지 않고 〔반니랑〕이라고 읽는다. 물론 여기서 '이랑'은 조사가 아니라 '갈아 놓은 밭의 한 두둑과 한 고랑을 아울러 이르는 말'로 명사다. 다시 말해 '이불'이나 '이랑'처럼 독자적인 뜻이 있는 말이 뒤에 올 때는 구개음화가 일어나지 않고, 〔혼니불〕, 〔반니랑〕처럼 'ㄴ' 소리가 첨가되어 발음된다. 그런데 '논이랑 밭이랑 모두 합해 봐야 손바닥만 해요'라는 문장에서는 〔바치랑〕이라고 읽어야 한다. 여기서 '이랑'은 독립적인 뜻이 없는 조사이기 때문이다.

이상하다. 그럼 '잔디'는 〔잔지〕, '느티나무'는 〔느치나무〕라고 읽어야 하나? 물론 그렇지 않다. 아마 그렇게 읽는 사람은 없을 것이다. ㄷ과 ㅌ 다음에 ㅣ 모음이 왔다 하더라도, 그 단어가 원래 한 단어로서 그렇게 고정된 형태인 경우 구개음화가 일어나지 않는다. '잔디'나 '느티나무'는 원래 한 단어이기 때문에 구개음화가 일어나지 않는다. 〔잔디〕, 〔느티나무〕라고 읽어야 한다. '마디, 부디, 어디' 등도 마찬가지다. 적힌 대로 소리가 난다. '맏형'처럼 각각 독자적인 뜻이 있는 두 단어가 합쳐진 경우에도 구개음화가 일어나지 않는다. 〔마텽〕 → 〔마청〕으로 변하지 않는다는 말이다.

좀 어렵다. 그럼 '굳이'나 '같이'는 한 단어로서 고정된 형태가 아니란 말인가? 그렇다. '굳이'는 원래 형태가 그렇게 고정되어 있었던 게 아니라 '굳다'에서 파생되어 나온 말이고(굳+이), '같이'는 '같다'에서 파생되어 나온 말이다(같+이). 이와 비슷하게 '해돋이'

는 '해가 돋다'에서, '미닫이'는 '밀고 닫다'에서 파생되어 나온 말이다. 그러므로 [구지], [가치], [해도지], [미:다지]로 구개음화가 일어난다.

그럼 결론은 뭔가? '센티미터' 또는 '센티'는 고정된 형태인 한 단어다. 다른 단어에서 파생되어 나온 말이 아니다. 그러므로 구개음화가 일어날 이유가 없다. 따라서 [센치]가 아니라 [센티]라고 읽어야 한다. 듀오 이름을 '십센치'가 아니라 '십센티'로 바꾸어야 어법에 맞는 이름이 되겠다(십센치를 좋아하는 한 후배는 이런 말 하지 말라고 하더라만……).

구개음화를 너무 적극적으로 적용한다고 할까, '밭을'을 [바츨]이라고 발음하고 '내 곁을 떠난 뒤'를 [내 겨츨 떠난 뒤]라고 목청껏 노래 부르는 사람이 적지 않다. 그러나 ㄷ과 ㅌ 다음에 'ㅡ' 모음이 올 때는 구개음화가 일어나지 않는다. [바틀]이라고 발음해야 하고, [내 겨틀 떠난 뒤]라고 발음해야 한다.

한 조사 결과에 따르면, 여대생 90퍼센트가 '맞춤법 틀리는 남자'는 이성으로서 호감이 떨어진다고 대답했다. '발음 틀리는 남자'는 어떻게 생각할지 궁금하다. 비슷한 결과가 나오지 않을까?

"내가 네 애비다!"

| 발음의 법칙 5. 모음 동화와 모음 조화 |

● 모음과 모음이 만나도 바뀐다

조지 루커스 감독이 탄생시킨 영화 〈스타워즈〉 시리즈. 광선총과 광
선검 같은 신기한 무기가 나오고, C-3PO나 R2-D2 등의 로봇, 요
다나 다스베이더 같은 독특한 캐릭터가 등장하여 인기를 끌었던
영화 시리즈, 서부 영화 같은 SF 영화로 유명했던 시리즈다. 무려
6부작으로 이루어진 이 시리즈 가운데 에피소드 5 〈제국의 역습〉
끝부분에 나오는 루크 스카이워커와 다스베이더의 결투 장면. 다스
베이더는 루크를 죽일 수도 있었지만, 자기랑 손잡고 우주의 질서
를 새로 세우자고 설득한다. 그러나 거기에 넘어갈 루크가 아니다.

루크: 나는 악인과는 손잡지 않아.

다스베이더: 너는 아직 모른다. 어둠의 힘이 얼마나 강력하
고 위대한지. 오비완이 네 아버지 얘기를 한 번
도 안 했던 모양이구나.

루크: 나도 알 만큼은 알아. 네가 우리 아버지를 죽였지?

다스베이더: 아니다. I'm your father.

I'm your father. 초급 영어에나 나올 법한 이 대사가 이 영화의 명대사로 손꼽힌다. 여기서 대반전이 일어났기 때문일 것이다. 덕분에 수많은 패러디가 탄생했다. 코미디언들이 이 대사를 '내가 네 애비다'로 번역해서 쓰고, 드라마, 토크쇼는 물론 심지어는 공익 광고에도 이 표현이 나왔다.

알다시피 '애비'는 '아비'에서 나왔다. '애비'만큼이나 자주 쓰일 수밖에 없는 '에미'는 '어미'에서 나왔다. '비'와 '미'에 있는 ㅣ 모음 때문에 앞에 있는 '아, 어'가 '애, 에'로 바뀐 것이다. 뒤에 있는 ㅣ 모음의 영향을 받아 앞에 있는 모음이 변하는 이런 현상을 **ㅣ 모음 역행 동화**라고 한다. 모음과 모음 사이에 일어나는 동화 현상이기 때문에 모음 동화의 일종이다.

'창피하다'를 '챙피하다', '고기'를 '괴기', '가랑이'를 '가랭이', '막히다〔마키다〕'를 '맥히다〔매키다〕', '지팡이'를 '지팽이', '벗기다'를 '벳기다', '곰팡이'를 '곰팽이'라고 하는 것도 모두 ㅣ 모음 역행 동화다. 부산 사람들은 뭔가 멋진 광경을 보고는 '쥑인다'고 한다는

데, 이것도 '죽인다'가 ㅣ 모음 역행 동화를 일으킨 것이다(물론 부산 사람만 그러는 것은 아니다. 그러는 사람 많다).

뒤에 ㅣ 모음이 온다고 해서 늘 ㅣ 모음 역행 동화가 일어나는 것은 아니다. '까치'를 '깨치'라고 하거나 '어디'를 '에디'라고 할 사람은 없다. 사례를 잘 살펴보면 ㅣ 모음 역행 동화는 ㅣ 모음 앞에 'ㅁ, ㅂ, ㅍ, ㄱ, ㅋ, ㅇ', 다시 말해 입술소리(양순음)나 여린입천장소리(연구개음)가 와야 일어나는 현상임을 알 수 있다.

부산 사람 이야기를 했는데, ㅣ 모음 역행 동화는 방언에 많이 남아 있다. 그리고 누구나 다 ㅣ 모음 역행 동화를 일으켜서 발음하는 것도 아니다. 그래서 이렇게 변한 발음은 대부분 표준어로 인정받지 못한다. 몇 가지 예외가 있다. '냄비(← 남비), 풋내기(← 풋나기), 불을 댕기다(← 당기다)' 등은 표준어다.

'-장이'와 ㅣ 모음 역행 동화를 일으킨 '-쟁이'는 쓰임이 다르다. '-장이'는 장인이나 기술자한테 붙인다. '구두장이, 미장이, 대장장이, 옹기장이'라고 쓴다. 그 밖에는 '멋쟁이, 개구쟁이, 욕심쟁이, 소금쟁이'와 같이 '-쟁이'라고 써야 한다. 그래서 '양복장이'는 양복을 만드는 장인이라는 뜻이지만, '양복쟁이'는 맨날 양복만 입고 다니는 사람이라는 뜻이 된다. '점장이'인지 '점쟁이'인지 헷갈리는 경우도 있다. 그러나 '점쟁이'가 맞는다. '-장이'는 어떤 직업을 가진 사람을 뜻한다기보다는 기술을 가지고 어떤 물건을 손수 만들어 내거나 고치는 사람, 말하자면 수공업자를 가리킨다. 그래서 작가와 화가는 '글장이', '그림장이'가 못 되고 '글쟁이', '그림쟁이'가 되는 것이다.

앞에 있는 ㅣ 모음이 뒤따르는 모음에 영향을 미칠 때도 있다. 'ㅓ, ㅗ'가 올 경우다. '태어 → 〔태어/태여〕, 기어 → 〔기어/기여〕, 되어 → 〔되어/되여〕, 미시오 → 〔미:시오/미:시요〕'처럼 ㅓ, ㅗ가 ㅕ, ㅛ로 바뀌어 발음되는 것이다. 그러나 〔되여〕, 〔피여〕, 〔이요〕, 〔아니요〕만 표준 발음으로 허용하고, 나머지는 허용하지 않는다. 말하자면 〔태여나다〕라고 발음하면 틀리지만, 〔되여 있다〕라고 발음하는 것은 허용한다는 뜻이다.

표준 발음법 제22항
다음과 같은 용언의 어미는 〔어〕로 발음함을 원칙으로 하되, 〔여〕로 발음함도 허용한다.

되어[되어/되여]   피어[피어/피여]

〔붙임〕 '이오, 아니오'도 이에 준하여 〔이요, 아니요〕로 발음함을 허용한다.

"왜 그래요?" "기준이 뭐예요?" 하는 항의성 질문이 나올 법하다. 설명이 궁색한 규정이지만, 지금으로서는 표준 발음이 그렇다. 우스운 것은 사전을 찾아보면 〔기여가다〕도 맞는 발음으로 나온다. 뭐가 뭔지 모를 일이다. 그만큼 논란의 여지가 많은 규정이다.

● 모음끼리도 유유상종

우리말의 모음을 나눌 때, 밝고 가벼운 느낌을 주는 양성 모음과 어둡고 무거운 느낌을 주는 음성 모음으로 나눌 수 있다. 'ㅏ, ㅗ'가 양성 모음이고 'ㅓ, ㅜ, ㅡ, ㅣ'가 음성 모음이다. 그런데 양성 모음은 양성 모음끼리 어울리고 음성 모음은 음성 모음끼리 어울리려고 하는 현상이 있다. 이것을 **모음 조화**라고 한다.

'잡아, 좁아'라고 쓰지, '잡어, 좁어'라고 쓰지 않는다. '접아, 굽아, 그아, 비아'라고 하지 않고 '접어, 굽어, 그어, 비어'라고 말한다. 양성 모음 ㅏ, ㅗ 다음에는 양성 모음 '-아'가 붙고, 음성 모음 ㅓ, ㅜ, ㅡ, ㅣ 다음에는 음성 모음 '-어'가 붙는 것이다.

'-아/-어'뿐만 아니라 '-아서/-어서, -아도/-어도, -아야/-어야, -아라/-어라, -았/었-' 등도 마찬가지다. '낮아서/죽어서, 참아도/먹어도, 살아야/긁어야, 놓아라/걸어라, 삼았다/피었다' 등으로 쓴다. 모두 모음 조화 현상이다.

모음 조화 현상이 가장 잘 나타나는 곳은 의성어와 의태어다. 반짝반짝/번쩍번쩍, 찰싹찰싹/철썩철썩, 종알종알/중얼중얼, 모락모락/무럭무럭 등등. 양성 모음은 양성 모음끼리, 음성 모음은 음성 모음끼리 사이좋게 짝을 이룬다. 흔히 작은말/큰말로 이루어지는 짝인데, 이런 모음 조화 현상은 우리말의 특징이기도 하다.

그런데 현대에 와서는 갈수록 모음 조화가 안 지켜진다. 어떤 경우에는 모음 조화가 깨진 말이 표준어가 되기도 한다. '깡충깡충'이라고 쓰면 틀리고 '깡충깡충'이라고 써야 한다. 큰말은 '껑충껑충'이다. '-동이'가 붙는 말은 모조리 '-둥이'로 표준어가 바뀌었다. 모음 조화에 상관없이. '쌍동이 → 쌍둥이', '막동이 → 막둥이'. 그렇다고 '홍길동'이 '홍길둥'이 된 것은 아니다. 사람 이름이니까.

동사나 형용사를 보면 모음 조화 현상은 이미 우리말에서 없어진 것으로도 보인다. '깨어, 내어, 배어, 괴어, 되어' 등을 보면 양성 모음 ㅐ, ㅚ 다음에 음성 모음 '-어'가 붙는다. '가깝다, 괴롭다, 아름답다'와 같이 '-ㅂ다'로 끝나는 동사나 형용사는 더욱 그렇다. '가까워, 괴로워, 아름다워'로 양성 모음 다음에 음성 모음 '-워'가 붙으니 말이다.

다만 '돕다, 곱다' 두 단어만은 아직도 '도와, 고와'로 모음 조화에 맞게 써야 한다.

'님의 침묵'일까, '임의 침묵'일까?

| 발음의 법칙 6. 두음 법칙 |

● 단어의 첫머리에는 '니'가 오지 못한다

임은 갔습니다. 아아, 사랑하는 나의 임은 갔습니다.

푸른 산빛을 깨치고 단풍나무 숲을 향하여 난 적은 길을 걸어서, 차마 떨치고 갔습니다.

황금의 꽃같이 굳고 빛나던 옛 맹서는 차디찬 티끌이 되어서 한숨의 미풍에 날아갔습니다.

날카로운 첫 키스의 추억은 나의 운명의 지침을 돌려놓고, 뒷걸음쳐서 사라졌습니다.

교과서에 꼭 실리는 한용운 선생의 시 〈임의 침묵〉의 첫머리다.

교과서에 실려 있어서 우리나라 사람이라면 누구나 알고 있을 법한 이 시의 제목을 〈님의 침묵〉으로 아는 사람이 무척 많다. 실은 한용운 선생도 1925년에 이 시를 썼을 때 제목을 〈님의 침묵〉이라고 달았다. 그런데 현대 맞춤법에 따라 〈임의 침묵〉이라고 쓰는 것이다. 이유가 뭘까?

한글 맞춤법에서는 단어 첫머리에 '녀, 뇨, 뉴, 니'가 올 적에 '여, 요, 유, 이'로 적게 되어 있다. 이것을 두음 법칙이라고 한다. 그래서 '녀자'라고 적지 않고 '여자'라고 쓴다. 포유류의 오줌 속에 들어 있는 화합물도 '뇨소'가 아니라 '요소'라고 쓴다.

단어의 첫머리가 아닐 때는 원래 음대로 적는다. '여자' 할 때와 같은 '여' 자라도 '남녀'라고 적고, '요소'와 같은 '요' 자도 '당뇨병'이라고 적는다. '익명'으로 댓글을 달지만, 범인을 '은닉'하는 것은 죄가 될지도 모른다.

그런데 단어의 첫머리에 '냐, 녀'가 오더라도 두음 법칙이 적용 안 될 때가 있다. '엽전 열닷 냥'이라고 쓰지, '엽전 열닷 양'이라고 쓰지 않는다. '십 년 감수했다'라고 쓰지 '십 연 감수했다'라고 쓰지 않는다. '냥'이나 '년'은 항상 다른 단어 뒤에 쓰인다. 이런 명사를 의존 명사라고 한다. 의존 명사는 두음으로 취급받지 못한다. 그래서 〈고 녀석 맛나겠다〉를 재미있게 보고, '나쁜 년'이라고 욕한다.

어떤 단어에서 파생되어 나온 말이나 두 단어 이상이 합쳐져서 된 말에도 두음 법칙을 적용한다. '신녀성'이라고 쓰지 않고 '신여성'이라고 쓴다. '배화녀자대학'이라고 쓰지 말고 '배화여자대학'이라고 써야 한다. 왜냐고? 각각 '여성'과 '신녀성', '여자'와 '배화녀자대학'으로 쓴다고 해 보자. '신녀성'의 '녀성'이 '여성'과 같은 말인지 아닌지 헷갈릴 것이다.

　그러므로 발음이야 [설립(→ 설림) 년도], [일차년도]라고 할지라도 쓸 때는 '설립 연도', '일차 연도'라고 표기해야 한다. 그럼 '신년도', '구년도'도 '신연도', '구연도'라고 써야 하느냐고? 아니, 그건 아니다. '신년도', '구년도'는 {신＋연도}, {구＋연도}가 아니라 {신년＋도}, {구년＋도}이기 때문이다. '생연월일'이라고 쓰지 않고 '생년월일'이라고 쓰는 것도 같은 이치다.

　〈님의 침묵〉이 〈임의 침묵〉으로 바뀐 이유, 이제 알았을 것이다. '나는 불만이다. 원래 저자가 쓴 대로 쓰는 것이 문학 작품을 대하는 올바른 자세가 아니냐'고 항의할 사람이 있을지도 모르겠다. 그렇다. 그래서 교과서가 아니라면 〈님의 침묵〉이라고 한대도 뭐랄 사람 아무도 없다. 노래 부를 때마다 '님은 먼 곳에'라고 하지 않고 '임은 먼 곳에'라고 발음하려 애쓰다 보면 흥이 날아가 버릴지도…….

● '＝'도 단어의 첫머리에 오지 못한다

우리말에서는 '＝'도 단어의 첫머리에 쓰지 않는다. 발음하기가 까다롭기 때문이다. 그래서 '랴, 려, 례, 료, 류, 리'가 단어의 첫머리에 올 적에는 두음 법칙에 따라 '야, 여, 예, 요, 유, 이'로 적는다. '량심'이 아니라 '양심'이라고 적고, '력사'가 아니라 '역사'라고 적는다. '례의'가 없는 게 아니라 '예의'가 없는 것이고, 용왕님이 사시는 곳은 '룡궁'이 아니라 '용궁'이다. '류행'이 아니라 '유행' 따라 사는 것이 제멋이다. 남자들도 요즘에는 '리발소'에 안 가고, 미장원에 가서 '이발'한다.

물론 이 경우에도 단어의 첫머리가 아니라면 원래 소리대로 적는다. '양심'과 같은 '양' 자지만 '개양 한복'이 아니라 '개량 한복'을 입고, '예식장'에 가서 같은 '예' 자가 붙은 '혼예'가 아니라 '혼례'를 치른다. '유속'은 '하류'보다 '상류'가 빠르다. '용' 한 쌍을 '쌍용'이라고 하지 않고 '쌍룡'이라고 부른다. 그럼 '쌍용자동차'는 뭐냐고? '쌍용자동차'는 규칙에 어긋나는 표기다. 하지만 자기 회사 이름을 그렇게 부르겠다는데, 어쩔 수 없다.

비슷한 경우로 사람 성씨도 두음 법칙에서 예외다. 야구 선수 류현진을 '류현진'이라고 써야 할지, '유현진'이라고 써야 할지는 출생 신고를 할 때 어떻게 올렸느냐에 따라 달라진다는 뜻이다. 류현진 본인이 "'류현진'으로 통일해 주세요"라고 신문 기자들에게 요청했다는 설도 있더라만…….

예외가 또 있다. 모음이나 ㄴ 받침 뒤에 이어지는 '렬, 률'은 '열, 율'로 적는다. '나렬'이라고 쓰지 말고 '나열', '진렬'이라고 쓰지 말고 '진열'이라고 쓰라는 것이다. '비률'이라고 쓰지 말고 '비율', '백분률'이라고 쓰지 말고 '백분율'이라고 써야 한다. 왜냐고? 논리적인 문제라기보다 실제 발음 때문에 생긴 규정이라고 보는 것이 낫다. 덕분에 헷갈리는 사람이 적지 않아서 '합격율', '달성율'이라고 써 붙인 것을 종종 보는데, 잘못된 표기다. '합격률', '달성률'이라고 써야 한다.

ㄴ의 경우와 마찬가지로 의존 명사일 때는 본음대로 적는다. '한양 천 이'가 아니라 '한양 천 리'다. '그럴 이가 없는 것'이 아니라 '그럴 리가 없는 것'이다.

어떤 단어에서 파생되어 나온 단어나 두 단어 이상이 합쳐져서 된 말에도 마찬가지로 두음 법칙을 적용한다. 요즘은 저금리 시대를 맞아 은행의 저축 이자가 '연리율'이 아니라 '연이율' 3퍼센트에도 못 미친다. 그럼에도 휴가철에는 '해외려행'이 아니라 '해외여행'을 많이 떠난다. 밴드 '장미여관'을 '장미려관'이라고 쓰는 사람은 없을 것이다. 다만, 여기서도 사람들의 발음 습관이 굳어진 것은 예외로 인정한다. 물리학에서 말하는 '입자'와 '소립자', '미립자' 사이에 차이가 있는지 궁금하다. '염치'가 없는 사람을 '파렴치하다'고 한다.

숫자를 십진법에 따라 우리말로 적을 때도 두음 법칙을 따라야 한다. '666'은 '육백륙십륙'이라고 쓰지 말고 '육백육십육'이라고 쓰라는 말이다. 그럼 '오륙도 돌아가는'은 '오육도 돌아가는'이라고 써야 하나? '십진법에 따라 쓸 때' 두음 법칙을 적용하는 것이므로 '오륙도'라고 쓰는 것이 맞는다. 게다가 부산에 있는 섬 오륙도는 고유 명사니까 함부로 바꿔 쓸 수도 없다.

● ㄹ → ㄴ으로 바뀌는 경우도 있다

단어의 첫머리에 ㄹ이 오는 것을 꺼리니까 두음 법칙에 따라 '라, 래, 로, 뢰, 루, 르'도 바뀌게 된다. 이때는 '아, 애, 오……'로 바뀌지 않고, '나, 내, 노, 뇌, 누, 느'로 바뀐다. '락원'이 아니라 '낙원', '래일'이 아니라 '내일', '로인'이 아니라 '노인'으로 바뀌는 것. ㄹ 뒤에 단모음이 올 때는 ㄴ으로 바뀌는 것이다.

물론 첫머리가 아닐 때에는 본래 음이 살아난다. '낙원'과 비슷한 말은 '극낙'이 아니라 '극락'이다. 가고 오고 하는 것은 '왕내'가 아니라 '왕래', '노인'은 '연로'하신 분을 가리키는 말이다. 이 규정에 따라 가정생활에 관한 기사를 싣는 자리를 '가정란', 참고 사항을 적기 위해 비워 둔 자리를 '비고란'이라고 쓴다.

그럼 '어린이난'과 '가십gossip난'은? 이유가 있다. '어린이'는 토박이말이고 '가십'은 외래어다. 토박이말이나 외래어 뒤에 오는 '난' 자는 독립된 단어로 보고 두음 법칙을 적용하는 것이다. 그래서 마찬가지로 '어머니난', '펜팔난'이라고 쓴다.

어떤 단어에서 파생되어 나온 단어나 두 단어 이상이 합쳐져서 된 말에도 두음 법칙을 적용한다는 것은 앞에서 본 바와 같다. 사회가 발전했다지만 아직도 '중로동'이 아닌 '중노동'에 시달리는 사람이 많다. 영국의 시인 밀턴이 지은 대서사시를 '실락원'으로 아는 사람이 많지만 올바른 표기는 '실낙원'이다.

그럼 '고원이나 산지 따위의 여름철에 서늘한 곳에서 하는 농업'

인 '고랭지 농업'도 '고냉지 농업'이라고 써야겠네? 아니다. '고랭지'는 '표고가 높고 찬 지방'이라는 뜻이므로 '고랭지'라고 적어야 한다. '고랭지'의 '고'는 '고난도', '고성장' 등의 '고'와 달리 접두사가 아니라는 뜻.

마지막으로 두음 법칙이 적용되지 않는 경우를 말해야 하겠다. 미리 말했어야 하나? 외래어에는 두음 법칙이 적용되지 않는다. 하나 마나 한 소리겠지만, '라디오', '뉴스'라고 적는다. 북한에서도 두음 법칙을 적용하지 않는다. '량심'이라고 말하고 '려행'이라고 발음한다. 북한에서는 한자의 본음을 살리도록 규칙을 정했기 때문이다. 아니면 북한 사람들은 단어 첫머리에도 ㄹ 발음을 잘하기 때문일까? 지금은 분명히 남한 사람들보다 잘할 것이다. 많이 해 봤으니까.

넓다는 [널따], 그럼 '밟다'는?

| 발음의 법칙 7. 자음 탈락과 모음 탈락 |

● 겹받침에서는 자음 하나가 탈락한다
−자음군 단순화

《자본론》을 쓴 독일의 유명한 철학자는? '카를 마르크스'다. 원래의 발음 [marks]를 살리기 위해서 '맑스'라고 쓰는 사람도 있지만, 우리말에서 ㄺ 받침은 '맑다[막따]'처럼 [ㄱ]으로만 소리 나거나, '맑고[말꼬]'처럼 [ㄹ]로만 소리 난다. '맑스'라고 쓰더라도 [막쓰]로 발음된다는 뜻이다. 마르크스의 책을 읽으면 안 되었던 시절, 막스 베버의 책을 읽다가도 잡혀갔다는 우스갯소리도 있다. 유명한 자동차 회사 폴크스바겐을 '폵스바겐'이라고 쓰는 사람은 없을 것이다. 이 회사의 한국 법인은 자기 회사의 한국어 이름을 '폭스바겐'으로 등록했다고 하는데, 딱한 일이다. '폴크스바겐'은 '국민차'라는 뜻인데, 〔폭스바겐〕은 무슨 뜻일까?

우리말에는 '넋', '삶'에서처럼 받침으로 쓰이는 겹받침 11개가 있다(ㄳ, ㄵ, ㄶ, ㄺ, ㄻ, ㄼ, ㄽ, ㄾ, ㄿ, ㅀ, ㅄ). 뒤에 모음이 오면 두 가지 자음이 모두 발음될 수 있다. '삶이'〔살:미〕'처럼. 그러나 단독으로 쓰이거나 뒤에 자음이 올 때에는 두 자음 가운데 하나가 탈락하여 한 자음만 발음된다. 이것을 **자음군 단순화**라고 한다.

두 자음 가운데 왜 하나가 탈락할까? 두 자음을 동시에 발음하기가 어렵기 때문이다. '흙'이나 '삶'을 발음해 보라. 영어 'world'의 발음을 열심히 연습한 사람들은 'r, l' 두 자음을 동시에 발음하는 것이 가능할지도 모른다. 그래서 ㄹ과 ㄱ, ㄹ과 ㅁ을 동시에 발음할 수도 있을 것이다. 그러나 그것은 한국어가 아니다.

그럼 두 자음 가운데 어느 자음이 탈락할까? 그거야 발음해 보면 알 수 있지만, 굳이 규칙을 따지자면 두 자음 가운데 더 강한 자음이 살아남는다. 자음의 강도는 **여린입천장소리>입술소리>잇몸소리** 순서다(ㄱ > ㅂ(ㅍ), ㅁ > ㄷ(ㅅ·ㅈ·ㅎ), ㄴ, ㄹ).

이 규칙을 적용해 보면 ㄳ, ㄺ, ㄻ, ㄼ, ㄿ, ㅄ은 각각 〔ㄱ, ㄱ, ㅁ, ㅂ, ㅂ, ㅂ〕으로 발음한다. 예를 들면 '넋〔넉〕, 흙〔흑〕, 삶〔삼:〕, 밟다〔밥:따〕, 읊다〔읍따〕, 값〔갑〕'으로 소리 난다.

두 자음의 강도가 같을 경우에는 울림소리가 살아남는다(ㄴ, ㄹ > ㄷ). 그래서 ㄵ, ㄶ, ㄽ, ㄾ, ㅀ은 각각 〔ㄴ, ㄴ, ㄹ, ㄹ, ㄹ〕로 소리 난다. 예를 들어 '앉다〔안따〕, 많아〔마:나〕, 외곬〔외골〕, 핥다〔할따〕, 싫소

〔실쏘〕'라고 소리 난다.

복잡해 보이지만 매우 규칙적임을 알 수 있다. 다만 래은 '밟다〔밥: 따〕, 넓죽하다〔넙쭈카다〕, 넓둥글다〔넙뚱글다〕'처럼 규칙적일 때도 있으나, 예외가 더 많아 '여덟, 넓다, 얇다, 엷다, 짧다, 떫다, 섧다'에서는 'ㄹ'로 발음된다. 또 ㄺ도 '맑다〔막따〕'처럼 ㄱ으로 소리 나는 것이 규칙이지만, '맑게〔말께〕, 맑고〔말꼬〕'처럼 뒤에 ㄱ이 오면 ㄹ로 소리 난다는 것도 알아 두자.

다시 말하지만 자음군 단순화는 발음해 보면 알 수 있다. 그러나 발음이 헷갈리면 하는 수 없다. 외우거나 일일이 사전에서 찾아보는 수밖에.

● 하늘을 날으는 슈퍼맨?
-자음 탈락

ㅎ은 참으로 독특한 자음이다. 발음하기가 힘들어서인지 걸핏하면 발음이 안 되거나 약해진다. 요즘에는 금융 업무를 보러 〔으냉〕에 직접 갈 일이 별로 없다. 〔저놔〕로 업무를 처리할 수 있기 때문이다. 이렇게 약화시켜 발음하는 것은 물론 표준 발음법에 어긋난다. 〔은행〕, 〔전:화〕라고 발음해야 맞지만, '좋아'는 〔조:아〕라고 발음해야 맞는다.

'좋아'처럼 ㅎ 받침 다음에 모음이 오면 ㅎ 발음이 탈락된다. 이것을 ㅎ **탈락**이라고 한다. '좋은〔조:은〕, 낳아〔나아〕, 놓으니〔노으니〕' 라고 소리 난다. 첫소리로 ㅎ이 오면 탈락하지 않고, 받침으로 오면 탈락하는 것이다. ㄶ, ㅀ 받침에서도 ㅎ이 탈락된다. '많아〔마:나〕, 뚫어〔뚜러〕'라고 소리 난다.

　동사나 형용사 어간의 받침 ㄹ도 탈락할 때가 많다. '놀다'라는 동사는 '노니/놉니다/노세/노오' 등으로 ㄹ이 탈락한다. '둥글다'라는 형용사도 '둥그니/둥급니다/둥그오' 등으로 ㄹ이 탈락한다. 막상 발음해 보면 쉽게 알 수 있는 현상이지만, 많이들 틀리는 것이 '날다'라는 동사다. 비행기는 하늘을 '날아가는' 것이지 '날라가는' 것이 아니다. 에리히 케스트너가 쓴 유명한 동화는《하늘을 날으는 교실》이 아니라《하늘을 나는 교실》이다. 마찬가지로 '녹슬은 기찻길'이 아니라 '녹슨 기찻길'이고, '거치른 손'이 아니라 '거친 손'이다. ㄹ **탈락** 현상을 지켜서 발음하고 또 적어야 하겠다.

　복합어에서도 ㄹ이 탈락하는 경우가 있다. '딸+님 → 따님', '달+달+이 → 다달이', '불+삽 → 부삽', '쌀+전 → 싸전' 등이 그 예다. ㄹ과 비슷한 위치에서 소리 나는 ㄴ, ㄷ, ㅅ, ㅈ 앞에서 ㄹ이 탈락하는 것이다. 그러나 '달님, 설날, 칼날' 같은 경우에는 ㄹ이 탈락되지 않으니까 변동 규칙이라고 하기는 어렵다. 그저 이런 현상도 있다고만 알아 두자.

● 자물쇠는 '잠그는' 거지, '잠구는' 게 아니다
–모음 탈락

탈락은 우리가 편하게 발음을 하려다 보니 생기는 현상이다. 그러므로 모음이라고 탈락하지 말란 법이 없다. 발음하기 불편한 경우 중 하나가 같은 단모음끼리 부딪힐 때다. 그래서 모음 충돌을 회피하려는 현상이 일어난다. 이를테면 'ㅏ, ㅓ'가 '-아/-어, -았/었-'을 만나면 'ㅏ, ㅓ'를 탈락시키고 적는다. '가+았다'는 '갔다'라고 쓰고, '서+었다'는 '섰다'라고 쓴다는 이야기다. 반드시 그렇게 써야 한다. 이럴 때 'ㅏ, ㅓ'가 탈락하지 않은 형태는 쓰이지 않는다. 잘 틀리는 단어 '바라다'의 경우도 '바라+-아 → 바라'로 동음이 탈락한다. 그러므로 '바래'(×)라고 쓰면 틀린다.

반면 'ㅐ, ㅔ'와 '-아/-어, -았/었-'이 만나면 중간에 오는 모음을 탈락시켜도 되고, 탈락시키지 않아도 된다. '날이 개었다'라고 써도 되고, '날이 갰다'라고 써도 된다는 뜻이다. '깨진 유리창'이라고 써도 되고, '깨어진 유리창'이라고 써도 된다.

그러나 모음이 탈락할 경우 무슨 뜻인지 알기 어려워진다면, 절대로 탈락시켜서는 안 된다. '밥을 지었다'라고 써야지 '밥을 졌다'(×)라고 쓰면 안 된다는 뜻이다. 무슨 뜻인지 잘 알 수가 없잖아. '생계를 이어 갔다'라고 써야지, '생계를 여 갔다'(×)라고 쓰면 안 된다. 마찬가지로 '병이 금방 나았다'라고 쓸 자리에 '병이 금방 났다'라고 써 버리면 뜻이 180도 달라진다.

'ㅡ'도 걸핏하면 탈락하는 모음이다. 그래서 ㅡ를 약한 모음이라고 부른다. '크+어서 → 커서', '쓰+어라 → 써라' 등으로 ㅡ가 탈락한다. 마찬가지로 '담그+아 → 담가', '잠그+아 → 잠가'라고 쓴다. 그런데 어찌된 일인지 '담궈, 잠궈'(×)로 아는 사람이 많다. 설마 기본형이 '담구다, 잠구다'(×)인 줄로 아는 것은 아니겠지? 김치는 '담가' 먹는 것이고, 대문은 잘 '잠가' 두어야 한다. 물론 과거형은 '담갔다, 잠갔다'가 되겠지? '담궜다, 잠궜다'(×)라고 쓰는 일은 없어야 하겠다.

'몇 일'이 아니라 '며칠'이 맞는 이유

| 발음의 법칙 8. 첨가 |

● 김연아, [기며나]? [김녀나]?

- ㄴ 첨가

국립국어원은 국어의 발전과 국민의 언어생활 향상을 위해 나라에서 세운 기구다. 이 국립국어원 누리집(홈페이지를 국립국어원답게 '누리집'이라고 부른다)에 자주 올라오는 질문과 답이 있다.

> 문: '몇 일'이 맞아요, '며칠'이 맞아요?
>
> 답: '며칠'이 맞아요.
>
> 문: '몇 년, 몇 월, 몇 시'라고 쓰는데, 왜 '몇 일'이라고 안 쓰고 '며칠'이라고 쓰나요?

정말 왜 그럴까? 여기에 대해서는 정말 의견이 구구하다. 개중에는 '오늘이 며칠이야?'라고 물을 때는 '몇 번째 날'이냐는 뜻이므로 '며칠'이라고 쓰고, '며칠 동안이나 이 일을 해야 하지?'라고 할 때는 '몇 날'이라는 뜻이므로 '몇 일'이라고 쓰자는 나름 꽤 합리적인 의견도 있다. 그러나 사전을 찾아보면 '며칠'이라는 단어에 이미 그 뜻이 들어 있다.

며칠
「명사」
「1」 그달의 몇째 되는 날.
「2」 몇 날.

그러니까 굳이 나누어서 쓸 필요가 없다.

그래도 납득이 안 된다. 그냥 '몇 일'이라고 쓰고 [며딜]로 읽도록 하자는 고지식한 사람도 있다. '몇 월'도 [며뒬]이라고 읽지 않느냐? 하지만 옛날부터 '며칠, 몃칠'이라고 써 왔으며, 발음도 늘 [며칠]이었다. 어원이 분명하지 않은 말이다. 〈한글 맞춤법〉에서는 '어원이 분명하지 아니한 것은 원형을 밝히어 적지 아니한다'고 분명히 밝히고, 보란 듯이 '며칠'을 예로 들어 놓았다.

아직도 이상하다. 그럼 '몇 일'이라고 쓰는 것을 허용한다고 가정해 보자. 어떻게 읽어야 할까? 당연하게도 [면닐]이라고 읽어야 할 것이다. '꽃잎'을 [꼰닙]이라고 읽으니까. 하지만 '몇 날'이라는 뜻을 나타내고자 할 때, [면닐]이라고 발음하는 사람이 있을까? 그렇게 발음하는 사람이 가물에 콩 나듯 가끔은 있을 듯도 하지만, 대개는 [며칠]이라고 발음한다. 그러므로 '몇 일'이라고 쓰면 안 된다. 우리말은 소리 나는 대로 적는 것이 대원칙이기 때문이다.

'꽃잎'이 [꼰닙]으로 발음되는 것처럼, 자음으로 끝나는 말 다음에 'ㅣ' 모음으로 시작하면서 의미가 있는 말이 올 때는, 원래는 없었던 ㄴ 소리가 첨가되어 발음된다. 이런 현상을 ㄴ **첨가**라고 한다. '맨입[맨닙], 늦여름[는녀름], 홑이불[혼니불]' 등이 그런 경우인데, 두 단어 이상이 합쳐져서 한 합성어가 될 때 일어나는 현상이다.

'설익다[설릭따], 물약[물략], 솔잎[솔립]'도 ㄴ 첨가가 나타나는 예다. 응? ㄹ이 첨가된 것처럼 보이는데? 그렇게 보이지만 ㄴ이 첨가된 것이다.

設+익다 → [설닉따] → [설릭따]
물+약 → [물냑] → [물략]
솔+잎 → [솔닙] → [솔립]

이렇게 일단 ㄴ이 첨가된 다음 유음화가 이루어진 것이다.

그런데 한자어는 같은 조건이 갖추어지더라도 ㄴ 첨가가 나타나지 않을 때가 많다. '식용유[시굥뉴]'라고 발음하지만, '석유[서규]'

라고 발음한다. '늑막염〔능망념〕'이라고 읽지만, '간염〔가ː념〕'이라고 읽는다. '금요일'을 〔금뇨일〕이라고 발음하는 사람이 종종 있지만, 〔그묘일〕이 올바른 발음이다. '송별연'은 〔송ː별련〕이 아니라 〔송ː벼련〕이다. 3·1절〔사밀쩔〕, 6·25〔유기오〕라고 읽어야 한다. 별도의 규칙은 없다. 잘 모르겠으면 사전을 찾아보는 수밖에. 응? 그렇다면 '식용'도 〔싱뇽〕이라고 읽어야 하지 않느냐고? 하지만 '식용'은 한 단어다. 합성어가 아니라서 ㄴ 첨가 현상이 일어나지 않는다.

사람 이름에도 ㄴ 첨가 현상이 일어날까? 〔기뮤신〕일까, 〔김뉴신〕일까? 〔기며나〕일까, 〔김녀나〕일까? 그것은 그 사람에게 직접 물어 보는 수밖에 없지 않을까?

ㄴ 첨가를 반영할 때와 그렇지 않을 때 뜻이 달라지는 단어도 있다. '공일'을 〔공일〕이라고 발음하면 '일을 하지 않고 쉬는 날'이라는 뜻이 되지만, 〔공닐〕이라고 발음하면 '보수를 받지 않고 거저 하는 일'이라는 뜻이 된다.

그럼 '묵념'은 '묵염'을 잘못 쓴 말일까? 아니다. 묵념(黙念)〔뭉념〕의 念은 원래 발음이 〔념〕이다. 에이, 결국 한자를 잘 알아야 하겠네. 그렇다. 그래서 ㄴ 첨가 현상이 까다롭다.

• 두 단어가 합쳐질 때
난데없이 등장하는 사잇소리 현상

두 단어 이상이 합쳐져서 합성어를 이룰 때, 앞말이 울림소리로 끝
나고 뒷말이 예사소리로 시작하면 예사소리가 된소리가 되는 경우
가 있다. '코+등 → 〔코뜽〕, 내+가 → 〔내ː까〕, 나루+배 → 〔나루
빼〕, 부자+집 → 〔부ː자찝〕' 등이 그런 경우다. 왜 이런 현상이 일
어날까?

아마 합성어가 만들어지는 과정에서 뒷말의 첫소리를 된소리로
바꾸는 사잇소리가 첨가되었기 때문일 것이다. 이 사잇소리는 받침
〔ㄷ〕 발음인데, 역사적으로 ㅅ으로 표기해 왔기 때문에 ㅅ을 쓴다.
이 ㅅ을 **사이시옷**이라고 부르고, 사잇소리가 두 명사 사이에 삽입되
는 현상을 '사잇소리 현상'이라고 부른다. 그리하여 '콧등, 냇가, 나
룻배, 부잣집'이라고 적는 것이다. 이 사이시옷은 단지 뒷소리를 된
소리로 바꾸기만 하는 것은 아니다. 발음에도 반영할 수 있다. 그래
서 〔콛뜽〕, 〔낻ː까〕, 〔나룯빼〕, 〔부ː잗찝〕이라고 발음해도 표준 발음
이다.

앞말에 받침이 있을 경우에도 사잇소리 현상이 일어난다. '문고리
〔문꼬리〕, 눈사람〔눈ː싸람〕, 술잔〔술짠〕'이 그러한데, 이런 경우에는 앞
말에 이미 받침이 있기 때문에 사이시옷을 적지 않는다.

만능 해결사 사이시옷?

울림소리로 끝나는 명사와 비음으로 시작되는 명사가 합성어를 이룰 때도 사잇소리 현상이 일어난다. '코+날 → [콘날], 배+놀이 → [밴놀이], 이+몸 → [인몸], 시내+물 → [시:낸물]' 등이 그런 경우인데, 겉보기에는 ㄴ이 첨가된 것처럼 보인다. 그러나 '시내+ㅅ[ㄷ]+물'이 비음화(ㄷ+ㅁ → ㄴ+ㅁ)를 거쳐서 [시:낸물]로 발음된다고 보아야 한다.

이것을 두고 'ㄴ 첨가다' '아니다, 사잇소리 현상이다' 하고 문법학자들 사이에 다툼이 있다. 〈표준 발음법〉에서는 앞말의 끝이 자음인 경우만을 ㄴ 첨가라고 이야기한다. 이를 바탕으로 엄밀하게 얘기하면 '콧날[콘날]'이나 '잇몸[인몸]' 등은 ㄴ 첨가 현상이 아니라고 하겠다. 본래 자음으로 끝나지 않는 앞말에 ㄴ이 아니라 ㅅ[ㄷ]이 첨가된 것이기 때문이다. 그러나 ㄴ 첨가도 넓게는 사잇소리 현상의 하나라고 설명하는 학자들도 있다. 뭐, 그렇게 다툴 일은 아니지 않을까. 어떤 경우든 사이시옷을 적으면 해결되는 일이니까.

사잇소리 현상이 나타나더라도 한자어에는 사이시옷을 받쳐 적지 않는다. '내과[내:꽈], 초점[초쩜], 개수[개:쑤], 이점[이:쩜]' 등의 발음을 보면 사이시옷을 적고 싶지만, 한자어이기 때문에 사이시옷을 적지 않는다. 발음에 따라 어떨 때는 사이시옷을 쓰고 어떨 때는 쓰지 않기로 하면 너무나 번거롭기 때문이다.

그런데 예외가 있다. 사람들이 너무나 많이 사이시옷을 적어서 문법학자들이 "그럼, 할 수 없지요. 다음 여섯 단어만은 사이시옷을 받쳐 적는 것으로 하지요" 하고 합의했다. '숫자, 횟수, 셋방, 곳간, 찻간, 툇간'이 그것이다. 규칙은 없다. 그러나 가만히 보면 사이시옷을 안 적었다가는 의미를 잘 알 수 없겠구나 싶기도 하다.

어쨌든 한자어에 사이시옷을 적지 않는다는 규정 때문에 골치가 아픈 것도 사실이다. 실제 발음을 반영하지 못할뿐더러, 한자어만으로 이루어진 것인지 아닌지 구별하기가 어려운 말들이 있기 때문이다. '전세방'이라고 쓰지만 '전셋집'이라고 써야 한다. '방'은 한자어지만 '집'은 고유어이기 때문이다. '처가댁'이라고 쓰지만 '처갓집'이라고 써야 한다. '댁'이 한자어이기 때문이다. '진도견'이지만 '진돗개'라고 쓴다. '견'이 한자어이기 때문이다. 사이시옷을 제대로 쓰는 데에도 한자 지식이 필요하다.

외래어와 결합할 때에도 사이시옷을 적지 않는다. '장밋빛'이라고 써야 하지만 '핑크빛'이라고 쓴다. '맥줏집'이라고 쓰지만, '호프집'이라고 쓰고, '국숫집'이라고 쓰지만 '피자집'이라고 쓴다.

또 많이 틀리는 것이 '해님'인데, '-님'은 접미사이므로 '해님'은 합성어가 아니라 파생어다. 사이시옷은 두 단어 이상이 합쳐져서 합성어를 만들 경우에만 쓴다. 그러므로 '햇님'이라고 쓰면 틀린다.

뒷말이 거센소리나 된소리로 시작할 경우에는 사이시옷을 쓸 필요가 없다. 사이시옷은 뒷말 첫소리가 별 이유 없이 된소리로 변할 때, 그 변화를 보이기 위해 쓰는 것이다. 그러므로 이미 거센소리나 된소리로 날 경우에는 쓸 필요가 없다. 당연한 말처럼 들리지만 의외로 틀리는 사람이 적지 않다.

위층 (○)   윗층 (×)

뒤쪽 (○)   뒷쪽 (×)

코털 (○)   콧털 (×)

음운 환경으로 보아 조건이 같더라도 늘 사잇소리 현상이 나타나지는 않는다. 같은 합성어라도 사잇소리가 첨가되지 않는 말도 많다. '개구멍〔개ː구멍〕, 돼지고기〔돼ː지고기〕, 반달〔반ː달〕' 등에서는 뒷말 첫소리가 된소리로 바뀌지 않는다. 이처럼 사잇소리 현상은 규칙으로 만들기 어렵다. 잘 모르겠으면 일일이 사전을 찾아보는 수밖에 없는데, 사전에 나오는 표준 발음이 마음에 들지 않는 사람도 많을 것이다.

'싫지'는 [실치], '싫증'은?

| 발음의 법칙 9. 축약 |

● 아주 독특한 자음 'ㅎ'

- 거센소리되기

프랑스어와 이탈리아어에서는 철자 h가 모두 묵음이라고 한다. 소리가 안 난다는 뜻이다. 글자의 소리가 없어지다 보니, 심지어는 우리말의 [ㅎ]에 해당하는 이 소리를 잘 발음하지도 못한단다. 예전에 이 말을 듣고 잘 믿기지가 않아서 이탈리아 친구에게 '호텔'을 발음해 보라고 했다. 물론 다 같은 인간인데 아예 발음을 못할 리 없다. 어렵게 [호텔]이라고 발음은 했지만 그 친구 입술에 경련이 일었다. h가 묵음이 되는 현상은 독일어나 영어에서도 흔히 볼 수 있다.

우리말에서도 ㅎ은 매우 특이한 자음이다. 먼저, ㅎ이 받침인 명사는 '히읗' 하나밖에 없다. 이것도 자음의 이름을 붙이느라 억지로 만든 말이다. 받침 ㅎ은 '놓다', '좋다' 같은 동사나 형용사의 받침으로만 쓰인다. 우리말에서도 ㅎ은 발음이 제대로 되지 않는다. '전화'를 흔히 〔저:놔〕라고 발음하고, '오랜만에 교회에 갔다'는 말을 '오랜만에 〔교외에〕 갔다'로 알아듣는 사람이 나뿐만은 아닐 것이다. '사자들의 사냥 습성 변화와 영향〔영양〕'에 관한 보고서를 쓰려고 영양 무리의 증감을 열심히 연구했다는 콩트도 읽은 적이 있다.

ㅎ은 목청소리(후음)라고 하지만, 소리가 나는 정확한 위치는 뒤따르는 모음에 따라 달라진다. 이런 특성 때문에 ㅎ은 다른 소리를 만나면 여러 가지 변동을 일으킨다. 그 첫째가 거센소리되기(격음화, 유기음화)다. 예사소리인 'ㄱ, ㄷ, ㅂ, ㅈ'이 ㅎ을 만나면 거센소리인 'ㅋ, ㅌ, ㅍ, ㅊ'으로 변하는 것이다. ㅎ이 앞에 오건 뒤에 오건 상관없이 바뀐다. 예를 들면 '좋고〔조:코〕, 낳다〔나:타〕, 싫지〔실치〕'는 ㅎ이 앞에 오는 경우로 모두 동사나 형용사다. '역학〔여칵〕, 맏형〔마텽〕, 좁히다〔조피다〕, 꽂히다〔꼬치다〕'는 ㅎ이 뒤에 오는 경우다. 거센소리되기는 이렇게 두 소리가 만나 거센소리 하나로 줄어들기 때문에 축약 현상의 하나다.

혹시 'ㄴ, ㄹ, ㅁ, ㅅ'은 왜 거센소리가 되지 않을까, 하고 의문을 품는 사람이 있을까? 그 이유는 정말 간단하다. 'ㄴ, ㄹ, ㅁ, ㅅ'에는 짝이 되는 거센소리가 없기 때문이다.

어쨌건 '싫지'는 〔실치〕로 발음하는데, '싫증'은 왜 〔실층〕이 아니라 〔실쯩〕이라고 발음할까? '싫증'은 '싫다'의 '싫-'과 '증상'이라는 뜻의 명사 '증'이 합쳐져서 된 명사다. 동사나 형용사가 아니라 명사이기 때문에 예외적으로 된소리되기가 일어난다고 보면 되겠다. '증'이라는 명사를 강조하다 보니 ㅎ이 축약되지 않고 탈락하고, 된소리되기가 일어난 것으로 봐도 되겠다. 먼저, 앞에서 말한 대로 ㅎ은 발음되는 위치가 불안정하기 때문에 쉽게 탈락해서 싫증 → [실증]으로 변한다. 그다음, 된소리되기 현상에 따라 [실쯩]으로 발음되는 것이다. '갈증'이 [갈쯩]으로 발음되는 것과 같은 현상이다.

띄어쓰기를 사이에 두고도 거센소리되기가 일어난다. '옷 한 벌'은 [오탄벌]이라고 읽는다. ㅅ + ㅎ → ㄷ + ㅎ → ㅌ으로 줄어들었다. 마찬가지로 '낮 한때'는 [나탄때]라고 읽고, '꽃 한 송이'는 [꼬탄송이]라고 읽는다. 각각 ㅈ + ㅎ → ㄷ + ㅎ → ㅌ, ㅊ + ㅎ → ㄷ + ㅎ → ㅌ으로 줄어들었다. 중간에 끊어서 [온 한벌], [날 한때], [꼳 한송이]라고 읽어도 된다. 둘 다 표준 발음이다.

● 발음에 드는 시간과 노력을 줄인다
-모음 축약

거센소리되기는 자음 사이에 일어나는 축약이다. 모음 사이에도 축약이 일어난다. 모두 발음을 쉽고 경제적으로 하기 위한 현상이다. '사이 → 새, 아이 → 애, 보이다 → 뵈다, 누이다 → 뉘다' 등이 모음 축약의 예다. 이 경우는 두 모음이 줄어 중간적인 단모음으로 바뀐 것이다.

'ㅣ'나 'ㅗ, ㅜ'가 반모음으로 바뀌어서 두 모음을 이중 모음으로 바꾸기도 한다(반모음화). '오＋아라 → 와라, 주＋어라 → 줘라, 가시＋었다 → 가셨다'와 같은 경우가 그러하다. 이때, 두 모음이 하나로 축약될 때는 그 길이만큼 보상하고자 하는 마음이 생긴다. 그래서 흔히 모음이 길게 발음된다(보＋아라 → 봐라〔봐ː라〕).

많이들 잘못 쓰는 표현으로 '-이예요'가 있다. 조사 '이다'에서 온 '-이에요'의 준말은 '-예요'다. 발음 때문에 '-이예요'(×)라고 쓰는 경우가 있는데, 틀린 표기다. 받침이 있는 말 뒤에는 '책상이에요'라고 쓰고, 받침이 없는 말 뒤에는 '지우개이에요'라고 써도 되고 '지우개예요'라고 줄여서 써도 된다. 줄여서 쓰는 것이 더 세련되게 들린다. 하지만 받침이 있는 말 뒤에 '-예요'를 쓰면 안 된다. '책상예요'(×)라고 쓰면 틀린다는 뜻이다. '-이에요/-예요' 대신 '-이어요/-여요'를 써도 된다. 둘 다 표준어다.

사람 이름 뒤에 쓸 때는 조금 달라진다. 예전에는 '춘향이 그네를 탄다'라고 썼겠지만, 요즘에는 '춘향이가 그네를 탄다'라고 쓴다. 그냥 '춘향'이라고만 쓰면 예스럽게 들리기 때문일 것이다. 그래서 '춘향＋이에요'라고 하기보다 '춘향이＋예요'라고 쓰게 된다. 물론 받침이 없는 이름일 경우에는 '방자예요'라고 쓰면 된다.

그렇다고 해서 '아니에요'를 '아니예요'(×)라고 쓰면 틀린다. '아니에요'는 '아니다'라는 형용사에서 온 말이기 때문에 조사 '이다'를 붙여서 쓰면 안 되기 때문이다. 준말은 '아녜요, 아녀요'다.

또, 잘 틀리는 말로 '되-/돼-'가 있다. 발음이 비슷해서 '되'라고 써야 할지, '돼'라고 써야 할지 헷갈리는 것이다. '되어'는 '되다'에서 온 말로, '되어 → 돼'로 줄어든다. 그러므로 '돼'는 '되어'를 써도 될 자리에 써야 한다. 예를 들어 '되어게'가 아니므로 '되게', '되어지'가 아니므로 '되지', '되어고'가 아니므로 '되고', '되언다'가 아니므로 '된다'라고 쓴다. '되었다'니까 줄여서 '됐다', '되어서'니까 줄여서 '돼서', '되어라'니까 '돼라'라고 쓴다. 물론 '선생님은 성실한 학생이 되라고 말씀하셨다' 같은 경우에는 '되라'라고 쓴다. '먹어라고 하셨다'가 아니라 '먹으라고 하셨다'라고 쓰기 때문이다.

그래도 헷갈린다? 그럼, 또 한 가지 요령! '되/돼' 대신 '하/해'를 넣어 보는 것이다. '하'가 되면 '되', '해'가 되면 '돼'를 쓰는 것이다. '하다'니까 '되다', '하고'니까 '되고', '안 한다'니까 '안 된다', '안 해'니까 '안 돼', '했어요'니까 '됐어요' 등등. 앞으로 헷갈릴 일 없을 것이다.

움직임에 온 신경을 곤두세운 채, 나는 마치 얼음조각이라도 된 양 가만히 서 있었다. 갑자기 있었던 것, 그래서 가물가물 흐릿한 의식 저편으로부터 서서히 생각이 그 모습을 드러내며 돌아오는 멀림미 감지됐다. 언어의 신비가 베일을 벗는 순간이었다."

바람의 방향을 가리키는 풍향계, 기온을 나타내는 온도계, 불을 나타내는 연기 등은 형식이 내용의 결과를 나타낸다. 이런 기호를 지표 기호라고 한다.

교통 신호등이나 군대의 계급장, 병원을 나타내는 녹십자 등은 '이런 형식은 이런 내용을 가리키는 것으로 합시다' 하고 사람들끼리 서로 약속하고 관습적으로 인정한 것이다. 이런 기호는 상징 기

안에서도 지역마다 말소리가 다른 경우도 많다. 이처럼 방언이 존재한다는 것도 언어의 자의성을 보여 주는 예다.

또 있다. 옛날에는 '어엿브다'라는 말소리가 '불쌍하다'는 의미였지만, 지금 그 말소리는 '어여쁘다'로, 의미는 아름답다'로 형식과 내용이 모두 바뀌었다. 만약 말소리와 의미의 관계가 필연적이라면 말소리와 의미에 변화가 있어서는 안 될 것이다. 이것도 언어가 자의성을 띤다는 것을 보여 준다.

소리를 흉내 내는 말은 그대도 자의성이 덜하지 않을까? 한국 개나 영국 개나 짖는 소리는 같지 않을까? 그런데 이것도 '멍멍', '바우와우'로 서로 형식이 다르다.

"누군가 펌프에서 물을 긷고 있었다. 선생님은 물이 펑어져 나오는 북지 아래에다 내 손을 갖다 대셨다. 차디찬 물줄기가 북지에 닿은 손으로 계속해서 쏟아져 흘렀다. 선생님은 다른 한 손에다 처음에는 천천히, 두 번째는 빠르게 '물'이라고 쓰셨다. 선생님의 손가락 움직임에 온 신경을 곤두세운 채, 나는 마치 얼음조각이라도 된 양 가만히 서 있었다. 갑자기 잊었던 것, 그래서 가물가물 흐릿한 의식 저편으로부터 서서히 생각이 그 모습을 드러내며 돌아오는 멀림미 감지됐다. 언어의 신비가 베일을 벗는 순간이었다."

바람의 방향을 가리키는 풍향계, 기온을 나타내는 온도계, 불을 나타내는 연기 등은 형식이 내용의 결과를 나타낸다. 이런 기호를 지표 기호라고 한다.

교통 신호등이나 군대의 계급장, 병원을 나타내는 녹십자 등은 '이런 형식은 이런 내용을 가리키는 것으로 합시다' 하고 사람들끼리 서로 약속하고 관습적으로 인정한 것이다. 이런 기호는 상징 기호라고 한다. 형식과 내용이 밀접하게 연관된 도상 기호나 지표 기호와 달리, 상징 기호는 형식과 내용 사이에 직접적인 연관성이 없다. 그저 사람들이 사회적 합의하에 그 내용과 형식을 연결해서 기호로 사용하고 있을 뿐이다.

그럼 언어는? 언어도 생각을 전달하는 수단이 분명하니까 기호의 일종이다. 그렇다면 언어의 내용은 '전달하고자 하는 의미'일 테고, 형식은 '말소리나 글자'가 되겠다. 그리고 '자연계의 강, 호수, 바다, 지하수 따위의 형태로 널리 분포하는 액체'를 가리킬 때 '물'이라는 말소리 또는 글자를 쓰는 것은 사람들끼리 관습적으로 받아들이는 일이다. 그러므로 언어는 상징 기호의 하나가 되었다.

3

형태와 품사

단어의 규칙

말소리와 의미에 변화가 있어서는 안 될 것이다. 이것도 언어가 자의성을 띤다는 것을 보여 준다.

소리를 흉내 내는 말은 그대도 자의성이 덜

나 영국 개나 짖는 소리는 같지 않을

우와우'로 서로 형식이 다르다.

혼자서는 살 수 없으니까—시

페터 빅셀의 소설 (책상은 책

문득 '책 책상을 꼭 책상이라

그 이유를 납득할 수 없었던 남자

자를 자벌쟁이라 부르고, 책상을 양탄

서 그 남자는 아침에 그림에서 일어나 웃을 입고

밍종에 앉아 무엇을 어떻게 부풀러 공공이 생각하게 된다. 이렇게

낱말을 바꾸는 작업을 계속한 남자는 어떻게 됐을까?

말소리와 의미의 관계가 자의적이긴 하지만, 사회에서 한번 받아들여지고 나면 개인이 함부로 바꿀 수 없다. 자의성이 있다 하더라

분질성 때문에 한정된 언어 기호를 이용해서 다양한

있다. 승호가 공을 던진다 '라나가 공을 찬다 '승호

호가 공을 던진다 '승호가 공을 찼다 '승호가 공

큰 승호가 날아오는 공을 잡았다 등등.

수 있는 것이 아니다. 무지개는 원래 경계선이

은 연속적 스펙트럼으로 이루어진다. 그런데 우리는

노, 초, 파, 남, 보라고 마치 무지개가 일곱 가지 색깔로 분

명히 나뉘어 있는 듯이 표현한다. 경계가 분명하지 않은데도 우리

는 그릇의 종류를 '접시, 대접, 사발, 공기'로 나누어 부른다. 동메,

남메, 서메라고 나누어 부르는지 실제로 바다를 쪼갤 수는

없는 노릇이다. 이 또한 언어의 분질성을 보여 주는 예들이다.

공통점이 무언가 추상성

감춤 비롯하지 못하고 자기 영역을 떠난 사람들에게 이해받기가 어렵다. 소설 속의 그 남자는 결국 침묵 속에서 혼자 살아갈 수밖에 없게 되었다.

시간이 가면 변한다-역사성

언어 기호는 사회적인 약속이기는 하지만, 시간이 흐름에 따라 변하기도 한다. 이것을 언어의 역사성이라고 한다. '곳곳이 → 꾀꼬리'처럼 말소리가 바뀌기도 하고, '어리다'는 말소리가 '어리석다'는 의미에서 '나이가 적다'는 의미로 바뀌기도 한다. 예전에 쓰이던 '존, 즈믄,'을 대신해 세요은 낱말 '백, 천, 장이 쓰이기도 한다. '사래 년글 주리여(사례를 다른 누구에게 주리오)'처럼 예전에는

사람은 네댓 걸린 제도 /과거 고양이 사진을 보고 .소것이 /만지 고양이인지 알아맞힌다. 그러나 인공 지능이 이런 능력을 갖기란 매우 어려운 일이라고 한다. 서로 다른 개 사진 수만 장과 고양이 사진 수만 장을 입력해도, 개의 공통된 특징과 고양이의 공통된 특징을 파악하지 못하고 개와 고양이 사이의 차이점을 알아내지 못하기 때문이다. 수많은 종류의 개나 고양이에게서 공통된 특징을 뽑아내는 능력을 추상화하는 능력이라고 하는데, 로봇에게는 없는 추상화 능력이 사람에게는 있다. 그래서 대여섯 살배기 아이도 사진을 보고 개인지 고양이인지 구별해 낸다.

개 한 마리 한 마리의 생김새와 속성은 모두 다르다. 사람들은 수

조사가 단어라고?

| 단어와 형태소 |

● 언어를 공부할 때 가장 기본이 되는 '단어'

영어를 처음 배울 때 선생님은 학생들에게 단어장을 만들게 하고 단어의 뜻과 철자(스펠링)를 외우게 한다. 학생들은 숙제로 연습장에 몇 장씩 영어 단어를 써 내기도 하고, 단어 철자를 받아쓰는 쪽지 시험을 치르기도 한다. 단어장을 참 예쁘게 잘 만드는 친구들이 있다. 단어를 차례로 적어 넣고, 품사와 뜻, 용례를 색색깔로 다르게 표시한다. 나중에 보기 좋게, 실은 잘 외울 수 있게 하려 함이다. 이런 컬러풀한 단어장을 만드는 데에는 시간과 품이 적지 않게 들어간다. 정성을 들인 만큼 단어장을 다 만들고 나서는 매우 뿌듯하다. 그리고 나서 해야 할 일은 이 단어장을 늘 지니고 다니면서 틈

나는 대로 단어를 외우는 것일 텐데, 그건 잘 하지 않는다. 정성을 들이는 것은 단어장을 만들 때뿐이다. 그래서 단어장은 열심히 만들어 놓고 정작 단어는 외우지 못하는 일도 드물지 않다.

이처럼 어떤 언어를 공부할 때 가장 먼저 하는 것은 단어 공부다. 단어 공부는 언어 공부의 출발이자 기본이다. 문법 공부가 기본이라고 생각하는 사람도 있겠지만, 문법도 기본 단어는 알아야 이야기가 된다. 오죽하면 단어만 공부하는 책과 학원 강좌가 따로 있겠는가. 소위 '부엌에 불 넣으리(vocabulary)' 이야기다.

우리말을 배울 때도 단어 공부가 기본이다. 우리말 단어장은 안 만든다고? 그렇다, 외국인이라면 모르겠지만. 그러나 아이가 태어나서 처음으로 우리말을 배울 때를 생각해 보자. 처음에는 '엄마', '물', '줘' 등등 한 단어짜리 말을 배운다. 그런 다음 '엄마, 물', '빨리 와' 하는 식으로 두 단어짜리를 배워 간다. 단어 공부가 언어 공부의 출발점이라는 것을 알 수 있다.

한 언어를 배울 때 단어 공부가 출발점이 되는 것은 무엇 때문일까? 우리말도 그런 식으로 배우니까? 하지만 우리는 모국어를 배우기 시작하는 젖먹이가 아니니까, 성인 외국인이 한국어를 공부한다고 가정해 보자. 그는 먼저 긴 글을 대할 것이다. 글은 알다시피 문장으로 이루어져 있다. 그래서 긴 글을 먼저 문단으로 나누고, 다시 문장으로 나눈다. 그리하여 '뿌리가 깊은 나무는 바람에 흔들리지 아니하므로, 꽃이 좋고 열매가 많이 열린다'라는 첫 문장을 만난다. 이 문장을 이해하려면 이 문장에 사용된 단어의 뜻과 용법 등을 배워야 한다. 다시 말해 한 언어를 배우려면 글을 문단으로 나누고, 문장으로 나누고, 단어로 나누고, 자꾸 더 작게 나누고 분석해야 한다는 뜻이다.

'단어'의 정확한 뜻은?

우리도 분석해 보자. '하늘빛이 매우 푸르다'라는 문장을 분석해 보자. 띄어쓰기가 되어 있으니까 먼저 '하늘빛이∨매우∨푸르다'라고 세 단위로 나눌 수 있겠다. 이렇게 띄어쓰기를 기준으로 나눈 각각의 단위를 **어절**이라고 부른다. '말의 마디'라는 뜻이다. 그러니까 이 문장은 어절 세 개로 이루어진 문장이다.

분석하는 것이 기본이고 출발이라고 했으니까 더 나누어 보자. 어떻게 더 나눌 수 있을까? 문장 속에서 각자 따로 쓰일 수 있는 단위로 다시 쪼개어 보면, '하늘빛∨이∨매우∨푸르다'라고 넷으로 나눌 수 있다. '하늘빛', '이', '매우', '푸르다'. 이들 네 단위 각각을 **단어**라고 한다. 단어란 이처럼 '문장 속에서 자립할 수 있는 가장 작은 단위'다.

이상하다. '이'가 자립해서 홀로 쓰일 수 있다고? 그렇다, '이'는 우리가 알고 있듯이 조사다. 자립해서 홀로 쓰일 수는 없다. 그런데 조사는 자립할 수 있는 말에서 쉽게 떼어 놓을 수 있기 때문에 자립성이 조금은 있다고 보고, 단어로 인정된다. 학자들이 아주 많이, 매우 격렬하게 논쟁을 벌인 결과, "그래요, 내가 졌소. 조사도 단어라고 칩시다" 하고 양보한 결과다. 한국어에서는 조사가 하는 역할이 아주 많고 매우 중요하기 때문에 특별히 인정한 것이라고 이해하자. 조사도 단어라고 인정하고 나면, 단어의 정의를 이렇게 바꾸어야 하겠다. 단어란 '문장에서 자립할 수 있거나, 자립할 수 있는 요소에 붙어서 쉽게 분리되는 말'이다.

● 쪼개고 또 쪼개면?
-형태소

그럼 단어는 더 쪼갤 수 없을까? 물론 있다. 일정한 뜻을 지닌 말로 더 나누어 보자. '하늘빛'은 {하늘+빛}, '푸르다'는 {푸르-+-다}로 더 쪼갤 수 있다. '푸르다'가 {푸르-+-다}로 나뉜다고? '-다'는 '빨갛-다', '달리-다'에서처럼 다른 말에도 붙을 수 있는 말이다. 그러므로 '빨갛게', '달리고'에서처럼 쉽게 떨어질 수도 있다. 쉽게 떨어질 수 있다고 해서 '-다'가 단어는 아니다. '푸르다'에서 '-다'를 빼버리고 남는 '푸르-'만으로는 자립적인 단어가 되지 않기 때문이다.

자, '하늘빛이 매우 푸르다'라는 문장을 '하늘', '빛', '이', '매우', '푸르-', '-다' 여섯 단위로 분석했다. 이들 여섯 개처럼 '의미를 지닌 가장 작은 단위'를 **형태소**라고 한다.

'이'나 '-다'에 무슨 의미가 있느냐고? 좋은 질문이다. 형태소 이야기를 할 때의 '의미'에는 두 가지가 있다. 첫째, 어휘로서 지니는 뜻을 말한다. 사전을 찾아보면 '하늘'은 '지평선이나 수평선 위로 보이는 무한대의 넓은 공간'이라고 나온다. 이처럼 구체적인 대상이나 상태를 나타내는 것이 **어휘적 의미**다. 둘째, 문법적인 기능을 말한다. '이'는 앞말이 문장의 주어임을 나타내는 조사로서 기능하고, '-다'는 해라할 자리에 쓰여 어떤 사건이나 사실, 상태를 서술한다는 뜻을 나타내는 종결 어미로서 기능한다. 이런 기능을 **형식적인 의미** 또는 **문법적인 의미**라고 말한다. 그래서 '이'나 '-다'에도 의미가 있다고 하는 것이다.

지금까지 문장을 어절로, 어절을 단어로, 다시 단어를 형태소로 나누어 보았다. 그런데 더 나눌 수도 있을 것 같다. 이를테면 '하늘'을 '하'와 '늘'로 나눌 수도 있지 않겠냐고? 나눌 수야 있지만, 그랬다가는 '지평선이나 수평선 위로 보이는 무한대의 넓은 공간'이라는 '하늘'이라는 단어의 의미가 사라지고 만다. 그러므로 '하'와 '늘'은 형태소가 아니며, 더 쪼갤 수 없는 최소 의미 단위, 곧 형태소는 '하늘'이다.

그럼 '하'와 '늘'은 뭐냐고? 기억을 더듬어 보자. '하'와 '늘'은 음절이고 이것은 다시 {ㅎ+ㅏ}, {ㄴ+ㅡ+ㄹ}로 분석된다. ㅎ, ㅏ, ㄴ, ㅡ, ㄹ, 이들 각각을 음운이라고 한다. 2장에서 '음절'은 '한 번에 낼 수 있는 소리의 최소 단위'이고, '음운'은 '말의 뜻을 구별하게 하는 소리의 가장 작은 단위'라고 했다(78~80쪽, 66~67쪽 참조).

홀로 설 수 있느냐, 뜻이 있느냐 – 형태소의 분류

'하늘' '빛' '이' '매우' '푸르-' '-다' 가운데에서 '하늘', '빛', '매우'

처럼 홀로 쓰일 수 있는 것을 **자립 형태소**라고 하고 '이', '푸르-', '-다'처럼 반드시 다른 말에 붙어서 쓰이는 것을 **의존 형태소**라고 한다. '-(붙임표)'가 붙어 있는 형태소들이 바로 의존 형태소다. 붙임표가 붙어 있는 방향으로 반드시 다른 말이 붙어 주어야 한다는 것. 그런데 '이'도 의존 형태소라고 했는데, 왜 붙임표가 없지? 붙임표를 써도 되지만, 앞서 말했듯이 조사는 단어이므로 붙임표를 잘 안 쓰는 것뿐이다.

참고로 말하자면 명사 가운데 '의존 명사'라는 것이 있다. '~할 것', '~할 수', '~할 뿐' 등에서 '것, 수, 뿐'과 같이 반드시 그 앞에 꾸며 주는 말이 있어야 사용할 수 있는 명사를 말한다. 이름에 '의존'이라는 말이 들어가 있다고 해서 의존 형태소냐 하면 절대 그렇지 않다. 의존 명사는 '봄, 바다, 사람'과 같은 자립 명사(일반 명사)와 쓰임이 거의 비슷하다. 그러므로 의존 명사는 자립 형태소에 들어간다. 일반 명사가 자립 형태소인 것처럼.

실질적인 의미를 지니느냐, 그러지 않느냐를 가지고 형태소를 분류할 수도 있다. '하늘', '빛', '매우', '푸르-'는 구체적인 대상이나 상태를 나타낸다. 이렇게 실질적인 의미를 띠는 것을 **실질 형태소**라고 한다. 반면 '이', '-다'는 형식적인 의미 또는 문법적인 의미만 가지므로 이런 것을 **형식 형태소**라고 한다.

실질적인 의미를 가진 형태소처럼 보여도 형식 형태소로 분류되는 것들이 있다. '너마저 내 마음을 몰라주니?'에서 '마저'는 '말하는 사람의 기대를 저버리고'라는 뜻이 숨어 있는 조사다. '멋쟁이'

나 '겁쟁이'의 '-쟁이'는 '그것이 나타내는 속성이 큰 사람'이라는 뜻을 나타내는 접미사다. 그래서 이런 형태소들은 실질 형태소로 보자고 주장하는 사람도 있다. 그러나 모든 조사나 접사(접두사와 접미사)에는 어느 정도 저 나름의 의미가 담겨 있기 때문에 몇몇 조사와 접사만을 실질 형태소로 인정했다가는 더 큰 혼란이 일어날 것이다. 그리고 모든 조사와 접사는 애초에 의미를 한정하거나 강조하는 문법적인 기능을 하기 때문에 모두 형식 형태소로 분류하고 있다.

특이해서 특이 형태소

의미가 같은 한 형태소인데 환경에 따라 형태가 달라지는 것이 있다. 형태가 다르기 때문에 다를 이(異) 자를 써서 **이형태**라고 한다. 예를 들어 주격 조사는 '곰이/사자가'에서처럼 앞말의 끝소리가 자음이냐 모음이냐에 따라서 '이'가 되기도 하고 '가'가 되기도 한다. 곧 앞말에 어떤 음운이 오느냐에 따라서 뒷말의 형태가 달라지는 것을 **음운론적 이형태**라고 한다. '연어를/사슴을'에서 '을/를', '앞으로/뒤로'에서 '으로/로'도 음운론적 이형태다.

앞말에 어떤 형태소가 오느냐에 따라서 뒷말이 달라질 수도 있다. 예를 들어 '잡아라/먹어라'처럼 명령을 나타내는 어미로는 일반적으로 '-아라/-어라'가 널리 쓰인다. 이 둘은 음운론적 이형태다. 그런데 '오다'와 '하다'의 경우, 형태소 '오-/하-' 뒤에서 '오너라/하여라'로 형태가 달라진다. 앞말의 형태소가 무엇이냐에 따라 달라지기 때문에 '-너라/-여라'를 **형태론적 이형태**라고 한다. 또 과거 시제를 나타낼 때에는 흔히 '-았/었-'을 쓰는데, '하다'의 과거형은 '하였다'로 과거 시제를 나타내는 데 '-였-'을 쓴다. 이것도 형태론적 이형태다.

단어는 '하늘, 봄, 매우'처럼 자립 형태소 하나로 이루어진 것도 있지만, 대체로 형태소들의 결합으로 이루어진다. 형태소와 형태소가 결합해서 만들어지는 것이다. 그런데 오로지 한 형태소하고만 결합하는 특이한 형태소들이 있다. 그래서 이름도 **특이 형태소**라고 한다. 예를 들면 '오솔길, 착하다, 아름답다, 느닷없이'에서 '오솔-, 착-, 아름-, 느닷-'은 특이 형태소다. 가만히 보면 원래는 뭔가 뜻이 있었을 듯이 보이지만, 오직 이들 단어에서만 볼 수 있는 의존 형태소이기 때문에 정확한 뜻도 짐작하기 어렵다. 나만 그런가?

'안간힘'의 '안간-'도 특이 형태소라고 설명하는 학자가 있다. 그렇다면 '안간힘'은 〔안간힘〕이라고 발음해야 할 것이다. 그러나 사전을 찾아보면 〔안깐힘〕이 표준 발음이다. '안간힘'을 {안+간힘}으로 이루어진 합성 명사라고 보는 것이다. '간힘'은 '숨 쉬는 것을 억지로 참으며 고통을 견디려고 애쓰는 힘'이라는 뜻의 명사다. '안'은? '속, 내부'라는 뜻의 그 '안'이다. '안타깝다'의 '안'도 이 '안'이다. 원래 '안'을 옛날에는 '않'이라고 했다. 그래서 '않+닶갑다 → 안타깝다'가 됐다. '속이 답답하다'는 뜻이다.

인간적인 사람과 사람적인 인간

| 파생어와 파생법 |

● 단어에도 뿌리와 가지가 있다
-어근과 접사

기억을 더듬어 보자. 단어란 '문장에서 자립할 수 있거나, 자립할수 있는 요소에 붙어서 쉽게 분리되는 말'이라고 했다. 그럼 단어는어떻게 이루어져 있을까? 단어를 쪼개면 형태소라는 것들이 나왔다. 다시 말해 단어는 형태소가 모여서 이루어진다. 정확히 말하면한 형태소로 된 단어도 있고, 두 개 이상 되는 형태소가 모여서 이루어진 단어도 있다.

'밥, 하늘, 하나, 둘, 매우, 마치, 아이고, 어머' 등은 모두 한 형태소로 이루어진 단어다. 이들 단어의 형태소는 모두 실질적인 의미를 지니는 실질 형태소다. 반면 '민-+소매', '멋+-쟁이', '빗-+맞-+-다', '슬기+-롭-+-다' 같은 단어는 두 형태소 이상으로 이루어졌다.

두 형태소 이상으로 이루어진 단어들을 가만히 살펴보면, 단어의 중심이 되는 의미를 담고 있는 형태소가 있다. 앞의 예에서는 '소매, 멋, 맞-, 슬기'가 그러하다. 이런 형태소를 '어근'이라고 한다. 말(단어)의 뿌리라는 뜻이다. 이에 반해서 '민-, -쟁이, 빗-, -롭-, -다'는 꼭 어근에 붙어야만 그 나름의 문법적인 기능을 발휘하는 형식 형태소다. 이런 형식 형태소는 어근에 붙어서 단어를 이루는 요소로 작용한다. 이런 형식 형태소를 '접사'라고 한다. 뿌리에서 자라난 가지 같은 것이라고 보면 된다.

● 단어는 어떻게 만들어지는가
-파생어와 합성어

'밥, 하늘, 하나, 둘, 매우, 마치, 아이고, 어머'처럼 실질 형태소 하나로 이루어진 단어들은 어근 하나로 이루어져 있기 때문에 구성이 단일하다고 해서 **단일어**라고 한다. '높-다', '검-다'와 같은 단어는 두 형태소(실질 형태소 하나+형식 형태소 하나)로 되어 있으나, 학교 문법에서 동사와 형용사 끝에 붙는 '-다'는 접사가 아니라 어미로 본다. 따라서 접사가 없고 단어의 실질적인 의미를 담은 어근은 하나밖에 없기 때문에 '높다', '검다' 역시 단일어에 속한다.

'민-소매, 멋-쟁이, 빗-맞다, 슬기-롭다' 같은 단어는 어근 하나와 접사로 이루어져 있다. 이처럼 {어근+접사}나 {접사+어근} 형태로 이루어진 단어를 **파생어**라고 한다. 한 뿌리에서 가지를 쳐서 파생되어 나온 단어라는 뜻이다. 그리고 파생어를 만드는 과정에서 쓰인 접사를 파생 접사라고 한다.

파생 접사 가운데 '민-, 빗-'처럼 어근의 앞에 붙는 접사를 머리〔頭〕에 붙는다고 해서 '접두사'라고 한다. 그럼 '-쟁이, -롭다'처럼 어근 뒤에 꼬리처럼 붙는 접사는? 꼬리 미(尾) 자를 써서 '접미사'라고 한다. 엄밀히는 '-롭-'만 접미사고 '-다'는 어미지만, 편의상 '-다'를 붙여 쓰기로 하자. 사전에도 '-다'가 붙어서 나온다.

{어근+어근}으로 이루어진 단어도 있다. '책상, 불고기, 오가다, 돌아가다'는 {책+상}, {불+고기}, {오+가다}, {돌아+가다}로 이루어져 있는데, 각 요소가 모두 실질적인 의미를 담은 어근이다. 이렇게 {어근+어근}으로 이루어진 단어를 '합해져서 이루어졌다'는 뜻으로 **합성어**라고 한다. 그리고 파생어와 합성어를 아울러 **복합어**라고 한다.

정리해 보자. 단어가 어떻게 이루어져 있느냐를 기준으로 단어의 종류를 나누어 보면, 단어에는 단일어와 복합어가 있고, 복합어는 다시 파생어와 합성어로 이루어져 있다고 할 수 있다.

단어의 종류에 비추어 보면 새로운 단어가 어떻게 만들어지는지도 알 수 있다. 단일어는 어떤 물건이나 상태에 이름을 붙인 것이니까 논외로 하고. 한 어근에 접사를 붙여 만드는 방법, 곧 파생어를 만드는 방법은 **파생법**, 어근과 어근을 합해서 만드는 방법, 곧 합성어를 만드는 방법은 **합성법**이라고 한다. 너무 당연한 말인가?

특정한 의미를 더해 준다 – 접두 파생법

접사에는 접두사와 접미사 두 가지가 있으니까, 파생어에도 접두 파생어와 접미 파생어 두 가지가 있겠다. 접두 파생어는 어근에 접두사가 붙어서 만들어진 단어다. '강-추위, 날-김치, 맨-손, 불-규칙, 생-마늘, 알-부자, 짝-눈, 호-떡' 같은 단어는 명사 어근 앞에 접두사가 붙어서 만들어진 접두 파생어다.

　이런 접두 파생어에는 공통점이 있다. 앞에 오는 접두사가 뒤에 오는 명사 어근에 특정한 의미를 더해 준다는 점이다. 예를 들어 '강-추위'에서 '강-'은 '추위'라는 명사의 의미에 '호된 또는 심한'이라는 의미를 더해 주고, '알-부자'에서 '알-'은 '부자'라는 명사의 의미에 '진짜, 알짜'라는 의미를 더해 준다. 이렇게 명사 어근에 특정한 의미를 더해 주는 것이 관형사가 명사를 수식하는 것과 비슷하기 때문에 이런 접두사를 **관형사성 접두사**라고 한다. 거꾸로 관형사와 비슷하기 때문에 이것이 접두사냐, 관형사냐를 가리는 것도 문제가 된다. 어떻게 구별할까?

　첫째, 떼어 놓을 수 있느냐를 보면 된다. '한겨울'에서는 '한-'과 '겨울'을 떼어 놓을 수 없다. 그러므로 '한겨울'의 '한-'은 접두사다. 그러나 '한 마을'에서는 '한 가난한 마을'처럼 '한'과 '마을'이 떨어져서 중간에 다른 말이 들어갈 수 있다. 이 경우의 '한'은 관형사다. '한 추운 겨울'이라고 쓸 수 있지 않느냐고? 그렇다. 이 경우의 '한'은 접두사가 아닌 관형사로 '어떤'이란 뜻이다. 그러나 '한겨울'의 '한-'은 '한창인'이라는 뜻을 지닌 접두사다. 뜻이 다르다.

둘째, 관형사는 여러 종류의 명사를 꾸밀 수 있다. '새 책, 새 기분, 새 건물' 등등 거의 모든 명사 앞에 쓸 수 있지만, 접두사는 그렇지 않다. '선-웃음, 선-무당' 등 몇몇 명사에만 붙을 수 있다.

이처럼 관형사와 접두사는 다르다. 형태가 같다 하더라도 뜻이 다르다. 그래서 접두사는 뒷말에 붙여 쓰고, 관형사는 뒷말과 떼어 쓴다.

수고양이, 수캐, 숫양? – 이형태 접두사

명사 어근에 붙어서 접두 파생어를 만드는 접두사 가운데 이형태가 있는 것이 있다. 이형태가 뭐냐고? 기억을 더듬어 볼까?

'의미가 같은 한 가지 형태소인데, 환경에 따라 형태가 달라지는 것'을 이형태라고 부른다. 예를 들어 앞말이 자음이냐 모음이냐에 따라 형태가 달라지는 '이/가', '을/를', 그리고 앞말에 어떤 형태소가 오느냐에 따라 달라지는 '-너라/-거라'가 이형태다.

본론으로 돌아와서, 암컷임을 나타내는 접두사 '암-'은 '암고양이, 암탉'에서 보듯이 '암-/암ㅎ-'으로 이형태가 있다. 수컷임을 나타내는 접두사 '수-'도 '수꿩, 수캐, 숫양'에서 보듯이 '수-/수ㅎ-/숫-'으로 이형태가 있다. '메밥/멥쌀, 찰떡/차조, 해콩/햇감자/햅

쌀' 등에서 볼 수 있듯이, '메-, 찰-, 해-' 등도 이형태가 있는 접두사다.

왜 이런 이형태들이 생겼을까? 모두 옛날 말이 현대로 오면서 변해서 생긴 현상이다. 문제는 '어떤 경우에 어떤 이형태를 쓰느냐'인데, 딱히 방법이 없다. 일일이 사전을 찾아볼 수밖에.

이번에는 동사나 형용사 어근 앞에 접두사가 붙어서 파생어가 만들어지는 경우를 살펴보자. '짓밟다, 짓누르다, 되찾다, 되돌아가다' 등은 '밟다, 누르다, 찾다, 돌아가다' 앞에 '짓-'이나 '되-'라는 접두사가 붙어서 된 접두 파생어다. 접두 파생어에도 접두사의 이형태가 있다. '새빨갛다, 시뻘겋다, 샛노랗다, 싯누렇다'에서 '새-'와 '샛-', '시-'와 '싯-'이 그렇고, '휘날리다, 휩쓸다'에서 '휘-'와 '휩-'이 그러하다.

그런데 어떤 접두사는 꼭 명사에만 붙고 어떤 접두사는 꼭 동사나 형용사에만 붙는 것은 아니다. '덧-'은 '덧신, 덧붙이다', '헛-'은 '헛수고, 헛되다'처럼 명사, 동사, 형용사 앞에서 모두 쓰이는 접두사다.

접두사들은 대부분 어근의 품사에 변화를 주지 않는다. 어근의 의미에 특정 의미를 더해 줄 뿐이다. 이런 접사를 **한정적 접사**라고 한다. 이 말은 어떤 접사는 품사를 바꾸기도 한다는 말이다. '마르다'는 동사지만, '메마르다'는 형용사다. '되다'는 동사지만 '숫되다, 앳되다'는 형용사다. 이렇게 어근의 품사를 바꾸어 버리는 접사를 **지배적 접사**라고 한다. '아이, 뭐 이런 거까지 알아야 해?' 투덜거리는 소리가 들리는 것 같다. 그러나 품사가 바뀌면 문장 구조도 바뀌기 때문에 문법적으로는 무시 못 할 이야기다.

품사도 잘 바꾼다 – 접미 파생법

이제 접미 파생법에 대해 이야기할 차례다. 어근에 접미사가 붙어서 새로운 단어를 만드는 방법이라는 거, 말 안 해도 알 것이다. 앞에서도 보았지만 접두사는 어근의 품사를 바꾸는 일이 많지 않다. 그러나 접미사는 어근에 특정 의미를 더해 줄 뿐 아니라, 어근의 품사를 바꾸는 일도 잦다. 지배적 접사가 많다는 얘기다.

'말썽꾸러기, 꾀보, 벼슬아치, 겁쟁이, 지우개, 톱질, 웃음, 달리기' 등은 모두 접미사 '-꾸러기, -보, -아치, -쟁이, -개, -질, -음, -기'가 붙어서 만들어진 명사다. 다시 말해 이런 접미사들은 **명사 파생 접미사**다.

그런데 '-음, -기'로 끝나는 단어는 가끔 품사가 무엇인지 아리송할 때가 있다. 명사인지, 동사의 명사형인지 헷갈린다는 뜻이다. '김구 선생이 환한 <u>웃음</u>을 <u>웃음</u>은 조국의 독립이 가까웠다는 것을 알았기 때문이다.' 두 '웃음' 가운데 어느 것이 명사이고 어느 것이 동사의 명사형일까? 이론적으로 말하면 서술어로 쓰일 수 있는 것이 동사의 명사형이다. 뭐라고? 무슨 말이야? 달리 말해서 목적어나 부사를 취할 수 있느냐 하는 것인데, 이 설명이 더 어렵다고 해도 할 말 없다.

쉬운 방법이 있다. '-음/-기'를 '~하는 것'으로 바꾸어 보면 된다. 바꾸어 써서 자연스러우면 그것은 동사의 명사형이다. '나는 달리기 시간이 제일 싫다'에서 '달리기'를 '달리는 것'으로 바꾸어 보라는 말이다. '나는 달리는 것 시간이 제일 싫다.' 좀 이상하다. 그러니까 여기에서 '달리기'는 동사의 명사형이 아니라 명사다. '김구 선생이 환하게 웃음은 다 이유가 있다'를 '김구 선생이 환하게 웃는 것은 다 이유가 있다'로 바꾸어 보자. 응? 안 이상하다. 오히려 더 자연스럽다. 그렇다면 이것은 동사의 명사형이다.

형용사를 만드는 접미 파생법도 있다. '슬기롭다, 정답다, 어른스럽다, 다정하다, 멋지다, 궁상맞다, 멋쩍다, 높다랗다' 등의 단어에는 각각 '어근이 가진 성질이 풍부하게 있다는 뜻'을 더해 주는 **형용사 파생 접미사** '-롭다, -답다, -스럽다, -하다, -지다, -맞다, -쩍다, -다랗다'가 붙었다. 종류가 무척 많다.

동사를 만드는 접미 파생법도 있다. '공부하다, 지배되다, 바삭거리다, 꿈지럭대다, 글썽이다, 깨뜨리다'에는 **동사 형성 접미사** '-하다, -되다, -거리다, -대다, -이다, -뜨리다'가 붙었다.

이 가운데 '-하다'는 부사나 형용사에 붙어서 동사나 형용사를 엄청나게 많이 만들어 낸다. 또한 한자어 명사 뒤에 이 '-하다'가 붙어 만들어진 수많은 동사가 국어사전에 올라 있다. 이처럼 많은 단어를 만들어 낼 수 있는 것을 생산적이라고 하는데, '-하다'야말로 매우 생산적인 접미사다.

부사를 만드는 접미사도 있다. '높이, 깨끗이, 가만히, 고요히, 도로, 너무, 자주, 힘껏' 등에 쓰인 '-이, -히, -오, -우, -껏' 등이 **부사 형성 접미사**다. 헷갈리지 말아야 할 것은 '-이, -히'가 붙어서 된 '깨 끗이'는 부사지만, '깨끗하게'는 형용사(형용사가 부사어로 쓰인 경우) 라는 것이다. 다른 말로 하면 '-이, -히'는 접미사지만 '-게'는 부사 형 어미다. 그래서 '깨끗이'는 사전에 나오지만, '깨끗하게'는 사전 에 표제어로 올라 있지 않다.

마음적으로 힘들다? - 한자어 접미사

한자어로 된 접미사도 매우 많이 쓰인다. '과학자, 예술가, 간호사, 유동성, 민주화, 확실시'에서 '-자, -가, -사, -성, -화, -시'가 모두 한자어 접미사다. '지게꾼, 사기꾼' 할 때의 '-꾼'도 원래는 한자 '군 (軍)'에서 온 말이다.

'-씨'도 '성씨 자체나 그 가문을 나타내는' 접미사다. 그래서 '그 의 성은 김씨입니다'에서처럼 붙여 쓴다. 그런데 '씨'는 '같은 성(姓) 의 계통을 표시하는 말'로서 명사이기도 하고, '성이나 이름 아래에 붙어 그 사람을 높이거나 대접하여 부르거나 이르는 말'로서 의존 명사이기도 하다. 명사나 의존 명사일 때는 '그 일은 김 씨가 하기 로 했다'에서처럼 띄어 쓴다. 명사로 쓰일 때는 관두고라도 접미사 인지 의존 명사인지가 자주 헷갈린다. 간단히 구별하는 방법은 성 씨를 가리킬 때에는 접미사, 사람을 가리킬 때에는 의존 명사라고 생각하는 것이다. 그래서 박씨 성을 가진 부인은 '박씨 부인'이라고 하고, 누군가의 부인인 어른 여성은 '아무개의 부인 박 씨'가 되는 것이다.

한자어 접미사 가운데 가장 생산적인 것은 '문화적, 과학적' 할 때의 '-적(的)'이다. 원래 '的(적)' 자는 한문에서 관형격 조사로 쓰이는데, 근대 일본에서 영어의 '-tic'을 번역할 때 이 글자를 가져다 쓰면서 더욱 자주 쓰이게 되었다.

'-적'은 한자어에 붙는다. 그래서 '인간적'이라는 말은 있어도 '사람적'이라는 말은 없다. 그런데 요즘에는 '심적으로'라는 말 대신 '마음적으로'라는 말을 쓰는 사람이 적지 않다. '마음적으로 힘들다', '마음적으로 뿌듯하다'라는 말을 서슴지 않고 사용한다. '심적으로'라고 하면 자기 마음이 제대로 전달되지 않아서일 것이다. '일적으로'라는 말도 종종 들린다. '업무상으로'라고 쓰면 '복잡다단한 일'이 정확히 전달되지 않아서일까?

또 주로 추상 명사에 붙는다. 그래서 '학문적'은 돼도, '학교적'은 이상하다. '책상적'이나 '건물적'처럼 구체적인 대상을 표시하는 말에는 붙여 쓰지 않는 것이 보통이다. 그런데 이것도 파괴되고 있나 보다. '농촌적' 정서와 '도시적' 감수성이 부딪히는 '주택적' 환경 속에 우리는 살고 있으니까 말이다.

'-적'은 고유어 접미사 '-스럽다'와 뜻이 비슷하다. 그런데 '-적'이 붙는 말에는 '-스럽다'가 붙지 못하고, '-스럽다'가 붙는 말에는 '-적'이 붙지 않는다. 그래서 '개방적, 문화적'이라고 하지만 '개방스럽다, 문화스럽다'라는 말은 없다. 마찬가지로 '고통스럽고' '다정스럽지', '고통적이고' '다정적이지'는 않다.

'-적'이 붙은 말을 부정할 때에는 '비(非)-'를 쓰지, '미(未)-'나 '무(無)-'를 쓰지 않는다. 그래서 '비인간적'이라고 하지, '미인간적'이나 '무인간적'이라고 하지 않는다. "아니, '무계획적'이라는 말이 있지 않으냐?" 하고 항의할 사람도 있겠다. 그러나 그것은 '무계획-적'인 것이지 '무-계획적'인 것은 아니지 않을까? '비-계획적'인 것과 비교해 보면 알 수 있을 것이다.

어찌 됐든 '-적'을 사용할 때는 주의해야 한다. 꼭 필요할 때가 아니면 사용하지 않는 것이 좋다. '-적'은 '그 성격을 띠는'이라는 뜻이다. 다시 말해 '바로 그것이 아니라 그것과 비슷한'이라는 뜻이다. 그러므로 '-적'이라는 말을 많이 사용하면 말의 뜻이 분명해지지 않는다. 자신의 생각을 표현해야 할 때는 정확하고 분명하게 표현해야 하지 않겠는가. '-적'이라는 말로 두루뭉술하게 표현하지 말고. '민주적 사회'와 '민주 사회'는 다르지 않겠는가.

왜 젓가락은 ㅅ 받침인데,
숟가락은 ㄷ 받침일까?

| 합성어와 합성법 |

● 영화 〈번지 점프를 하다〉가
  전 국민에게 던진 질문

태희가 국문과 다니는 남자 친구 인우에게 묻는다.

"젓가락은 'ㅅ' 받침이잖아, 근데 숟가락은 왜 'ㄷ' 받침이야?"

그러나 인우는 배가 고프다며 딴청을 피우다가 엉터리없는 대답을 한다.

"그니까, 젓가락은 이렇게 집어 먹으니까 'ㅅ' 받침 하는 거고, 숟가락은 이렇게 퍼 먹으니까 'ㄷ' 받침 하는 거지. 이게 약간 'ㄷ'같이 생겼잖아, 모양이."

태희가 '아, 그렇구나' 하고 그냥 고개를 끄덕일 리가 없다.

"너 국문과 아니지, 응? 아니지?"

"그거 4학년 돼야 배워."

관객들 사이에서 웃음이 터져 나온다.

이병헌과 이은주 주연의 영화 〈번지 점프를 하다〉의 한 장면이다. '몇 번을 죽고 다시 태어난대도, 결국 진정한 사랑은 단 한 번뿐'이라는 '달달한'(사투리지만 그냥 쓰자) 주제를 담은 이 영화는 각종 영화제에서 각본상을 석권하고, 팬들의 요구에 따라 11번을 재상영했으며, 뮤지컬로도 만들어진 인기 영화다. 영화가 개봉하고 나서 몇 년 뒤 안타깝게도 주연 배우 이은주가 스스로 목숨을 끊었기 때문에 더 아프게 느껴지는 영화이기도 하다.

그건 그렇고 영화에는 답이 나오지 않으니까 한번 따져 보자. 왜 젓가락은 ㅅ 받침이고, 숟가락은 ㄷ 받침인지.

'젓가락'은 젓가락을 의미하는 한자 '저(箸)'와 가늘고 길게 토막이 난 물건을 세는 단위인 '가락'이 합쳐져서 만들어진 단어다. 그런데 [저가락]이라고 읽지 않고 [저까락/젇까락]이라고 읽기 때문에 사이시옷을 넣어 '젓가락'이 된 것이다. {차＋잔[차짠/찯짠]}에 사이시옷이 들어가 '찻잔', {비＋자루[비짜루/빋짜루]}에 역시 사이시옷이 끼어 '빗자루'가 된 것과 같은 이치다.

그럼 '숟가락'도 '숫가락'으로 써야 할 것 같은 느낌이 든다. 그러나 '숟가락'은 '수＋가락'으로 이루어진 단어가 아니다. '숟가락'은 밥 같은 음식물을 숟가락으로 떠 분량을 세는 단위인 '술'에 '가락'이 붙어서 이루어진 단어다. 이 '술'은 '한 술', '두 술' 할 때의 그

'술'이다. 그런데 우리말 맞춤법에는, 끝소리가 'ㄹ'인 말과 딴 말이 어울릴 때 'ㄹ' 소리가 'ㄷ' 소리로 나는 것은 'ㄷ'으로 적게 되어 있다. 예를 들어 {이틀+날}은 '이튿날', {사흘+날}은 '사흗날', {설+달}은 '섣달'이 된다. {술+가락}도 〔술가락〕이라고 읽지 않고 〔순까락〕이라고 읽기 때문에 '술가락'이 아니라 '숟가락'으로 쓰게 된 것이다.

● 어순이 자연스러운 통사적 합성어

'젓-가락'이나 '숟-가락'처럼 어근을 두 개 또는 그 이상 결합해 새로운 단어를 만드는 방법을 **합성법**이라고 하고, 합성법으로 만들어진 단어를 **합성어**라고 한다. 그런데 어근과 어근이 합쳐지는 모습을 살펴보면 한국어의 자연스러운 어순을 따를 때도 있고, 그렇지 않을 때도 있다. 결합 방식도 한국어의 자연스러운 결합 방식과 같을 때도 있고 다를 때도 있다. 자연스러운 한국어 어순과 결합 방식에 따라 만들어진 합성어를 '통사적 합성어'라고 하고, 그렇지 않은 합성어를 '비통사적 합성어'라고 한다.

통사적? 그게 무슨 뜻이람? '통사'를 사전에서 찾아보면 '문장'과 같은 말이라고 나온다. 아하! 그러니까 '통사적'이라는 말은 '문장을 쓸 때와 같은'이라고 해석하면 된다. 다시 말해 **통사적 합성어**란 '우리가 일반적으로 문장을 쓸 때와 같은 단어 배열과 단어 구성으로 만들어진 합성어'라는 뜻이다. 그렇다면 **비통사적 합성어**란 '우리가 일반적으로 문장을 쓸 때와는 다른 방식으로 단어가 배열되거나 구성되어 만들어진 합성어'가 되겠다. 그럼 '통사론'은 '문장론'이란 뜻이겠네? 그럼 그렇게 말하지. 그러게 말이다.

예를 들어 보자. '손발'은 명사와 명사가 합쳐져서 만들어진 합성어다. 이렇게 명사 두 개가 어울린 합성어는 '손, 발'처럼 중간에 쉼표를 쳐서 문장 속에서 사용할 수도 있기 때문에 자연스러운 단어 배열이라고 볼 수 있다. 그러므로 '손발'은 통사적 합성어다. '작은집'은 형용사의 관형사형 '작은'과 명사 '집'이 합쳐진 합성어인데, 이것도 우리말의 정상적인 단어 배열 방식이다. 그러므로 이것도 통사적 합성어다. '들어가다'는 동사와 동사가 합쳐진 것인데, '먹어 보다, 되어 간다'처럼 앞에 오는 동사 어간에 '-어'가 붙는 단어 배열법도 문장 속에서 흔히 볼 수 있는 자연스러운 방식이므로 통사적 합성어다.

'작은집'의 '작은-'을 접두사로 아는 사람도 적지 않을 것이다. 그도 그럴 것이 얼마 전까지 사전에 접두사로 나와 있었기 때문이다. '작은-'이 접두사라면 '작은집, 작은형, 작은어머니' 등은 모두 합성어가 아니라 파생어라고 봐야 한다. 그러나 '큰-'과 마찬가지로 '작은-'도 어근이라고 교과서에 나온다. 그러자 사전에서도 '작은-'이 접두사라는 말은 슬그머니 없어졌다. "교과서에 그렇게 나오니 할 수 없군요" 하고 사전 만드는 사람들도 인정한 것이다. 그래서 '작은집, 큰형' 등은 파생어가 아니라 합성어다. (실은 어떤 단어가 파생어냐 합성어냐를 두고 학자들 사이에서도 가끔 논란이 일어난다. 학설에 따라 조금씩 다르게 보는 것이다. 어떤 학설을 따르느냐는 우리 각자의 몫이기도 하다.)

그건 그렇고 '덮밥'이란 단어를 살펴보자. 자연스러운 우리말 구성에 따르자면 '작은집'처럼 '덮은밥'이라고 했어야 할 것이다. 그러나 '-은'은 사라져 버리고 '덮-' 다음에 바로 '밥'이라는 명사가 붙었다. 우리가 보통 문장에서 쓰는 단어 구성 방식하고는 다르다. 그러므로 '덮밥'은 맛있을지 몰라도 비통사적 합성어다. '누비옷, 접칼, 먹거리' 등이 이와 비슷한 비통사적 합성어다. '먹거리'는 '먹을거리'와 같은 말인데, 비교적 최근에 표준어가 되었다. 아마 비통사적 합성어이기 때문에 뒤늦게 표준어 자격을 얻게 되었나 보다.

'뛰놀다'는 어떨까? 우리말의 자연스러운 구성에 따랐다면 '뛰어놀다'라고 했을 텐데, '-어'는 사라지고 '뛰놀다'가 되어 버렸다. 역시 비통사적 합성어다. '검붉다, 오르내리다' 등도 모두 비통사적 합성어다.

● 어떤 품사의 합성어가 되느냐

합성어를 통사적 합성어냐, 비통사적 합성어냐로 가르는 방법 말고, 품사에 따라 분류하는 방법도 있다. 먼저, 합성법에 따라 만들어진 단어가 명사면 **합성 명사**라고 한다. '아들딸, 논밭, 돌다리, 눈물'은 {명사+명사}로 합쳐져서 만들어진 명사다. '새해, 첫눈'은 {관형사+명사} 결합, '어린이, 비빔밥, 꺾쇠'는 {용언+명사} 결합이다. 동사와 형용사를 합쳐서 용언이라고 부르는데, 이에 대해서는 나중에 자세히 살펴보기로 하자. '부슬비, 뭉게구름'처럼 {부사+명사} 결합으로 이루어진 합성 명사도 있다.

'늦잠, 늦더위'도 합성어(합성 명사)라고 이야기하는 학자들도 있지만, '늦-'을 사전에서 찾아보면 "'늦은'의 뜻을 더하는 접두사"라고 분명히 나와 있다. 그러므로 파생어라고 보아야 할 것이다.

동사를 만드는 합성법도 알아보자. '힘들이다, 본받다, 앞서다'는 {명사+동사}로 이루어진 **합성 동사**다. '돌아가다, 날아가다'는 {용언+용언}으로 이루어져 있다. '가로막다, 잘하다'처럼 {부사+용언}도 합성 동사를 만든다.

형용사 합성법으로 만들어진 **합성 형용사** '손쉽다, 재미있다'는 {명사+형용사}로 짜여 있고, '깎아지르다, 게을러빠지다'는 {용언+용언}으로 이루어져 있다. '못생기다, 잘나다'는 {부사+용언}으로 짜여 있다. '다디달다, 머나멀다'는 같은 어근이 반복되어 이루어진 합성 형용사인데, 강조하는 뜻을 나타낸다.

합성 부사도 아주 여러 가지 방식으로 만들어진다. '밤낮'은 {명사+명사}로 이루어졌다. 여기서 '밤낮'은 '밤과 낮'이 아니라 '늘, 언제나'라는 뜻인 부사다. '제각각'은 {대명사+부사}, '어느새, 한바탕'은 {관형사+명사}, '곧잘, 곧바로'는 {부사+부사}, '가끔가다'는 {부사+동사}, '오다가다'는 {동사+동사}, '철썩철썩, 느릿느릿'

은 같은 말이 반복되어 만들어진 합성 부사다.

관형사나 감탄사도 합성법으로 만들어질 수 있다. '한두, 서너, 온 갖'은 **합성 관형사**이고, '아이고머니, 에야디야'는 **합성 감탄사**다.

● 대등한가, 종속적인가

합성어는 주로 어근 두 개가 합쳐져서 만들어진 단어다. 그런데 이들 두 어근 사이의 의미 관계가 다 같지는 않다. 예컨대 '아들딸'은 '아들과 딸'이라는 뜻이므로 두 어근이 서로 대등한 자격으로 결합되어 있다. 두 어근이 서로 독립된 뜻을 가진 채 같은 자격으로 어울려서 이루어진 합성어라는 말이다. '앞-뒤, 안-팎, 물-불' 등이 이런 합성어로서 서로 같은 자격을 지니기 때문에 '앞과 뒤, 안과 밖, 물과 불'처럼 사이에 '와/과'를 넣어 이을 수 있다. 이런 합성어를 **대등 합성어**라고 한다.

합성 용언에도 대등 합성어가 있다. '오가다, 오르내리다' 등이 그러한데, 이 경우에는 사이에 '-고'라는 연결 어미를 넣어 '오고 가다, 오르고 내리다'처럼 써도 의미가 전혀 달라지지 않는다.

반면에 '돌다리'를 살펴보자. 두 어근이 각각 독립된 뜻을 지니기는 하지만, 이 단어는 앞의 어근이 뒤의 어근을 꾸미는 구조로 되어있다. '다리는 다리인데, 어떤 다리?'라는 질문에 대한 답이 될 수있는 합성어다. 이런 합성어를 **종속 합성어**라고 한다.

종속 합성어를 이루는 두 어근이 '칼날, 시골집, 겨울비'처럼 명사로 되어 있으면 사이에 '-의'가 들어갈 수 있고(칼의 날, 시골의 집, 겨울의 비), '돌아가다, 늦되다'와 같이 어근이 용언이면 '-아서/어서, -게'로 이어질 수 있다(돌아서 가다, 늦게 되다).

대등 합성어나 종속 합성어에서는 두 어근이 각각 독립된 뜻을 지닌다. 그런데 두 어근이 합성되는 과정에서 각 어근의 본래 뜻이 유지되지 않고 새로운 뜻이 생긴 합성어가 있다. 이것을 **융합 합성어**라고 한다. 예를 들어 '춘추'는 '봄과 가을'이라는 뜻도 있지만, '나이'라는 뜻도 지닌다. '밤낮'은 '밤과 낮'이라는 뜻으로 쓰일 때도 있지만, '항상, 늘'이라는 뜻을 지닌 부사로 더 많이 쓰인다. '날뛰다'는 '날고 뛰다'라는 뜻보다는 '함부로 덤비거나 거칠게 행동하다'라는 뜻으로 더 많이 쓰이고, '캐내다'는 '뭔가를 캐어서 꺼내다'라는 뜻도 있지만, '자세히 따져서 속 내용을 알아내다'라는 새로운 뜻으로도 많이 쓰인다.

'춘추, 밤낮'이 '봄과 가을, 밤과 낮'이라는 뜻으로 쓰이면 대등 합성어가 되고, '캐내다'가 '뭔가를 캐어서 꺼내다'라는 뜻으로 쓰이면 종속 합성어가 된다. 이처럼 융합 합성어는 대부분 대등 합성어나 종속 합성어로도 해석될 수 있다는 점에 유의해야 할 것이다.

● 합성어냐, 구냐

'둘 이상의 단어가 모여 절이나 문장의 일부분을 이루는 토막'을 '구'라고 한다. 합성어는 둘 이상의 어근이 모여 만들어진 새로운 단어다. 어쨌든 두 가지 모두 단어나 단어 비슷한 것이 모여서 만들어진 것이다. 그래서 그 모양이 서로 비슷하기 때문에 합성어와 구를 구별하기 어려울 때가 있다. 예를 들어 '작은집'은 합성어일까, 구일까? '돌아가다'는?

이런 것이 왜 중요하냐고? 구별하는 것 자체도 필요한 일이겠지만, 일단 띄어쓰기가 문제 된다. 합성어는 한 단어이므로 붙여 써야 하고, 구는 두 단어 이상이므로 띄어 써야 하기 때문이다. 구별하는 방법이 없을까? 모든 합성어에 적용할 수 있다고 하기는 어렵겠지만 몇 가지 기준이 있다.

첫째, 두 단어(어근)를 떼어 놓을 수 있으면 그것은 '구(句)'다. '우리 작은집은 부산에 있다'에서 '작은집'은 '작은아버지가 사는 집'이라는 뜻이다. '대문이 작은 집' 할 때의 '작은 집'과는 뜻이 다르다. 그래서 '작은'과 '집'을 떼어 놓을 수 없다. 사실 '작은집'은 '작은 집'과는 뜻이 다르기 때문에 새 단어(합성어)라고 인정하는 것이고, 그래서 붙여 쓰는 것이다. 거꾸로 '대문이 작은 집'처럼 '작은'과 '집'을 떼어서 쓸 수 있다면 이때의 '작은 집'은 합성어가 아니라 구이므로 띄어 쓴다. 구일 경우에는 두 단어 사이에 다른 말도 들어갈 수 있다. '대문이 작은 기와집'처럼. 같은 말이라도 문맥에 따라 합성어일 때가 있고 구일 때가 있다는 뜻.

'덤벼들다'와 같은 용언도 마찬가지로 구별할 수 있다. '덤벼서 들다'라는 말은 없으므로 떼어 놓아서는 안 된다. 떼어 놓을 수 없기 때문에 '덤벼들다'는 구가 아니라 합성어다.

둘째, 실제 동작의 순서와 거꾸로 배열되어 있는 말은 백발백중 합성어다. '건너뛰다, 알아듣다'는 '건너서 뛰다, 알아서 듣다' 하고는 거리가 먼 말이다. 굳이 동작의 순서를 따져 본다면 '뛰어서 건너는' 것이고 '듣고 나서 아는' 것이다. 그러므로 두 단어를 떼어 놓을 수 없는 합성어다.

셋째, 의미의 변화가 있느냐 하는 것도 합성어와 구를 구별하는 기준이 될 수 있다. 구는 독립된 단어가 이어져서 이루어지기 때문에 단어들이 본래 뜻을 그대로 지닌다. 그러나 합성어의 단어들(어근들)은 본래 의미에서 멀어지기도 한다. '집 안'은 구일 때는 '집의 내부'라는 뜻으로 각 단어의 본래 뜻이 그대로 살아 있다. 그러나 '그는 좋은 집안 출신이야'라고 할 때의 합성어 '집안'은 '가문'이라는 뜻으로, 원래 의미가 변화하여 새로운 의미를 띠게 되었다. 마찬가지로 '떡 값'을 '떡값'이라고 붙여 쓰면 합성어로서 '설이나 추석 때 직장에서 직원에게 주는 특별 수당'이라는 뜻이 된다.

넷째, 합성어를 구성하는 어근들은 합성어를 이루면서 음운 변동이 일어날 수도 있다. '활+살 → 화살, 말+소 → 마소'에서처럼 ㄹ이 탈락하기도 하고, '벼+씨 → 볍씨, 안+밖 → 안팎'에서처럼 다른 소리가 첨가되기도 한다. 또, '코+등 → 콧등, 대+잎 → 댓

잎'에서처럼 사이시옷이 첨가되기도 한다. 이처럼 음운 변동이 일어난 말은 대개 합성어다.

● 합성어가 파생어로, 파생어가 합성어로

합성어에 다시 파생 접사가 붙어 파생어를 만드는 일이 있다. 이것이 **합성어의 파생**인데, 일반 파생법과 마찬가지로 접두 파생어와 접미 파생어 둘 다 볼 수 있다.

'매한가지'는 먼저 {한+가지}로 '한가지'라는 합성어가 만들어진 다음, 접두사 '매-'가 붙어 만들어진 접두 파생어다. '꿍-보리밥, 한-밤중, 내-팽개치다, 되-돌아가다' 등이 합성어에 접두사가 붙어 만들어진 파생어다. '해돋이'는 먼저 {해+돋다}로 '해돋다'라는 합성 동사가 만들어지고, '해돋다'에 접미사 '-이'가 붙어 만들어진 접미 파생어다. '거짓말-쟁이, 높낮-이, 약올-리다, 매달-리다' 등이 합성어에 접미사가 붙은 파생어다.

파생어에 다시 어근이 결합하여 합성어를 만드는 경우도 있다. 이것은 **파생어의 합성**이다. 파생어 '웃-음'에 '꽃'이라는 어근이 합쳐져서 만들어진 '웃음꽃'은 {파생어+어근}이다. '디딤-돌, 틀림-없다, 꿈-꾸다, 앞장-서다' 등이 파생어에 어근이 합쳐져서 만들어진 합성어다. 어근인 '첫-'에 파생어 '걸-음'이 합쳐져서 만들어진 '첫걸음'은 {어근+파생어} 구조로 된 합성어다. '나눗-셈, 물-놀이,

기-막히다, 흩-날리다' 등이 어근에 파생어가 합쳐져서 만들어진 합성어다.

우리말에서는 이처럼 합성법과 파생법이 여러 번 되풀이되면서 더욱 복잡한 단어를 만들어 나간다.

변하지 않는 단어

| 품사 1. 체언 |

글을 읽고 고치는 것이 직업인지라, 글에 관심을 안 가질 수가 없었다. 글을 다룰 때 신경이 쓰이는 것 가운데 하나가 띄어쓰기다. 띄어쓰기에 관한 어떤 선배의 팁, '띄어쓰기는 붙여 쓰고, 붙여 쓰기는 띄어 쓴다.' 옛날 얘기다. 요즘에는 붙여쓰기도 붙여 쓴다.

띄어쓰기 하나를 놓고 20~30분씩 입씨름을 벌이던 시절 덕분에 띄어쓰기의 원리에 대해서 조금씩 알아 갔다. 그리하여 필자도 후배들에게 몇 가지 팁을 줄 수 있게 되었다. 예를 들면 '돼지같이'는 붙여 쓰고, '돼지 같은'은 띄어 쓴다. 왜냐고? '같이'는 조사고, '같은'은 형용사니까. '눈곱만큼'은 붙여 쓰고, '먹을 만큼'은 띄어 쓴다. 왜냐고? 앞의 '만큼'은 조사고, 뒤의 '만큼'은 의존 명사니까. 단어와 단어는 띄어 쓰되, 조사는 붙여 쓴다는 것이 띄어쓰기의 첫째 원칙이니까. 그러니까 띄어쓰기도 제대로 하려면 그 단어가 명사인지 조사인지 품사를 알아야 한다는 뜻이다.

● 단어를 나누어 보자

우리말 단어는 국어사전에 올라 있는 것만 해도 50만 개 이상이나 된다. 우리가 흔히 쓰는 단어도 5만 개는 넘는다. 이 단어들을 성질이 비슷한 것끼리 몇 덩어리로 묶어서, 명사니 동사니 형용사라고 부른다. 이렇게 단어들을 비슷한 성질끼리 분류해 놓은 것을 **품사**라고 한다.

무언가를 분류하려면 기준이 있어야 한다. '비슷한 성질'이라고 했지만, 품사 분류의 정확한 기준은 '형태, 기능, 의미' 이렇게 세 가지다. 이 세 가지를 종합적으로 고려하여 어떤 단어의 품사를 결정하게 되는데, 보통은 이 세 가지를 순서대로 적용한다.

먼저, 형태에 따라 분류한다. 어떤 단어가 문장 속에 쓰일 때 형태가 변하느냐, 변하지 않느냐에 따라서 분류한다는 뜻이다.

'하늘이 무척 맑구나'라는 문장을 살펴보자. '하늘', '이', '무척', 이 세 단어는 다른 문장에서도 그 형태가 변할 일이 없다. 그러나 '맑구나'는 사정이 다르다. '맑고, 맑으니, 맑다' 등등 얼마든지 그 형태가 변한다. 이처럼 형태가 변하는 단어를 **가변어**라고 하고, 형태가 변하지 않는 단어를 **불변어**라고 한다.

둘째, 기능에 따라 분류한다. 어떤 단어가 문장 속에서 어떤 역할을 하느냐에 따라서 분류하는 방법이다. 문장에서 주인으로서 기능을 하면 문장의 몸통이라는 뜻으로 **체언**(體言)이라고 한다. 이 체언이 '무엇이다, 어떠하다, 어찌하다'라고 체언의 동작, 상태, 성질 등을 나타내는 말은 **용언**(用言)이라고 한다. 체언이나 용언을 꾸며 주는 말은 **수식언**, 체언 뒤에 붙어서 체언이 다른 단어와 어떤 관계를 맺고 있는지 알려 주는 말을 **관계언**이라고 한다. 그리고 문장에서 다른 단어들과는 독립적으로 쓰이는 단어를 **독립언**이라고 한다.

예를 들어 '아, 예쁜 아라가 벌써 떠났구나!'라는 문장을 보자. '아'는 다른 단어들과 별다른 관계를 맺고 있지 않다. 문장 전체의 느낌을 독립적으로 전하고 있다. 이것이 독립언이다. '아라'는 이 문장의 주인이므로 체언이고, '아라'의 동작을 설명하는 '떠났구나'는 용언이다. 그리고 체언인 '아라'와 용언인 '떠났구나'를 수식하는 '예쁜, 벌써'는 수식언이다. '아라가'의 '가'는 '아라'가 이 문장의 주체라는 것, 다시 말해 다른 단어들과 맺는 관계를 알려 주는 단어이기 때문에 관계언이 된다.

품사 분류에서 마지막으로 고려하는 것이 의미다. 의미를 기준으로 단어를 나누면 사물의 명칭을 나타내는 **명사**(이름씨), 명사를 대신하는 **대명사**(대이름씨), 수와 차례를 나타내는 **수사**(셈씨), 움직임을 나타내는 **동사**(움직씨), 성질이나 상태를 나타내는 **형용사**(그림씨), 상태를 수식하는 **관형사**(매김씨), 움직임·성질·상태를 한정하는 **부사**(어찌씨), 느낌을 나타내는 **감탄사**(느낌씨), 말과 말의 관계를 나타내는 **조사**(토씨), 이렇게 모두 아홉 가지로 나뉜다. 우리가 흔히 품사라고 하면 이렇게 의미를 기준으로 분류했을 때의 아홉 품사를 말한다.

● 하나밖에 없는 '달'은 고유 명사?
–보통 명사와 고유 명사

앞에서도 말했듯이 주로 문장의 몸, 곧 주체의 자리에 오는 단어를 체언이라고 한다. 물론 체언은 주어뿐만 아니라 목적어나 보어의 자리에 오기도 하고, 서술격 조사가 붙으면 서술어의 자리에도 온다. 조사가 붙고, 관형어의 수식도 받고, 형태도 변화하지 않는 불변어다. 아홉 품사 가운데 체언에 속하는 품사는 명사·대명사·수사, 세 가지다.

어떤 사물이나 상태, 사건을 나타내는 이름을 **명사** 또는 이름씨라고 한다. '꽃, 사람, 나무, 도시, 공부'처럼 어떤 대상의 종류를 부를 때 붙이는 이름을 **보통 명사**라고 한다. 이에 반해 어떤 대상을 다른 대상과 구별하려고 붙이는 이름은 **고유 명사**라고 한다. '철수, 영희, 영국, 미국, 삼성, 현대'와 같은 사람 이름, 나라 이름, 회사 이름 등이 고유 명사다. 세상에 하나밖에 없다고 해서 고유 명사라고 부르기는 하지만⋯⋯.

그럼 해나 달, 하늘, 땅도 세상에 하나밖에 없는데, 이들도 고유 명사일까? 일단은 아니라고 설명할 수 있다. 예를 들어 우주에 커다란 변화가 일어나 지구에 위성이 하나 더 생겼다고 하자. 그럼 어떻게 부를까? 아마 그것도 우리는 달이라고 부를 것이다. 여기서 '달'은 우리가 알고 있는, 토끼가 방아를 찧는 그 달이 아니라 '지구의 위성'이라는 뜻이다. 마치 '목성에는 달이 100개가 넘는다'고 말하는 것처럼. 그러므로 '달'은 고유 명사가 아니라 보통 명사다. '해, 하늘, 땅'도 마찬가지 이유로 보통 명사다.

그럼 '지구'는? 태양계에는 8개 행성이 있다. 그 가운데 우리가 사는 행성 지구는 하나밖에 없다. 태양계에 사람이 살 수 있는 행성이 하나 더 생긴다면 우리는 그 행성에 '지구' 아닌 다른 이름을 붙일 것이다. 그러므로 '지구'는 고유 명사다.

이상한가? 그렇다, 이상하다. 두 번째 달에 다른 이름을 붙일 수도 있고, 두 번째 지구도 그냥 지구라고 불러도 될 것이다. 그럼 이렇게 말해 보면 어떨까? 정확히 말하면 하나밖에 없기 때문에 고유 명사라고 부르는 것이 아니라, 다른 것과 구별하기 위해서 붙이는 이름이 고유 명사인 것이라고. 결국 고유 명사와 보통 명사의 구분은 애매한 것이라고.

어떤 사람은 이런 이론도 편다. 외국어로 번역해도 바뀌지 않는 것이 고유 명사라고. 예를 들어 김유신은 'Kim Yushin', 삼성은 'Samsung'……. 그럴듯하지만 이 이론에도 부족한 점이 있다. 그럼 '금성'이나 '목성'은 어떡하라고? '비너스'나 '주피터'로 번역되는데?

고유 명사와 보통 명사의 구분이 애매한지라 고유 명사도 보통 명사처럼 쓰일 때가 있다. 고유 명사를 보통 명사와 구별할 필요가 없을 때, 더 나아가 구별이 안 될 때 그렇다. "우리는 더 많은 아인슈타인이 태어나기를 기대합니다"라고 어느 대학 총장님이 말했을 때, '아인슈타인'은 우리가 아는, 상대성 원리를 발표한 그 아인슈타인이 아니라 '물리학계에 새로운 업적을 남길 훌륭한 과학자'라는 뜻을 지닌 보통 명사가 된 것이다.

원래는 고유 명사였지만 사람들이 너무 많이 사용하다 보니 보통 명사가 된 경우도 드물지 않다. '지포 라이터'는 원래 미국 지포 사에서 만든 라이터였으나, 기름과 솜, 라이터돌을 이용해 불을 켜는 방식으로 된 라이터는 모두 지포 라이터라고 불린다. '클리넥스'도 미국 킴벌리 클럭 사에서 제조한 화장지 상표인데, 요즘에는 상자에서 뽑아 쓰는 화장지를 모두 클리넥스라고 부른다.

우리나라의 어떤 제과 회사에서 개발한 '초코파이'도 원래는 고유 명사였다. 그런데 다른 제과 회사에서 비슷한 제품을 개발하고서 똑같이 '초코파이'라는 이름으로 판매하기 시작했다. 원조 제과 회사에서 '초코파이'라는 이름의 소유권이 자사에 있다고 소송을 걸었는데, 법원은 '초코파이'라는 이름이 어느 회사나 사용할 수 있는 이름이라고 판결을 내렸다. '동그란 빵에 마시멜로를 넣고 초콜릿을 바른 과자는 초코파이'라고 인식되고 있다는 것. 초코파이는 이제 고유 명사가 아니라 보통 명사라고 법원이 인정한 셈이다.

'산을 찾는 모임', '노래를 찾는 사람들' 같은 경우는 당연히 고유 명사라고 생각할 사람이 있을까? 하지만 고유 명사가 아니다, 고유 명칭이라고 부를 수는 있겠지만. 이것들은 '구'이지 '단어'가 아니잖아!

● 움직이느냐
-유정 명사와 무정 명사

'철수, 학생, 고양이'처럼 사람이나 동물을 가리키는 명사를 **유정 명사**라 하고, '나무, 하늘, 학교'처럼 식물이나 무생물을 가리키는 명사는 **무정 명사**라 한다. 사람이나 동물은 '감정을 나타낼 줄 알고 스스로 움직일 줄도 아는 대상'이라고 여기고, 식물이나 무생물은 '감정을 나타낼 줄 모르고 활동성이 없는 대상'이라고 구분한 것이다. 그래서 조사를 쓸 때도 '개에게(한테) 물을 주고', '꽃에 물을 준다'와 같이 '에게(한테)'와 '에'를 구별해서 사용한다.

이처럼 유정 명사냐 무정 명사냐를 가리는 것은 조사 선택에 중요한 영향을 미치기 때문이다. 그런데 어떤 명사가 유정 명사냐 무정 명사냐를 가리는 것도 쉽지만은 않은 듯하다. 역사책에서 특히 이런 경우를 자주 본다. '668년, 고구려가 신라에 멸망하다'라고 써야 할까, '668년, 고구려가 신라에게 멸망하다'라고 써야 할까. '신라'는 나라 이름이므로 무정 명사다. 그러니까 '신라에'라고 써야 한다. 그러나 이럴 경우 '신라에게'라고 쓰는 사람이 적지 않다.

'신라' 대신 사람을 뜻하는 '신라군'이라고 바꾸어 써 봐도 헷갈리기는 마찬가지다. '백제의 의자왕은 신라군에게 포위된' 것일까, '신라군에 포위된' 것일까. "'신라군'은 사람이기 때문에 유정 명사다. 그러므로 '신라군에게'라고 써야 한다"라고 주장하는 사람도 있을 것이다. 그러나 '신라군에 포위된'이라고 써도 별로 이상하지 않다. 왜 그럴까?

우선, '신라가 당나라와 손을 잡았다'와 같이 '신라'를 마치 사람처럼 의인화해서 쓰는 경우에는 무정 명사도 유정 명사처럼 사용된다. 마찬가지로 '인형에게 옷을 입혔다'고 쓰지, '인형에 옷을 입혔다'라고는 쓰지 않는다. 인형을 의인화했기 때문이다. 《꽃들에게 희망을》이라는 책의 제목이 자연스럽게 들리는 것도 이 때문이다.

그럼 '신라군'은 과연 유정 명사일까? '군'을 '군인들의 모임'이라고 생각하면 유정 명사라고 볼 수도 있겠다. 그러나 '군'을 '한 조직'으로 생각하면 무정 명사라고 보는 것이 옳다. 그러므로 어느 쪽을 쓰건 이상하지 않은 것이다. 그러나 정확한 문장을 쓰려면 '에'를 쓸 자리인지 '에게'를 쓸 자리인지 꼼꼼히 따져 봐야 한다.

● 홀로 쓰일 수 있느냐
-자립 명사와 의존 명사

'사람, 하늘, 나무'처럼 문장 속에서 다른 말의 도움을 받지 않고 홀로 쓰일 수 있는 명사를 **자립 명사**라고 하고, '것, 뿐, 데, 수, 척, 뻔, 나위, 만큼'처럼 홀로 자립하여 쓰이지 못하는 명사를 **의존 명사**라고 한다. 의존 명사는 반드시 앞에서 꾸며 주는 관형어가 있어야 한다. 그런데도 명사로 대접해 주는 것은 거꾸로 관형어의 꾸밈을 받기 때문이고, 자립 명사처럼 뒤에 조사가 붙기 때문이다.

자립 명사는 일반 명사와 같은 것이니 따로 설명할 것이 없다. 그러니 의존 명사에 대해서만 살펴보자.

'의존 명사가 발달되어 있다는 점이 한국어의 특징이라는 것은 말할 나위도 없다'라는 문장에서 '나위'가 바로 의존 명사다. '나위' 앞에 '나위'를 꾸미는 말, 곧 관형어가 길게 늘어서 있다. 관형어가 없이 바로 '나위'로 시작하는 문장은 있을 수 없다. '나위'로 문장을 시작하지 않더라도, 예를 들어 '한국어의 특징이라는 것은 나위도 없다'라는 문장도 말이 안 된다. 이렇게 관형어가 있어야 한다는 것이 의존 명사의 첫째 특징이다.

이상하다. '철수는 공부를 잘한다. 뿐만 아니라 운동도 잘한다'라고도 쓸 수 있지 않나? '뿐'은 의존 명사인데, 앞에 꾸미는 말 없이 이렇게 문장을 시작할 수도 있잖아. 아니다. 흔히들 이렇게 쓰긴 하지만, 이렇게 쓰면 틀린다. '그럴 뿐만 아니라' 또는 '그뿐만 아니라'라고 써야 맞는다. 같은 말을 반복하는 것 같지만, 이유는 '뿐'이 자립 명사가 아니라 의존 명사이거나 조사이기 때문이다. '나름 열심히 해', '때문에 우리는 더 알차게……'와 같은 문장도 문법적으로는 틀린 문장이다. 앞으로 바뀔지도 모르겠지만.

의존 명사도 명사이기 때문에 뒤에 조사가 붙는다. 그런데 의존 명사에 따라 붙을 수 있는 조사는 국한되어 있다. 조사가 국한되어 있기 때문에 기능도 한정될 수밖에 없다.

'것, 분, 이, 데, 바, 따위, 들'은 '것이/것을/것이다/것으로/것만' 등에서 볼 수 있듯이 자립성이 없을 뿐이지 자립 명사처럼 어떤 조사나 붙을 수 있다. 이런 의존 명사를 **보편성 의존 명사**라고 한다.

이와 달리 '그럴 리가 없다', '기다리는 수밖에 없다'의 '리, 수'는 주어로만 사용되는 **주어성 의존 명사**이며, '열심히 일할 뿐(따름)이다', '막 가려던 터였다'의 '뿐, 따름, 터'는 서술어로만 사용되는 **서술성 의존 명사**이고, '되는 대로 놔두다', '먹는 둥 마는 둥'의 '대로, 둥'은 부사로만 사용되는 **부사성 의존 명사**다.

'개, 마리, 명, 권, 자루, 벌, 켤레'는 앞에 오는 명사의 수량 단위를 표시하는 의존 명사로 **단위성 의존 명사**라고 한다.

의존 명사는 띄어 쓰는 것이 원칙이다. '너는 웃는 것이 참 예쁘다' '기다리는 김에 더 기다려 보자' '우리가 손해를 본 셈이네' '우리는 아무 데나 갈 수 있다' '그는 아무렇지도 않은 척 창밖만 보았다' 등등.

그런데 '뿐, 대로, 만큼, 만'은 붙여 써야 할 때가 있다. 이들은 앞에 꾸미는 말이 오면 의존 명사지만, 앞에 체언이 오면 조사가 된다. 그래서 체언이 올 때에는 붙여 쓴다.

이렇게 문장 속에서 그 단어의 기능이 달라지면 품사도 달라졌다고 본다. 이것을 **품사의 통용**이라고 한다.

의존 명사	조사
웃기만 할 <u>뿐</u>이었다.	나는 너<u>뿐</u>이다.
될 수 있는 <u>대로</u> 빨리 해라.	법<u>대로</u> 해라.
먹을 <u>만큼</u> 먹어라.	대궐<u>만큼</u> 큰 집.
두 시간 <u>만</u>에 떠났다.	너<u>만</u> 있으면 된다.

이상하다. '때문, 따위'는 앞에 체언이 오더라도 띄어 쓰잖아.

'이게 다 너 때문이야.'

'이미 다 먹어 버렸기 때문이다.'

'최고니 뭐니 따위의 말은 듣고 싶지 않다.'

'너 따위가 나와 상대가 돼?'

'때문, 따위' 앞에 체언이 오더라도 붙여 쓰지 않고 띄어 쓰는 까닭은 '때문, 따위'와 같은 의존 명사는 조사로 쓰이지 않기 때문이다. 곧 품사의 통용으로 보지 않는 것이다. 왜 그럴까?

'뿐, 만큼, 만'이 명사 뒤에 쓰일 때 조사로 보는 이유는 앞에 오는 명사와 '뿐, 만큼, 만' 사이에 다른 조사가 올 수 있기 때문이다.

'영구는 학교<u>에서뿐</u> 아니라 집에서도 말썽꾸러기였다.'

'네게도 저애<u>에게만큼</u> 시간을 주었어.'

'너<u>한테만</u> 말해 줄게.'

'대로' 앞에는 다른 조사가 끼어드는 경우가 거의 없지만 굳이 넣자면 넣을 수도 있다.

'밥은 인원수<u>만큼대로</u> 나온다.'

'나한테는 나한테대로, 너한테는 너한테대로 잘된 일이다.'

'뿐, 대로, 만큼, 만'이 명사 뒤에서도 여전히 의존 명사라면 그 앞에 조사가 온다는 사실을 설명하기 어렵다. 그러나 조사 앞에는 다른 조사가 올 수 있다.

'따위, 때문' 같은 의존 명사 앞에는 조사가 올 수 없다. '너만때문이야'라든지 '너에게따위는 소용없어' 같은 말은 성립되지 않는다는 뜻이다. 다시 말해 '따위, 때문'은 조사로서는 통용되지 않으며 의존 명사로만 쓰인다. 따라서 앞에 체언이 오더라도 띄어 쓰는 것이다.

● 우리 남편?
−1인칭 대명사

'맹순이는 편의점에서 햄버거를 먹었다'라는 문장을 '그녀는 거기에서 그것을 먹었다'로 바꿔 쓴다고 해 보자. 이 문장에서 '그녀, 거기, 그것'은 앞 문장의 '맹순, 편의점, 햄버거'라는 명사를 대신해서 사용된 말이다. 이렇게 명사를 대신해서 쓰이는 체언을 **대명사** 또는 대이름씨라고 한다. 그러므로 대명사를 쓸 때는 대화 상황이나 글속에서 이 대명사가 대신하는 명사가 앞에 나와 있어야 한다.

대명사 가운데 사람을 가리키는 대명사를 **인칭 대명사**라고 한다. 그 가운데서도 화자(말하는 이)가 자신을 가리키는 대명사를 1인칭 대명사라고 하는데, '나'가 대표적인 1인칭 대명사로 높임과 낮춤의 뜻이 없는 대명사다. 공식적인 자리에서는 '본인'이라는 말도 쓰고, 옛날에는 임금이 스스로를 '짐'이라고 불렀다.

자신을 낮추어 말할 때는 '저'라고 한다. 옛날에는 스스로를 낮추어 부르는 말이 무척 많았다. '저' 대신 '소생', 아들은 '소자', 결혼하지 않은 여자는 '소녀', 승려는 '소승'이라는 말을 썼고, 임금도 '덕이 적은 사람'이라는 뜻으로 '과인(寡人)'이라는 말을 썼다.

'나'의 복수 대명사는 '우리'다. 우리는 '우리'라는 말을 특히 많이 쓴다. 다른 나라 사람이라면 '나의'라고 쓸 자리에도 '우리 집', '우리 아버지', '우리 학교'처럼 '우리'라고 쓴다. 왜일까? '집, 아버지, 학교'는 두 사람 이상에게 공유되는 경우가 많다. '나' 혼자의 것이 아니라 어머니, 형제자매, 친구들 등등 다른 사람과 함께 공유한다는 의식이 발달되어 있다. 그러다 보니 '우리 남편', '우리 아내'처럼 반드시 '나의'라고 써야 할 자리에도 '우리'를 쓸 때가 있다. 이 때문인지 요즘 드라마에서는 꼭 '내 남편'이라고 부르거나 '내 아버지'라고 말하는 대사가 나오던데, 필자가 듣기에는 조금 야박하고 차갑게 들린다. 나만 그런지 모르지만.

'우리'가 갖는 독특한 용법 또 하나. 여러 친구들이 모여 있는 자리에서 친구 하나가 내게 묻는다. "우리 공원에 놀러 갈래?" 그런데 '나'는 "아니, 너희끼리 가. 우리는 안 갈래"라고 대답한다. 같은 '우리'이지만 가리키는 대상이 다르다. 첫 번째 '우리'는 그 자리에 있는 친구들 전체를 가리켰지만, 두 번째 '우리'에는 물어본 친구가 끼지 못하고 제외된다. 대답하는 '나'의 머릿속에 한 울타리가 그려져서 그 울타리 안에 있는 사람들만 '우리'인 것이다.

그래서 '우리'라는 말은 '울(타리)'에서 나온 것으로 보인다. 그러므로 우리말에서 '우리'는 단순히 '나'의 복수가 아니다. '말하는 사람의 울(집단) 안에 있는 여러 사람'이 '우리'인 것이다.

'우리나라'를 '저희 나라'라고 낮추어 말할 수 없는 까닭도 여기에 있다. 우리가 생각하는 '우리' 안에는 우리 부모님과 할아버지, 할머니 등등 내가 낮추어 말할 수 없는 사람들이 모두 포함된다. 게다가 어느 특정인을 한 민족이나 나라 전체보다 더 높은 자리에 둘 수 있겠는가. 그러므로 누구 앞에서든 '우리나라'를 낮추어서 말하면 안 되는 것이다. 그래서 '우리나라'는 띄어 쓰지 않고 붙여 쓴다.

● 가까이 하기엔 너무 먼 '당신'
-2인칭 대명사

말하는 이가 '듣는 이'를 가리키는 대명사가 '나'에 상대되는 2인칭 대명사 '너'다. '너'의 높임말로는 '자네, 그대, 당신, 댁, 귀하' 등이 있다. 아주높임으로는 '어른, 어르신, 선생님'이라는 말도 쓰인다.

'당신'이 '너'의 높임말이라고 해서 함부로 써서는 안 된다. 그리 가깝지 않은 사람과 이야기하다 상대방을 '당신'이라고 불렀다가는 "뭐? 당신? 누구한테 당신이야?" 하고 눈에 쌍심지를 켜고 달려들게 분명하다. 그런데 세상에서 제일 가깝다고 할 수 있는 부부 사이에는 '당신'이라는 2인칭 대명사를 사용한다. "당신, 요즘 일이 많아 피곤하죠?" 같은 말은 부부 사이에 애정을 가득 담고 할 수 있는 말이다.

'우리'라는 말을 자주 사용하는 것과 비슷하게 2인칭에서도 '너의'를 쓸 자리에 '너희'를 많이 쓰는 것도 우리말의 특징이다. '너희 남편, 너희 아내, 너희 오빠, 너희 형님, 너희 학교'처럼 복수를 사용한다.

● 우리말에 3인칭 대명사가 있나?
-3인칭 대명사

말하는 이와 듣는 이가 아닌, 제3의 인물을 가리키는 대명사가 3인칭 대명사다. 우리말에는 원래 3인칭 대명사가 잘 발달되어 있지 않아서 고유한 형태가 없다. '얘/이이/이분, 걔/그이/그분, 쟤/저이/저분'처럼 대부분 관형사 '이, 그, 저'에 명사가 붙어 이루어진다.

실제로도 잘 쓰이지 않아서 3인칭으로 사람을 가리킬 때 대명사를 사용하지 않고, '이모', '과장님', '철수'처럼 친족 관계를 나타내는 호칭이나 직함, 이름을 그대로 되풀이 사용하는 경우가 많다.

소설에 흔히 쓰이는 '그/그녀'는 근대에 들어 영어의 'he/she'를 번역한 말로 쓰이기 시작한 것이다. 그것도 일본어 번역을 통해서.

그래서 오늘날에도 글에서는 많이 쓰이지만 말로는 거의 쓰이는 일이 없다.

가리키는 사람의 신분이나 이름을 모를 때는 **미지칭 대명사**를 사용한다. '미지'는 수학의 '미지수'처럼 모른다는 뜻이다. '누구의 말이 맞아?'라는 문장에서 '누구'가 미지칭 대명사다. '누구'의 뒤에 주격조사 '가'가 올 때는 '누'로 바뀐다. '누가 그런 말을 했지?'

특별히 어떤 대상을 가리키지 않을 때는 **부정칭 대명사**를 사용한다. '부정'이란 '긍정과 부정'의 부정이 아니라 '정해지지 않았다'는 뜻이다. '그것은 아무도 알 수 없는 일이었다'에서 '아무'가 부정칭 대명사다. '누구'도 부정칭 대명사로 사용될 수 있다. '그것은 누구나 할 수 있는 일이다.' 그러나 '아무'와 '누구'는 쓰임새가 조금 다르다. 단순히 바꾸어 쓸 수 없다는 말이다. 예를 들어 '아무도 모른다'는 '누구도 모른다'로 바꾸어 쓸 수 있지만, '아무나 할 수 없는 일이야'를 '누구나 할 수 없는 일이야'라고 쓰면 좀 어색해진다. 반대로 '누구나 할 수 있는 일이야'는 '아무나 할 수 있는 일이야'로 바꿔 쓸 수 있다. '아무'를 써야 할지 '누구'를 써야 할지 잘 판단해서 쓸 일이다.

문장 속에 3인칭 명사가 반복해서 나타나면 문장의 의미가 모호해진다. 예를 들어 '빙구도 빙구 잘못을 잘 알고 있다'라는 문장에서 3인칭 명사 빙구가 되풀이되니까 문장의 의미가 불분명해졌다. '또 다른 빙구가 있나?' 이런 의문도 든다. 이것을 피하기 위해 쓰는 대명사를 **재귀 대명사**라고 한다. '재귀'란 '다시 돌아온다'는 뜻인데, 앞에 나왔던 체언을 다시 나타내기 때문에 이런 이름이 붙었다. 앞에 나온 '빙구'가 되풀이되는 것을 피해 두 번째 '빙구' 대신 '자기'라는 재귀 대명사를 써서, '빙구도 자기 잘못을 잘 알고 있다'라고 하는 것이다. '중이 제(저의) 머리 못 깎는다'의 '저'도 재귀 대명사다.

2인칭 대명사로 쓰이는 '당신'은 원래 재귀 대명사였다. '할머니는 뭐든지 당신 고집대로 하신다'처럼 앞에 나온 체언이 아주 높여야 할 대상일 때 쓰인다. '당신'이라는 말이 고색창연하다고 생각되면 '자기'라는 말로 바꾸어 쓸 수도 있겠지만, '저(제)'라고 바꾸면 버릇없다는 말을 듣는다.

재귀 대명사를 써야 할 자리에 재귀 대명사를 쓰지 않으면 무슨 뜻인지 혼란을 줄 수 있다. '맹구는 그의 가족을 사랑한다.' 여기서 '그'가 누굴까? '맹구 아닌 다른 남자'라고 해석해야 논리적으로 타당할 터이나, 일반적인 상황에서는 '맹구 자신'을 가리키는 말이라고 이해할 수 있다. 이럴 경우, '맹구는 자기 가족을 사랑한다'라고 재귀 대명사를 사용해야 오해의 소지 없이 뜻이 분명해진다.

재귀 대명사가 아닌데 재귀 대명사처럼 쓰이는 명사도 있다. '서영이는 자신의 힘으로 문제를 해결해야 한다'에서 '자신'은 '서영이'를 대신해서 쓰인 재귀 대명사처럼 보이지만, 실은 '뜻을 강조하기 위해 쓰인 명사'라고 보아야 한다. '다른 사람의 힘이 아니라 자기 힘으로 문제를 해결해야 한다'는 말을 하고 싶은 것이다. '젊음 그 자체가 아름다운 것이다'에서 '자체'도 재귀 대명사처럼 기능하고 그렇게 보이지만, '바로 그 본래의 바탕'이라는 뜻을 지닌 명사로 보아야 한다. 기능이 비슷하다고 해서 품사를 쉽게 바꾸어 버리면 문법 체계가 대단히 혼란스러워질 것이다. 과장해서 말하면 말이 혼란스러워질 것이다. 말, 그리고 문법은 조금은 보수적이어야 하지 않을까?

인칭 대명사가 사람을 가리키는 대명사라면 **지시 대명사**는 사물이나 공간을 가리키는 대명사다. 지시 대명사 가운데 **사물 대명사**로는 '이것, 그것, 저것' 외에 미지칭으로 '무엇'이 있고, 부정칭으로 '아무것'이 있다. '무엇'은 '무엇인가 먹었니?'와 같은 문장에서 보듯이 부정칭으로도 사용된다. 그리고 공간을 가리키는 **처소 대명사**로 '여기, 거기, 저기' 외에 미지칭으로 '어디'가 있고 부정칭으로 '아무데'가 있다. 마찬가지로 '어디'는 '어딘가 가니?'처럼 부정칭으로도 쓰인다.

• '5시 20분 10초'를 어떻게 읽어야 할까?
-수사

'하나, 둘, 셋/일, 이, 삼/첫째, 둘째, 셋째'와 같이 수량이나 순서를 가리키는 품사를 수사 또는 셈씨라고 한다. 수사는 문장 속에서 형태가 바뀌지 않는다. '하나는, 둘이, 첫째가, 셋째를'처럼 조사가 붙어서 여러 가지 기능을 하기도 한다. 그러므로 수사도 명사나 대명사와 마찬가지로 체언이다. 그러나 수사는 특정 명사의 수량이나 순서만을 나타낸다는 점에서 실체적인 의미를 지닌다고는 할 수 없다. 형식적인 의미만 있을 뿐이다.

수량과 순서를 뜻한다고 해서 모두 수사가 되는 것은 아니다. '하루, 이틀, 6·25, 8·15, 처음, 끝, 갑절'과 같은 말은 수량과 순서를 나타내긴 하지만, 문장 속에서 특정한 대상을 가리키는 말이므로 명사로 봐야 한다. 모든 사물의 수량과 순서를 두루 가리키는 특성을 띠어야 수사라는 품사로서 자격이 있다.

수량을 나타내는 수사를 **양수사**라고 한다. 양수사에는 '하나, 둘, 셋' 같은 토박이말도 있고 '영, 일, 이, 백, 천, 만'처럼 한자어도 있다. 오늘날 토박이말 수사는 '하나'부터 '아흔아홉'까지만 쓰이고, 그 이상은 '백이십삼'처럼 한자어로 표현하거나 '백스물셋'처럼 한자어와 토박이말을 섞어서 표현한다.

'하나, 둘, 일, 이'처럼 정확한 수량을 나타내는 수사를 **정수**라고 하고, '한두, 서너, 일이, 삼사'처럼 개략적인 수량을 나타내는 수사를 **부정수**라고 한다.

양수사 가운데 사람의 수를 나타내는 '혼자, 둘이, 셋이, 여럿이, 몇이'를 **인수사**라고 한다. 인수사는 '혼자'를 빼면 '수사+-이'로 이루어져 있는데, 그 뒤에 조사로 '서'가 붙는 것이 특징이다. '혼자서, 둘이서, 몇이서' 이런 식으로 쓰이는 것이다.

순서를 나타내는 수사는 **서수사**라고 한다. 서수사에도 양수사처럼 토박이말로 된 것(첫째, 둘째, 한두째, 두세째)이 있고, 한자어로 된 것(제일, 제이, 제삼)이 있다. 서수사는 {양수사+-째} 또는 {제-+양수사}의 형태로 이루어진다. 그런데 '하나째/한째'가 아니라 '첫째'이고, '한둘째'가 아니라 '한두째'라는 것에 주의해야 한다. 단어가 만들어지는 과정에서 형태 변화가 일어난 것이다.

앞서 말했듯이 수사에는 토박이말 계통과 한자어 계통이 있다. 두 계통의 수사는 서로 바꾸어 쓸 수도 있지만, 그렇지 않은 경우도 있다. 대체로 물건의 수를 셀 때에는 토박이말 수사를 쓴다. 사과를 '하나, 둘'이라고 세지, '일, 이'라고 세지 않는다. 그러나 수학 시간에는 '일 더하기 이'라고 하지 '하나 더하기 둘'이라고 하지 않는다.

"그거야 아라비아 숫자로 씌어 있기 때문에 그런 거 아니오?"라고 따지는 사람이 있을지 모르겠다. 그러나 아라비아 숫자를 한자어로 읽는 것은 관습이지 규칙으로 정해진 것도 아니다. 예를 들어 책에 '사과 1개'라고 씌어 있다고 해서 반드시 〔사과 일 개〕라고 읽어야 한다는 법은 없다는 말이다. 사실 〔사과 한 개〕라고 읽는 사람이 더 많을 것이다.

시간을 나타낼 때는 이상하게도 토박이말과 한자어를 섞어 쓴다. '5시 20분 10초'는 보통 〔다섯시 이:십분 십초〕라고 읽는다. 아마도 '시'라는 단어는 오래 전부터 쓰던 단위로 토박이말과 어울려 썼으나, '분, 초'는 근대에 들어 한자어를 쓰는 중국과 일본에서 근대식 시계와 함께 들어온 말이라 한자어를 쓰는 것이리라. 역시 관습의 문제다.

이처럼 한자어 수사(수 관형사)가 단위 앞에 쓰이는 규칙은 일반화하기 어렵다. 표준 발음법에도 정해 놓지 않았다. 하루 빨리 규칙을 정해 혼란을 없애는 편이 좋을지도 모르겠다.

위에서 **수 관형사**를 (수 관형사)라고 괄호 안에 적었다. 수사가 단위 의존 명사 앞에 쓰이면 명사를 꾸미는 역할을 하기 때문에 관형사가 된다. 사물의 양이나 순서를 나타내는 관형사이기 때문에 수 관형사라고 한다. '장미 일곱 송이'처럼 단위 의존 명사(송이) 앞에 오거나 '백설 공주와 일곱 난쟁이'에서처럼 명사(난쟁이)를 꾸미면 수 관형사다. 그런가 하면 '난쟁이가 일곱 왔다'라고 쓰면 '부사'로 기능한다. 여러 가지 품사로 통용된다는 것이 수사의 한 특징이라고 하겠다.

조사 하나밖에 없다

| 품사 2. 관계언 |

'이/가'는 주격 조사라고 다들 알고 있다. 그럼 '나는 김밥이 먹고 싶다', '오늘 생선은 싱싱하지가 않다'라는 문장에서도 '이/가'가 주격 조사일까? '김밥'과 '싱싱하지'가 주어일까? 이들 문장의 주어는 무엇일까?

'을/를'도 흔히 목적격 조사라고 알고 있다. 그럼 '이 밤중에 나가기를 왜 나가니?'라는 문장에서 '나가기를'이 목적어란 말인가? 뭔가 굉장히 이상하다. '당신은 나를 사랑하시나요?'의 '나를'과는 사뭇 다르다.

앞서 살펴보았듯이 조사(토씨)는 자립성이 없어서 홀로 쓰이지 못하지만, 자립성을 가진 말과 쉽게 분리되기 때문에 단어로 인정받는다. 그리고 말과 말의 관계를 나타내 주는 독립된 품사이기 때문에 관계언이라고 불린다. 관계언은 조사 하나밖에 없다. 조사는 그 기능에 따라 **격조사**, **접속 조사**, **보조사** 셋으로 나뉜다.

첫째, 격조사는 주로 체언 뒤에 붙어서 여러 가지 문법적 관계를 나타낸다. 문법적 관계? 말이 어렵다. 예를 들어 '동생이 그림책을 읽는다'라는 문장에서 조사는 '이'와 '을'이다. '이'는 '동생'이라는 체언에 붙어서 이 문장의 주체가 '동생'이며 동생이 '읽는다'는 행위를 한다는 것을 알 수 있게 해 준다. 다시 말해 '동생'이라는 단어와 '읽는다'라는 단어의 관계가 주어와 서술어 관계에 있음을 나타내 준다. 마찬가지로 '을'은 '그림책'이라는 체언에 붙어 '읽는다'는 행위의 대상이 그림책임을 알게 해 준다. 다시 말해 '을'이라는 조사 덕분에 '그림책'과 '읽는다'가 목적어와 서술어 관계에 있음을 알 수 있다. 이런 관계를 문법적 관계라고 하고, 이런 관계를 나타내 주는 조사는 체언에 '주격'이나 '목적격' 같은 자격을 갖게 해 주기 때문에 격조사라고 하는 것이다.

둘째, 접속 조사는 두 단어를 같은 자격으로 이어 준다. '아라와 승호는 손을 잡고 걸었다' '옷하고 신발하고 모두 젖었다' '머루랑 다래랑 먹고 놀자'에 쓰인 '와, 하고, 랑'이 대표적인 접속 조사다.

셋째, 보조사는 문장에 특정한 의미를 더해 준다. '나는 너를 사랑한다'라고 하지 않고 보조사 '만'을 사용해 '나는 너만 사랑한다'라고 하면 굳이 따로 말하지 않아도 '나는 다른 사람은 사랑하지 않는다'는 의미가 추가된다. 그로 인해서 사랑 고백을 받는 사람은 더 가슴이 떨릴지도 모를 일이다. 이것이 조사가 풍부하게 발달한 우리말의 묘미이기도 하다.

● 격을 표시한다
−격조사

문장 속에서 어떤 체언에 특정한 자격을 부여해 주는 조사가 격조
사다. 다들 영어를 배울 때 'I, my, me/you, your, you' 하면서 '주
격, 소유격, 목적격'을 열심히 외웠을 것이다. 이때의 '격'이 우리
말 문법에서도 '격'인데, 영어에서는 단어 자체가 변하지만 우리말
에서는 조사가 체언 뒤에 붙어 격을 표시한다. 격조사에는 '주격 조
사, 목적격 조사, 관형격 조사, 부사격 조사, 보격 조사, 호격 조사,
서술격 조사' 이렇게 일곱 가지가 있다.

주격 조사 '이/가'
주격 조사는 앞에 오는 체언이 문장의 주어 자격을 갖게 하는 조사
로, '이/가'가 있다. '동생이 부른다', '누나가 돌아본다'에서처럼 자
음 받침 뒤에는 '이'가 오고, 모음 뒤에는 '가'가 온다. 이른바 음운
론적 이형태다.

  그런데 주격 조사에 '이/가'만 있는 것은 아니다. '선생님께서'처
럼 앞에 오는 체언이 높여야 할 대상이면 '께서'를 쓴다. '에서'나
'서'가 주격 조사로 쓰일 때도 있다. 앞에 오는 체언이 단체일 때는

'정부에서 새로운 정책을 발표했다'처럼 '에서'를 쓰고, 사람을 나타내는 인수사 다음에는 '혼자서, 둘이서, 셋이서'처럼 '서'를 쓴다.

그러나 앞에 오는 체언이 단체일 때라도 그 단체가 유정 명사이거나 서술어에 동작성이 없으면 주격 조사로 '에서'를 쓸 수 없다. 예를 들어 '4학년 졸업반 학생들에서 시험을 치렀다', '오늘 경기에서는 기아 팀에서 뛰어났다'는 어색한 문장이다. '학생들이', '기아 팀이'라고 고쳐 써 주어야 문법에 맞는 문장이 된다.

'이/가'가 붙었다고 해서 무조건 주어라고 생각해서도 안 된다. '오늘은 김밥이 먹고 싶네'에서 '김밥이'는 주어가 아니라 목적어다. 이 문장을 '오늘은 김밥을 먹고 싶네'라고 고쳐도 된다는 사실에서 그것을 알 수 있다. '생선이 싱싱하지가 않다'라는 문장에서도 '싱싱하지가'를 '싱싱하지/싱싱하지도/싱싱하지는' 등으로 바꾸어 쓸 수 있다는 점에서 '싱싱하지가'는 주어가 아니라 부사어라는 것을 알 수 있다. 이들 문장에서 '이/가'는 주격 조사가 아니라, 문장에 특정한 뜻을 더해 주는 보조사인 것이다.

설마 '한별이가 동생에게 소리쳤다'라는 문장에서 '한별이'의 '이'를 주격 조사로 보는 사람은 없겠지? 여기에서는 '가'가 주격 조사이고, '-이'는 사전에 보면 '받침 있는 사람의 이름 뒤에 붙어 어조를 고르는 접미사'라고 나와 있다. '어조를 고른다'는 말이 얼른 이해되지는 않지만 읽기 좋게 붙여 쓴다는 뜻으로 이해해 두자. '한별은/길동은/영식은' 하고 말하면 예스럽고 일상에서 친숙하지 않다는 뜻이다. '어느 쪽이 맞느냐?'고 질문하는 사람들이 있는데, 둘

다 맞지만 '-이'를 붙여 쓰는 편이 낫다. 그러나 '김한별이는' 하고 성까지 붙여서 부르는 것은 조금 어색하다. 형사가 피의자를 부르는 말 같다. 성까지 붙여서 쓸 때에는 '김한별은'이라고 '-이'를 빼고 쓰는 것이 보통이다.

목적격 조사 '을/를'

'나비가 꽃을 찾는다', '사람이 나무를 심는다'에서는 '꽃을'과 '나무를'이 목적어다. 조사 '을/를'이 붙어 목적격이 되었다. 이때의 조사 '을/를'을 목적격 조사라고 한다.

보통 타동사가 목적격을 갖는 동사라고 알고 있지만 자동사 앞에서도 목적격 조사가 쓰일 때가 있다. '현주는 지난 일요일에 하루 종일 백화점을 돌아다녔다'처럼 '가다, 걷다, 다니다, 뛰다'와 같이 이동을 표시하는 동사가 '을/를'과 어울리면 이들 동사는 자동사지만 타동사처럼 쓰인다. 여기서의 '을/를'은 보조사처럼 보이지만 분명히 목적격 조사다.

'을/를'은 '꿈을 꾸다' '웃음을 웃다' '춤을 추다' '잠을 자다'처럼 동사와 비슷한 계열의 명사를 목적어로 만들기도 한다. 이런 목적어를 **동족목적어**라고 하는데, 이때의 '을/를'도 물론 목적격 조사다.

관형격 조사 '의'

체언을 꾸며 주는 말을 '관형어'라고 한다. 관형격 조사는 앞에 오는 체언을 뒤에 오는 체언의 관형어가 되게 하는 격조사인데, '의'

하나밖에 없다. 이때 두 체언의 관계는 매우 다양하다. '나의 책'(소유자와 소유물), '우리의 각오'(주체와 의식), '피카소의 작품'(제작자와 제작물), '꽃의 향기'(사물과 그 속성), '질서의 확립'(행동의 대상) 등등. 굳이 분류할 의미가 없을 정도다.

'피카소 작품', '질서 확립'이라고 쓸 수 있듯이 관형격 조사는 생략될 경우가 많다. '책의 주인' → '책 주인'처럼 어떨 때는 생략해서 써야 우리말답다. 너무 주관적인가? 그러나 생략해 버리면 안 될 때도 있다. '여자의 친구'와 '여자 친구'는 서로 다른 사람일 가능성이 높을 테니.

제일 많은 부사격 조사

부사어를 만드는 조사는 당연히 부사격 조사다. 부사격 조사는 종류도 많고 의미도 다양하다. 형태가 같은 조사가 여러 기능을 하기도 하고, 형태가 다른 조사가 같은 기능을 하는 경우도 있다. 어떤 서술어와 함께 쓰이느냐, 또 어떤 위치에 쓰이느냐에 따라 달라지는 것이다. 부사격 조사에는 처소격 조사, 여격 조사, 기구격 조사, 자격격 조사, 인용격 조사, 공동격 조사 등이 포함된다.

'저는 지금 일본에 있습니다'에서 '에'는 공간적 범위를 나타내는 부사격 조사다. 그래서 '에'를 **처소격 조사**라고 하는데, '개나리는 봄에 핀다' '그는 생각에 잠겼다' '순희는 집에 갔다' '바람에 간판이 날아갔다'처럼 처소뿐만 아니라 '시간, 대상, 방향, 원인' 등 매우 다양한 의미를 나타낸다.

'동생에게 딸기를 주었다' 같은 문장에 쓰이는 '에게'는 '주다'라는 뜻을 지닌 서술어와 잘 어울리므로 줄 여(與) 자를 써서 **여격 조사**라고 한다. '부모님께 드려라' '이것은 너한테 주는 선물이야' '형은 동생더러 보물을 가지라고 했습니다'와 같이 쓰이는 '께, 한테, 더러'도 모두 여격 조사다.

기능과 의미가 같다고 해서 늘 서로 바꾸어 쓸 수 있는 것은 아니다. '나더러/보고 이것을 다 하라고?'라는 문장을 '나에게/한테 이것을 다 하라고?'라고 바꾸어 써도 누가 뭐랄 사람 하나도 없다. 그러나 '이것은 내가 너에게/한테 주는 선물이야'를 '이것은 내가 너더러/보고 주는 선물이야'라고 바꿔 쓰면 문장이 이상해진다. 선물 받기 싫어질지도 모른다.

'나무로 책상을 만들다' '과일을 칼로 깎다' '말로써 천 냥 빚을 갚는다'에 쓰인 '로, 로써'는 '재료, 도구, 수단'을 나타내는 **기구격 조사**다.

'회장으로서 한마디 하겠습니다'에서 '(으)로서'는 자격을 나타내므로 **자격격 조사**다.

"가는 말이 험해야 오는 말이 곱다고 믿는 사람이 많다." "'가는 말이 험해야 오는 말이 곱다'라고 하는 속담이 있다." 여기서 '고, 라고'는 **인용격 조사**다. '고'는 간접 인용에 쓰이고 '라고'는 직접 인용에 쓰인다.

영어의 직접 화법과 간접 화법은 열심히 익히면서 우리말의 인용격 조사는 대충 쓰는 사람들이 적지 않다. "너만 있으면 돼" 하고 그가 말했다고 치자. 그러면 간접 인용으로는 "그는 나만 있으면 된다고 했어"라고 말을 전해야 한다. 그런데 이것을 "그는 나만 있으면 된다라고 했어", 이렇게 말을 전하면 어색하다.

직접 인용을 할 경우에 인용격 조사 없이 '하고'를 쓰기도 한다. "이 형사는 '움직이지 마!' 하고 크게 소리쳤다." 이럴 때의 '하고'는 조사가 아니라 동사이므로 떼어 써야 한다. 그러나 '라고'는 인용격 조사이므로 붙여 써야 한다. "이 형사는 '움직이지 마!'라고 크게 소리쳤다."

"브래드 피트는 '졸리가 자신의 말을 듣지 않는다'며 이젠 졸리를 포기했다는 식으로 말했다." "관계자는 '현재 하루 판매량은 80만~100만 개 수준'이라며 '이 달 안에 5000만 개 판매를 돌파할 것으로 예상된다'고 말했다." 신문 기사의 일부다. 신문에서는 이처럼 '-며/-(이)라며'라는 표현을 많이 쓴다. 인용격 조사처럼 보이지만 '-며/(이)라며'는 조사가 아니라 '-고 하면서/-(이)라고 하면서'가 줄어든 말이다. 신문은 좁은 지면에 많은 정보를 담아야 하니 준말을 많이 쓰는 것이다.

'개와 고양이를 기른다'라는 문장을 보자. 이 문장은 실은 '개를 기른다'와 '고양이를 기른다'라는 두 문장이 합쳐진 것이다. 그리고 더 들여다보면 '개'와 '고양이'가 같은 목적어 역할을 하고, 두 단어를 이어 주는 조사는 '와'다. 이처럼 두 단어를 같은 자격으로 이어 주는 조사를 **접속 조사**라고 한다. 접속 조사에는 '와/과, (에)다, (이)며, (이)랑, 하고, (이)나'가 있다.

그런데 접속 조사와 형태가 같고 역할도 비슷하지만 접속 조사가 아니라 격조사인 것이 있다. '한국인과 일본인은 비슷하다.' 이 문장은 '한국인은 비슷하다'라는 문장과 '일본인은 비슷하다'라는 두 문장이 합쳐진 것이 아니다. '군자는 소인과 다르다'라는 문장도 마찬가지다. 두 문장이 합쳐진 겹문장이 아니라, 한 문장 곧 홑문장이다. 이들 문장의 '한국인/일본인', '군자/소인'처럼 문장 속에서 두 명사가 짝을 이루어 다루어질 때, 두 명사를 묶어 주는 조사 '과/와'는 접속 조사가 아니라 격조사다. **공동격 조사**라고 한다.

　동사나 형용사 가운데는 '비슷하다, 다르다'처럼 혼자서는 할 수 없는 일을 표현하는 동사나 형용사가 있다. 혼자서는 닮거나 다를 수 없다. 혼자서는 친할 수도 없고 다툴 수도 없다. '만나다, 헤어지다, 결혼하다, 어울리다, 같다, 친하다' 등등, 이런 성질이 있는 동사나 형용사를 **대칭 동사**, **대칭 형용사**라고 한다. 대칭 동사, 대칭 형용사와 어울리는 조사가 바로 공동격 조사다.

　대칭 동사나 대칭 형용사가 아닌데도 공동격 조사와 어울릴 때가 있다. '예슬이와 지호는 이상하게 서로 미워한다'에서 '미워하다'는 일반 동사다. 그런데 이 문장에서 '와'는 공동격 조사다. '서로'라는 부사가 일반 동사를 대칭 동사처럼 쓰일 수 있도록 도왔다고 본다.

　접속 조사와 공동격 조사를 구별하기가 까다롭다고? 요령이 있다. 문장에서 짝이 되는 어절 가운데 하나를 빼 보는 것이다. '철수는 짜장면과 탕수육을 좋아한다'라는 문장에서는 '짜장면과'를 빼도 말이 된다. '철수는 탕수육을 좋아한다.' 원래 두 문장이었기 때문에 한 요소를 빼도 말이 되는 것이다. 그러나 '군자는 소인과 다르다'라는 문장에서 '소인과'를 빼 버리면 완전한 문장을 이루지 못한다. '군자는 다르다'라는, 뭔가 궁금해지는 문장이 되는 것이다.

또, 접속 조사에는 다른 조사가 붙을 수 없다. '철수는 짜장면과는 탕수육을 좋아한다'라고 쓰면 이상하다. 그러나 '군자는 소인과는 다르다'처럼 공동격 조사에는 다른 조사를 더 결합할 수도 있다.

보격 조사 '이/가'

'얼음이 물이 되다', '거미는 곤충이 아니다'에서 '되다, 아니다' 앞에 오는 문장 성분 '물이', '곤충이'를 보어라고 한다. 이때 보어에는 주격 조사와 형태가 같은 '이/가'가 붙는다. 보격 조사라고 한다. '보어'는 불완전한 것을 보충하는 말이므로 문장에서 보어가 빠지면 완전한 문장이 되지 않는다.

'물이 수증기로 되었다', '너는 더 이상 내 딸도 아니다'처럼 '되다, 아니다' 앞에 조사 '로, 도'도 쓸 수 있지만, '로, 도'는 보격 조사가 아니라 뜻을 더해 주는 보조사다. 오직 '이/가'만 보격 조사라고 인정한다.

그러나 '사용되다, 선택되다'처럼 접미사 '-되다'가 붙은 동사 앞에 오는 말은 보어가 아니다. '그러면 혼란이 더 가중된다'에서처럼, 이때의 '이/가'는 보격 조사가 아니라 주격 조사다.

호격 조사 '야/아'

사람을 부를 때 쓰이는 조사를 호격 조사라고 한다. '아라야', '현경아', '신이시여'에서 '야, 아, 이시여'가 호격 조사인데, 문장 속에서 호격 조사는 앞에 오는 체언에 독립어의 자격을 부여한다는 점에서 격조사의 하나다.

서술격 조사 '이다'

앞에 오는 체언이 서술어로서 자격을 갖게 하는 격조사가 서술격 조사인데, '이다' 하나뿐이다. '그는 매우 훌륭한 사람이다' 할 때의 '이다'가 서술격 조사다.

그런데 다른 조사들과 달리 서술격 조사 '이다'는 '그는 매우 훌륭한 사람이군/이네/이며/이고/이구나/이겠지/인데' 등과 같이 동사나 형용사처럼 형태가 바뀐다. 그래서 다른 조사들은 모두 불변어인 반면, '이다'만은 '가변어'에 속한다. 덕분에 형용사로 보아야 한다느니 접미사라느니 말도 많고 탈도 많은 조사다. 그러나 '이다'도 앞에 오는 체언에서 쉽게 분리된다는 점에서 조사로 보는 것이다.

'그는 내 제자다'처럼 '이다'는 앞에 오는 체언에 받침이 없을 때 '이'가 생략되기도 한다. '이'를 생략해서 쓰는 것이 때로는 더 세련되게 들린다. 그러나 '그는 내 제자인 유승호다'처럼 관형사형 '-인'으로 쓰일 때는 생략할 수 없다.

● 특별한 뜻을 더해 준다
-보조사

'아인이가 책을 읽는다'라는 문장에서 '가'와 '을'은 격조사다. '가'
는 아인이가 주어임을 나타내고, '을'은 책이 목적어임을 나타낸다.
이 문장을 '아인이는 책을 읽는다'라고 바꾸어 써 보자. '가'를 '는'
으로 바꾸어 썼을 뿐인데, 원래의 문장에 '다른 사람은 무엇을 하는
지 알 수 없지만'이라는 뜻이 더해진다. '아인이는 무엇을 하지?'라
는 질문에 대한 대답으로 볼 수도 있겠다.

　이번에는 '아인이는 책만 읽는다'라고 바꾸어 보자. 그러면 '아인
이는 텔레비전을 보거나 게임 같은 것은 하지 않고'라는 뜻이 더해
진다. 또는 '신문이나 잡지 등은 읽지 않고'라는 뜻으로 이해하는
사람도 있겠다.

　'는'이나 '만'처럼 격을 표시하지도 않고 접속 기능도 하지 않으면
서 앞말에 특별한 뜻을 더해 주는 조사를 '보조사'라고 한다. 보조
사 하나만으로 화자의 미묘한 심리나 정서 등이 표현되는데, 이것
은 우리말의 특징이다. 그만큼 보조사에는 종류가 아주 많다.

　'은/는'은 '대조'의 뜻을 더해 준다. '(다른 사람은 몰라도) 너는 꼭
와야 한다.' '(다른 과일은 먹더라도) 사과는 먹지 마라.' 어떤 대상이
화제임을 나타내기도 한다. '설악산은 단풍이 좋다.' '이 책은 히말
라야에 도전하는 한 사내의 이야기다.' 강조할 때도 쓰인다. '너에
게도 잘못은 있다.' '멀리는 가지 마라.'

특히 이미 알려진 사실에 대해 쓸 때 '은/는'을 쓴다. 이야기책에서는 '옛날 어느 마을에 가난한 농부가 살고 있었습니다'처럼 '가'라는 주격 조사를 사용하여 이야기를 시작한다. 새로운 정보에는 '가'라는 주격 조사를 쓰는 것이다. 두 번째 문장에서는 '그런데 그 농부는 걱정이 한 가지 있었습니다' 하고 보조사 '는'을 쓴다. 앞에서 이미 농부가 살고 있었다는 이야기를 했기 때문에, 농부의 존재는 이미 알려진 정보다. 그래서 두 번째 문장에서는 보조사 '는'을 써서 앞에서 말한 그 농부를 화제로 삼은 것이다.

그런데 이야기를 시작하자마자 보조사 '은/는'을 쓰면 글이 어색해진다. '옛날에 심청이라는 마음씨 착한 소녀는 살고 있었습니다.' '독일에 하멜른이라는 도시는 있었습니다.' 어색하지 않은가? 새로운 정보에는 격조사 '이/가'를 쓰고 이미 알려진 정보에는 보조사 '은/는'을 써야 자연스러운 글이 된다. 그런데 이 차이가 단지 문법가의 견해차라고 주장하는 사람들이 있다. 이상한 일이다. 이 차이가 안 느껴지는 것일까?

'만, 도, 뿐, 까지, 마저, 마다, 부터, 조차' 등이 많이 쓰이는 보조사다. '그는 말없이 웃기만 했다'(한정). '할머니 허락이 있어야만 했다'(강조). '내년에도 또 오고 싶어요'(더함). '이제 믿을 사람은 동지뿐이오'(유일). '실은 오늘까지이지만, 내일도 괜찮습니다'(허용). '갈 데까지 가 볼까?'(극단). '브루투스, 너마저!'(마지막). '은혜는 웃을 때마다 보조개가 팬다'(모두). '어머니부터 드세요'(시작). '무뚝뚝한 철수조차 웃고 말았다'(양보).

서술격 조사 '이다'의 다른 형태로 보이지만 '(이)나, (이)나마, (이)라도, (이)야, (이)라야' 등도 서술격 조사가 아니라 보조사다. '우리 영화나 보러 갈까?'(선택). '사람이 그렇게나 많아?'(크거나 많음을 강조). '조금이나마 도움이 되었으면 합니다'(아쉬움). '라면이라도 먹으렴'(차선). '수학이야 익수가 잘하지'(강조). '이 일은 그 친구라야 해'(필요). '가진 것이라야 집 한 채가 전부다'(대수롭지 않음).

형태가 같지만 서로 다른 보조사인 경우도 있고, 서로 다른 품사인 경우도 있다.

'사고는 싶다만 돈이 없다'에서 '만'은 '마는'의 준말로 '앞의 사실을 인정하면서도 그에 대한 의문이나 그와 어긋나는 상황 따위를 나타내는' 보조사다. 이때의 '마는/만'은 '한정'의 뜻을 더해 주는 '돈이 부족하니까 그것만 사자'의 '만'과는 엄연히 다르다. '미안하지만/미안하지마는', '그러하지만/그러하지마는' 같은 연결 어미와 의미가 같다고 생각하면 헷갈리지 않을 것이다.

'2년 만에 집이 지어졌다'에서 '만'은 '시간이 얼마간 계속되었음'을 뜻하는 의존 명사다. '그가 화를 낼 만도 하다'에 쓰인 '만'도 '앞말이 뜻하는 행동에 타당한 이유가 있음'을 나타내는 의존 명사다. 그러므로 이들 '만'은 보조사 '만'과는 다를뿐더러 조사가 아니라 명사이므로 띄어 써야 한다.

'그 선수는 이번에 주목할 만한 성적을 거두었다'에서 '만하다'는 '앞말이 뜻하는 행동이 가치가 있다'는 뜻을 지닌 보조 형용사다. 그러므로 이 경우의 '만'도 조사가 아니므로 띄어 써야 한다.

'라일락은 꽃이 예쁠뿐더러 향기도 좋다'에서 '-ㄹ뿐더러'는 '어떤 일이 그것만으로 그치지 않고 나아가 다른 일이 더 있음'을 나타내는 연결 어미다. 여기 들어 있는 '뿐'이라는 글자는 보조사 '뿐'이 아니다. 그러므로 '-ㄹ뿐더러'라고 '-ㄹ-'과 '-뿐더러'를 붙여 써야 한다.

'사람들', '차들'에서 복수를 나타내는 '-들'은 접미사지만, '들'이 보조사로 쓰일 때가 있다. '다들 갔니?', '어서들 와'에 쓰인 '들'은 주어가 복수임을 나타내는 보조사다. 또, '과일에는 사과, 배, 감 들이 있다'처럼 두 개 이상 되는 사물을 나열한 끝에 쓰인 '들'은 의존 명사다. 이럴 때 '들'은 의존 명사 '등'과 비슷한 의미로, 마찬가지로 앞말과 띄어 써야 한다. 그래서 '여자와 남자들'은 여자 한 명과 남자 여러 명을 뜻하지만, '여자와 남자 들'은 여자 여러 명과 남자 여러 명을 뜻한다. 띄어쓰기에 주의해야 한다.

변하는 단어

| 품사 3. 용언 |

지금도 그럴까? 필자가 다니던 초등학교 교실, 칠판 위쪽에 걸려 있는 액자 안에는 급훈이 적혀 있었다. '부지런하자.' 응? 어린 마음에도 뭔가 이상했다. 부지런하자? 이게 말이 되나? '부지런히 일하자'는 아닐 테고, '부지런히 공부하자' 아닌가? 아니면 담임 선생님은 그저 우리가 뭐든지 열심히 하는 사람이 되기를 바랐을지도 모른다. 숙제 잘 하고, 일기도 꼬박꼬박 쓰고, 잘 씻고, 이도 잘 닦고, 일찍 자고 일찍 일어나는 새 나라의 어린이…….

커서 직장에 다니면서는 대학로에 있는 레코드 가게에서 음반을 사 모았다. 음반을 들고 카운터에 가서 계산을 하고 나면 거기 서 있던 직원들이 여지없이 입을 맞추어 이렇게 인사했다. "행복하세요!" 그때마다 이상했다. 행복하세요? 이게 말이 되나? '행복하게 사세요, 정도 뜻이겠지'라고 이해는 했지만 듣는 나는 늘 몸 어딘가가 간지러웠다.

나중에야 알았다. '부지런하다', '행복하다'는 형용사로, '~하자' 같은 청유형이나 '~해라' 같은 명령형으로는 쓸 수 없다는 것을. 동사만이 청유형이나 명령형이 될 수 있다는 것을.

동사나 형용사처럼 문장 속에서 '(주어가) 어찌하다' 또는 '(주어가) 어떠하다' 하고 서술해 주는 단어를 **용언**이라고 한다. '경호가 달린다'에서 '달리다'처럼 주어의 움직임을 나타내는 품사를 **동사**라고 하고, '꽃이 예쁘다'에서 '예쁘다'처럼 주어의 성질이나 상태를 나타내는 품사를 **형용사**라고 한다.

그런데 '달리다'는 '달린다/달리고/달려서/달리는'처럼 문장 속 쓰임에 따라 형태가 바뀐다. '예쁘다'도 '예쁘니/예뻐서/예쁜/예쁘니까'처럼 형태가 달라진다. 이처럼 용언은 문장 속에서 형태가 바뀌므로 가변어라고 한다. 변할 수 있는 말이라는 뜻이다. 앞에서 이야기한 체언(명사·대명사·수사)은 형태가 변하지 않는 불변어다.

동양 철학에 '체용론'이라는 것이 있다. 우주 만물의 바탕이자 원리가 되는 본체〔體〕는 변하지 않는데, 이 본바탕이 여러 가지 작용〔用〕을 해서 자연을 만들고 인간의 심성까지 만든다고 한다. 어려운 이야기라 잘 이해되지 않지만, 어쨌든 '체'와 '용'이라는 글자를 보자. 옛 철학자들은 변하지 않는 것을 '체'라고 불렀고, 변하는 것을 '용'이라고 불렀다. 이에 따라 문법학자들은 변하지 않는 말에 '체언'이라는 이름을 붙였고 변하는 말에 '용언'이라는 이름을 붙였다.

문법에 이다지 심오한 철학이 담겨 있다는 말이다.

● 동작과 작용
-동사

그렇다 치고, 동사 이야기부터 하자. 동사 곧 움직씨는 '사물의 동작이나 작용을 나타내는 품사'라고 사전에 나와 있다. '작용'이란 단어를 굳이 사용한 까닭은 '꽃이 피다', '물이 얼다'에서 '피다, 얼다'와 같이 무정 명사 다음에 오는 말은 얼핏 움직임으로 보이지 않기 때문이다. 하지만 이런 단어도 분명 동사다. 무정 명사의 움직임을 작용이라고 한다고 보면 된다.

동사 가운데 동작과 작용이 주어에만 미치는 동사를 **자동사**라고 한다. 응, 무슨 말이지? 움직임이 미치다니? 설명하기가 쉽지 않아 다들 이렇게 설명하고 마는데, 목적어 없이도 완전한 문장을 만드는 동사라고 이해하자. '새가 울었다' '승호가 앉았다' '아라가 웃는다' 같은 문장은 '을/를'이 붙은 단어가 없어도 무슨 뜻인지 충분히 이해할 수 있다. '울다, 앉다, 웃다'가 자동사이기 때문이다.

거꾸로 '을/를'이 붙은 단어, 곧 목적어가 있어야만 하는 동사를 **타동사**라고 한다. '사자가 먹는다.' 응? 당장 궁금해진다. 사자가 무엇을 먹지? 이처럼 '무엇을'에 해당하는 목적어가 없으면 문장의 뜻이 불완전해지는 경우의 동사가 타동사다. '사자가 사슴을 먹는다.' 이제야 겨우 고개가 끄덕여진다. '먹다'는 목적어가 있어야 하는 타동사라는 뜻이다. 이처럼 타동사는 움직임이 주어뿐만 아니라 목적어에도 미치는 동사를 말한다.

자동사에는 '앉다, 서다, 돌다, 남다, 웃다, 울다'처럼 원래부터 자동사였던 것이 있고, '보이다, 먹히다, 팔리다, 쫓기다'처럼 타동사였던 것이 자동사로 변한 것이 있다.

타동사	자동사
보다: 나는 하늘을 본다.	보이다: 하늘이 보인다.
먹다: 사자가 사슴을 먹는다.	먹히다: 사슴이 사자에게 먹힌다.
팔다: 시장에서 떡을 판다.	팔리다: 시장에서 떡이 팔린다.
쫓다: 경찰이 도둑을 쫓는다.	쫓기다: 도둑이 경찰에 쫓긴다.

타동사에도 '먹다, 깎다, 놓다, 넣다, 주다'처럼 원래 타동사였던 것이 있고, '앉히다, 웃기다, 눕히다, 남기다'처럼 자동사였던 것이 타동사로 변한 것도 있다.

자동사	타동사
앉다: 아기가 앉는다.	앉히다: 엄마가 아기를 앉힌다.
웃다: 내가 웃는다.	웃기다: 그가 나를 웃긴다.
눕다: 풀이 눕는다.	눕히다: 바람이 풀을 눕힌다.
남다: 잔돈이 남았다.	남기다: 우리는 잔돈을 남겼다.

그런가 하면 '비가 그치다/하던 말을 그치다'에서 '그치다'처럼 자동사로도 쓰이고 타동사로도 쓰이는 동사도 있다. 이런 자타 양용 동사를 **능격 동사**라고 하는데, '멈추다, 다치다, 움직이다, (소리가) 울리다'와 같은 동사들이 능격 동사다.

● 성질과 상태
─형용사

형용사 곧 그림씨는 '사물의 성질이나 상태를 나타내는 품사'다. '나는 빵이 좋다', '나는 배가 고프다'에서 '좋다, 고프다', 그리고 '나는 국수가 싫다', '나는 배가 아프다'에서 '싫다, 아프다'는 말하는 사람의 주관적인 심리 상태를 나타내는 **주관성 형용사**다. 주관성 형용사에는 '나는 빵을 좋아한다', '나는 국수를 싫어한다'처럼 '-어/아하다'가 붙을 수도 있다.

이와 달리 '빛이 검다'(감각), '진희는 아름답다'(평가), '나와 그는 나이가 같다'(비교), '불국사는 경주에 있다'(존재)에 쓰인 형용사는 **객관성 형용사**라고 한다. 이들 형용사는 객관적인 느낌이나 판단을 나타내는 형용사이기 때문에 '-어/아하다'와 결합할 수 없다.

이렇게 성질이나 상태를 나타내는 형용사를 특히 **성상 형용사**라고 한다. '성질과 상태'에서 한 글자씩 떼서 만든 말이라고 보면 되겠다. '아침에 산을 오르다가 예쁜 꽃 한 송이를 보았다. 그렇게 예쁜 꽃은 처음 본다'라는 문장에 나오는 '그렇게'처럼 앞에 나온 대상의 성질이나 상태를 지시하는 형용사는 **지시 형용사**라고 한다. '이러하다(이렇다), 그러하다(그렇다), 저러하다(저렇다)' 등이 있다.

'그러하다'와 '그리하다'는 서로 다른 말이다. '그러하다'는 방금 말한 대로 지시 형용사이며 준말은 '그렇다'다. '그리하다'는 동사이며 준말은 '그러다'다. '그리하고'의 준말 '그러고'를 쓸 자리에 '그리고'를 쓰는 사람이 많은데, 구별해서 써야 한다.

그리고는　(×)　그러고는　(○)

그리고 나서 (×)　그러고 나서 (○)

동사는 움직임을 나타내는 말이고, 형용사는 성질이나 상태를 나타내는 말이다. 말은 쉽다. 분명히 서로 다른 품사지만, 동사와 형용사를 구별하는 일이 그리 간단하지만은 않다. 예를 들어 '승호는 젊었을 때, 조선 최고의 마술사로 이름을 떨쳤다'라는 문장에서 '젊다'는 형용사다. 그런데 '늙어서는 그 재주 때문에 숨어 살아야 하는 신세가 되었다'라는 문장에서 '늙다'는 동사다. 성질이 같은 단어처럼 보이지만 품사가 서로 다르다. '젊다'는 고정된 시점의 상태를 나타내는 말이고, '늙다'는 시간의 흐름에 따라 변해 가는 것을 표현한 말이기 때문일 것이다.

같은 단어가 문장 속의 쓰임에 따라 품사가 달라지기도 한다. '잠

깐 다녀올 테니 너는 여기 있어라'에서 '있다'는 동사지만, '우체국
은 길 건너에 있다'에서 '있다'는 형용사다. 나중에 또 나오겠지만
'있다/없다'는 골칫거리 단어다.

● 동사와 형용사를 구분하는 법

이처럼 동사와 형용사를 구분하는 것은 만만치 않다. 방법이 몇 가
지 있다.

첫째, 기본적인 방법으로, 의미에 따라 구분하는 방법이다. 움직
임을 나타내면 동사, 성질이나 상태를 나타내면 형용사다. '아라가
자리에서 일어난다'(유정 명사의 동작, 동사). '꽃이 핀다'(무정 명사의
과정 또는 작용, 동사). '사과가 달다'(성질, 형용사). '나무가 매우 아름
답다'(상태, 형용사). 하나 마나 한 이야기라고? 물론 의미의 차이로
동사와 형용사를 구분하기란 쉽지 않지만, 기본적인 것을 무시하면
안 된다.

둘째, 기본형에 현재 시제를 나타내는 어미 '-ㄴ/-는다'가 결합할
수 있으면 동사이고, 결합할 수 없으면 형용사다. '형진이가 크게
웃는다'(○, 동사). '미래가 학교에 간다'(○, 동사). '날씨가 몹시 덥는
다'(×, 형용사). '꽃이 매우 예쁜다'(×, 형용사).

셋째, 기본형에 현재를 나타내는 관형사형 어미 '-는'이 결합할
수 있으면 동사이고, 결합할 수 없으면 형용사다. '영화를 보는 예

슬이'(○, 동사). '짜장면을 먹는 정우'(○, 동사). '아주 맑는 아침 공기'(×, 형용사). '포근하는 엄마의 품속'(×, 형용사).

거꾸로 형용사에 '-는'을 결합해서 쓰면 안 된다. '다음 중 ( ) 안에 알맞은/알맞는 것은?'에서 '알맞다'는 형용사이기 때문에 '알맞은'이라고 써야 한다. '걸맞다'도 형용사이므로 '걸맞은'이라고 써야 한다. 그러나 '맞다'는 동사이므로 '맞는'이라고 써야 맞는다. 비슷한 뜻이라도 '고맙다'는 형용사이고, '감사하다'는 동사이자 형용사다. 그래서 '고맙는다'는 말이 안 되지만, '감사한다'는 말이 된다. 예외가 있다. 골칫거리인 '없다'는 형용사지만 '없는'이라고 동사처럼 쓰지, '없은'이라고 쓰지 않는다.

넷째, 의도를 나타내는 어미 '-려'와 목적을 나타내는 어미 '-러'와 함께 쓰일 수 있으면 동사이고, 그렇지 않으면 형용사다. '그들은 내일 일찍 떠나려고 한다'(○, 동사). '책을 빌리러 도서관에 갔다'(○, 동사). '혜교는 예쁘려고 화장을 한다'(×, 형용사). '아인이는 검으러 선탠을 한다'(×, 형용사).

다섯째, 동사에는 명령형 어미 '-어라/-아라' 그리고 청유형 어미 '-자'가 결합할 수 있지만, 형용사에는 그럴 수 없다. '은교야, 일어나라'(○, 동사). '인나야, 이제 그만 가자'(○, 동사). '손님, 행복하세요'(×, 형용사). '우리 다 같이 성실하자'(×, 형용사).

'있다'와 같은 단어는 쓰임에 따라 품사가 달라질 수 있기 때문에 '여기 있어라'(동사)는 되지만, '차비가 있어라'(형용사)는 안 된다. 그리고 '여기 없어라'는 당연히 안 된다. '없다'는 형용사이기 때문이다. 그럼 김한길의 에세이집 제목 《눈뜨면 없어라》는 잘못된 말인가? 아니다. 이때의 어미 '-어라/-아라'는 명령이 아니라 감탄하는 뜻을 나타내는 종결 어미로 형용사에 붙는다. '아이고 가엾어라', '울고 싶어라' 등등. 명령형 어미와 모양이 같을 뿐이지 뜻은 엄연히 다른 어미다.

여섯째, 감탄형 어미 '-는구나'는 동사에 붙고, '-구나'는 형용사에 붙는다. '너희는 하루 종일 잠만 자는구나'(동사). '착한 줄 알았더니 생각이 없구나'(형용사). 말썽쟁이 '있다'는 여기서도 말썽이다. '있다'는 동사로 쓰일 때도 감탄형이 '있는구나'가 아니라 '있구나'로 쓰인다.

일곱째, 동사에는 진행을 나타내는 '-고 있다'가 결합할 수 있지만, 형용사에는 결합하지 못한다. '가고 있다', '먹고 있다'는 되지만 '춥고 있다', '짜고 있다'는 말이 안 된다. 성질이나 상태를 나타내는 형용사는 시간상의 경과를 나타낼 수 없기 때문이다.

말썽쟁이 '있다' 못지않게 '이다/아니다'도 만만치 않은 골칫거리다. '이다'는 물론 동사도 아니고 형용사도 아니다. 알다시피 '이다'는 서술격 조사다. 서술격 조사는 동사나 형용사처럼 쓰임에 따라 문장 속에서 형태가 변하는 가변어이며, 체언에 붙어 주어를 설명하는 서술어가 되게 한다. 그래서 예를 들어 '소현이는 학생이다'에서 '학생이다'는 체언에 조사가 붙은 것으로 서술어이기는 하지만 용언은 아니다. 그러나 '이다'의 부정형 '아니다'는 독립적으로 사용되는 형용사다. '소현이는 학생이 아니다'에서 '아니다'는 서술어이자 용언인 것이다.

　결론적으로 동사와 형용사를 나누는 기준은 상황에 따라서 달라질 때가 있다. 절대적인 것은 아니다. 그러므로 여러 기준을 종합적으로 고려해서 구분하는 것이 좋겠다.

● 혼자서는 쓰이지 못하는 보조 용언

용언 가운데에는 홀로 쓰이지 못하고 반드시 다른 용언의 뒤에 붙어서 의미를 더해 주는 용언이 있다.

　'책을 다 읽어 간다.' '이 소리를 한번 들어 보아라.' '나도 그 영화를 보고 싶다.' '오늘은 날씨가 덥지 않다.' 이들 문장에서 '읽어', '들어', '보고', '덥지'를 빼 보자. '책을 다 간다.' '이 소리를 한번 보아라.' '나도 그 영화를 싶다.' '오늘은 날씨가 않다.' 문장이 되지 않는다. '간다', '보아라', '싶다', '않다'만 있어서는 문장이 되지 않는다. 이렇게 혼자서는 쓰이지 못하는 용언이 **보조 용언**이다.

　이번에는 '간다, 보아라, 싶다, 않다'를 빼고 문장을 만들어 보자. '책을 다 읽는다.' '이 소리를 한번 들어라.' '나도 그 영화를 본다.' '오늘은 날씨가 덥다.' 문장이 된다. '읽어', '들어', '보고', '덥지'처럼 홀로 쓰일 수 있는 용언이 보조 용언과 함께 쓰일 때 **본용언**이라고 한다.

　본용언이 홀로 쓰일 수 있는 것은 그 단어가 본래 지닌 의미로 쓰이기 때문이다. 그러나 보조 용언은 단어 본래의 의미를 띠지 않는다. '선아는 그 소설을 다 읽어 간다'라는 문장에서 '읽어'를 빼 보자. '선아는 그 소설을 다 간다.' 이 문장은 성립되지 않으므로 '읽어'가 본용언이고 '간다'가 보조 용언임을 알 수 있다.

본용언 '읽어'는 '글을 보고 그 뜻을 안다'는 본래의 의미로 쓰였지만, 보조 용언 '간다'는 '지금 진행 중이며 곧 끝날 것'이라는 문법적인 의미만 더해 준다. '한 곳에서 다른 곳으로 이동한다'는 원래의 의미는 사라져 버린 것이다. 이처럼 보조 용언에는 단어 본래의 의미는 사라져 버리고 문법적인 의미만 남아 있다.

본용언과 보조 용언은 서로 다른 각각의 단어지만 한 문법 단위로 기능한다. 그래서 본용언과 보조 용언 사이에는 다른 성분이 끼어들 수 없다. 거꾸로 다른 성분이 끼어들 수 있다면, 그것은 {본용언＋보조 용언}이 아니라, {본용언＋본용언}이다. '다인이는 지갑에서 카드를 빼 들었다'라는 문장에서 '들었다'가 본용언인지 보조 용언인지 알아보려면 두 용언 사이에 다른 성분을 넣어 본다. 예를 들어 '빼'와 '들었다' 사이에 '손에'를 넣어 보자. '다인이는 지갑에서 카드를 빼 손에 들었다.' 말이 된다. 그럼 이때의 '들었다'는 본용언이다. 이번에는 '다인이는 지갑에서 카드를 빼려 들었다'에 '손에'를 넣어 보자. '다인이는 지갑에서 카드를 빼려 손에 들었다.' 아주 어색하다. 그렇다면 이때의 '들었다'는 보조 용언이다.

용언에 동사와 형용사가 있듯이 보조 용언에도 보조 동사와 보조 형용사가 있다.

보조 동사는 종류도 많고 문법적인 의미 또한 다양하다. '다 먹어 버렸다, 얻어 냈다, 다 먹고 나서'(완료). '끝나 간다, 밝아 온다, 쓰고 계신다'(진행). '켜 두었다, 벗어 놓았다, 사 가지고 왔다'(유지). '노래를 부르게 하다, 잘 되게 만들었다'(사동). '마음이 편해졌다, 가게 되었다'(피동). '가지 아니하였다, 끝내지 못했다, 추근거리지 말라'(부정) 등.

보조 형용사는 보조 동사만큼 다양하지는 않다. '어려운 듯하다'(추측), '손꼽힐 만한'(가치), '살 만한 형편'(가능), '올 법하다'(가능), '왔나 보다'(인식), '갈까 보다'(의도), '야단맞을까 봐'(걱정), '무겁다 보니'(이유), '정신 상태가 썩어 빠지다'(못마땅함), '굶어 죽게 생겼다'(어떤 지경에 이름), '우스워 죽겠다'(정도가 심함), '먹었음 직하다'(가능) 등에 쓰인 보조 용언이 대표적인 보조 형용사다.

보조 동사와 보조 형용사를 구분하는 기준은 동사와 형용사를 구분하는 기준과 같다. '-지 않다'를 예로 들어 보자. '성령이는 포도를 먹지 않는다/않다'에서는 현재 시제를 나타내는 '-는-'이 결합한 '않는다'가 맞는다. 그러므로 이때의 '-지 않다'는 보조 동사다. 그러나 '포도가 싱싱하지 않는다/않다'에는 현재 시제를 나타내는 어미 '-는-'이 결합할 수 없다. 따라서 '않다'가 맞는다. 그러므로 이때의 '-지 않다'는 보조 형용사다.

예외가 있기는 하지만 본용언의 품사와 보조 용언의 품사는 대개 같다. 본용언이 동사면 보조 용언도 보조 동사, 본용언이 형용사면 보조 용언도 보조 형용사다.

말썽쟁이 '있다'는 동사로도 쓰이고 형용사로도 쓰인다. 소위 품사의 통용이다. 그런데 '있다'가 '깨어 있다, 들고 있다'처럼 보조 용언으로 쓰일 때에는 언제나 보조 동사로 쓰인다.

'못하다'는 '노래를 못하다', '술을 못하다'처럼 '어떤 일을 일정한 수준에 못 미치게 하거나, 그 일을 할 능력이 없다'는 뜻으로 쓰일 때는 동사다. 이와 비슷하게 본용언의 행동이 이루어지지 않거나 그것을 이룰 능력이 없음을 나타낼 때 '눈물 때문에 말을 잇지 못하다', '바빠서 동창회에 가지 못하다'처럼 보조 동사로 쓰인다.

그러나 '음식 맛이 예전보다 못하다', '건강이 젊은 시절만 못하다'처럼 '비교 대상에 미치지 아니하다'는 뜻으로 쓰일 때는 형용사다. 마찬가지로 앞말이 뜻하는 상태에 미치지 아니함을 나타낼 때, 예를 들어 '편안하지 못하다', '아름답지 못하다'에서 '못하다'는 보조 형용사다.

이처럼 '못하다'의 경우도 대개는 본용언의 품사가 보조 용언의 품사를 결정하지만, '먹다 못해'의 '먹다'는 동사지만 '못해'는 보조 형용사다. '앞말이 뜻하는 행동이나 상태가 극에 달해 그것을 더 이상 유지할 수 없음'을 나타내는 말로 '못하다'가 쓰이면 보조 형용사인 것이다.

'않다'도 헷갈리기 쉽다. '그는 말을 않고 떠났다'에서 '않고'는 동사다. '그는 이유도 묻지 않았다'에서 '묻지'라는 동사 뒤에 쓰인 '않았다'는 보조 동사다. '일이 생각만큼 쉽지 않다'에서 '쉽지'라는 형용사 뒤에 쓰인 '않다'는 보조 형용사다. 여기서도 본용언의 품사가 보조 용언의 품사를 결정한다. 관형사형도 마찬가지다. '시키지도 않은 일, 가로막지 않는 것'에서 '않다'는 보조 동사다. '필요하지 않은 일, 옳지 않은 처사'에서 '않다'는 보조 형용사다. 그러므로 '꼭 필요하지 않느냐?'(×)는 '꼭 필요하지 않으냐?'(○)로, '그렇게 하는 게 옳지 않느냐?'(×)는 '그렇게 하는 게 옳지 않으냐?'(○)로 써야 한다.

● 용언은 어미가 변한다
- 활용

체언(명사·수사·대명사)이 문장 속에서 여러 가지 기능을 발휘하려면 조사의 도움을 받아야 한다. 용언이 문장 속에서 제 기능을 발휘하려면 어미의 도움을 받아야 한다. 그런데 이때 체언과 조사는 그 형태가 바뀌지 않지만, 용언은 기능에 따라 형태가 달라진다.

'먹다'라는 동사를 예로 들어 보면 '밥을 먹는다/먹고/먹으면/먹어서/먹는/먹게'와 같이 여러 가지 형태로 변한다. 형용사도 형태가 바뀐다. '물이 깊다/깊고/깊으면/깊어서/깊은/깊게'처럼. 이처럼 용언이 문장 속에서 하는 기능에 따라 형태가 바뀌는 것을 **활용**이라고 한다. 용언은 아니지만 서술격 조사 '이다'도 문장 속에서 형태가 바뀐다. 곧, 활용을 한다. '그것이 소원이다/이고/이면/이어서/

인/이게.' 물론 '아니다'도 활용을 한다. '아니다/아니고/아니면/아니어서/아닌/아니게.'

용언이 활용을 할 때 형태가 변한다고는 하지만, 용언 전체가 변하는 것은 아니다. '먹다'에서 '먹-'은 변하지 않고, '깊다'에서는 '깊-'이 변하지 않고 고정되어 있다. 이처럼 변화하지 않는 부분을 **어간**이라고 하고, 변화하면서 어간에 달라붙는 부분을 **어미**라고 한다. '말의 줄기'와 '말의 꼬리'라는 뜻이다. 여러 가지로 변한 용언의 형태를 '활용형'이라고 하는데, 활용형 가운데 어간에 '-다'를 붙인 형태를 '기본형'이라고 부른다. 사전에 오르는 말을 표제어라고 하는데, 용언이 사전에 오를 때에는 기본형이 표제어로 오른다. 거꾸로 말해 사전에 올라 있는 용언의 기본형에서 '-다'를 빼면 그 용언의 어간이 되는 셈이다.

그럼 '먹다'와 '먹히다' 가운데에서 어느 것이 사전에 오를까? 당연히 '먹다'가 아닐까? 그럼 '먹히다'의 활용형을 살펴보자. '먹히다/먹히므로/먹히지만/먹혀서/먹힌/먹히게.' 응? '먹히-'가 변하지 않았다. 그러므로 '먹히-'가 어간이다. 사전에 오를 때에는 어간에 '-다'를 붙인다고 하지 않았나? 그렇다. 그러므로 '먹다'뿐만 아니라 '먹히다'도 사전에 표제어로 오른다. '-히-'는 피동 파생 접미사다. 이것으로 알 수 있듯이 파생 접미사는 어미가 아니라 어간에 속한다.

어간도 변한다 – 규칙 활용과 불규칙 활용

활용을 할 때 변하지 않는 부분을 어간, 변하는 부분을 어미라고 했다. 무슨 말을 하려고 하는 걸까? 어간도 변할 때가 있다는 말을 하려고 한다. 그리고 어미도 기본 형태가 바뀔 때가 있다.

어간과 어미가 기본 형태를 지키면 **규칙 활용**이라고 한다. 기본 형태가 변하더라도 일정한 규칙으로 설명할 수 있을 때는 규칙 활용이라고 본다. 이러한 변화는 자연히 나타나는 것이므로 음운 변동의 규칙만 알면 변화 형태를 예측할 수 있기 때문이다.

'사다/사게/사지/사고', '검다/검게/검지/검고'…… 등등의 용언은 어간과 어미 모두 일정한 형태를 보인다. 규칙 활용이고, 이런 용언들은 규칙 용언이다.

'먹다'는 '먹어/먹게/먹지/먹고'와 같이 활용한다. 그런데 '감다'는 '감아/감게/감지/감고'와 같이 활용한다. 어미 '-어' 대신 '-아'가 쓰였다. 이것은 모음 조화 때문이라고 설명할 수 있다. 그러므로 이 경우도 규칙 활용으로 본다.

'살다'는 '사니/삽니다/사시오/사오', '울다'는 '우니/웁니다/우시오/우오'로 활용한다. 어미의 첫소리가 'ㄴ, ㅂ, ㅅ, -오'일 때 'ㄹ'이 탈락하는 것이다. '쓰다/써', '모으다/모아', '아프다/아파'를 보면 '-어/-아'로 시작되는 어미 앞에서 어간 모음 'ㅡ'가 탈락한다. 이것도 음운 탈락이라는 규칙으로 설명할 수 있으므로 규칙 활용이다.

'잡다'는 '잡은/잡으러/잡으며', '먹다'는 '먹은/먹으러/먹으며'로 활용하는데, 발음하기 편하게 매개 모음 '으'가 첨가된다. 이것 또

한 규칙 활용이다.

어떤 용언은 활용할 때 어간과 어미의 기본 형태가 유지되지 않을 뿐만 아니라, 그 현상을 음운 규칙으로 설명할 수도 없다. 이런 활용을 **불규칙 활용**이라고 하고, 불규칙 활용을 하는 용언을 불규칙 용언이라고 한다.

먼저, 어간이 변하는 경우가 있다.

'벗다'는 '벗어/벗으니/벗었다'로 규칙 활용을 한다. 이에 반해 '잇다'는 '이어/이으니/이었다', '젓다'는 '저어/저으니/저었다'로 모음 어미 앞에서 어간의 'ㅅ'이 탈락한다. 이것을 **ㅅ 불규칙 활용**이라고 한다.

한글 맞춤법에는 "모음 'ㅏ, ㅓ'로 끝난 어간에 'ㅏ, ㅓ'가 어울릴 적에는 준 대로 적는다"라는 규정이 있다. 같은 모음이 어울릴 때는 모음 충돌을 피하기 위해 준말로 써야 한다는 뜻이다. 이를테면 '가 +아 → 가', '서+어 → 서'라고 쓰라는 말이다. 그러나 ㅅ 불규칙 활용에서는 ㅅ 탈락 후 준말로 쓰면 안 된다. '병이 나았다'를 '병이 났다'라고 쓰면 안 된다는 뜻이다. '노를 저어 가자'를 '노를 저 가자'라고 써도 물론 안 된다.

'(땅에) 묻다'는 '묻어/묻으니/묻었다'로 규칙 활용을 한다. 이에 반해 '듣다'는 '들어/들으니/들었다', '걷다'는 '걸어/걸으니/걸었다'로, 모음 어미 앞에서 어간의 받침 'ㄷ'이 'ㄹ'로 바뀐다. 이것을 ㄷ **불규칙 활용**이라고 한다. '(땅에) 묻다'와 형태가 같은 '(몰라서) 묻다'도 '물어/물으니/물었다'로 ㄷ 불규칙 활용을 한다.

'접다'는 '접어/접으니/접었다'로 규칙 활용을 한다. 이에 반해 '돕다'는 '도와/도우니/도왔다', '눕다'는 '누워/누우니/누웠다'로 모음 어미 앞에서 어간의 받침 'ㅂ'이 '-오/-우'로 변한다. 이것을 **ㅂ 불규칙 활용**이라고 한다.

ㅂ 불규칙 용언들은 '아름답다/아름다워', '춥다/추워', '뜨겁다/뜨거워', '밉다/미워', '외롭다/외로워' 등으로 어간의 받침 ㅂ이 대개 '-우'로 변하지만, '돕다'와 '곱다'만은 '도와', '고와'에서 보듯 '-오'로 변한다는 것도 기억해 두자. 모음 조화 현상이 깨져서 그렇다고 앞에서 말했다.

'-스럽다'는 '-스러운'으로 어미 변화를 하는데, '-스런'을 '-스러운'의 준말로 알고 쓰는 사람이 많다. 그러나 '-스런'이라는 어미는 현행 맞춤법에서 아직 인정하지 않고 있다. '자랑스러운, 사랑스러운, 탐스러운' 등으로 써야지, '자랑스런, 사랑스런, 탐스런'은 모두 현행 맞춤법상 잘못된 말이다.

'따르다'는 '따라/따르니/따랐다'로 규칙 활용을 한다. 이에 반해 '흐르다'는 '흘러/흐르니/흘렀다', '가르다'는 '갈라/가르니/갈랐다'로 모음 어미 앞에서 어간의 '르'가 'ㄹㄹ'로 변한다. 이것을 **르 불규칙 활용**이라고 한다. 자음인 '-니' 앞에서는 'ㄹㄹ'로 변하지 않으며 'ㄹ'이 첨가되지도 않는다. 그러므로 '흘르니, 갈르니'라고 쓰면 틀린다.

'주다'는 '주어/주니/주었다'로 규칙 활용을 한다. 이에 반해 '푸다'는 '퍼/푸니/펐다'로 모음 어미 앞에서 '우'가 탈락한다. 이것을

우 불규칙 활용이라고 한다. 우 불규칙 활용을 하는 용언은 '푸다' 하나밖에 없다.

텔레비전 드라마의 대사에 잘 나오는 '부셔 버리겠어!'의 '부셔'는 아마도 '부시다'를 활용한 것일 텐데, 이때 '부시다'는 '부수다'의 사투리다. '부수다'는 '부수어/부수니/부수었다'로 활용하는 규칙 용언이다. '부수다'가 우 불규칙 용언이라고 생각하는 사람은 설마 없겠지? '부수다'의 피동 표현을 '부수어지다(부숴지다)'로 아는 사람도 있다. 그러나 '부서지다'가 표준어다. 옛날부터 '브서지다'라는 표현이 사용되어 왔기 때문에 '부숴지다'는 표준어로 인정받지 못하고 말았다.

그리고 어미가 변하는 경우도 있다.

'가다'는 어미 '-아'와 결합해서 '가아 → 가'가 된다. 이에 반해 '하다'는 '하아 → 하'가 되지 않고 '하여'가 된다. 그래서 '하여/하여서/하여도/하여라'처럼 활용한다. 이것을 **여 불규칙 활용**이라고 한다. '일하다, 사랑하다, 좋아하다' 등등 '하다'가 붙는 모든 용언은 여 불규칙 용언이다.

'치르다'는 어미 '-어'와 결합해서 '치러'가 된다. 이것이 규칙 활용이다. 이에 반해 '이르다', '푸르다'는 어미 '-어'가 '-러'로 변해 '이르러', '푸르러'가 된다. 이것을 **러 불규칙 활용**이라고 한다.

'여기에 있거라', '빨리 먹거라'처럼 명령형 어미의 규칙형은 '-거라'다. 그런데 '오다'에 명령형 어미가 결합되면 '오거라'가 아니라

'오너라'가 된다. 이것을 **너라 불규칙 활용**이라고 한다.

어? 이상하다. '-거라'는 불규칙 아니었나? 이렇게 생각하는 사람도 있을 것이다. 그렇다. 예전에는 그랬다. '가다, 자다, 자라다, 일어나다'와 같은 몇몇 자동사가 '거라 불규칙 용언'이라고 했었다. 그러나 제7차 교육 과정부터 학교에서 '-거라'는 규칙형이라고 가르치고 있다. '가라, 자라, 자라라, 일어나라'라는 말이 일반적으로 쓰이고, 거꾸로 '있거라, 일어서거라, 듣거라, 앉거라'라는 표현도 일반적으로 널리 쓰이기 때문이다. 오히려 '가거라/오너라'는 나이 지긋하신 분들만 쓰는 방언 아니냐는 것이다. 하지만 여전히 '-거라'를 규칙형으로 보는 것은 매우 부당하다고 주장하는 학자들이 많다. 학계란 게 원래 논쟁이 많은 동네다. 학교 문법에서는 '-거라' 규칙형에 대해 '오다'만이 '-너라'를 취하는 불규칙 용언이라고 본다.

'오다'의 명령형이 '오너라'라고 한다면, '이리 와라'에서처럼 '와라'라고 하면 틀리나? 이에 대한 답도 둘로 나뉠 것이다. '오다'에는 '-어라'나 '-거라' 대신 '-너라'가 와야 한다고 보는 학자는 틀렸다고 할 것이고, 규칙형 '-거라'와 '-어라'가 같이 쓰인다고 보는 학자는 괜찮다고 할 것이다.

'주다'는 '남에게 건네다'라는 뜻이다. 그런데 '자기에게 건네다'를 뜻할 때는 '나는 그에게 책을 달라고 했다'처럼 '달다'라는 단어를 쓴다. '주다'의 명령형은 '주어라'로 규칙 활용을 한다. 이에 반해, '달다'의 명령형은 '책을 이리 다오'처럼 '달아라 → 다오'로 불규칙 활용을 한다. 'ㄹ'이 탈락하는 것은 규칙 활용이므로 '다오'는 어미만 불규칙하게 변하는 **오 불규칙 활용**이다.

마지막으로 어간과 어미가 모두 바뀌는 경우가 있다.

'좋다'는 '좋아서/좋아도/좋으니/좋으면'으로 변하는 규칙 활용을 한다. 자음 어미 '-니'와 '-면' 앞에 매개 모음 '으'가 첨가되는 것은 규칙 활용이다. 이에 반해 '노랗다'는 '노래서/노래도/노라니/노라면', '하얗다'는 '하얘서/하얘도/하야니/하야면'으로, 모음 어미가 오면 어간의 ㅎ이 탈락하고 어미도 변한다. 이것을 **ㅎ 불규칙 활용**이라고 한다.

불규칙 활용을 하는 것은 아닌데, 어떤 어미는 가질 수 없는 동사들도 있다. '동생을 데리고 가다'에서 '데리다'라는 동사는 '데려/데리고/데리러'의 꼴로 쓰이지만 '데린다/데릴까/데렸다' 등의 꼴로는 쓰이지 않는다. 이런 동사를 **불완전 동사**라고 한다. '데리다'뿐만 아니라 '비롯하다, 관하다, 의하다, 말미암다, 즈음하다, 더불다' 등이 이런 불완전 동사다. 불완전 형용사는 없냐고? 없다고 한다. 아직 발견하지 못했다고 해야 맞겠다.

어간에 붙는 어미의 종류

앞에서 보았듯이 용언과 서술격 조사는 어간에 어미가 붙어서 여러 가지 문법적 기능을 한다. 우리말은 어미가 매우 발달했다. 헤아리는 방식에 따라서 다르기는 하지만 우리말 어미의 수는 적어도 500개 이상이다.

어미는 나타나는 위치에 따라 어말 어미와 선어말 어미로 나눌 수 있다.

어말 어미는 단어〔語〕의 끝〔末〕에 나타나는 어미다. 단어의 끝에 나타나는 어미이기 때문에, 어말 어미가 없으면 그 단어는 단어로서 기능을 할 수 없다. 반드시 있어야 한다.

'밥을 먹는다/먹느냐?/먹는구나/먹어라/먹자'에서 '-다/-냐/-구나/-어라/-자'처럼 문장을 끝맺는 기능을 하는 어미를 **종결 어미**라고 한다. 종결 어미에는 문장을 끝맺는 방식에 따라 평서형, 의문형, 감탄형, 명령형, 청유형이 있다.

'-다/-(스)ㅂ니다/-어'처럼 말하는 사람이 듣는 사람에게 자신의 생각을 단순하게 진술하는 평서문을 만드는 어미가 평서형 어미다.

'-(으)냐/-(으)니/-(스)ㅂ니까'는 말하는 사람이 듣는 사람에게 답을 요구하는 의문문을 만드는 의문형 어미다.

'-구나/-구려'는 듣는 사람을 의식하지 않고 자신의 감정을 드러내는 감탄문을 만드는 감탄형 어미다.

'-어라/-거라/-(으)십시오'는 어떠한 행동을 하도록 요구하는 명령형 어미다. '하여라', '오너라'의 '-여라, -너라'도 불규칙 활용을 한 명령형 어미다.

'-자/-(으)세/-(으)ㅂ시다'는 어떠한 행동을 함께 하도록 요구하는 청유형 어미다. "한 잔 먹세그려/또 한 잔 먹세그려"는 송강 정철의 시조 〈장진주사〉에 나오는 구절이다. 이의 영향인지 몰라도 '먹으세'를 '먹세'라고 쓰는 사람이 적지 않다. 옛날에는 '먹세'라고 썼을지 모르지만, 이제는 이렇게 쓰면 안 된다. '먹다'처럼 어간에 ㄹ 받침 이외의 받침이 오면 '돕다 → 도우세', '막다 → 막으세'처럼 '으세'를 써야 한다. '설도 지났으니 한번 뵙세'에서 '뵙세'도 틀린 말이다. '보세'라고 써야 한다. 받침이 없을 때는 '가다 → 가세', '일어서다 → 일어서세'처럼 그냥 '–세'라고 쓴다.

앞 문장과 뒷문장을 이어 주거나 본용언과 보조 용언을 이어 주는 어미는 **연결 어미**라고 한다. 연결 어미에는 '대등적 연결 어미, 종속적 연결 어미, 보조적 연결 어미'가 있다.

'바람이 불고 비가 내렸다'라는 문장에서, '–고'라는 어미가 '바람이 불었다'와 '비가 내렸다'는 두 문장을 이어 준다. 두 문장은 서로 대등한 관계다. '경호는 빵을 좋아하지만, 아라는 떡을 좋아한다.' 여기에서는 '–지만'이 '대조'의 뜻을 지니면서 앞 문장과 뒷문장을 이어 주는 연결 어미다. 두 문장 역시 서로 대등한 관계다. 이런 연결 어미를 **대등적 연결 어미**라고 하는데, '–고, –지만, –(으)며, –(으)나, –거나, –든지' 등이 있다.

'바람이 부니까 잎이 흔들렸다'에서는 '–니까'라는 연결 어미가 '바람이 분다'와 '잎이 흔들렸다'라는 두 문장을 이어 준다. 그런데 두 문장은 대등하지 않다. 앞 문장이 뒷문장의 '원인'으로 기능하면서 뒷문장에 종속되어 있다. '비가 오면 기온이 내려간다'에서는

'-면'이라는 연결 어미가 '비가 온다'와 '기온이 내려간다'라는 두 문장을 이어 준다. 여기서 앞 문장은 뒷문장의 '조건'으로 종속되어 있다. 이처럼 앞 문장이 뒷문장의 원인이나 조건, 수식 따위가 되도록 이어 주는 연결 어미를 **종속적 연결 어미**라고 한다. '-자, -어서/-아서, -므로, -느라고, -러, -어도/-아도, -려고, -도록, -듯이' 등 종류가 무척 다양하다.

문장과 문장을 이어 주는 대등적 연결 어미나 종속적 연결 어미와 달리 **보조적 연결 어미**는 본용언과 보조 용언을 이어 준다. '꽃잎이 떨어져 버렸다'에서는 본용언 '떨어지다'와 완료를 뜻하는 보조 용언 '버렸다'를 '-어'가 이어 준다. '민식이는 거대한 호랑이를 찾고 있다'에서는 '-고'가 본용언 '찾다'와 진행을 뜻하는 보조 용언 '있다'를 이어 준다. 이처럼 본용언과 보조 용언을 이어 주는 연결 어미를 보조적 연결 어미라고 한다. 보조적 연결 어미로는 '-어/-아, -게, -지, -고' 등이 있다.

짚고 넘어가자. 용언이 활용할 때 변하는 부분이 어미다. 그러므로 어미는 용언, 곧 동사와 형용사의 일부이며, 동사와 형용사로서 기능한다. 그런데 동사와 형용사의 기능을 그대로 가지면서 동시에 다른 품사처럼 기능하도록 기능을 바꿔 주는 어미가 있다. 이것을 **전성 어미**라고 한다. '전성(轉成)'이란 '변해서 다른 것이 된다'는 뜻이다. 다시 말해 문장 안에서 서술어로 쓰이는 동사와 형용사에 전성 어미가 붙으면 그 문장이 명사, 관형사, 부사처럼 기능하게 된다는 것이다. 전성 어미에는 '명사형 어미, 관형사형 어미, 부사형 어미'가 있다.

'강호는 그 총성으로 전쟁이 끝났음을 알았다'에서는 용언 '끝났다'에 어미 '-음'이 결합해 '그 총성으로 전쟁이 끝났다'는 문장을 명사처럼 쓰이게 만들었다. 이 문장이 '강호는 무엇을 알았다'에서 '무엇'에 해당한다는 뜻이다. '100미터를 10초 안에 달리기는 한동안 불가능한 일이었다'에서는 용언 '달리다'에 어미 '-기'가 결합했다. '100미터를 10초 안에 달리다'라는 문장이 '무엇은 한동안 불가능한 일이었다'라는 문장에서 '무엇'에 해당하는 명사처럼 쓰였다. 이처럼 어떤 문장에 있는 용언에 붙어 그 문장이 명사처럼 쓰이게 만드는 어미를 **명사형 어미**라고 한다.

여기서 한 가지 헷갈리는 게 있다. 앞에서 파생법을 알아볼 때도 얘기했지만, 명사형 어미 '-음/-기'와 명사 파생 접미사 '-음/-기'의 모양이 똑같기 때문에 용언의 명사형인지 파생 명사인지 구별하기 쉽지 않다. 둘을 구별하는 것이 뭐가 중요하냐고? 그것이 명사형이라면 동사나 형용사이고, 파생 명사라면 명사의 일종이니까 문장 속에서 쓰임이 아주 많이 달라진다. '예쁘게 웃음으로써'라고 쓸지, '예쁜 웃음으로'라고 쓸지 달라진다는 뜻. 앞에서 이미 이야기한 것이지만, 기억을 더듬는 차원에서 다시 한번 짚고 넘어가자.

'-음/-기'를 '~하는 것'으로 바꾸어 보면 쉽게 구별할 수 있다. 바꾸어 봐서 자연스러우면 그것은 용언의 명사형이다. 용언의 명사형도 용언은 용언이다. 용언은 문장에서 서술어로 쓰이므로 '~하는 것'이라고 풀어 쓰는 것이 가능하다.

예를 들어 '나는 학교 가기가 정말 싫다'에서 '가기'를 '가는 것'으로 바꾸어 보자. '나는 학교 가는 것이 정말 싫다.' 매우 자연스럽다. 그러니까 여기에서 '가기'는 명사가 아니라 용언의 명사형이다. '소현이의 웃음에는 다 이유가 있었다'를 '소현이의 웃는 것에는 다 이유가 있었다'로 바꾸어 보자. 응? 많이 어색하다. 그렇다면 여기에서 '웃음'은 동사의 명사형이 아니라 '웃다'에서 파생된 파생 명사다.

'그것은 김구 선생이 쓰던 안경이다'라는 문장에서는 용언 '쓰다'에 어미 '-던'이 붙어서 '김구 선생이 쓰다'라는 문장 전체가 '안경'이라는 체언(명사)을 꾸며 준다. '나는 앞으로 살아갈 길이 막막했다'에서는 어미 '-ㄹ'이 용언 '살아가다'에 붙어서 '나는 앞으로 살아가다'라는 문장 전체가 '길'이라는 체언을 꾸미게끔 만들었다. 체언을 꾸며 주는 품사를 관형사라고 하므로, 문장의 용언에 붙어서 그 문장이 관형사처럼 쓰이게 만드는 어미를 **관형사형 어미**라고 한다.

관형사형 어미에는 '-ㄴ, -는, -ㄹ, -던' 등이 있는데, 예를 들어 '본 영화'는 과거, '보는 영화'는 현재, '볼 영화'는 미래, '보던 영화'는 회상을 나타낸다.

'장미꽃이 아름답게 피었다'에서는 용언 '아름답다'에 어미 '-게'

가 붙어서 '장미꽃이 아름답다'라는 문장이 '피었다'라는 용언을 꾸며 준다. '발에 땀이 나도록 열심히 뛰었다'에서는 용언 '나다'에 어미 '-도록'이 붙어서 '발에 땀이 나다'라는 문장이 '뛰었다'라는 용언을 꾸며 준다. 용언을 꾸미는 품사를 부사라고 하는데, 문장의 용언에 붙어서 그 문장이 부사처럼 쓰이게 만드는 어미를 **부사형 어미**라고 한다.

그런데 이상하다. '장미꽃이 아름답게 피었다'에서는 '장미꽃이 아름답다'라는 문장이 '장미꽃이 피었다'라는 문장을 수식한다고 볼 수도 있지 않을까? 다시 말해 '-게'라는 어미에 의해 두 문장이 종속적으로 이어진 문장이라고 볼 수도 있지 않을까? 그렇다면 '-게'는 부사형 어미로도 볼 수 있고 종속적 연결 어미로도 볼 수 있다.

나아가 '바람이 불고 비가 내렸다'에서는 '바람이 불었다'라는 문장이 '비가 내렸다'라는 문장을 대등적으로 수식하고 있다고 볼 수도 있지 않을까? 또 '바람이 불고 있다'에서는 보조적 연결 어미 '-고'가 애초에 보조 용언 '있다'를 수식하므로 부사형 어미라고 볼 수 있지 않을까?

근본적으로 이것들을 구별할 필요가 있을까? 구별할 필요가 없다면 모든 연결 어미는 부사형 어미로 볼 수 있다는 뜻이 된다. 그렇다면 우리말의 어말 어미는 크게 종결 어미와 전성 어미 두 가지만 남게 된다. 내 생각에는 앞으로 그렇게 될 것 같다.

선어말 어미는 용언의 어간과 어말 어미 사이에 놓인다. 어말 어미 앞[先]에 놓이기 때문에 이런 이름이 붙었다. 어말 어미가 없으면 단어가 불완전해져 문장을 완성할 수 없지만, 선어말 어미는 없어도 그만이다. 그리고 선어말 어미만 있어서는 문장을 완성할 수도 없다.

'할아버지께서 호랑이를 잡으시었다'라는 문장에는 선어말 어미 '-시-'가 들어갔다. 문장에서 주어로 표현되는 대상을 '주체'라고 한다. 이때 '-시-'는 주어 '할아버지'를 높이는 문법적인 기능을 하므로 '주체 높임 선어말 어미'다.

선어말 어미는 시제를 표현하기도 한다. '우리는 지금 책을 읽(-는-/-었-/-겠-)다'에서 '-는-/-었-/-겠-'은 '-다'라는 평서형 종결 어미 앞에서 각각 현재, 과거, 미래를 나타낸다.

'내일까지는 반드시 이 숙제를 끝내리라.' '지금쯤은 그가 차를 탔으리라.' 이들 문장의 '-리-'도 미래 시제를 나타내며 '의도, 추측'을 뜻한다.

'선비는 이미 떠나고 없더라'의 '-더-'는 사건이 과거에 일어났음을 표현하는 선어말 어미로, 과거의 어느 때로 생각을 돌이키는 기능을 한다.

과거 시제 선어말 어미를 두 번이나 써서 아주 오래 전에 발생한 사건을 표현할 때도 있다. '저번에 이곳에서 강도 사건이 일어났었다', '승진이는 원래 농구 선수였었다'에서 '-았었-/-었었-'이 그것인데, 과거에 그러한 일이 일어났지만 지금은 상황이 달라졌다는 의미가 숨어 있다.

어말 어미와 달리 선어말 어미는 한 개가 나타날 때도 있고 여러 개가 함께 나타날 때도 있다. 하지만 나타나는 순서는 정해져 있다. '아버지도 책을 읽으시었겠더라.' '할아버지께서 호랑이를 잡으시었사옵니다.' 두 문장에서 알 수 있듯이 선어말 어미가 여러 개 한꺼번에 나타날 때에는 '주체 높임 → 시간 표현 → 공손 표현' 순서로 나타난다. 주체 높임 선어말 어미 '-시-'처럼 여러 경우에 골고루 쓰이는 선어말 어미가 맨 먼저 오고, 쓰임의 경우가 덜한 것들은 나중에 오는 것이다. 이 순서를 굳이 외울 필요가 있을까? 앞의 두 문장만 알고 있으면 되는데?

꾸미는 말

| 품사 4. 수식언 |

한 문장은 체언과 용언을 중심으로 이루어진다. '책이 사라졌다.' 이 문장은 {체언＋조사＋용언}으로 이루어져 있다. 이 썰렁한 문장에 꾸미는 말을 좀 넣어 보자. '모든 책이 갑자기 사라졌다.' 여기에서 '모든'은 '책'이라는 체언을 꾸며 주고, '갑자기'는 '사라졌다'라는 용언을 꾸며 준다. '모든'처럼 체언을 꾸며 주는 품사를 **관형사** 또는 매김씨라고 하고, '갑자기'처럼 용언을 꾸며 주는 품사를 **부사** 또는 어찌씨라고 한다. 관형사와 부사를 '꾸미는 말'이라는 뜻으로 수식언이라고 한다. 여기서 '수식한다'는 것은 체언과 용언의 뜻을 분명하게 만들어 준다는 뜻이다.

● 새 책은 사전에 없고 헌책은 사전에 있다
- 관형사

'재훈이는 문방구에서 새 공책을 샀다'에서 '새'가 '공책'을 꾸며 주
는 관형사다. 공책은 공책인데 어떠한 공책? 새 공책. 이렇게 '새
공책'이라고 하면 뜻이 더 분명해지고 '공책'이 가리키는 범위가 훨
씬 좁아진다. 이렇게 관형사는 '어떠한'이라는 형태로 뒤에 오는 체
언의 뜻을 분명하게 해 준다.

'저 새 책이 누구 것이지?'에서는 '저'와 '새'가 '책'을 꾸미는 관
형사다. 이처럼 관형사는 두 개 이상 쓰일 때도 있다. '저'가 '새'를
꾸미는 것처럼 보이지만, '새'가 아니라 '새 책'을 꾸미는 것이다.
그리고 '새'는 '책'을 꾸미므로 결국 두 관형사가 체언 '책'을 꾸미
는 셈이다.

'새 책'과 '새로운 책'에서 '새'와 '새로운'은 의미 차이가 거의 없
다. '새로운'은 형용사로 '새롭다/새롭고/새롭지' 같은 활용형으로
나타날 수 있다. 그러나 '새'는 활용하지 않는다. 불변어다.

'새'는 '새로운'과 달리 활용하지 않아도 '책'이라는 명사를 꾸밀
수 있다. '승호 책'과 같이 명사인 '승호'도 '책'을 꾸밀 수 있다. 그
러나 여기서 '승호'는 사실 뒤에 조사 '-의'가 생략된 것이다. 그래
서 '승호의'라고 조사를 붙여도 같은 뜻이 된다. 그러나 '새 책'에
는 '새의 책' 하고 조사를 붙일 수 없다. 관형사에는 조사를 붙일 수
없다.

관형사는 다른 품사와 달리 그 수가 많지 않다. 그러나 앞에 든 몇 가지 특수성 때문에 독립적인 품사로 대접하는 것이다.

'새 건물, 헌 집, 옛 마을, 맨 꼭대기, 순 살코기'에서 '새, 헌, 옛, 맨, 순'은 체언 앞에서 그 체언의 성질과 상태를 분명하게 해 주는 관형사로 **성상 관형사**라고 한다. '성질과 상태', 줄여서 성상이다. 관형사는 품사의 하나이므로 뒤에 오는 체언과 띄어 쓴다.

그런데 성상 관형사 가운데 어떤 것은 합성어의 어근으로 쓰인다. '새해, 헌책'에서 '새'와 '헌'은 관형사지만, '새해'와 '헌책'은 각각 사전에 표제어로 올라 있다. 한 단어, 합성어로 보는 것이다. 그런데 '새 책'은 한 단어가 아니라 '구(句)'다. 그래서 사전에도 올라 있지 않으며 띄어 써야 한다.

'구 시민 회관'처럼 '지난날의, 지금은 없는'이라는 뜻으로 쓰이는 '구(舊)'는 관형사다. 그러므로 뒷말과 띄어 쓴다. 그런데 '구제도'는 한 단어로 붙여 쓴다. 사전에도 올라와 있다. '구'는 관형사이기도 하지만, '묵은, 낡은'의 뜻을 더하는 접두사로도 쓰인다.

이처럼 합성어와 구를 구별하는 것, 관형사와 접두사를 구별하는 것은 쉬운 일이 아니다. 다시 말해 띄어 써야 할지 붙여 써야 할지 일일이 판단하는 것은 모조리 다 외우고 있지 않는 한 불가능한 일이라고 봐야 할 것이다. 궁금해요? 궁금하면 일일이 사전을 찾아볼 수밖에.

그래도 일반적으로는 관형사와 접두사를 구별하는 방법이 있다. '새 학기, 새 옷'처럼 관형사는 자립성이 있으므로 체언과 띄어 쓴다. '새까맣다, 새하얗다'처럼 접두사는 형식 형태소로 자립성이 없으므로 뒷말과 붙여 쓴다. '새 갈색 셔츠는 새 흰 바지와 잘 어울린다'처럼 관형사와 체언 사이에는 다른 말이 올 수 있다. 그러나 '새까만 개'의 접두사와 어근 사이에 다른 말을 넣어 '새 저 까만 개'(×)라고 할 수는 없다.

관형사는 체언 앞에만 오지만 접두사는 체언뿐만 아니라 용언 앞에도 온다. 관형사는 보통 명사 앞에 두루 쓰이지만, 접두사는 몇 가지 말에만 붙는다. 관형사는 두 음절 이상인 말도 있지만, 접두사는 대개 한 음절이다. 두 음절 이상인 관형사의 예를 들자면 '외딴 집', '정신적 성장' 같은 표현에 쓰이는 '외딴, 정신적' 등을 들 수 있다.

'이 책, 그 사람, 저 건물, 어느 나라, 무슨 뜻'의 '이, 그, 저, 어느, 무슨'처럼 어떤 대상을 가리키는 관형사를 **지시 관형사**라고 한다. '이도 저도 다 싫다'처럼 '이, 그, 저'는 지시 대명사로도 쓰인다. 뒤에 조사가 붙어 있으면 지시 대명사라고 보면 된다.

'이런, 그런, 저런'은 형용사 '이러한, 그러한, 저러한'이 줄어진 형태로 지시 관형사다. 그런데 동사 '이리한, 그리한, 저리한'이 줄어든 형태도 같기 때문에 헷갈린다. '나도 저런 거 갖고 싶어'에서 '저런'은 지시 관형사지만, '실수로 저런 거 가지고 너무들 하네'에서 '저런'은 동사다. '저런' 대신 '저렇게 한'을 넣어 보면 구별할 수 있다. '실수로 저렇게 한 거 가지고 너무들 하네'는 말이 되지만, '나도 저렇게 한 거 갖고 싶어'는 무슨 뜻인지 알기 어렵다. 전자는 동사가 들어가야 할 자리이고 후자는 관형사가 들어갈 자리이기 때문이다.

'이런, 그런, 저런'은 '이런/그런/저런, 고마울 데가 있나'처럼 감탄사로 쓰이기도 한다.

'다른 사람들은 모두 집에 가 버렸다'에서 '다른'도 지시 관형사다. 그런데 '나와 생각이 다른 사람들은 모두 집에 가세요'에서 '다른'은 형용사 '다르다'의 관형사형이다. 이 둘도 형태가 같기 때문에 헷갈릴 때가 많다. '다른 사람들'의 '다른'은 영어로는 'other'라는 뜻으로 '딴 사람들은 모두 집에 가 버렸다'처럼 '딴'으로 바꾸어 써도 된다. '생각이 다른'의 '다른'은 영어로는 'different'라는 뜻으로 '생각이 다르다'라고 풀어 쓸 수 있다.

'이게 웬 떡이냐'의 '웬'도 '어찌 된, 어떠한'을 뜻하는 지시 관형사다. 이 '웬'을 '왠'이라고 쓰면 잘못이다. 방언이 아닌 한, '왠'이라는 글자가 쓰이는 경우는 '왠지'밖에 없다. '왠지'는 '왜인지'의 준말이다. '왜'라는 말과 상관이 없으면 '웬'이라고 써야 한다.

'잣나무 열 그루, 서너 살짜리 아이들, 모든 국민, 여러 사람, 갖은 양념'에서 '열, 서너, 모든, 여러, 갖은'은 수량과 순서를 나타내는 **수 관형사**다. 수 관형사인지 명사인지 헷갈릴 때가 있다. 수 관형사도 관형사의 일종이므로 체언을 꾸미는 품사다. 그러므로 조사가 붙지 않는다. '첫째 왕자가 공주와 결혼했다'의 '첫째'는 '왕자'를 꾸미는 수 관형사다. 그러나 '첫째는 키가 아주 컸다'의 '첫째'는 수 관형사와 형태가 같긴 하지만 뒤에 조사가 붙어 있다. 그러므로 여기서의 '첫째'는 명사다.

수사도 수량과 순서를 나타내는 품사이므로 수 관형사와 헷갈릴 때가 많다. 그러나 '남자 하나, 여자 둘'처럼 수사는 독립적으로 쓰이지만, 수 관형사는 '한 남자, 두 여자'처럼 뒤에 오는 체언을 수식한다. 그래서 모양도 수사는 '하나, 둘, 셋, 넷, 다섯'이지만, 수 관형사는 '한, 두, 세, 네, 닷/다섯'으로 조금 다르다. '사람 일곱', '일곱 명'처럼 같을 때가 더 많아 문제이긴 하지만.

● '그건 너! 바로 너!' 명사도 꾸미는 부사

'올해는 눈이 참 많이 내린다'에서 '많이'는 '내린다'라는 용언을 꾸민다. '다행히 다친 사람은 아무도 없었다'에서 '다행히'는 문장 전체를 꾸민다. '많이'나 '다행히'처럼 용언이나 문장을 수식하는 품사를 부사라고 한다. 부사가 용언이나 문장을 수식한다는 것은, 부사가 다른 말 앞에 놓여 그 말의 뜻을 더 분명하게 해 주며 뜻을 한정한다는 뜻이다.

그런데 부사가 꼭 용언이나 문장만을 수식하는 것은 아니다. '고기가 아주 잘 익었네'에서는 '아주'가 부사인데, 다른 부사 '잘'을 꾸민다. '아라는 승호에게 아주 새 지갑을 선물로 주었다'에서는 '아주'라는 부사가 '새'라는 관형사를 꾸민다.

'호랑이는 겨우 열흘을 넘기지 못하고 나가 버렸다'에서는 '겨우'

라는 부사가 명사 '열흘'을 꾸민다. "그건 너, 그건 너, 바로 너 때문이야"라는 노래 가사에서는 '바로'라는 부사가 '너'라는 대명사를 꾸민다. 체언을 꾸미는 이런 기능 때문에 이 경우의 '겨우', '바로'를 관형사로 보아야 한다는 주장도 있다. 그러나 같은 형태에 다른 품사를 부여하면 문법적인 설명이 복잡해지기 때문에 학교 문법에서는 한 가지 품사가 여러 가지 기능을 한다고 설명한다. 이른바 '품사 고정'이라는 입장을 취하고 있는 것이다.

그런데 '너만큼 아름다운 애는 처음이야'에서 '만큼'은 조사이고, '먹을 만큼 실컷 먹어라'에서 '만큼'은 명사라고 앞에서 말했다. 품사 통용이다. '잠깐 다녀올 테니 너는 여기 있어라'에서 '있다'는 동사지만, '우체국은 길 건너에 있다'에서 '있다'는 형용사라고 했다. 이것도 품사 통용이다. '첫째 아들은 키가 컸다'에서 '첫째'는 관형사지만, '첫째는 키가 컸다'에서 '첫째'는 명사다. 이것도 품사 통용이다. 이처럼 앞에서 여러 차례 나온 바와 같이 학교 문법에서는 주로 품사 통용을 인정하는 입장을 취하는데, 부사를 다룰 때만 품사 고정 쪽 입장을 취하고 있다. 부사인데, 여러 가지 기능을 한다고 설명하는 것이다. 왜 그럴까? 아마 될 수 있으면 한 가지 형태에는 한 가지 품사만 부여하는 것이 원칙인데, 어쩔 수 없을 때만 품사 통용을 인정하는 것이라고 너그럽게 이해하고 넘어가자.

어쨌든 부사는 거의 모든 품사를 꾸미는 기능을 한다. 부사는 이처럼 다른 말을 수식하는 기능을 하기 때문에 관형사와 더불어 수식언의 일종이다. 부사도 관형사처럼 활용하지 않는다. 형태가 바꿔지 않는다는 뜻이다.

　관형사와 달리 부사에는 보조사가 붙을 수 있다. '빨리도 간다.' '아직도 시간이 많이 남았다.' 그러나 격조사는 붙지 않는다. '아인아, 집에 빨리를 가거라.' 이런 문장이 가능하다고 할 사람이 있겠지만, 이 경우 '를'은 격조사가 아니라 보조사라고 본다.

문장 성분을 꾸민다 – 성분 부사

'올해는 눈이 참 많이 내린다'에서 '많이', '고기가 정말 잘 익었네'에서 '정말', '아라는 승호에게 아주 새 지갑을 선물로 주었다'에서 '아주', '호랑이는 겨우 열흘을 넘기지 못하고 나가 버렸다'에서 '겨우'처럼 문장을 이루는 여러 성분 가운데 한 가지 특정 성분만을 수식하는 부사를 성분 부사라고 한다.

　성분 부사 가운데에서 '빨리, 높이, 갑자기, 깊이, 많이'처럼 상태를 나타내거나 '매우, 가장, 아주, 퍽, 잘, 거의'처럼 정도를 나타내는 부사를 **성상 부사**라고 한다. 성상 부사는 용언의 성질이나 상태를 더 분명하게 해 준다.

　'아주, 바로, 겨우, 특히'처럼 체언을 수식하는 부사도 성상 부사에 속한다. 체언을 수식하는 부사는 대개 정도를 나타낸다. 그리고 이들 부사가 꾸미는 체언도 정도를 표현할 수 있는 체언이다. '아주 부자'일 수도 있고 '조금 부자'일 수도 있단 말이다. '겨우 하나'일 수도 있고, '무려 열 개'일 수도 있다는 말이다.

　'데굴데굴, 울긋불긋', '졸졸, 땡땡'처럼 소리나 모양을 흉내 낸 말을 성상 부사 가운데서도 '의성 부사', '의태 부사'라고 한다. 이들도 용언을 꾸민다는 점에서 부사에 속한다고 보는 것인데, 둘을 합쳐 '상징 부사'라고 한다. 사물의 소리나 모양을 인간의 언어로 그대로 표현하는 것은 있을 수 없는 일이므로 일종의 상징이라고 보는 것이다. 보통은 **의성어**나 **의태어**라고 부르는데, 사실 '펄럭펄럭'처럼 소리를 흉내 낸 말인지 모양을 흉내 낸 말인지 구별하기 어려운 경우도 많아서 **의성 의태어**라고 통틀어 부르기도 한다.

'이리, 그리, 저리, 어디, 오늘, 아까, 이미, 언제'처럼 앞에 나온 사실을 가리키거나, 장소 또는 시간을 나타내는 성분 부사를 **지시 부사**라고 한다. 지시 부사는 명사로 쓰일 때도 있다. '오늘이 첫 출근입니다'에서 '오늘'은 격조사가 붙어 있으므로 명사다. '오늘 오빠가 돌아왔다'에서는 부사로 쓰였다. 품사의 통용이라는 것이다. '어제, 내일'도 비슷하다.

'나는 점심을 안 먹었다' '나는 점심은 안 먹을래' '이제 더는 못 먹겠다' 같은 문장의 '안, 못'처럼 용언의 의미를 부정하는 부사를 **부정 부사**라고 한다. 용언이라는 특정 성분을 꾸며 주기 때문에 역시 성분 부사다. '안 먹었다는 것'은 단순한 부정이고, '안 먹는 것'은 의도나 의지에 따른 부정이며, '못 먹겠는 것'은 능력을 부정하는 것으로 의미에 차이가 있다. 그러므로 '안 예쁘다'(단순 부정)는 말은 있을 수 있어도, '못 예쁘다'(능력 부족?)는 말은 있을 수 없다. 형용사는 능력으로 어떻게 안 되는 것이다.

'아니 먹다, 아니 가다'처럼 '안'은 '아니'의 준말이다. 그런데 '아니'는 명사와 명사 사이, 문장과 문장 사이에서 어떤 사실을 더 강조할 때도 쓰인다. '나는 이것을 할 수가 없다. 아니, 죽어도 안 하겠다.' 이때도 물론 부사다.

가끔 '안'과 '않-'을 헷갈리곤 한다. '(　) 가고 / 하지 (　)고'에서, (　) 안에 들어갈 알맞은 말은? 방금 말했듯이 '안'은 '아니'의 준말이고, '않-'은 '아니하-'의 준말이다. 본딧말을 넣어 보면 금세 알 수 있다.

아니 가고　(○)　아니하 가고　(×)　→　안 가고

하지 아니고 (×)　하지 아니하고 (○)　→　하지 않고

문장 전체를 꾸민다 – 문장 부사

'다행히 다친 사람은 아무도 없었다'에서 '다행히'처럼 문장 전체를 수식하는 부사를 문장 부사라고 한다.

'실로 한 달 만의 일이었다.' '설마 한강에 괴물이 나타나겠어?' '제발 살아서 돌아와 주기를 바란다.' 이들 문장에서 '실로, 설마, 제발'이 문장 전체를 수식하는 문장 부사다. 이들 부사는 각각 '단정, 의혹, 희망'과 같은 말하는 사람의 마음이나 태도를 나타내기 때문에 **양태 부사**라고 한다. 양태 부사는 그 의미에 따라 '실로 ~였

다', '설마 ~할까', '제발 ~하기를'처럼 그 의미에 어울리는 어미와 호응을 이루는 것이 보통이다.

양태 부사는 문장 부사의 일종이기 때문에 대개 문장의 첫머리에 쓰이지만, 말하는 사람의 의도에 따라 문장 속에서 자유롭게 이동할 수 있다. '아마 김 회장은 미국에서 돈을 많이 벌었을 것이다.' '김 회장은 아마 미국에서 돈을 많이 벌었을 것이다.' '김 회장은 미국에서 아마 돈을 많이 벌었을 것이다.' '김 회장은 미국에서 돈을 아마 많이 벌었을 것이다.' 문장 부사 '아마'의 위치에 따라 조금씩 문장의 느낌이 달라진다.

'하루 내지 이틀만 시간을 더 주십시오.' '범수는 열심히 일했다. 그러나 성공하지는 못했다.' 이들 문장에서 '내지'와 '그러나'는 단어와 단어, 문장과 문장을 이어 주는 **접속 부사**다. '및, 내지, 또는, 그래서, 그러나, 그러므로, 그리고, 따라서, 더구나, 도리어, 오히려' 등이 접속 부사에 속한다.

접속 부사는 문장 부사에 속한다고 하지만 대개는 접속 기능만 있지 수식 기능이 있다고 하기는 어렵다. 그래서 이것을 '접속사'라는 별도 품사로 다루자고 주장하는 학자도 있다. 그러나 우리말 문법에는 아직 '접속사'라는 품사가 없다. 영어에는 있을지 몰라도.

접속 부사와 접속 조사도 구별해야 한다. '책과 연필'의 '과'는 접속 조사지만 '책 또는 연필'에서 '또는'는 접속 부사다. 띄어쓰기가 다르잖아.

다른 성분에 대해 독립적이다

| 품사 5. 독립언 |

'야, 오늘부터 방학이다!'에서 '야'는 문장 속의 다른 성분에 얽매이지 않고 독립적으로 존재한다. 이런 말을 독립언이라고 한다. 또, '야'는 말하는 사람의 기쁨이라는 감정을 나타낸다. 이처럼 자신의 감정을 직접 나타내는 품사를 감탄사라고 한다. 감탄사는 자립성이 강하므로 독립언에 속하며, 거꾸로 독립언에 속하는 품사는 감탄사밖에 없다.

'아, 벌써 십 년이 지났구나'처럼 감탄사는 말하는 사람의 감정을 표현한다. "야, 어디 있니?" "응, 나 여기 있어"의 '야, 응'처럼 부르는 말이나 대답하는 말도 감탄사에 들어간다. '저, 하고 싶은 말이 있어요'의 '저'처럼 아무 의미 없이 입버릇처럼 하는 말도 감탄사에 속한다.

감탄사에는 '아, 아이고, 오, 아차, 어이구'처럼 원래 감탄사였던 것이 있고, '만세, 옳소, 그래, 허허, 아니, 천만에, 고수레, 까짓것, 가만'처럼 본래 다른 품사였던 것이 감탄사가 된 것도 있다.

감탄사는 형태가 변하지 않는다. 조사도 붙지 않는다. 이런 점에서 감탄사는 용언도 아니고 체언도 아니다. '다인아, 얼른 가자'에서 '다인아'는 부르는 말이고 독립된 말이지만, 고유 명사에 조사가 붙은 말이기 때문에 감탄사는 아니다.

고개가 갸우뚱해지는 것들이 있기는 하다. '어머니, 아버지, 형, 누나' 등은 부르는 말로 많이 쓰이지만, 감탄사가 아니라 명사다. 그런데 이보다 덜 쓰이는 '장모님, 장인어른'은 {명사＋접미사}, {명사＋명사}로 이루어져 있지만 감탄사도 된다. 왜일까? 일반 명사로서보다 부르는 말로 더, 훨씬 더 많이 쓰이기 때문이다. 시부모가 며느리를 친근하게 부르는 말인 '아가, 새아가'도 그래서 감탄사다.

누가 봐도 명사인 '번호'도 "소대장의 '번호!' 구령이 떨어지자 훈련병들은 큰 소리로 수를 세기 시작했다" 같은 문장에서는 감탄사다. '차려, 일어서' 등등 구령은 모두 감탄사다. '가만 누워 있어라' 할 때는 '가만'이 부사지만, '가만, 저게 무슨 소리지?' 할 때는 감탄사다. '까짓 고생쯤 문제가 안 돼!'에서는 '까짓'이 관형사지만, '까짓, 내가 하지 뭐'에서는 감탄사다. 이처럼 형태가 같은 단어라도 문장에서 하는 일이 다르면 품사도 다르다.

감탄사는 독립언이기 때문에 어떤 경우에는 감탄사 하나로 한 문장이 될 때도 있다. '너 또 시험에 떨어졌대'라는 말을 듣고 '아이고' 하고 대꾸할 때처럼.

감탄사는 느낌이나 부름, 대답으로 쓰이기 때문에 글에서보다 말에서 활발하게 쓰인다. 그러므로 말할 때 쓰이는 어조나 표정, 몸짓에 따라 의미가 확대되거나 달라지기도 한다. '아, 정말 세월 빠르군' '아, 내가 잘못했구나' '아, 더워'에서 '아'는 각각 허무, 자책, 짜증 등으로 다양하게 해석할 수 있다. 그러나 글로 적은 '아' 하나만으로는 말하는 사람의 실질적인 감정을 알 수 없다.

감탄사에도 종류가 있다. '아, 또 졌구나'에서 감탄사 '아'는 듣는 사람을 의식하지 않고 자기 감정을 드러내는 말이다. **감정 감탄사**라고 한다. 감정 감탄사에는 실질적인 의미가 담겨 있지 않다. 이 문장에서는 '실망'을 나타내지 않느냐 하고 따질 사람도 있겠지만, 같은 말로 '아, 또 이겼구나' 하고 기쁨을 나타낼 수도 있다. 그래서 감정 감탄사를 빼더라도 문장을 이해하는 데 지장이 없다. '-구나/군' 등 특정한 어미와 함께 쓰이는 것도 감정 감탄사의 특징이다.

감정 감탄사에는 실질적인 의미가 없는 대신 그 문장의 내용을 처음 알았다는 의미가 담겨 있다. '아, 이게 웬 돈이냐!'라는 문장에서 감탄사 '아'는 돈이 있다는 사실을 처음 알고 나서 하는 말, '이게 웬 돈이냐!'라는 감탄문을 도입하는 요소라고 생각해도 된다는 뜻이다.

'쉿, 조용히 해!', '애, 저리 가거라'에서 '쉿, 애'는 말하는 사람이 듣는 사람에게 들으라고 자기 요구나 판단을 적극적으로 표현하는 말이다. **의지 감탄사**라고 한다. '아서라, 아무렴, 천만에, 응, 아니' 등 의지 감탄사는 위협, 금지, 동의, 부정, 거부 등 실질적이고 구체적인 의미를 나타낸다. 의지 감탄사는 감정 표출보다는 의사 전달 기능이 더 강한 감탄사이므로, 단순히 감정을 표출하는 문장에 쓰이면 어색하다. '천만에, 벌써 봄이로구나!' '아무렴, 이게 웬 떡이냐!'라고는 잘 쓰이지 않는 것이다.

'너는 있잖아, 그게 문제야' '내가 말이야, 왕년에는 잘 나갔다고'에서 '있잖아, 말이야'는 할 말이 언뜻 떠오르지 않을 때나 내용에 상관없이 습관적으로 하는 말이다. 이런 말을 **말버릇 감탄사**라고 한다. 이런 말버릇 감탄사는 문장에서 삭제해도 의미에는 전혀 영향을 주지 않으며, 없어야 오히려 더 자연스러운 문장이 된다.

'에 또, 이번 학기에는…… 마……' 하고 한없이 길어지는 교장 선생님의 훈화 말씀에 주로 쓰이는 '에 또, 마'도 굳이 말하자면 말버릇 감탄사의 일종이라고 할 수 있겠다. 그러나 이야말로 군말의 전형이고, 더구나 일본말의 잔재다.

군더더기 표현은 안 쓰는 것이 의사소통에 도움이 된다고 하지만, 심각한 회의 도중에 새파란 신입 사원이 '저, 이건 제 생각인데요'라고 말하지 않고 '저'를 생략한 채 불쑥 '이건 제 생각인데요' 하고 말했다가는 건방지다는 소리를 듣게 될지도 모른다.

음직임에 온 신경을 곤두세운 채, 나는 마치 얼음조각이라도 된 양 가만히 서 있었다. 갑자기 잊었던 것, 그래서 가물가물 흐릿한 의식 저편으로부터 서서히 생각이 그 모습을 드러내며 돌아오는 밀람이 감지됐다. 언어의 신비가 베일을 벗는 순간이었다."

바람의 방향을 가리키는 풍향계, 기온을 나타내는 온도계, 불을 나타내는 연기 등은 형식이 내용의 결과를 나타낸다. 이런 기호를 지표 기호라고 한다.

교통 신호등이나 군대의 계급장, 병원을 나타내는 녹십자 등은 '이런 형식은 이런 내용을 가리키는 것으로 합시다' 하고 사람들끼리 서로 약속하고 관습적으로 인정한 것이다. 이런 기호는 상징 기

안에서도 지역마다 말소리가 다른 경우도 없다. 이처럼 방언이 존재한다는 것도 언어의 자의성을 보여 주는 예다.

또 있다. 옛날에는 '어엿브다'라는 말소리가 '불쌍하다'는 의미였지만, 지금 그 말소리는 '어여쁘다'로, 의미는 '아름답다'로 형식과 내용이 모두 바뀌었다. 만약 말소리와 의미의 관계가 필연적이라면 말소리와 의미에 변화가 있어서는 안 될 것이다. 이것도 언어가 자의성을 띤다는 것을 보여 준다.

소리를 흉내 내는 말은 그대로 자의성이 덜하지 않을까? 한국 개나 영국 개나 짖는 소리는 같지 않을까? 그런데 이것도 [멍멍], [바우와우]로 서로 형식이 다르다.

'누군가 펌프에서 물을 긷고 있었다. 선생님은 내가 뻗어나 나오는 북지 아래에다 내 손을 갖다 대셨다. 차디찬 물줄기가 쏟아져 넣은 손으로 계속해서 쏟아져 흘렀다. 선생님은 다른 한 손에다 처음에는 천천히, 두 번째는 빠르게 '물'이라고 쓰셨다. 선생님의 손가락 움직임에 온 신경을 곤두세운 채, 나는 마치 얼음조각이라도 된 양 가만히 서 있었다. 갑자기 잊었던 것, 그래서 가물가물 흐릿한 의식 저편으로부터 서서히 생각이 그 모습을 드러내며 돌아오는 밀람이 감지됐다. 언어의 신비가 베일을 벗는 순간이었다."

바람의 방향을 가리키는 풍향계, 기온을 나타내는 온도계, 불을 나타내는 연기 등은 형식이 내용의 결과를 나타낸다. 이런 기호를 지표 기호라고 한다.

교통 신호등이나 군대의 계급장, 병원을 나타내는 녹십자 등은 '이런 형식은 이런 내용을 가리키는 것으로 합시다' 하고 사람들끼리 서로 약속하고 관습적으로 인정한 것이다. 이런 기호는 상징 기호라고 한다. 형식과 내용이 밀접하게 연관된 도상 기호나 지표 기호와 달리, 상징 기호는 형식과 내용 사이에 직접적인 연관성이 없다. 그저 사람들이 사회적 합의에 의해 그 내용과 형식을 연결해서 기호로 사용하고 있을 뿐이다.

그럼 언어는? 언어도 생각을 전달하는 수단이 분명하니까 기호의 일종이다. 그렇다면 언어의 내용은 '전달하고자 하는 의미'일 테고, 형식은 '말소리나 글자'가 되겠다. 그리고 자연계에 강, 호수, 바다, 지하수 따위의 형태로 널리 분포하는 액체를 가리킬 때 '물'이라는 말소리 또는 글자를 쓰는 것은 사람들끼리 관습적으로 받아들이는 일이다. 그러므로 언어는 상징 기호의 하나가 되겠다.

4
어휘
단어의 분류

말소리와 의미에 변화가 있어서는 안 될 것이다. 이것도 언어가 자의성을 띤다는 것을 보여 준다.

소리를 흉내 내는 말은 그대로 자의성이 덜
나 영국 개나 짖는 소리는 같지 않
우와우]로 서로 형식이 다르다.

길을 기억하지 못하고 산기 경난다. 병원 사람들에게 배려...기 어렵다. 소설 속의 그 남자는 결국 침묵 속에서 혼자 살아갈 수밖에 없게 되었다.

시간이 가면 변한다-역사성
언어 기호는 사회적인 약속이기는 하지만, 시간이 흐름에 따라 변하기도 한다. 이것을 언어의 역사성이라고 한다. '곳고리→ 꾀꼬리처럼 말소리가 바뀌기도 하고, '어리다'는 말소리가 '어리석다'는 의미에서 '나이가 적다'는 의미로 바뀌기도 한다. 예전에 쓰이던 '.은, 스픈,' 을 대신해 새로운 낱말 '벗, 헌, 강'이 쓰이기도 한다. 자녜 넝굴 주리어(사례를 다른 누구에게 주리오)처럼 예전에는

사람은 대여섯 살만 돼도 개와 고양이 사진을 보고 고양이 사진인지 고양이인지 알아맞힌다. 그러나 인공지능이 이런 능력을 갖기란 매우 어려운 일이라고 한다. 서로 다른 개 사진 수만 장과 고양이 사진 수만 장을 입력해도 개의 공통된 특징과 고양이에만 공통된 특징을 파악하지 못하고 개와 고양이 사이의 차이점을 알아내지 못하기 때문이다. 수많은 공유의 개나 고양이에게서 공통된 특징을 뽑아내는 능력을 추상화하는 능력이라고 하는데, 로봇에게는 없는 추상화 능력이 사람에게는 있다. 그래서 대여섯 살짜리 아이도 사진을 보고 개인지 고양이인지 구별해 낸다.

개 한 마리 한 마리의 생김새와 속성은 모두 다르다. 사람들은 이

어휘의 체계

"언어를 유창하고 수준 높게 구사하기 위해서는 어휘를 많이 알 필요가 있다. 실제로 듣기, 말하기, 읽기, 쓰기 어느 분야를 막론하고 어휘력을 바탕으로 하지 않고서는 수준 높은 의사소통이 이루어지기 어렵다."

고등학교 문법 교사용 지도서에 나오는 말이다.

"많은 학생은 심각한 어휘력 부족을 독서에 어려움을 느끼게 하는 가장 치명적인 이유로 꼽는다. …… 어휘력이 부족하면 책을 읽기 싫다. 읽어도 무슨 말인지 모르기 때문이다."

공부를 잘하는 방법에 관한 책에 나오는 대목이다.

"올해 서울대 본고사 논술 과목 시험에서 수험생들의 어휘력 부족과 부적절한 문법, 명확하지 못한 자기주장 등이 두드러지면서 이것이 가장 큰 감점 요인으로 작용했던 것으로 밝혀졌다."

예전 신문 기사의 일부다.

결론적으로 어휘를 많이 알고 잘 부려 쓸 수 있어야 언어생활도 잘하고 독서도 잘할 수 있으며 시험도 잘 볼 수 있다는 뜻이다. 그런데 '어휘'란 무엇일까? '단어'와는 다른 말일까?

말을 하건 글을 쓰건, 그 기본은 문장이다. 그리고 문장은 단어들로 이루어진다. 그래서 말을 잘하고 글을 잘 쓰려면 단어 공부를 해야 한다는 생각이 절로 든다. 그러나 단어 공부를 한다는 것은 그리 만만한 일이 아니다.

단어를 모아 놓은 것이 사전인데, 대표적인 국어사전이라 할 수 있는 《표준 국어 대사전》에는 무려 50만 개가 넘는 단어가 실려 있다. 이 중에 우리가 잘 이해하거나 일상생활에서 실제로 사용하는 단어만도 5만에서 10만 개에 이른다. 그렇다고 해서 사전에 모든 단어가 다 실려 있는 것도 아니다. 어떤 말의 뜻이 궁금해서 사전을 찾아보면 실려 있지 않은 경우도 적지 않다. 국립국어원의 조사에 따르면 해마다 새롭게 만들어지는 말이 몇 백 개에 이른다.

사정이 이렇다 보니 한국어 단어 전체를 한눈에 살펴보는 것은 불가능하다. 단어 하나하나를 다 찾아보는 것은 더욱이 말이 안 된다. 이럴 때는 비슷한 성격을 띠는 단어들로 분류해 보는 것이 상책이다.

예를 들어 '빨강, 노랑, 주황, 주홍, 초록, 파랑' 등은 색깔을 나타내는 단어다. '차갑다, 뜨겁다, 따뜻하다, 매끄럽다, 거칠다' 등은 감각을 나타내는 단어다. 이처럼 같은 성격을 띠는 단어들, 일정한 범위 안에 들어가는 단어의 집합을 **어휘**라고 한다. 다시 말해 '빨강, 노랑, 주황, 주홍, 초록, 파랑'을 '색채 어휘', '차갑다, 뜨겁다, 따뜻하다, 매끄럽다, 거칠다' 등은 '감각 표현 어휘'라고 부를 수 있을 것이다.

'김소월의 시어'나 '15세기 국어의 어휘'는 단어의 수가 정해져 있다. 단어의 수가 더 줄지도 늘지도 않는 이런 어휘를 '폐쇄 집합'이라고 한다. 반면에 '한국어의 어휘'나 '새말(신어)'은 단어의 수가 고정되어 있지 않다. 한국어의 범위를 어디까지 잡을지에 따라 한국어의 단어 수가 달라질 것이고, '새말'은 새롭게 만들어지는 말이므로 단어의 수를 정하기조차 어려울 것이기 때문이다. 이렇게 단어의 수가 명확히 정해져 있지 않거나 정할 수 없는 어휘를 '개방 집합'이라고 한다.

단어의 수가 아무리 많다 하더라도 일정한 기준에 따라 분류하면 질서 잡힌 결과를 얻어 낼 수 있다. 이런 결과를 **어휘의 체계**라고 한다. 어휘를 분류하는 작업은 기준을 어떻게 정하느냐에 따라 결과가 얼마든지 달라질 수 있다. 한국어의 어휘도 어종, 품사, 의미 등 여러 기준으로 분류할 수 있겠지만, 보통은 어종에 따라 분류한다. 어종(말의 종류)에 따라 분류한다는 것은 '어디에서 온 말이냐'를 기준으로 분류한다는 뜻이다. 우리말의 단어와 어휘를 역사적으로 살펴본다는 뜻이니, 가장 기본적인 분류 방법이라 하겠다.

현대 한국어의 어휘를 어종별로 분류하면 고유어 25.9퍼센트, 한자어 58.5퍼센트, 외래어 4.7퍼센트, 기타 10.9퍼센트라는 결과를 얻을 수 있다. 《표준 국어 대사전》에 올라 있는 단어를 대상으로 조사한 것인데, '기타'란 고유어와 한자어, 외래어가 혼합된 형태를 말한다. 결국 현대 한국어의 어휘는 '고유어, 한자어, 외래어'의 삼중 체계를 이루고 있음을 알 수 있다.

● 고유어와 한자어

앞에서 분류한 결과에 따라 고유어와 한자어를 합해 보면 전체 어휘의 84.4퍼센트에 이른다. 사전에 실린 표제어와 부표제어를 합한 결과다. 우리가 실생활에서 사용하고 있는 어휘도 대부분 고유어와 한자어라는 것은 경험상 알 수 있다.

고유어란 '말, 사람, 생각, 고치다, 가다'처럼 우리가 옛날부터 사용해 온 토박이말을 말한다. 고유어는 다른 나라 말에서 들여온 것이 아니기 때문에 우리 민족 특유의 정서나 문화를 담고 있다. 그만큼 우리 민족의 감정이나 느낌을 잘 전달할 수 있는 말이기도 하다. 고유어는 대개 의미의 폭이 넓다. 그래서 상황에 따라 여러 가지 의미로 해석될 수 있는 '다의어'다.

한자어는 중국의 한자를 바탕으로 만들어진 말이다. 우리나라는 중국과 붙어 있는 까닭에 아주 오래 전부터 한자의 영향을 받을 수밖에 없었다. 그러다 본격적으로 한자가 한반도에 들어오기 시작한 것은 한반도 북쪽에 한사군이 설치되었을 때로 보인다. 그러고 나서 2000년 동안 수많은 문물이 중국을 통해서 들어왔기 때문에 우리말 속 한자어는 점점 많아져 갔고 오늘날은 60퍼센트 가까이에 이른다. 우리 고유의 문자가 없었기 때문에 더욱 그러했을 것이다.

우리가 오늘날 쓰고 있는 한자어는 대개 중국에서 만들어진 말이다. '부모(父母), 백성(百姓), 국가(國家), 문물(文物), 대학(大學), 조석(朝夕)' 등등, 중국의 경전에서 온 말이 많다.

일제 강점기를 거치면서 일본에서 온 한자어도 많아졌다. '차입(借入), 청부(請負), 안내(案內), 상담(相談), 친절(親切)' 등이 일본식 한자어다. '교육(敎育), 문화(文化), 철학(哲學)' 등등 서양에서 들어온 외국어를 번역한 말로서 일본에서 만든 한자어도 우리나라에 많이 들어왔다.

우리 스스로 만들어 낸 말도 있다. '감기(感氣), 고생(苦生), 복덕방(福德房), 편지(便紙), 사돈(査頓), 식구(食口), 행차(行次)' 같은 말은 우리나라에서 만들어진 한자어로서 우리나라에서만 쓰인다.

한자어는 순수한 우리말이 아니라고 할 수 있겠지만, 그렇다고 우리말이 아니라고 하기는 어렵다. 예를 들어 '博物館'이란 단어를 한자 그대로 놓고 보면 중국이나 일본, 한국에서 모두 '고고학적 자료, 역사적 유물, 예술품, 그 밖의 학술 자료를 수집·보존·진열하고 일반에게 전시하여 학술 연구와 사회 교육에 기여할 목적으로 만든 시설'이라는 뜻으로 이해한다. 그러나 우리는 [박물관]이라고 읽지만 중국 사람들은 〔보우관〕, 일본 사람들은 〔하쿠부츠칸〕이라고 발음한다.

'information'이라는 단어를 영국 사람들은 〔인포메이션〕이라고 발음하고, 독일 사람들은 〔인포마치온〕, 프랑스 사람들은 〔앵포르마시옹〕이라고 발음한다. 자기 나라 방식으로, 자기 나라말 법칙에 따라 발음하는 것이다. 'information'이 'informatio(인포르마티오)'라는 라틴어에서 왔다고 해서 자기 나라 말이 아니라고 주장하는 영국인이나 독일인, 프랑스 인은 없을 것이다.

실제로 들어온 지 너무 오래돼 한자어 발음조차 달라진 말들도 있다. '배추〔白菜〕, 무명〔木棉〕, 감자〔甘藷〕, 김치〔沈菜〕, 시금치〔赤根菜〕' 등. 발음이 달라지지 않았지만 '응? 이것도 한자어였어?' 하고 놀라게 만드는 말도 적지 않다. '양말(洋襪), 어차피(於此彼), 사이비(似而非)' 등등. 심지어는 '심지어(甚至於)'라는 말도 한자어다.

한자어에는 개념어나 추상어가 많다. 한자 자체가 뜻글자이기 때문이다. 그 때문인지 고유어가 의미 폭이 넓은 데 비해 한자어의 의미는 좀 더 전문화되고 분화되어 있다. 그래서 고유어로는 단어 하나로 다 아우를 수 있는 말이, 한자어로는 경우에 따라 여러 가지 단어로 달리 쓰인다. 예를 들어 고유어로는 그냥 '말'인데, 한자어로는 경우에 따라 다른 단어가 된다는 뜻이다.

말은 우리 생각을 드러낸다.
언어(言語)는 우리 생각을 드러낸다.

영수가 <u>말</u>해 보아라.

영수가 <u>발언</u>(發言)해 보아라.

싸우지 말고 <u>말</u>로 해라.

싸우지 말고 <u>대화</u>(對話)로 해라.

글로 쓰지 말고 <u>말</u>로 답하시오.

글로 쓰지 말고 <u>구술</u>(口述)로 답하시오.

그 일에 대해서는 아직 <u>말</u>이 많다.

그 일에 대해서는 아직 <u>소문</u>(所聞)이 많다.

이처럼 고유어 한 단어에 한자어 여러 개가 대응한다. 다시 말해 고유어 한 단어에는 여러 가지 한자어 뜻이 포함되어 있다. 고유어의 일정 영역을 한자어가 나누어 맡는 셈이다. 그래서 한자어를 고유어로 바꾸기는 쉽지만, 고유어를 한자어로 바꿀 때에는 적절한 한자어를 골라 써야 한다. '건물을/옷을/병을/제도를 고치다'에서 고유어는 모두 '고치다'다. 그런데 '고치다'를 한자어로 바꾸려면 '건물을 수리하다/옷을 수선하다/병을 치료하다/제도를 개혁하다'로 각각 다른 한자어를 써야 한다.

그렇다고 해서 고유어가 전혀 세분되어 있지 않은 것은 아니다. '옷, 신발, 안경'은 한자어로 모두 '착용하는' 것이지만, 고유어로는

'옷은 입는 것', '신발은 신는 것', '안경은 쓰는 것'이다. 하늘에서 내리는 비의 종류만 해도 고유어는 비가 내리는 모양, 비의 양, 비가 내리는 기간 등에 따라 '안개비, 는개, 이슬비, 실비, 가랑비, 장대비, 작달비, 억수, 큰비, 장맛비, 여우비, 소나기, 궂은비, 웃비, 봄비, 가을비, 밤비, 칠석물, 단비, 약비' 등 엄청 세분되어 있다.

일제 강점기를 거치면서 우리나라 사람들은 고유어에 각별한 애정을 품게 되었다. '국어 사랑이 나라 사랑'이라고 외친 독립 운동가도 있었다. 지금도 애국 운동의 차원에서 국어 순화 운동이 펼쳐지고 있는데, 그 내용은 주로 순우리말 쓰기 운동이다. 한자어나 일본어, 외래어 대신 토박이말을 쓰자는 것이다.

앞에서 살펴보았듯이 토박이말(고유어)은 의미 폭이 너무 넓은 경우가 많다. 토박이말로는 빠르게 나타나는 새 문물이나 현상을 지칭할 수 없는 경우도 있다. 그러나 토박이말이 여러 한자어를 대신할 수 있는 경우도 적지 않고, 오히려 한자어를 쓰면 뜻이 모호해지는 경우도 있다. '정계의 저명인사와 접촉했다', '이웃들과의 접촉이 적다' 같은 말은 '정계의 저명인사와 만났다', '이웃들과 잘 사귀지 않는다'라고 쓰면 뜻이 더 명확해진다. 각 단어의 미묘한 차이점을 분별해서 가려 쓰는 것도 중요하지만, 때로는 토박이말로써 더 훌륭한 언어생활을 할 수 있다는 것을 잊지 말아야 하겠다. 쓸데없이 어려운 한자어나 외래어를 쓰는 것은 자기만족에 도움이 될지 모르나 내게는 어휘력이 부족해서 그런 것으로 보인다.

● 외래어

외래어란 원래는 외국어였던 것이 우리말 속에 들어와 우리말처럼 사용되는 말이다. 외국에서 새로운 문화가 들어오면서 따라온 말이 외래어다. 외국에서 빌려온 말이라는 뜻으로 '차용어'라고도 한다.

외래어라고 하면 영어에서 온 말이라고 생각하기 쉽다. 그러나 외래어라고 해서 모두 영어에서 온 것은 아니다. '버스, 넥타이, 컴퓨터, 로켓, 슈퍼마켓, 챔피언, 아이스크림, 나일론, 갱, 재즈' 등은 영어에서 온 말이지만, '세미나, 이데올로기, 노이로제, 아르바이트, 알레르기, 테마' 등은 독일어에서 온 말이다.

흔히 생맥주를 '호프'라고 부르는데, 독일어에서 온 말이긴 하지만 본래 뜻과는 멀어져서 쓰이고 있다. '호프'란 독일어로 '마당'이란 뜻이다. 그래서 기차역을 '반호프', 뒷마당을 '힌터호프'라고 부른다. 1980년대에 ○○맥주 회사에서 직영 맥줏집에 '○○호프'라는 이름을 붙인 뒤로 사람들이 '호프'라는 말을 '생맥주'라는 뜻으로 쓰기 시작한 듯하다. 맥주의 원료로 쓰이는 홉hop이라는 풀의 이름도 한몫 거들었으리라 본다. 제발 '생맥주'는 그냥 '생맥주'라고 부르자.

'망토, 콩트, 장르, 마담, 앙코르, 크레용' 등은 프랑스 어에서 온 말이다. 예전에 죄수나 병사, 학생 들의 머리를 빡빡머리로 깎을 때 썼던 '바리캉'이란 도구 이름도 일본에서 온 말이 아니라 프랑스에서 온 말이다. 당구에서 큐를 세워 찍어 치는 기술을 '마세'라고 하는데, 이것도 프랑스 어에서 온 말이다. 〔마쎄이〕라고 강하게 발음하는 통에 일본말인 줄로 잘못 알고 있는 사람이 많다.

'스타디움, 카메오'는 라틴 어에서 온 말이고, '로고스, 파토스, 알파, 베타, 감마' 등은 그리스 어에서 온 말이다. '비로드, 빵, 카스텔라'는 포르투갈 어에서 온 말이고, '캥거루'는 많이 알려진 대로 오스트레일리아 원주민의 말이다. 이탈리아 말에서는 '첼로, 오페라, 템포, 아리아, 스파게티, 피자' 같은 음악과 음식 관련 말이 많이 들어왔다. 러시아 어에서는 '툰드라, 트로이카, 페치카, 보드카' 등이 들어왔고, '스키'는 노르웨이 어에서 왔다.

일본어에서 온 말은 외래어라기보다 식민 지배의 잔재로 보아야 할 만큼 우리 생활 곳곳에 무척 많이 남아 있다. 특히 전문 분야에서는 정도가 더욱 심하다. '구두, 가방'처럼 이미 우리말이 되어 버린 단어가 많은 것도 사실이다. 하지만 일본계 외래어는 우리가 원해서 받아들인 말이 아니다. 일본의 식민 지배를 거친 우리로서는 상처 같은 말들이다. 특히 쉽고도 적절한 우리말이 엄연히 있는 경우, 곧 '가라(가짜), 가오(체면), 쿠사리(핀잔), 기스(흠), 노가다(막일꾼), 시마이(마감/마무리), 엔꼬(바닥나다), 와꾸(틀), 유도리(융통성), 쇼부(승부), 신삥(신품)' 등등과 같은 말은 하루빨리 고치거나 없애야 할 국어 순화의 대상일 뿐이다.

외래어 가운데에는 '달마, 보살, 석가, 열반, 찰나, 수수, 담배'처럼 들어온 지 너무 오래 되어 외래어라는 느낌이 없어진 말도 있다. 이 말들은 이미 우리말이 다 되었다고 해서 **귀화어**라고도 한다.

앞에서도 확인했듯이 우리말의 5퍼센트 가까이가 외래어다. 우리말에 2만 개가 넘는 외래어가 있다는 뜻이다. 다른 나라, 다른 문화와 교류하면서 사는 이상 외래어가 생기는 것은 어쩔 수 없다. 그러나 우리말을 버리고 파괴하면서까지 외래어를 받아들이는 것은 누구나 원하지 않을 것이다.

어떤 말을 한번 쓰기 시작하면 바꾸기는 정말 어렵다. 외국의 문물을 번역해 들여올 때 먼저 이해하기 쉬운 우리말로 표현하려고 노력하는 태도가 중요한데, 별 고민 없이 그냥 외국어를 받아들이는 풍조가 아쉽다. 무엇보다 외국어를 쓰면 더 세련되어 보인다는 생각부터 바꾸어야 할 텐데…….

어휘의 양상

"또 너가 죄를 짓으믄 뭔 죄를 짓겠노? 차마 육십 노인하고
잉부를 죽이기사 하겠나 싶기도 하고 …… 그래 밍기작거리는
데 서울이 떨어졌다 카는 기라. 인자사 죽었든동 살았든동 너
는 다시 몬 보는 줄 알았제. 그래고 저 아이들을 우얄꼬 카고
있는데 너그 고부가 닥치드라. 도대체 우예 된 기고?"

— 이문열, 《영웅 시대》에서

"보자 보자 허니께 참말로 눈꼴시어서 볼 수가 없네. 은혜
를 웬수로 갚는다드니 그 말이 거그를 두고 허는 말이고만. 올
디 갈 디 없는 신세 하도 불쌍혀서 들어앉혀 농게로 인자는 아
도 으런도 몰라보고 갖인 야냥개를 다 부리네그랴. 미쳐도 곱

게 미쳐야지, 그렇게 숭악시런 맘을 먹으면은 벱대로 거그한

티 날베락이 내리는 벱여." — 윤흥길, 〈장마〉에서

소설의 한 구절이다. 조금 낯설다고 느끼는 사람이 많겠지만, 익숙하게 느끼는 사람도 있을 것이다. 우리나라 일부 지방에서 실제로 쓰이는 말이고 어휘들이기 때문이다.

이처럼 우리가 쓰는 말은 지방에 따라 조금씩 다르다. 나이가 많으냐 적으냐, 남성이냐 여성이냐, 학생이냐 군인이냐, 사람에 따라서 다르기도 하다. 언어는 일정한 모습으로 머물러 있는 것이 아니라, 늘 변화한다. 원래 같았던 말이 달라지기도 하고, 달랐던 말이 같아지기도 한다. 지금 실제로 사용되고 있는 어휘의 모습과 형태를 '어휘의 양상'이라고 한다.

● 방언

같은 말을 쓰는 사람들이라도 산과 강에 가로막혀 오랫동안 서로 이야기를 안 하다 보면 서로 쓰는 말이 달라진다. 같았던 말이 산맥이나 큰 강과 같은 지리적 조건에 따라 달라지는 것인데, 이렇게 분화해서 달라진 말을 **지역 방언**이라고 한다. 흔히 사투리라고 하는 말이다.

우리말의 지역 방언은 함경도 지역의 '동북 방언', 평안도 지역의

'서북 방언', 서울·경기도·충청도 지역의 '중부 방언', 경상도 지역의 '동남 방언', 전라도 지역의 '서남 방언', 그리고 제주도 지역의 '제주 방언', 여섯으로 나눌 수 있다.

각 방언은 억양이 다를 뿐만 아니라, 어휘도 많이 다르다. 경상도에서는 '우예(어떻게), 백지(괜히)' 같은 어휘를 쓰고, 전라도에서는 '펭야(결국), 포도시(겨우)' 같은 어휘를 쓴다. 특히 제주 방언에는 '비바리(처녀), 독새끼(달걀)' 등과 같이 독특한 어휘가 많다.

방언이 분화하는 과정에서 어휘의 형태가 바뀌기도 한다. 표준어 '상추'라는 어휘가 각 지역에서 다음과 같이 다른 형태로 사용된다. '상추·상치·상초·상취·상췌·생추·부루'(경기도), '상추·생추·생초·부추·불기·불구·부루'(강원도), '상추·상치·상채·부루·불기'(충청도), '상추·상치·상초·송추·단장초'(전라도), '상추·상치·상채·상초·생초·부상추·푸상추·부루·부리'(경상도), '부루'(제주도).

서로 오랫동안 떨어져 살다 보니, 이렇게 같은 사물을 다른 이름으로 부르기도 하고, 또 다른 사물을 같은 이름으로 부르기도 한다. 그래서 출신 지방이 다른 사람들은 '고둥이네, 골뱅이네' 하고 서로 자기 말이 맞다며 다투기도 한다. 공간적, 지리적으로 격리된 채 시간이 오래 흐르면 자연스럽게 어휘가 분화되고 달라지는데, 이렇게 서로 달라진 어휘를 **방언 어휘**라고 한다. 방언 어휘는 형태가 비슷한 것도 있지만, 전혀 형태가 다른 경우도 있다. 방언 어휘는 우리말의 다양성을 보여 주는 좋은 자료다. 그러나 방송의 힘이 커지고 교통이 발달하면서 이런 다양성이 사라져 가고 있다. 어쩔 수 없는 일이지만 아쉬운 일이다.

　나이나 성별, 사회 집단에 따라 사용하는 어휘가 다를 수도 있다. 이것을 **사회 방언**이라고 한다.

　'맘마(밥), 찌찌(젖), 까까(과자), 지지(더러운 것)' 등은 유아가 쓰는 말이다. 젊은 사람들은 '짤방(잘림 방지), 노잼(재미없음), 걍(그냥), 셤(시험)' 같은 통신 언어를 많이 쓴다. '머시 중헌디(무엇이 중요한데), (못 간다고) 전해라' 같은 유행어를 많이 쓰는 것도 젊은이들이다. '백부, 계수씨, 혜존' 같은 한자어는 어르신들이나 쓸 말이다. 같은 또래끼리 10대나 20대에는 "애, 나 좀 봐"라고 말하겠지만, 나이 들어서도 이렇게 말하는 사람은 드물다. "자네, 나 좀 보세" 하는 사람은 중년이나 노년일 가능성이 높다. 이런 것들이 나이에 따른 사회 방언이라 할 수 있다.

　'어머, 어머나, 어쩜, 호호'는 주로 여성의 언어다. '젠장, 빌어먹을' 등 욕설에 가까운 표현은 주로 남성이 많이 사용한다. '하려고'를 '할려고'로 ㄹ 발음을 추가해서 말하는 사람은 여자일 확률이 높다. 성별에 따라 다른 말도 사회 방언에 속한다.

　드물기는 하지만 사회 집단에 따라 다른 어휘를 사용하기도 한다. 경북 안동 지방에서는 집안에 따라 '큰아배, 할배'(할아버지), '큰어매, 할매'(할머니), '큰아버지, 맏아배'(큰아버지), '아지뱀, 아지반님'(아주버니) 등으로 친족의 명칭을 달리 사용한다. 사회 계급이 뚜렷이 나뉘어 있었던 옛날에는 계급에 따라 말이 달랐다. '수라(밥·진지), 마리(머리), 용안(왕의 얼굴), 지밀(왕의 침실), 본곁(왕비의 친정),

조라치(잡일꾼), 어(御)하시다(입다·(관을) 쓰다·(집에) 살다), 납시다 (나오시다)' 같은 말은 옛날에 궁중에서만 쓰이던 말이다. 이처럼 특정한 사회 계급에서만 쓰이는 사회 방언을 특히 '계급 방언'이라고 한다. 물론 요즘은 계급이 없어졌기 때문에 이런 말이 없어졌다. 아닌가?

종교를 믿는 사람들이 쓰는 말도 그렇지 않은 사람과는 조금 다르다. "보살님은 시주도 많이 하시고 보시도 많이 하시고 …… 극락왕생하시겠어요" 하고 말하는 사람은 불교 신자일 것이다. "집사님은 주일도 잘 지키시고 십일조도 잘하시고 …… 천당 가시겠어요" 하고 말하는 사람은 기독교 신자일 것이다. '보살, 시주, 보시, 극락' 등은 불교에서 주로 사용하는 용어이고, '집사, 십일조, 천당' 등은 기독교에서 주로 사용하는 용어다. '은혜를 받는다'거나 '시험에 든다'는 말도 기독교 신자들이 주로 쓰는 표현이다. 이것도 일종의 사회 방언이라고 하겠다. 물론 기독교에서 말하는 '방언(성령의 힘으로 말해진다는, 내용을 알 수 없는 말)'과는 다른 방언이다.

● 은어와 속어

"솔까말 네가 드립 쳐 놓고……. 너 진짜 좀 흠좀무다."

이게 뭔 말이야? 뜻을 알아보니, '솔직히 까놓고 말해서 네가 말도 안 되는 말을 지어 놓고……. 너 진짜 좀 흠…… 그게 사실이라면 무섭다'라는 뜻이란다. 정말 무섭다.

"똘추 주제에, 금사빠갑네."

"금사빠 같은 소리 하고 있네. 걔 찐찌버거야."

10대 여자 청소년끼리 하는 말이다. 남자 청소년들 사이에서는 이런 대사가 오간다.

"걔 장미단추야. 안습이다, 야."

"너 정말 빡치게 할래?"

뭔 소린지 도무지 알 수가 없다. 짐작은 가지만.

군대나 감옥 같은 곳은 특별한 사정이 없는 한 일반인들이 마음대로 들어갈 수 없는 곳이다. 학교도 만만치 않다. 학생들을 보호하려고 쳐 놓은 것이라고는 하지만, 주위에 철조망이 둘러쳐져 있는 학교도 드물지 않다. 이렇게 폐쇄된 공간에서 생활하는 집단은 폐쇄 집단일 수밖에 없고, 이런 폐쇄 집단에서는 자기들만 사용하는 언어가 생겨난다. 이런 언어는 대개 자기 집단을 보호할 목적으로 생겨나는 것이기 때문에 다른 사람들은 그 말의 뜻을 알 수가 없다. 이런 언어를 숨길 은(隱) 자를 써서 **은어**라고 한다. '비밀어'라고 하기도 한다.

군인이나 범죄 집단, 학생뿐만 아니라 다른 사람들에게 무언가를 숨겨야 하는 사람들 사이에서는 은어가 생겨난다. 환자가 들어서는 안 될 말이라면 의사들은 자기들만 알 수 있는 아주 전문적인 용어를 사용할 것이다. 적국이 알아서는 안 될 귀중한 정보라면 첩보원들은 자기들끼리만 아는 암호를 사용할 것이다. 경쟁자가 알아서는 안 될 산업상의 정보들은 관련자들만 아는 비밀 언어로 전해질지 모른다. 이런 것들이 모두 은어다.

그러므로 원래는 은어가 아니었던 전문 용어 따위도 은어가 될 수 있다. 은어는 무언가를 숨기기 위한 언어이므로 그 뜻이 드러나면 더는 은어로서 사용할 수 없다. 은어는 암호나 비밀어 같은 것이니, 뜻이 밝혀지고 나서는 당연히 쓸 수 없을 것이다.

도대체 은어를 왜 사용하는 걸까? 첫째, 위험을 피하고 행운을 빌기 위해 은어를 사용한다. 특정 집단에서는 자신들의 말을 신과 같은 절대적인 존재가 듣는다고 생각해서, 이미 오염된 것으로 보이는 일상어를 쓰지 않는 것이다. 부정 타면 안 되니까.

산삼 캐는 것을 업으로 삼는 사람을 심마니 또는 채삼꾼이라고 한다. 귀하디귀한 산삼을 캐는 것은 신령스런 일이므로 부정을 타거나 신령의 노여움을 사면 안 된다. 그래서 심마니들은 일상어 대신 '부리시리(산삼), 천동마니(풋내기 심마니), 초마니(초년생 심마니), 소개장마니(계집애), 어인마니(노련한 심마니), 건들게(바람), 산개(호랑이)' 같은 은어를 쓴다. '심마니말'이라고 한다.

부처를 따라 중생을 구제해야 하는 승려들도 부정 탄 일상어를 쓸 수는 없다. '곡차(술), 도끼나물(육고기), 부월채(육고기), 화엄 법회(화투놀이)'와 같은 은어를 사용한다.

둘째, 장사를 할 때 소비자들이 알아들을 수 없도록 은어를 사용한다. 좀 더 비싼 값으로 물건을 팔기 위해서는 물건의 원가를 소비자가 알면 곤란할 것이다. 특히 직업상 사용하는 은어를 **변**, **변말**이라고 하는데, 상인들 사이에서는 특히 수와 관련된 은어 '셈변말'을 많이 사용한다.

청과물 시장에서는 '먹주(1), 대(2), 삼패(3), 을씨(4), 을씨본(5), 살(6), 살본(7), 땅(8), 땅본(9), 주(10)' 등이 쓰이고, 우시장에서는 '적은질러(50), 너머짝(100), 너머질러(150), 명이(200), 명이질러(250), 튕이(300)' 등이 쓰인다.

셋째, 자기들의 귀속 의식을 다지고 집단을 유지·보호하기 위해, 그리고 강력한 통제를 목적으로 은어가 생겨날 수도 있다. 대개 범죄 집단과 같은 데서 쓰이는 은어로, '맹꽁이(수갑), 찍다(구출하다), 똘마니(부하), 개털(가난한 죄수), 범털(돈 많은 죄수)' 등이 있다.

넷째, 단조로운 생활에서 벗어나기 위해 하는 말장난, 상관이나 선생님에 대한 반항심 등에서 나오는 은어다. 주로 군인이나 학생들이 쓰는 은어가 이것이다. 군대에서는 '신삥(신참 병사), 피래미(신임 장교), 쏘가리(소위), 게다짝(중위), 사닥다리(대위), 바가지(헌병), 고문관(멍청한 사병), 말뚝 박다(직업군인이 되다)' 등이 쓰인다.

학생들만큼 은어를 많이 생산하는 집단도 없을 것이다. '꼰대(선생님), 업어 가다(훔쳐 가다), 짱보다(망보다), 야리다(째려보다), 갈비(갈수록 비호감), 꿀꿀하다(안 좋다), 깔(여자 친구), 득템(아이템을 얻다), 담탱이(담임 교사)' 등등 지금도 계속 생산 중이다.

그런데 이렇게 뜻이 다 드러난 은어들은 이제 은어가 아니게 된 걸까?

은어와 비슷한 것으로 **속어**가 있다. 말 그대로 속된 말로, 비속하고 천박한 어감을 주는 말이다. **비속어, 비어**라고도 한다. '골 때린다(황당하다·어이없다), 쌔끈하다(멋지다), 쌩까다(모르는 체하다), 뽀리다(훔치다), 토끼다(도망치다), 깔쌈하다(멋지다·세련되다)' 같은 말은 친한 친구 사이에서나 할 수 있는 말이지, 점잖은 자리나 어른들 앞에서 사용할 만한 말은 아니다.

속어는 은어와 비슷하다고 했다. 속어와 은어를 정확하게 가를 수도 없다. 은어에서 숨기려고 했던 뜻이 드러나고 말면 속어가 되는 경우가 많다. 자기들끼리 통하는 속어를 쓰면 은어를 쓸 때처럼 집단에 대한 소속감이 더 강하게 든다. 속어를 사용하면 재미있고, 스트레스가 좀 풀리는 것 같고, 친구와 더 친해지는 느낌이 든다.

그러나 속어에는 뭔가를 숨기려는 의도는 크지 않다. 숨기려 할 때보다 오히려 드러내고 싶을 때 속어를 쓰기도 한다. 일부러 누구들으라고……. 그래서 선생님이나 부모님에게 대들고 싶을 때 반항하는 의미로 속어를 쓴다. 그래서 속어에는 격음이나 경음처럼 강한 발음이 많이 쓰인다.

속어는 신선함이 생명이다. 어감도 중요하고, 기발함도 중요하다. 표현 효과가 뛰어나야지 속어로서 제대로 기능을 할 수 있다. 그만큼 속어는 생명력이 짧다. 신선함이 사라지면 끝인 것이다. 속어는 대화에 신선한 느낌을 주는 일종의 말장난이다. 일상어가 진부해서 흥미가 없을 때, 범생이나 권위에 반항하고 싶을 때, 보기 싫은 사람을 놀리고 싶을 때, 속어는 진가를 발휘한다.

하지만 이런 속어를 아무 때나 함부로 써 대는 친구는 절대 쌔끈하고 깔쌈하게 보이지 않는다. 쓰는 사람은 그렇게 보이고 싶겠지만, 안타깝게도……

응? 앞에 나온 청소년들의 대화? 뜻이 뭐냐고?

"똘추 주제에, 금사빠갑네(또라이 추리닝 주제에 금세 사랑에 빠지는 남자인가 보네)."

"금사빠 같은 소리 하고 있네. 걔 찐찌버거야(찐따에 찌질이 버러지거지야)."

"걔 장미단추야. 안습이다, 야.(걔 장거리 미인 단거리 추녀야. 안구에 습기 찬다, 야.)"

"너 정말 빡치게 할래?(너 정말 화나게 할래?)"

풀이를 해 놓고 보니, 풀이가 더 필요할 듯도 하지만, 안 해도 되겠지?

● 금기어와 완곡어

사람들로 가득 찬 패밀리 레스토랑. 아이가 큰 소리로 말한다.

"엄마, 나 똥 마려!"

그럼 엔간한 엄마라면 재빨리 다음과 같이 바꾸어 말할 것이다.

"응? 수민이 화장실 가고 싶어?"

유방암이 걱정되는 여성은 숨길 것 없는 의사 앞에 가서도 "가슴에 딱딱한 게 잡혀서 걱정이에요"라고 말하지, "유방에 딱딱한 게 잡혀서 걱정이에요"라고는 잘 말하지 않는다. 신체 부위를 직접 거론하는 것이 때로는 무례한 일이다.

우리는 흔히 '죽음, 질병, 범죄, 위험하거나 더러운 동물, 성, 배설' 등과 같이 불쾌하거나 두렵거나 드러내기 조심스러운 것을 연상하게 하는 단어를 입에 담지 않으려 한다. 이렇게 입에 담기도 꺼리고 듣기도 꺼리는 단어를 **금기어**라고 한다.

그럼 그 불쾌하거나 두려운 뭔가를 꼭 표현해야 할 때는 어떻게 해야 하나? 금기어 대신 좀 더 부드러운 표현으로 바꾸어 말한다. 돌려 말한다. 이런 말을 **완곡어**라고 한다.

요즘에는 예방 주사 덕분에 없어진 전염병, 천연두는 예전에는 무서운 질병이었다. 그래서 천연두라고 부르지 않고 '마마'라고 불렀다. 천연두는 금기어이고 마마는 완곡어인 셈이다. 쥐도 더럽고 병을 옮기는 존재였기 때문에 '서생원'이라고 불렀다. 변소라는 말이 불쾌감을 주기 때문에 '뒷간'이라고 부르다가 요즘에는 '화장실'이라고 한다. 절에서는 아예 '근심을 푸는 곳'이라는 뜻으로 '해우소'라고 한다. 감옥도 형을 살아야 하는 '형무소'로 변했다가 요즘에는 바로잡아 인도하는 '교도소'로 바뀌었다. '후진국'보다는 '개발 도상국'이 어감이 더 좋다. 그것이 더 긍정적인 표현이기 때문이다. '고장'이라고 써 붙이는 것보다 '수리 중'이라고 써 붙이는 것이 보기에 더 나은 법이다.

어휘뿐만 아니라 금기 표현도 완곡 표현을 하는 것이 낫다. '똥을 눈다'고 하지 않고 '일을 본다'고 하거나, '죽었다'고 하지 않고 '돌아가셨다, 운명하셨다, 눈을 감았다' 등으로 표현한다.

이처럼 완곡어는 금기어를 대신하는 것이기 때문에, 금기어는 하나지만 완곡어는 여럿인 경우가 많다.

꼭 더럽고 두려운 것뿐만 아니라, 어감이 안 좋은 표현도 완곡어로 바꾸어 말한다. 남의 집 살림을 도와주는 일을 하는 여성을 전에는 '식모'라고 했는데 '파출부'로 바뀌었다가 이제는 '가사 도우미'로 변했다. 요즘에는 '가정 관리사'라는 명칭도 등장했다. 간호원도 '간호사'로 바뀌었고, 운전수도 '기사'로 바뀌었다. 청소부는 '환경 미화원'으로 바뀌었다.

직업의 명칭을 바꾸는 것은 그 직업을 좀 더 존중하고 존중받자는 의미에서일 것이다. 그러나 말을 바꾼다고 해서 직업 자체가 주는 인상이 바뀔까? 직업 자체가 존중받지 못하는 현실이 계속되는 한, 직업 명칭은 계속해서 바뀔 수밖에 없다. 완곡어가 가리키는 대상 자체의 지위가 바뀌지 않는 한 완곡어는 계속 만들어질 수밖에 없는 것이다.

● 관용어와 속담

"또 미역국 먹었어!"

대학 입시 결과를 보고 나서 누군가 이렇게 말했다면 우리는 그 사람이 오늘 아침에 미역국을 먹었다는 뜻이 아님을 안다. 시험에 떨어졌다는 것이다. "흥부는 너무 가난해 입에 풀칠하기도 어려웠어요"라는 문장을 동화책에서 읽었다면, 흥부가 끼니를 잇기 어려운 처지라는 것을 이해한다. 물론, 글을 처음 배우는 아이라면 흥부가 입에 풀칠을 왜 해야 할까 궁금할지도 모르겠다.

'미역국을 먹다', '입에 풀칠하다'처럼 둘 이상의 단어가 결합하여 특별한 의미로 쓰이는 말을 **관용어**라고 한다. 관용어는 완전한 문장이 아니라 불완전한 문장인 채로 쓰이기 때문에 **관용구**라고도 한다. 관용어는 글자 그대로 해석하면 실제 뜻을 알기 어렵다. 글자 그대로가 아닌 특정한 의미로 사용되기 때문에 한 단어처럼 취급된다.

관용어는 관습적으로 굳어진 표현이다. '미역국을 먹다'는 미끈미끈한 미역의 성질 때문에 '미끄러지다=낙방하다'라는 뜻이라고 짐작할 수 있다. 그러나 꼭 이 뜻이 아니라 '배가 부르다, 아이를 낳다, 좋거나 나쁜 대접을 받다' 등등 다른 뜻으로도 쓰일 수 있었을 것이다. 그런데 '낙방하다'라는 뜻으로 굳어져 이 뜻으로만 쓰인다.

'입에 풀칠하다'라는 말은 단어들의 뜻만으로는 무엇을 뜻하는지 짐작하기 어렵다. 말을 못 하게 '입을 다물게 한다'는 뜻인가? 그러나 이 관용구는 아주 어렵게 '근근이 살아간다'는 뜻이다. 제대로 밥을 먹는 게 아니라 풀을 칠하는 정도로 아주 조금밖에 못 먹는다는 뜻일 게다.

그러므로 관용어를 이루는 단어들 사이에 다른 말이 들어오면 관용어로서 기능할 수 없다. '미역국을 맛있게 먹었다'는 '멋지게 떨어졌다'는 뜻이 아니다. '입에 힘껏 풀칠을 했다'는 어렵게 산다는 뜻하고는 거리가 멀다.

관용어와 비슷한 것으로 **속담**이 있다. '백지장도 맞들면 낫다', '아니 땐 굴뚝에 연기 나랴?'처럼 속담도 둘 이상의 단어가 결합해서 특별하고 고정된 의미를 전달한다. 그리고 속담에는 우리의 전통 생활 문화와 관련된 이야기가 배경에 깔려 있다. 그 속에는 교훈이 담겨 있는 경우가 많아 격언이나 금언과 구별이 어렵다.

속담은 관용어와 달리 대개 완결된 문장 형태로 되어 있다. '손을 씻다', '발을 끊다'처럼 관용어에도 비유적인 표현이 등장하지만 거기에 풍자적이거나 교훈적인 의미는 없다. '낮말은 새가 듣고, 밤말은 쥐가 듣는다'라는 속담은 사람 대신 새와 쥐가 등장하는 비유적인 표현을 사용하면서, '아무리 비밀스럽게 말해도 반드시 누군가의 귀에 들어가니 말을 조심하라'는 교훈적인 뜻을 지닌다. 이처럼 속담은 관용어보다 더 비유적이며 풍자적이고 교훈적이다. 글자 그대로 해석해서는 의미를 이해하기 어려운 관용어와 달리, 속담은 글자 그대로 해석해도 어느 정도 의미를 추측할 수 있다.

어쨌든 관용어든 속담이든, 직설적인 말에는 없는 다채로운 표현 효과를 지닌다는 공통점이 있다. 추상적인 관념을 구체적인 사실로 바꾸어 주고, 어려운 논리를 아주 쉽게 예시해 주며, 따분한 설명을 늘어놓지 않고 상징이나 비유로 드러냄으로써 즐거움과 쾌감을 주기도 한다. 이 때문에 말을 하거나 글을 쓸 때 관용어와 속담을 이용하면 같은 내용이라도 더 재미있고 효과적으로 전달할 수가 있다. 'KTX 사고, 호미 대신 가래로 막을 셈인가'(중앙일보), '경제 학계의 두 석학, 외나무다리서 만난 두 앙숙'(매일경제), '해외 자원 개발, 밑 빠진 독에 물 붓기'(연합뉴스), '은행과 자회사, 가재는 게 편'(세계일보) 등등 언론 기사에서 속담을 괜히 쓰는 것이 아니라는 말씀.

● 전문어

집에서 흔히 쓰는 식칼이나 과도를 사용해 외과 수술을 하는 의사가 있을까? 물론 없을 것이다. 외과 수술은 매우 정교한 작업이기 때문에 일반적으로 사용하는 칼을 사용해서 할 수는 없다. 그래서 칼이라고 부르지 않고 '메스'라고 부른다. 메스는 날카로운 것은 기본이고 용도에 따라 크기와 종류가 매우 다양하다. 외과 수술용 가위도 마찬가지다. 용도에 따라 크기와 길이가 다양하다.

외과 수술용 도구가 일반 도구와 다른 것은 외과 수술을 잘하기 위해서다. 도구뿐만 아니라 수술할 때에 사용되는 어휘도 일상생활에 쓰이는 어휘와 다르다. 전문적인 지식과 기술을 표현하기 위한 것이다. 이처럼 전문 분야의 일을 수행하는 데 도구처럼 쓰이는 어휘를 **전문어**라고 한다. 흔히 '전문 용어'라고 불린다. 전문어에는 크게 학술 전문어와 직업 전문어가 있다.

'음운, 형태소, 비음화, 주제, 소재, 직유법' 등은 어문학에서, '마찰력, 가속도, 탄성, 만유인력' 등은 물리학에서, '고분자 물질, 항상성, 진화, 염색체, 난할' 등은 생물학에서, '가공 무역, 수요, 공급, 공화제, 보통 선거, 삼권 분립' 등은 경제학이나 사회과학에서 쓰이는 **학술 전문어**다.

어떤 수업 시간에서든 교과에 쓰이는 학술 전문어를 설명하고 그 전문어의 개념을 이해하는 데에 가장 많은 시간을 들인다. 교과에 쓰이는 전문어를 정확하게 많이 알수록 공부를 잘하는 학생이다. 전문어를 알아야 수업 내용도 잘 이해할 수 있기 때문이다.

'포집, 도리, 서들, 간답'은 전통 가옥 건축업에서, '모찌기, 순지르기, 웃거름, 육묘, 배토괭이'는 농업에서, '데시보드, 앞대우, 뿔리, 계기방, 미숑'은 자동차 정비업에서, '닻배, 주낙배, 통발, 고대구리, 치미, 쌈판'은 어업에서 쓰이는 **직업 전문어**다.

전문어는 일반인에게 생소한 어휘다. 말 자체가 어려워서 그럴 수도 있고, 자기가 모르는 분야에서 쓰이는 말이기 때문에 그럴 수도 있다. 그래서 해당 분야의 전문어를 많이 알고 제대로 사용하는 사람을 보면 우리는 그 사람이 전문가라고 판단한다. 거꾸로 전문가들은 일반인들 모르게 전문어를 사용해서 자기들만의 비밀을 유지할 수 있다. 의사가 갈겨 써 놓은 진료 차트를 보고 뭐라고 쓴 건지 궁금했던 적이 있는 사람이 많을 것이다. 이럴 때 전문어는 은어나 마찬가지다.

전문어는 일반 사회에서 별로 쓰이지 않는 말이다. 말 그대로 전문 분야에서 해당 분야의 일을 수행하는 도구로 쓰이는 말이다. 그러므로 단어의 의미가 두루뭉술해서는 곤란하다. 의미가 정확하고 치밀해야 한다. 같은 단어가 여러 가지 의미로 쓰여서도 곤란하다. 가능하면 한 가지 의미만 지녀야 한다. 그래서 '염화나트륨=소금', '지방=기름'과 같이 전문어와 일상어가 일대일로 대응할 수도 있으나, 대개는 일반어로 바꾸어 사용할 수 없다. 전문 분야는 날이 갈수록 발전을 거듭하기 때문에 새말이 많이 생긴다. 전문 분야 자체가 새로 생기는 일도 많아서 전문어는 더 늘어난다. 외국에서 발전한 전문 분야가 많기 때문에 외래어가 많다는 것도 전문어의 특징이다.

　그러나 전문 분야도 결국은 일반 사람들을 위한 것이다. 환자는 없고 의사만 있다면 의학이 무슨 쓸모가 있겠는가. 환자들은 절대 이해하지 못하는 의학 용어나 일반 시민들을 혼란에 빠뜨리는 법률 용어는 하루라도 빨리 좀 더 이해하기 쉬운 말로 바꾸어야 할 것이다. 정체를 알 수 없는, 아마도 대부분은 일본말의 잔재일 게 분명한 각종 직업 전문어도 우리말답게 바꾸어야 한다.

● 새말

인류 사회는 쉬지 않고 변화하고 발전해 왔다. 앞으로도 그럴 것이다. 오늘도 수많은 발명품이 세상에 나오고, 새로운 물질이 개발되고, 그에 따라 새로운 개념이 생겨나고, 새로운 생각이 태어났을 것이다. 사회의 발전과 더불어 새로운 사물과 새로운 개념이 태어나면 이것을 표현할 새로운 말도 있어야 한다. 이렇게 해서 새롭게 나타나는 어휘를 **새말(신어)**이라고 한다. 이미 있었던 개념이라 하더라도 새롭게 의미가 부여되면 새말이 생겨난다. 기존 개념을 보강하거나 신선한 맛을 내기 위해서다.

'갠톡(개인+카카오톡), 고대짤(오래되거나 인기가 한물간 그림이나 사진), 그린라이트(상대방이 자신에게 호감을 가지고 있음을 나타내는 신호), 뇌섹남(뇌가 섹시한 남자, 주관이 뚜렷하고 언변이 뛰어나며 유머러스하고 지적인 매력이 있는 남자), 로봇 연기(로봇처럼 어색하고 뻣뻣하게 표현하는 연기, 매우 형편없는 연기), 심쿵(심장이 쿵할 정도로 놀라움), 운빨(애를 쓰지 않아도 뜻밖에 좋은 결과를 얻는 효과), 츤데레(겉으로는 퉁명스럽지만 따뜻한 마음을 가짐), 워킹맘(돈벌이 활동과 육아 노동을 병행하는 여성), 티처맘(자녀 교육에 관심이 많은 엄마), 핵꿀잼(매우 재미있음), 혼밥(혼자 먹는 식사)' 같은 말들이 새말이라 할 수 있겠다.

기존에 있던 말에 새로운 의미가 첨가되어 새말이 될 수도 있다. '교통정리(서로 복잡하게 얽혀 있는 관계를 질서 있게 바로잡는 일), 군살빼기(기업이 낭비적인 요소를 제거하여 사업 규모를 줄이는 일), 떡값(업자 등이 공무원이나 유력자에게 명절 인사 따위의 명목으로 바치는 돈), 번개(동호회나 친목회 회원들이 미리 예정하지 않고 급작스레 모이는 일)' 등.

새말 가운데는 그 수명이 매우 짧은 경우도 있다. 이런 말들은 어느 한 시기의 부조리한 사회 현상이나 정치·경제 제도 등을 풍자하기 위해 등장하는데, 사회 문제가 해결되거나 없어지면 말도 함께 없어진다. 이런 말들을 **유행어**라고 하는데, 대개 기발하고 참신해서 웃음을 유발하는 표현이 많이 쓰인다. 날카로운 풍자에 능하고 기지가 넘치는 코미디언들이 유행어를 많이 생산하는 것은 우연이 아니다.

새로운 사물과 새로운 생각에 새말을 붙이는 것은 매우 어려운 일이다. 예를 들어 나홀로족이나 오덕후를 위해 같이 놀아 주는 변신 로봇을 개발했다고 하자. 이 로봇은 평소에는 인간의 모습을 하고 있지만, 필요할 때는 자동차로 변신한다. 이 로봇에 어떤 이름을 붙여야 좋을까?

전혀 새로운 발명품이라는 취지를 살려 전혀 새로운 이름으로 하자는 의견이 있을 수 있다. '고린?' '마순?' 이렇게 뜻도 모를 이름을 보면 사람들은 도대체 무슨 말인지 모르겠다고 할 것이다. 무슨 말인지도 모를 이름을 신상품명으로 받아들일 사람이 있겠나? 그럼 뜻을 살려 '친구봇? 변신봇, 변신카?' 좋다고 할 사람도 있겠지만 그게 뭐냐, 이상하다, 별별 의견이 다 나올 것이다. 어쨌든 형편이 이러니 기업에서 신상품의 이름을 붙일 때는 고민이 많다. 큰돈을 치르고 네이밍 회사의 손을 빌리기도 한다. 그 고민의 결과, 외국말을 그대로 붙이거나(체어맨·이노센트·라끄베르), 우리말을 변조하거나(참존·가그린·누네띠네), 우리말과 외국어를 합성하거나(제크·짜파게티), 국적 불명인 신조어(테라칸·엘란트라·카스)를 붙이기도 한다.

그러나 지금은 누구나 사용하는 '갓길, 건널목, 댓글, 반지름'도 인위적으로 만든 새말이었고, '통조림, 가락국수, 병따개, 꼬치'는 어떤 천재가 만들었는지 모르지만 어쨌든 새말이었다. 고운 우리말을 사용해서도 얼마든지 좋은 새말을 만들어 낼 수 있다는 말이다.

동작업에 온 신경을 곤두세운 채, 나는 마치 일음조각이라도 된 양
가만히 서 있었다. 갑자기 잊었던 것, 그래서 가물가물 흐릿한 의식
저편으로부터 서서히 생각이 그 모습을 드러내며 돌아오는 떨림이
감지됐다. 언어의 신비가 베일을 벗는 순간이었다."

바람의 방향을 가리키는 풍향계, 기온을 나타내는 온도계, 불을
나타내는 연기 등은 형식이 내용의 결과를 나타낸다. 이런 기호를
지표 기호라고 한다.

교통 신호등이나 군대의 계급장, 병원을 나타내는 녹십자 등은
'이런 형식은 이런 내용을 가리키는 것으로 합시다' 하고 사람들끼
리 서로 약속하고 관습적으로 인정한 것이다. 이런 기호는 상징 기

안에서도 지역마다 말소리가 다른 경우도 있다. 이처럼 방언이 존
재한다는 것도 언어의 자의성을 보여 주는 예다.

또 있다. 옛날에는 '아껏보다'는 말소리가 '불쌍하다'는 의미였
지만, 지금 그 말소리는 '어여쁘다'로, 의미는 아름답다로 형식과
내용이 모두 바뀌었다. 만약 말소리와 의미의 관계가 필연적이라면
말소리와 의미에 변화가 있어서는 안 될 것이다. 이것도 언어가 자
의성을 띤다는 것을 보여 준다.

소리를 흉내 내는 말은 그래도 자의성이 덜하지 않을까? 한국 개
나 영국 개나 짖는 소리는 같지 않을까? 그런데 이것도 '멍멍', '바
우와우'로 서로 형식이 다르다.

"구군가 펌프에서 물을 긷고 있었다. 선생님은 물이 쏟아져 나오는
꼭지 아래에다 내 손을 갖다 대셨다. 차디찬 물줄기가 꼭지에 닿은
손으로 계속해서 쏟아져 흘렀다. 선생님은 다른 한 손에다 처음에
는 천천히, 두 번째는 빠르게 '물'이라고 쓰셨다. 선생님의 손가락
동작업에 온 신경을 곤두세운 채, 나는 마치 일음조각이라도 된 양
가만히 서 있었다. 갑자기 잊었던 것, 그래서 가물가물 흐릿한 의식
저편으로부터 서서히 생각이 그 모습을 드러내며 돌아오는 떨림이
감지됐다. 언어의 신비가 베일을 벗는 순간이었다."

바람의 방향을 가리키는 풍향계, 기온을 나타내는 온도계, 불을
나타내는 연기 등은 형식이 내용의 결과를 나타낸다. 이런 기호를
지표 기호라고 한다.

교통 신호등이나 군대의 계급장, 병원을 나타내는 녹십자 등은
'이런 형식은 이런 내용을 가리키는 것으로 합시다' 하고 사람들끼
리 서로 약속하고 관습적으로 인정한 것이다. 이런 기호는 상징 기
호라고 한다. 형식과 내용이 밀접하게 연관된 도상 기호나 지표 기
호와 달리, 상징 기호는 형식과 내용 사이에 직접적인 연관성이 없
다. 그저 사람들이 사회적 합의하에 그 내용과 형식을 연결해서 기
호로 사용하고 있을 뿐이다.

그럼 언어는? 언어도 생각을 전달하는 수단이니까 기호의
일종이다. 그렇다면 언어의 내용은 '전달하고자 하는 의미'일 테고,
형식은 '말소리'나 '글자'가 되겠다. 그리고 '자연계의 강, 호수, 바
다. 지하수 따위의 형태로 널리 분포하는 액체'를 가리킬 때 '물'이
라는 말소리 또는 글자를 쓰는 것은 사람들끼리 관습적으로 받아들
이는 일이다. 그러므로 언어는 상징 기호의 하나가 되겠다.

통사
문장의 규칙

말소리와 의미에 변화가 있어서는 안 될 것이다. 이것도 언어가 자
의성을 띤다는 것을 보여 준다.

소리를 흉내 내는 말은 그래도 자의성이 덜하
나 영국 개나 짖는 소리는 같지 않을
우와우'로 서로 형식이 다르다.

... 분질성 때문에 한정된 언어 기호를 이용해서 다양한
... 수 있다. '승호가 공을 찬다' '아라가 공을 찬다' '승호
혼자서는 살 수 없다. 나아가 ... 던 승호가 공을 던진다' '승호가 공을 찼다' '승호가 공
퍼터 빅셀의 소설 (책상은 책 ... 런 승호가 남아오는 것을 깨닫다' 등등.
문득 '왜 책상을 꼭 책상이라고 ... 할 수 있는 것이 아니다. 무지개는 흰데 경계선이
그 이유를 납득할 수 없었던 남자 ... 연속적 스펙트럼으로 이루어진다. 그런데 우리는
자를 자명종이라 부르고, 책상을 양탄 ... 노, 초, 파, 남, 보라고 마치 무지개가 일곱 가지 색깔로 분
서 그 남자는 아침에 그림에서 일어나 웃음 입고 ... 명히 나뉘어 있는 듯이 표현한다. 경계가 분명하지 않은데도 우리
명종에 앉아 무엇을 어떻게 부를까 곰곰이 생각하게 된다. 이렇게 ... 는 그룹의 종류를 '접시, 대접, 사발, 공기'로 나누어 부른다. '동해,
날말을 바꾸는 작업을 계속한 남자는 어떻게 됐을까? ... 남해, 서해'라고 나누어 부르는가 하지만 실제로 바다를 쪼갤 수는
말소리와 의미의 관계가 자의적이긴 하지만, 사회에서 한번 받아 ... 없는 노릇이다. 이 또한 언어의 분질성을 보여 주는 예들이다.
들여지고 나면 개인이 함부로 바꿀 수 없다. 자의성이 있다 하더라

공통점이 무언가 추상성

... 사람은 네댓개 짧던 제보 개가 고양이 사진면 모두 오줌이 개만
...지 고양이인지 알아맞힌다. 그러나 인공 지능이 이런 능력을 갖기
...다. 소설 속의 그 남자는 결국 침묵 속에서 혼자 살아갈 수밖에 없 ... 란 매우 어려운 일이라고 한다. 서로 다른 개 사진 수만 장과 고양
게 되었다. ... 이 사진 수만 장을 입력해도, 개의 공통된 특징과 고양이의 공통된
시간이 가면 변한다 역사성 ... 특징을 파악하지 못하고 개와 고양이 사이의 차이점을 알아내지 못
언어 기호는 사회적인 약속이기는 하지만, 시간이 흐름에 따라 변 ... 하기 때문이다. 수많은 종류의 개나 고양이에게서 공통된 특징을
하기도 한다. 이것을 언어의 역사성이라고 한다. '곳고리 → 꾀꼬 ... 뽑아내는 능력을 추상화하는 능력이라고 하는데, 로봇에게는 없는
리처럼 말소리가 바뀌기도 하고, '어리다'는 말소리가 '어리석다' ... 추상화 능력이 사람에게는 있다. 그래서 대여섯 살배기 아이도 사
는 의미에서 '나이가 적다는 의미로 바뀌기도 한다. 예전에 쓰이던 ... 진을 보고 개인지 고양이인지 구별해 낸다.
'은, 즈믄,'을 대신에 새로운 낱말 '백, 천, 갱이 쓰이기도 한 ... 개 한 마리 한 마리의 생김새와 속성은 모두 다르다. 사람들은 이
다. '자혜 넌글 주리에(사해를 다른 누구에게 주리오)'처럼 예전에는

문장은 무엇으로 이루어지는가

| 문장 성분 |

● "불이야!"가 문장일까?

-문장의 요건

　　나는 누워서 위선 소를 본다. 소는 잠시 반추를 그치고, 나를 응시한다. '이 사람의 얼굴이 왜 이리 창백하냐? 아마 병인인가 보다. 내 생명에 위해를 가하려는 거나 아닌지, 나는 조심해야 되지.' 이렇게 소는 속으로 나를 심리하였으리라.

　　이상의 수필 〈권태〉 가운데 한 대목이다. 문장 몇 개로 이루어져 있을까? 그렇다. 모두 6개 문장으로 이루어져 있다. 어떻게 알 수 있나? 간단하다. 문장이 끝났을 때 치는 마침표(.), 물음표(?), 느낌표(!)의 개수만 세어 보면 된다. 이 글에는 마침표 5개와 물음표 1개가 사용되었다. 이처럼 문장은 형식으로 볼 때 문장이 끝났음을 알리는 표지가 있어야 한다.

'문장'이란 무엇일까? '문장'이란 단어를 사전에서 찾아보면 '생각이나 감정을 말과 글로 표현할 때 완결된 내용을 나타내는 최소의 단위'라고 나와 있다. '나는', '본다' 같은 단어만 가지고서는 무슨 말인지 알 수가 없다. 문장이 완성되지 않으면 생각이나 감정을 온전히 표현할 수 없는 것이다. 그래서 문장에는 주어와 서술어가 적어도 하나씩은 있어야 한다.

주어? 서술어? 그게 뭔데? 우리말의 모든 문장은 궁극적으로 세 가지 형식을 띤다. '무엇이 어찌한다.' '무엇이 어떠하다.' '무엇이 무엇이다.' 이때 '어찌한다/어떠하다/무엇이다'에 해당하는 부분이 바로 **서술어**다. 그리고 '무엇이'가 **주어**다. 다시 말해 서술어는 주어 '무엇이'의 동작이나 성질, 상태 등을 풀이한다.

때로는 문장에서 주어나 서술어가 생략될 수도 있다. "들에서 무엇을 보았다고?"라는 질문에 "소."라고 대답했다면, "소."라는 표현만으로 문장이라고 할 수 있다. 이것은 상황이나 문맥을 통해 생략되어 있는 주어나 서술어를 추측할 수 있기 때문이다.

그럼, 어디선가 불이 나서 다급하게 "불이야!"라고 소리칠 때, 이 "불이야!"는 문장일까, 아닐까? 이런 경우, 상황이나 문맥은 충분히 알 수 있지만, 주어가 무엇인지 추측하기는 어렵다. 그렇다고 해서 이것이 문장이 아니라고 하기도 어렵다. 의미상으로 완결된 표현이기 때문이다.

문장이 무엇이냐는 질문에는 일단 이렇게 답하기로 하자. 문장이란 의미상으로 완결된 내용을 갖추고, 형식상으로 문장이 끝났음을 나타내는 표지가 있는 것을 가리킨다.

문장을 이루는 어절, 구, 절

'나는∨누워서∨우선∨소를∨본다.'

이 문장은 띄어쓰기가 모두 네 번 되어 있고, 다섯 마디로 이루어져 있다. 이렇게 문장을 이루는 각각의 마디를 **어절**이라고 한다. 다시 말해 우리말에서는 어절 단위로 띄어쓰기를 하며, 이 문장은 모두 5개 어절로 이루어져 있다.

'사람의 얼굴이 몹시 창백하다'라는 문장은 4개 어절로 이루어져 있다. 그런데 어절과 어절 사이의 관계를 살펴보아 더 긴밀한 관계에 있는 어절끼리 합쳐 보면 '사람의 얼굴이'와 '몹시 창백하다', 이렇게 둘로 나눌 수 있다. 각각 두 어절로 이루어져 있지만 한 단어나 마찬가지로 쓰였다. 이렇게 두 개 이상 되는 어절('단어'라고 해도 상관없다)이 모여 한 단어처럼 쓰이는 것을 **구**라고 한다. 이 문장은 두 구로 이루어진 문장이다.

'커다란 소가 풀을 뜯는다'에서 '커다란 소'는 명사처럼 쓰인다. 그래서 **명사구**라고 한다. '소는 풀을 아주 천천히 뜯는다'에서 '아주 천천히 뜯는다'는 동사처럼 쓰이므로 **동사구**라고 한다. '하늘이 몹시 푸르다'에서 '몹시 푸르다'는 형용사처럼 쓰이므로 **형용사구**라고 하고, '이상은 아주 헌 책을 들고 다닌다'에서 '아주 헌'은 **관형사구**다. '들에는 비가 아주 많이 내렸다'에서 '아주 많이'는 부사처럼 쓰이므로 **부사구**다.

그런데 문제는 명사구다. 앞에서 '구'란 '두 개 이상 되는 어절이 모여 한 단어처럼 쓰이는 것'이라고 했다. 그럼 '커다란 소'가 아니라 '커다란 소가'가 명사구여야 한다. 그런데 명사구가 명사처럼 쓰이려면 형태도 명사 같아야 한다. 그러므로 조사를 빼고 '커다란 소'만 명사구로 보는 것이 합리적이다. 그래서 구를 '두 개 이상 되는 단어가 모여 한 단어처럼 쓰이는 것'이라고 정의해도 상관없다고 한 것이다.

'소는 얼굴이 하얀 사람을 보았다'라는 문장에서 '얼굴이 하얀'은 그 안에 주어 '얼굴이'와 서술어 '하얀'이 들어 있다. 그러므로 이것 또한 문장임이 분명하지만, 이 문장은 전체 문장의 일부분으로 쓰였다. 이처럼 주어와 서술어를 다 갖춘 온전한 문장이면서 단어처럼 전체 문장의 일부로 쓰이는 문장을 **절**이라고 한다. 절도 구와 마찬가지로 어절이 두 개 이상 모여 이루어지지만, 그 안에 주어와 서술어를 갖추고 있다는 점에서 구와 다르다.

절도 구와 마찬가지로 문장 속에서 명사처럼 쓰이면 **명사절**, 관형사처럼 쓰이면 **관형절**, 부사처럼 쓰이면 **부사절**이라고 부른다. '이 영화가 성공하기는 매우 어려운 일이다'에서 '이 영화가 성공하기'는 명사절이고, '소가 만난 사람이 이상이다'에서 '소가 만난'은 관형절이고, '소는 마른 땅에 먼지가 나도록 달렸다'에서 '마른 땅에 먼지가 나도록'은 부사절이다. 품사 이름에 '절'자를 붙여 절의 이름을 짓는다고 생각하면 관형절도 관형사절이라고 불러야 할 듯하다. 그런데 학교 문법에서는 관형절이라고 한다.

'소는 고집이 세다'라는 문장에서 '고집이 세다'는 서술어다. 보통 서술어 자리에는 동사나 형용사 같은 용언이 오기 때문에 이것도 품사 이름을 따서 쓴다면 동사절, 형용사절이 되어야 할 것이다. 아니면 용언절? 그러나 **서술절**이라고 한다. '-(으)ㅁ, -기'로 끝나는 명사절이나 '-(으)ㄹ, -(으)ㄴ, -는, -던'으로 끝나는 관형절처럼 '절'임을 알려주는 표지가 없이 일반 문장과 똑같은 형태로 끝나기 때문에 서술절이라고 하는 것이다.

"소는 '이 사람의 얼굴이 왜 이리 창백하냐?'라고 생각했다." 이 문장에서 '이 사람의 얼굴이 왜 이리 창백하냐?'는 완전한 형식을 갖춘 문장인데, 문장 속에 인용된 말로 쓰였다. 이런 절은 **인용절**이라고 한다.

어절, 구, 절의 기능-문장 성분

문장은 앞에서 보았듯이 어절과 구, 절로 이루어진다. 이 어절과 구, 절이 문장 속에서 각각 문법적인 기능을 할 때, 그것을 문장 성분이라고 한다. 보통은 한 어절이 한 문장 성분으로 쓰이지만, 때로는 어절이 모여서 이루어진 구나 절이 한 문장 성분으로 쓰이기도 한다.

'하늘이 푸르다.' 주어와 서술어로 이루어진 완전한 문장이다. 그러나 '하늘이'(주어)만 있어서는 문장이 안 되고, '푸르다'(서술어)만 있어서도 문장이 안 된다. **주어**(임자말)**와 서술어**(풀이말)는 문장을 이루는 데에 필수적인 성분이다.

'아이들이 공을 찬다'는 어떨까? 주어와 서술어만 따로 떼어 보면 '아이들이 찬다'가 되는데, 이런 말을 들으면 궁금해진다. 무엇을 차지? 뜻이 통하는 완전한 문장이 되려면 '공을'이 반드시 있어야 한다. 이렇게 '무엇을'에 해당하는 성분을 **목적어**(부림말)라고 한다. 목적어도 필수 성분임을 알 수 있다.

'아이가 어른이 된다'라는 문장은, '아이가 된다'라고만 하면 또 궁금해진다. 뭔가 부족하다. '무엇이' 되지? 여기서 '무엇이'에 해당하는 문장 성분을 **보어**(기움말)라고 한다. 말 그대로 보충하는 말이다. 보어도 필수 성분임을 알 수 있다.

문장을 이루는 데에 없어서는 안 될 필수 성분을 **주성분**이라고 한다. 주성분에는 주어, 서술어, 목적어, 보어가 있다.

'아이들이 새 공을 힘차게 찬다'라는 문장에서 '새'는 뒤에 오는 '공'이라는 체언을 꾸민다. 이렇게 체언을 꾸며 주는 문장 성분을 **관형어**(매김말)라고 한다. '힘차게'는 뒤에 오는 '찬다'라는 용언(동사)을 꾸민다. 이렇게 용언을 꾸며 주는 문장 성분은 **부사어**(어찌말)라고 한다. 이 문장에서 '새', '힘차게'는 없어도 문장이 성립한다. 말이 통한다. 이렇게 관형어와 부사어는 주성분을 수식하는 문장 성분으로서 생략해도 되는 성분이므로 **부속 성분**이라고 한다.

'어머나, 철이가 벌써 중학생이 되었구나!'라는 문장에서 '어머나'는 감탄사로, 뒤에 오는 다른 문장 성분들과 딱히 관계가 없다. '철아, 네가 벌써 중학생이 되었니?'에서 '철아'처럼, 누군가를 부르는 말도 독립적으로 쓰인다. 이런 문장 성분을 **독립 성분**이라고 하며, '감탄사, 누군가를 부르는 말, 제시어, 대답하는 말, 문장 접속 부사' 등이 독립 성분을 이루는 **독립어**다.

다시 정리하고 넘어가자. 문장 성분에는 주성분으로 '서술어·주어·목적어·보어'가 있고, 부속 성분으로 '관형어·부사어'가 있으며, 독립 성분으로 '독립어'가 있다. 품사의 이름은 '명사, 동사, 수사……'처럼 '사'로 끝나고, 문장 성분의 이름은 '서술어, 주어, 목적어……'처럼 '어'로 끝난다는 것도 짚고 가자.

● 문장 구조를 결정하는 서술어

우리말의 세 가지 형식, '무엇이 어찌한다' '무엇이 어떠하다' '무엇이 무엇이다'에서 '어찌한다, 어떠하다, 무엇이다'에 해당하는 부분이 서술어 곧 풀이말이라고 했다. 다시 말해 서술어는 주어 '무엇이'의 동작이나 성질, 상태 등을 풀이하는 문장 성분이다.

그럼 어떤 언어 형식이 서술어로 쓰일 수 있을까? 먼저, 동사와 형용사는 바로 서술어로 쓰일 수 있다. '오빠가 돌아왔다'에서 동사 '돌아왔다'는 주어 '오빠'의 동작을 풀이하는 서술어다. '하늘이 파랗다'에서 형용사 '파랗다'는 주어 '하늘'의 상태를 풀이하는 서술어로 쓰였다. 형용사만으로 서술어가 될 수 있다는 것은 우리말의 특징이기도 하다. 영어로는 파랗다는 형용사 blue만 써서 'The sky blue'라고 하면 문장이 안 되고, 반드시 be동사 'is'를 넣어 'The sky is blue'라고 해야 올바른 문장이 된다.

둘째, '체언＋(이)다' 형식도 서술어로 쓰일 수 있다. '그 배우가 송중기다.' '송중기가 데리고 온 사람은 송혜교의 친구였다.' '송혜교를 비난하는 것은 매우 어려운 일이다.' 이처럼 명사구('송혜교의 친구')나 명사절('매우 어려운 일')에 서술격 조사 '(이)다'를 붙여서 서술어로 쓸 수 있다.

셋째, '진구는 키가 크다'처럼 서술절('키가 크다')이 서술어로 쓰이는 경우도 있다.

'I love you.' 이 영어 문장을 문장 성분으로 표시하면 {주어＋서술어＋목적어}가 된다. 이처럼 영어에서는 '사랑한다'라는 서술어가 두 번째 자리에 온다. 그러나 우리말에서는 '나는 너를 사랑한다'처럼 서술어가 문장의 맨 뒤에 온다. 문장에서 중요한 내용은 서술어에 담겨 있는 법이다.

'아기가 운다'라는 문장은 그 자체로 완전하다. '운다'라는 서술어는 주어 외에 더 필요한 문장 성분이 없다. '호박이 무럭무럭 자란다'에서 '자란다'도 서술어가 필요로 하는 문장 성분은 주어 하나밖에 없다. '무럭무럭'은 없어도 되는 수식어에 불과하다.

'사막이 푸른 들이 되었다'에서 '되었다'라는 서술어는 주어 외에

'푸른 들이'라는 보어가 있어야 한다. '진구는 학교에 다닌다'라는 문장의 '다닌다'라는 서술어도 주어 외에 '학교에'라는 부사어가 꼭 필요하다. '되다'와 '다니다'라는 서술어는 문장 속에서 두 가지 문장 성분(주어와 보어, 주어와 부사어)을 필요로 하는 것이다.

세 가지 문장 성분이 필요한 서술어도 있다. '다은이는 성빈이에게 장미 한 송이를 주었다'라는 문장에서 서술어 '주었다'는 '누가' '누구에게' '무엇을'이라는 문장 성분이 모두 필요하다. 하나라도 빠지면 완전한 문장을 이룰 수 없다. 주어 외에 부사어와 목적어를 필수적으로 요구하는 것이다.

이처럼 문장 속에서 서술어가 필요로 하는 문장 성분의 수는 정해져 있다. 문장 속에서 서술어가 반드시 필요로 하는 문장 성분의 **수를 서술어의 자릿수**라고 한다. 서술어의 자릿수에 따라서 서술어를 분류하면 '한 자리 서술어, 두 자리 서술어, 세 자리 서술어'로 나눌 수 있다.

'꽃이 자란다' '아이들이 즐겁게 뛰논다' '바다가 눈부시다' '고기가 다 탔다' '저 사람은 학생이다' 등에 쓰인 서술어는 한 자리 서술어다.

'뽕밭이 바다가 되었다' '물이 얼음으로 변했다' '강도가 형사에게 잡혔다' '파도가 바위를 때렸다' '성규는 거울을 보았다' 등에 쓰인 서술어는 두 자리 서술어다.

'서빈이는 사과를 주머니에 담았다' '진구는 자기 고민을 어머니와 의논했다' '본사에서는 심사 결과를 응모자 여러분께 내일까지 알려 드리겠습니다'에서는 세 자리 서술어가 쓰였다.

같은 서술어라 하더라도 자릿수가 달라질 때가 있다. '바위가 조금씩 움직였다', '증기는 바위를 조금씩 움직였다'라는 두 문장에서 '움직이다'라는 동사는 각각 자동사와 타동사로 쓰였다. 이런 동사를 '능격 동사'라고 한다. 능격 동사가 자동사로 쓰일 때는 한 자리 서술어이지만, 타동사로 쓰일 때는 두 자리 서술어가 된다. '마치다, 다하다, 돌다, 그치다' 등이 능격 동사다.

이처럼 어떤 서술어가 쓰이느냐에 따라서 서술어의 자릿수가 정해지고, 필수적으로 요구되는 문장 성분이 결정된다. 그래서 우리말은 서술어 중심 언어라고 할 수 있다. 문장의 주성분인 주어, 서술어, 목적어, 보어 가운데 서술어가 가장 중요하다고 말할 수 있는 것도 이 때문이다.

서술어가 체언을 한정한다

서술어가 가장 중요한 또 한 가지 이유. 문장에 어떤 서술어가 쓰이느냐에 따라서 그 앞에 오는 체언이 한정된다는 사실.

예를 들어 '흐르다'를 서술어로 쓰면 앞에 오는 체언은 흐를 수 있는 물체여야 한다. '물이 흐른다, 눈물이 흐른다'라고 할 수 있지만 '나무가 흐른다, 바위가 흐른다'라고는 할 수 없다. '물을 마신다, 주스를 마신다'라고는 할 수 있어도 '빵을 마신다, 나물을 마신다'라고는 할 수 없다. 같은 뜻이라도 '눈을 감는다'고 하지 '입을 감는다'고는 하지 않는다. 거꾸로 '입을 다문다'고 하지 '눈을 다문다'고는 하지 않는다. '쓰는' 것은 모자이고, '입는' 것은 옷이고, '신는' 것은 신발이나 양말이다. 이처럼 서술어로 쓰이는 특정 용언은 특정 체언만을 선택하는 성질이 있다. 이것을 **서술어의 선택 제약**이라고 한다. 이런 선택 제약을 어기면 뜻이 안 통하는 문장이 된다.

서술어가 용언 두 개 이상으로 이루어질 수도 있다. '아인이가 칼을 놓치고 말았다'에서는 '놓치다'와 '말았다'라는 두 용언이 {본용언＋보조 용언} 형식으로 한 서술어를 이룬다. '지연이는 편지를 찢어 버리고 말았다', '다인이는 그만 그에게 비밀을 가르쳐 주어 버리고 싶었다'처럼 용언 세 개나 네 개가 한 덩어리로 서술어가 될 수도 있다.

● 꼭 주격 조사만 붙는 것은 아닌 주어

우리말의 세 가지 형식, '무엇이 어찌한다' '무엇이 어떠하다' '무엇이 무엇이다'에서 '무엇이'에 해당하는 부분이 주어 곧 임자말이다. 다시 말해 서술어가 표현하는 동작이나 상태 또는 성질의 주체를 나타내는 문장 성분을 주어라고 한다. 체언이나 체언처럼 쓰이는 말에 주격 조사가 붙어서 주어가 된다.

'맹구가 책을 읽는다.' '그는 살을 찌우려 하루에 다섯 끼씩 먹기 시작했다.' '둘은 나를 따라와라.' 이들 문장에서는 각각 체언인 명사, 대명사, 수사에 주격 조사가 붙어 주어가 되었다. '아버지의 격려가 그에게는 큰 도움이 되었다'에서는 '아버지의 격려'라는 명사구에 주격 조사가 붙어 주어로 쓰였다. '어제 그가 왔다 갔음이 분명하다'에서는 명사절에 주격 조사가 붙어 주어로 쓰였다.

'아버지 지금 댁에 계시니?'에서처럼 주격 조사가 생략될 때도 있다. 주격 조사 대신 보조사가 붙어서 주어를 표현할 수도 있다. '사람은 생각하는 동물이다', '지렁이도 밟으면 꿈틀한다'에서는 주격 조사 '이/가' 대신 보조사 '은'과 '도'가 쓰였다. 이처럼 보조사는 주어 자리에 흔히 나타나지만 보조사가 곧 주격 조사는 아니다. 주격 조사가 숨어 있는 것으로 보아야 한다.

앞에서도 잠깐 나왔지만, '불이야!' '강도야!' '앗, 적이다!'처럼 주어가 분명치 않은 문장도 있다. 이런 문장에 억지로 주어를 만들어 넣으면 오히려 더 어색해진다. '저것은 불이야!'(?) '저것은 강도야!'(?) '저것은 적이다!'(?) 이렇게 주어가 생략되는 문장이 있다는 것도 우리말의 특징 가운데 하나다.

필자 개인적으로는 이런 문장이 형태는 서술어지만, '불이 났다, 강도가 들었다, 적이 나타났다' 하고 말할 것을 급한 마음에 주어만 말한 것이 아닐까 하는 생각도 해 본다.

영어에서는 주어를 생략할 수 없다. 그래서 영어에서는 주어가 분명치 않을 때, 'It rains today' 하는 식으로 이른바 비인칭 주어 'it'을 쓰면서까지 반드시 주어를 만들어 넣는다. 그러면서 자기들끼리 이 'it'이 무엇일까, 또는 누구일까를 두고 진지하게 논의도 한다. 아마도 '하느님'이 아닐까 하는 것이 가장 그럴듯한 답이다. 비를 내려 주는 이는 하느님이니까, 아니면 적어도 그렇다고 믿어 왔으니까.

• '을/를'이 붙으면 일단 목적어

'어린이가 사과를 먹는다.' '우리는 당신을 믿습니다.' 이들 문장에서 '무엇을'과 '누구를'에 해당하는 문장 성분을 목적어 곧 부림말이라고 한다. 문장 속에서 동사의 대상이 되는 문장 성분인데, 이때 쓰이는 동사는 타동사다. 목적어도 주어처럼 체언이나 체언처럼 쓰이는 말에 목적격 조사 '을/를'이 붙어서 이루어진다.

'경호는 3년 만에 고향을 찾았다'에서는 체언 '고향'에 목적격 조사 '을'이 붙어서 목적어로 쓰였다. '찬욱이는 친절한 금자 씨를 잊을 수 없었다'에서는 명사구 '친절한 금자 씨'에 목적격 조사 '를'이 붙어서 목적어로 쓰였다. 명사절이 목적어로 쓰일 수도 있다. '대장은 하는 수 없이 정상에 오르기를 포기했다'에서는 명사절 '정상에 오르기'에 '를'이 붙었다.

입말에서는 목적격 조사가 줄어들 때가 있다. '누굴 그렇게 기다리니?' '누가 날 불렀니?'에서는 '누구를 → 누굴', '나를 → 날'로 줄어들었다. 목적격 조사가 생략될 때도 있다. '밥 먹었니?' '나는 점심으로 짜장면 먹었다.'

그런데 '상은이는 학교를 갔다', '도연이는 아버지를 닮았다'에서

'학교를'과 '아버지를'은 각각 '학교에', '아버지와'로 바꾸어 쓸 수 있어서, 목적어라기보다는 부사어처럼 쓰였다. 진정한 목적어라고 보기 어렵다. 그래서 여기서 쓰인 '을/를'을 보조사로 보자는 견해도 있으나, 학교 문법에서는 '을/를'이 붙으면 무조건 목적어로 본다. 그래? 그렇다면 '가다'가 타동사란 말인가? 이런 질문이 나올 법도 하다. 설명이 좀 궁색하긴 하지만, 어쨌든 학교 문법에서는 이때의 '을/를'을 보조사 성격을 띠는 목적격 조사로 본다.

• '되다/아니다' 앞에는 보어가 온다

'아라가 벌써 어른이 되었다', '아라는 승호의 친구가 아니다'라는 두 문장에서는 '어른이'와 '승호의 친구가'가 없으면 문장이 성립하지 않는다. 이처럼 '되다'나 '아니다' 앞에 오는 말을 보어 또는 기움말이라고 하는데, 보어도 필수적인 문장 성분으로 주성분의 하나다. 보어는 체언이나 체언처럼 쓰이는 말 뒤에 보격 조사인 '이/가'가 붙어서 이루어진다.

'정수가 가수는 되었다', '형주가 범인은 아니다'에서 '가수는'과 '범인은'에는 보격 조사 '이/가' 대신 보조사 '은/는'이 붙었다. 그러나 보조사는 격조사와 달리 체언, 부사, 활용 어미 따위에 붙어서 어떤 특별한 의미를 더해 주는 조사다. 격을 나타내지 않고, 어느 말에도 결합할 수 있다. 그러므로 이들 문장의 '가수는'과 '범인은'

도 보어라고 본다. 주어에 주격 조사 대신 보조사가 붙을 때처럼, 격조사가 숨어 있다고 보는 것이다.

'나는 걱정이 된다'라는 문장은 어떨까? '되다' 앞에 '이'라는 보격 조사가 붙은 체언이 왔으니 '걱정이'를 보어라고 보아야 할까? 그러나 보어를 필요로 하는 '되다'는 '성질이 변하다'라는 뜻을 지닌다. '나는 걱정이 된다'라는 문장의 의미는 '내가 걱정으로 변한다'는 뜻이 아니다. 그러므로 이 문장에서 '걱정이'는 보어로 보기 어렵다. '걱정이 된다'라는 동사구 전체가 서술어이고, 여기서 '걱정이'의 '이'는 앞말 '걱정'을 강조하는 보조사라고 보아야 할 것 같다. '걱정되다', '걱정하다'처럼 명사에 '–되다/–하다'가 붙어 만들어진 동사는 실생활에서 흔히 '걱정이 되다', '걱정을 하다'처럼 쪼개진 형태로 쓰이곤 한다.

'이무기가 용이 되었다'에서 보어는 '용이'다. 그런데 이것을 보어가 아닌 주어로 보는 견해도 있다. 한 문장에 주어가 두 개 있다고 보는 것인데, 이런 견해를 '이중 주어설'이라고 한다. 주어와 서술어가 각각 하나씩 있는 문장을 홑문장이라고 하는데, 이중 주어설에서는 이런 홑문장에 왜 주어가 두 개 있어야 하는지 설명하지 못한다.

'코끼리는 코가 길다'라는 문장에서 서술어는 '코가 길다'라는 서술절이다. '코가'는 서술절의 주어다. 그런데 '되다', '아니다' 앞에 오는 말도 보어로 보지 말고, 서술절의 주어로 보자는 견해도 있다. '거미는 곤충이 아니다'라는 문장에서 '곤충이'를 보어가 아니라,

'곤충이 아니다'라는 서술절의 주어로 보자는 것이다. 그러면 이들 문장은 홑문장이 아니라 겹문장이 된다. 그러나 여기에도 문제가 있다. '코가 길다'는 자립적인 문장이므로 서술절로 볼 수 있다. 그러나 '곤충이 아니다'는 자립성이 없으므로 서술절로 보기 어렵다. 다시 말해 '곤충이'를 서술절의 주어로 보기는 곤란하다.

또 다른 문제. '이것은 저것과 비슷하다'에서 '저것과'는 없어서는 안 될 필수 성분이다. '물이 얼음으로 된다'에서 '얼음으로'도 필수 성분이다. 그렇다면 이들도 보어로 보아야 할까? 보어로 본다면, '과'와 '으로'도 보격 조사라고 해야 할 것이다. 결국 어디까지 보어로 인정해야 하느냐 하는 문제가 꼬리를 물고 이어진다. 그래서 학교 문법에서는 '되다'와 '아니다' 앞에 오면서 보격 조사 '이/가'가 붙는 성분만을 보어로 인정하고 있다. 나머지는 문장에서 꼭 필요하더라도 보어가 아닌 **필수적 부사어**로 본다. '저것과', '얼음으로'는 보어가 아니라 필수적 부사어다.

● 때로는 '의'를 생략해도 되는 관형어

'저 건물이 새로 지은 미술관 건물이다.' '소년은 넓은 바다를 보면서 꿈을 키워 갔다.' '우리의 소원은 통일이다.' '모자 그림인지 코끼리 그림인지 알기 어렵다.' 이들 문장의 '저', '넓은', '우리의', '모자', '코끼리'처럼 체언을 수식하는 문장 성분을 관형어 또는 매김

말이라고 한다. '어떤', '무슨'에 해당한다. 관형어는 관형사, 용언의 관형사형, {체언+관형격 조사}, {체언+체언} 등 여러 가지 형식으로 이루어진다.

관형어는 부속 성분이다. '소녀는 화려한 도시를 좋아했다'에서 '화려한'은 문장에서 없어도 되는 부속 성분으로 관형어다. 그러나 관형어도 때로는 필수적일 때가 있다. '예상했던 대로 그는 집에 있었다'에서 '예상했던'은 관형어지만 이 문장에서는 반드시 있어야 한다. '대로'가 의존 명사이기 때문이다. 이처럼 관형어가 꾸미는 말이 의존 명사일 때는 반드시 관형어가 있어야 한다.

체언에 조사 '의'가 붙어서 된 관형어 중에는 '의'를 생략할 수 있는 것도 있다. '나는 가끔 동생(의) 모자를 빌려 쓰고 외출한다'에서 '의'를 생략할 수 있다. 그러나 '이순신의 거북선은 정말 기발한 발명품이다'에서는 '의'를 생략할 수 없다. '너의 어려운 처지'를 '너 어려운 처지'라고는 말할 수 없다. 언제 '의'를 생략할 수 있는지는 더 연구해 볼 과제다.

'의'가 붙은 말은 여러 가지 뜻으로 해석될 수도 있다. '그분의 책'이라고 하면 '그분이 소유한 책'인지, '그분이 지은 책'인지 분명히 알기 어렵다. 이럴 때는 '그분이 사신 책'이나 '그분이 쓰신 책'으로 풀어 써야 한다. 문장에 이런 '의'를 많이 쓰면 자연스럽지가 않다. '나의 살던 고향'이라고 하기보다 '내가 살던 고향'이라고 해야 더 우리말답다. '감옥으로부터의 사색'보다 '감옥에서 한 생각'이 무슨 말인지 얼른 알기 쉽다. 요즘에 누가 '조선의 독립국임과 조선인의 자주민임을 선언'하겠는가.

● 빠져서는 안 되는 부사어도 있다

'공원의 장미가 무척 아름답다'에서 '무척'은 '아름답다'라는 서술어를 꾸민다. 이처럼 문장 속에서 서술어를 꾸미는 말을 부사어 또는 어찌말이라고 한다. '어떻게', '어디에서'에 해당하는 말이다.

 '오늘은 날씨가 참 따뜻하다'에서는 부사 '참'이 부사어로 쓰였다. 이처럼 부사는 홀로 부사어로 쓰일 수 있다. '진구가 의자에 앉아 있다', '이 기차는 서울에서 광주로 가는 기차다'에서는 '의자에', '서울에서'와 '광주로'가 부사어다. 이처럼 {체언＋부사격 조사}가 부사어로 쓰일 수 있다. '이상하게 오늘은 기분이 좋지 않다'에서는 '이상하게'가 부사어다. 이처럼 용언에 부사형 어미 '-게'가 붙어서 부사어로 쓰이기도 한다.

 부사어는 문장에서 없어도 되는 부속 성분이다. 그런데 '아영이는 대학교에 다닌다'에서 '대학교에'는 부사어지만 없어서는 문장이 안 되는 필수 성분이다. 문장에서 필수적으로 쓰여야 하는 이런 부사어를 **필수적 부사어**라고 한다. 서술어로 쓰인 '다니다'라는 용언의 자릿수 특성 때문에 생기는 현상이다. '산딸기는 복분자와 다르다', '아라는 승호에게서 책을 받았다'에서도 '복분자와', '승호에게서'는 필수적 부사어다. '다르다'와 '받다'라는 서술어가 부사어를 필요로 하는 용언이기 때문이다. 앞에서 문장이 성립하는 데 필수적인 성분으로 '서술어·주어·목적어·보어'가 있다고 했는데, 여기에 '필수적 부사어'도 추가되어야 하겠다.

부사어의 종류

서술어(용언), 관형어, 부사어 같은 특정한 문장 성분을 수식하는 부사어를 **성분 부사어**라고 한다.

'오늘은 공기가 아주 맑다'에서 '아주'는 '맑다'라는 서술어를 수식하는 성분 부사어다. '교실에는 겨우 세 명이 앉아 있었다'에서 '겨우'는 '세'라는 관형어를 꾸미는 성분 부사어이고, '내일부터는 더 조금 먹어야겠다'에서 '더'는 '조금'이라는 부사어를 수식하는 성분 부사어다.

보통 부사는 용언이나 부사를 수식한다. 그런데 부사 가운데는 체언을 수식하는 부사도 있다. '호랑이는 겨우 이틀을 못 버티고 굴을 나가 버렸다'에서 '겨우'라는 부사는 '이틀'이라는 체언을 수식한다. '우리나라에서는 특히 아줌마들이 부지런하다'에서 부사 '특히'가 꾸미는 것은 '아줌마들'이라는 체언이다. '바로, 곧, 오직, 다만, 단지' 등이 가끔 체언을 꾸밀 때가 있는데, 체언을 꾸민다고 해서 관형사(관형어)로 보지 않고, 이들 부사(어)는 용언과 체언을 수식하는 두 가지 기능을 겸하는 것으로 여겨진다.

부사어 가운데 문장 전체를 수식하는 부사어를 **문장 부사어**라고 한다. '아마 지금쯤 부산에 가 있을걸'에서 '아마'는 문장 전체를 꾸미는 문장 부사어로서, '추측'의 뜻을 담고 있다. '이번에는 반드시 우리가 이겨야 한다'에서 '반드시'는 문장 전체를 꾸미는 문장 부사어로 '당위'의 뜻을 담고 있다.

이처럼 문장의 전체 내용에 대해 '추측, 필연, 가정, 양보, 기원, 부정, 의혹, 당위' 등과 같은, 말하는 이의 태도나 주관적인 판단을 표현하는 부사어를 **양태 부사어**라고 한다. '만일, 비록, 아무쪼록, 결코, 설마' 등이 양태 부사어로 쓰이는 양태 부사다.

형용사의 부사형도 문장 부사어로 쓰인다. '불쌍하게도 그 소녀는 아버지를 잃고 말았다'에서 '불쌍하게도', '다행스럽게 오늘은 날씨가 따뜻했다'에서 '다행스럽게'가 문장 부사어다.

단어와 단어, 문장과 문장을 이어 주는 **접속 부사어**도 문장 부사어 가운데 하나다. 접속 부사가 접속 부사어로 쓰이는데, '하루 내지 이틀은 더 걸릴 것이다', '한국 또는 일본에서 열릴 예정이다'에서 볼 수 있듯이 '및, 내지, 또는, 혹은' 등이 단어와 단어를 이어 주는 단어 접속 부사다. '경호는 매우 부지런하다. 그리고 마음씨도 착하다.' '승준이는 기획안을 던져 버렸다. 하지만 마음속으로는 몹시 걱정이 되었다.' 이들 문장에 쓰인 '그리고, 하지만'이 문장 접속 부사다. '그래서, 그러나, 그러면, 그러므로, 그리고' 등의 문장 접속 부사는 '첨가, 역접' 같은, 앞 문장과 뒷문장 사이의 의미 관계를 드러낸다.

● 감탄사를 비롯한 독립어

'야, 방학이다!'에서 '야'처럼 문장 가운데 어느 성분과도 직접적인 관련이 없는 성분을 독립어라고 한다. '연두야, 학교 가자'에서는 '연두야'가 독립어다. 독립어는 말 그대로 독립적으로 쓰이기 때문에, 생략해도 문장의 뜻이 바뀌지 않는다. 거꾸로 독립어만 쓰여도 의미가 통할 때가 있다.

감탄사는 모두 독립어로 쓰일 수 있다. '아이고, 집이 다 무너져 버렸네.' '쉿, 조용히.' '그래, 알았어.' '이제 다 끝났다, 그렇지?' '이제 다 틀렸지, 뭐.' 이들 문장에서는 '아이고(느낌), 쉿(시킴), 그래(대답), 그렇지(확인), 뭐(체념)' 등의 감탄사가 각각 독립어로 쓰이면서 나름의 의미를 나타낸다.

체언에 호격 조사가 붙어서 된 말은 감탄사가 아니지만 독립어로 쓰일 수 있다. '도연아, 잘 있었니?' '신이여, 저를 버리시나이까?'에서 '도연아', '신이여'가 **부르는 말**(호칭어)로서 독립어다.

감탄사도 아니고 부르는 말도 아니지만, **제시어**나 **표제어**도 독립어에 속한다. '행복, 이것이 우리 삶의 목표다'에서 '행복'은 체언이지만 독립어다.

문장의 짜임새

예나 지금이나 영어 공부는 필수라는 세상이다. 그리고 예나 지금이나 '생활 영어'와 '실용 영어'를 강조하지만, 주로 책을 통해 배우는 영어는 어쩔 수 없이 문법 위주로 공부할 수밖에 없다.

영어 시간, 실은 영문법 시간에 문장의 5형식이니, 영어 문장에는 단문과 중문, 복문이 있다느니 하는 것을 배운다. 개념도 헷갈리는데 구문 연습이라고 해서 중문과 복문을 단문으로 바꾸고, 단문을 중문이나 복문으로 바꾸는 연습을 한다.

필자의 영어 선생님 가운데 한 분은 인상이 매우 험악하신 분이었다. 그런데 생김새와는 사뭇 다르게 유머 감각이 매우 풍부하셨다. 이분의 수업을 듣다 보면 한 시간 내내 웃기만 한 것 같은데 어느새 진도가 팍팍 나가 있곤 했다.

'다음 문장을 단문으로 바꾸시오.'

이런 문제가 나오면 이 선생님은 항상 우리를 향해 짓궂은 미소를 지으면서 '아재 개그'를 날리셨다.

"어떻게 바꿀래? 설탕 칠래?"

● 주어와 서술어가 몇 개씩이지?
–문장의 종류

영어 문장에 여러 종류가 있듯이, 우리말 문장에도 여러 종류가 있다. 사실 세계의 어떤 언어라도 문장에는 여러 종류가 있다. 그것도 같은 종류인데, 이름만 서로 다를 뿐이다. 공부하는 사람 입장에서는 영어 선생님들과 국어 선생님들이 한자리에 모여 문장 종류의 이름을 통일해 주었으면 하는 소망 간절하다. 같은 개념을 왜 영어에서는 이렇게 부르고, 국어에서는 저렇게 부르느냐 이 말이다.

문장이란 '생각이나 감정을 말과 글로 표현할 때 완결된 내용을 나타내는 최소 단위'라고 했다. 여기서 중요한 것은 '완결된 내용'이다. 한 문장이 완결된 내용을 전하려면 기본적으로 주어와 서술어가 있어야 한다. 물론 상황에 따라 생략될 수도 있지만.

'김이수는 북한산 정상에서 서울 시내를 내려다보았다.' 이 문장에서는 '김이수는'이 주어이고, '내려다보았다'가 서술어다. 이처럼 한 문장에 주어와 서술어가 각각 한 번씩만 나오는 문장을 **홑문장**

(단문)이라고 한다. '북한산 정상에서'처럼 절이 아닌 관형어나 부사어가 아무리 많이 나타난다 하더라도 문장에 주어와 서술어가 각각 하나씩밖에 없으면 그 문장은 홑문장이다. 물론 독립어도 아무런 영향을 끼치지 못한다.

문장 속에 또 문장이 있다－안은문장과 안긴문장

'김이수는 물통이 없어졌음을 깨달았다'에서는 '김이수는 (　)을 깨달았다'라는 문장 속에서 '물통이 없어졌음'이라는 절이 목적어로 쓰였다. 이처럼 속에 절이 포함되어 있는 문장을 **안은문장**(내포문)이라고 한다. 문장이 절을 안고 있다는 뜻이다. 안은문장 속에 안겨 있는 절은 **안긴문장**이라고 한다. 안은문장은 두 개 이상의 문장으로 이루어지므로 주어와 서술어가 두 개 이상 있게 마련이다.

'김이수는 산에 가고, 그의 아내는 바다에 갔다'에서는 '김이수는 산에 갔다'와 '그의 아내는 바다에 갔다'가 연결 어미 '-고'로 이어져 한 문장이 되었다. 이처럼 연결 어미로 앞 절과 뒷절이 이어져서 만들어진 문장을 **이어진문장**(연합문)이라고 한다. 두 개 이상의 문장이 이어져 있으므로 이어진문장에도 주어와 서술어가 두 개 이상 있게 된다.

안은문장과 이어진문장처럼 주어와 서술어가 두 개 이상 있는 문장을 **겹문장**(복문)이라고 하고, 홑문장들이 결합하여 겹문장이 만들어지는 과정을 **문장의 확대**라고 한다.

홑문장과 겹문장이 무엇인지를 설명하는 것은 이렇게 간단한 일이지만, 정작 어느 문장을 두고 그것이 홑문장인지 겹문장인지 가리는 일은 만만치 않다.

예를 들어 '예쁜 꽃이 피었다'라는 문장은 홑문장일까, 겹문장일까? 얼핏 보면 홑문장처럼 보인다. 하지만 이 문장은 겹문장이다. 서술어 개수만 세어 보자. '예쁘다', '피다' 두 개잖아. 그러므로 이 문장은 겹문장이다. '꽃이 피었다'와 '꽃이 예쁘다'라는 두 홑문장이 합쳐져서 이루어진 겹문장이다. 두 홑문장의 주어가 같기 때문에 관형절에 있는 주어가 생략된 것이다.

'현주와 형진이는 대학생이다'라는 문장은 어떨까? 이번에는 서술어가 하나밖에 없음이 분명하다. 그런데 주어가 두 개인 것 같다. 그렇다. 이 문장은 '현주는 대학생이다'라는 홑문장과 '형진이는 대학생이다'라는 홑문장이 합쳐져서 만들어진 겹문장이다. 이번에는 서술어가 같기 때문에 하나가 생략된 것이다.

그럼 '동건은 부드럽게 소영의 손을 잡았다'라는 문장은 홑문장일까, 겹문장일까? '부드럽게'는 부사처럼 보이지만 여기서 '-게'는 부사형 어미이므로 부사가 아니라 형용사의 부사형이다. 그리고 '동건이 소영의 손을 잡은 태도가'가 '부드럽다'는 용언의 생략된 주어라고 보면, '부드럽게'는 서술 기능을 유지한 채로 문장 속에서 부사어가 된 것이므로 부사절로 보아야 한다. 따라서 이 문장은 겹문장이다.

'동건은 할 수 없이 소영의 손을 놓았다'라는 문장은 어떨까? 간단히 생각하자. 서술어로 쓰이는 용언만 찾아보자. '할', '없이', '놓았다' 세 개나 된다. 그렇다. 이 문장은 '할 수 없이'라는 부사절과 그 속에 다시 '할'이라는 관형절이 안긴문장으로 들어가 있는, 홑문 장 세 개로 이루어진 겹문장이다.

명사처럼 쓰이는 명사절

명사처럼 쓰이는 절을 명사절이라고 하고, 명사절을 안고 있는 겹 문장을 '명사절을 안은 문장'이라고 한다. 명사절은 명사처럼 쓰이 므로 문장에서 주어, 목적어, 보어 등의 기능을 한다.

'진욱이가 미스터 블랙임이 밝혀졌다'에서 '진욱이가 미스터 블랙 임'은 주어와 서술어를 갖추고 있으면서 명사처럼 쓰이는 명사절이 다. 이 명사절은 주어로 쓰였다. '진욱이는 카야가 무사하기를 바랐 다'에서는 '카야가 무사하기'가 명사절인데, 목적어로 쓰였다.

위 두 문장에서처럼 명사절은 대개 서술어에 명사형 어미 '-(으) ㅁ, -기'가 붙어서 만들어진다. 그런데 '-(으)ㅁ'과 '-기'의 기능에는 조금 차이가 있다.

'채원은 자기가 속았음을 그제야 깨달았다'에서 명사절은 '자기 가 속았음'인데, '자기가 속았다는 것'은 이미 끝난 사실이다. 이렇 게 명사형 어미 '-(으)ㅁ'은 완료의 의미를 나타낼 때에 쓰인다. 반 면, '진욱은 채원이 하루 빨리 돌아오기를 바랐다'라는 문장에서는 '채원이 하루 빨리 돌아오기'가 명사절인데, '채원이 돌아오는 것' 은 아직 이루어지지 않은 일이다. 이처럼 명사형 어미 '-기'는 미완 료의 의미를 나타낼 때에 쓰인다.

'나는 전쟁이 끝났음을 알았다'는 문장은 '나는 전쟁이 끝났다는 것을 알았다'라고 바꾸어 쓸 수도 있다. '전쟁이 끝났음'이 명사절인데, 이것을 '전쟁이 끝났다는 것'으로 바꾸어 쓴 것이다. 그렇다면 '전쟁이 끝났다는 것'도 명사절일까? 기능은 비슷하지만 '–는 것'은 명사절이 아니다. {관형절＋것}으로 되어 있으므로 관형절의 수식을 받는 명사구로 보아야 한다.

다양한 방식으로 체언을 꾸미는 관형절

문장 속에서 관형어처럼 쓰이는 절을 관형절이라고 하고, 관형절을 안고 있는 겹문장을 '관형절을 안은 문장'이라고 한다. 관형절은 체언을 꾸미는 절이므로 관형사형 어미인 '–(으)ㄴ, –는, –(으)ㄹ, –던'이 붙어서 만들어진다.

'우리 반에는 그 책을 읽은/읽는/읽을/읽던 사람이 하나도 없다.'이 문장에서 보는 것처럼 관형사형 어미 '–(으)ㄴ, –는, –(으)ㄹ, –던'은 체언을 꾸밀 뿐만 아니라 각각 '과거, 현재, 미래, 회상'을 표현한다. 관형사형 어미는 체언 수식 기능과 시제 표현 기능을 함께 지니는 것이다.

'책을 읽는 사람들이 점점 줄고 있다'에서 관형절은 '책을 읽는'인데, 주어인 '사람들이'가 생략되어 있다. '도서관에서는 사람들이 즐겨 찾는 책을 많이 준비했다'에서는 관형절이 '사람들이 즐겨 찾는'인데, 여기서는 목적어 '책을'이 생략되어 있다. '우리가 책을 읽던 도서관에서 불이 났다'에서는 관형절이 '우리가 책을 읽던'인데,

부사어 '도서관에서'가 빠져 있다. 이처럼 문장 성분의 일부가 생략되어 있는 관형절을 **관계 관형절**이라고 한다. 두 홑문장이 합쳐지면서 중복되는 체언이 생략된 것이다.

'집에서 텔레비전을 보던 사람들이 모두 밖으로 뛰쳐나왔다'에서 관계 관형절은? 누구나 '집에서 텔레비전을 보던'이라고 대답할 것이다. 그런데 '김구 선생은 푸른 하늘을 올려다보았다'에서 관계 관형절은? 이렇게 물으면 '엉? 여기에 관계 관형절이 있다고?' 하면서 고개를 갸우뚱할 사람이 적지 않을 것이다. 하지만 여기서는 '푸른'이 관계 관형절이다. 한 단어로 이루어져 있지만, 엄연히 '하늘이 푸르다'에서 주어가 생략되고 서술어만 남아 있는 관계 관형절인 것이다.

그런데 '그것은 새빨간 거짓말이다'란 문장에서 '새빨간'은 관계 관형절이 아니다. '거짓말이 새빨갛다'라는 말은 없기 때문이다. 이 문장에서 '새빨갛다'는 서술어가 될 수 없다. '새빨간'은 단순히 용언의 관형사형일 뿐인 관용적인 표현으로 보아야 한다.

두 단어 이상으로 이루어져 있으면서 그 단어들 자체의 의미만으로는 전체 의미를 알 수 없는, 특수한 의미를 나타내는 어구를 '관용구' 또는 '관용어'라고 한다. '발이 넓다', '미역국을 먹다' 같은 말이 관용어다. '새빨간 거짓말'도 관용어다.

어떤 단어가 서술어가 될 수 있느냐, 다시 말해 그 단어에 서술성이 있느냐 하는 문제는 그 단어의 품사가 관형사인지, 용언의 관형사형인지를 가리는 기준이 된다. '성격이 다른 사람과는 어울리기

어렵다'에서 '다른'은 주어 '성격이'의 서술어다. 이 경우, '성격이
다른'은 관형절이다. 그러나 '다른 사람에게 물어 보렴'에서는 '다
른'에 주어가 없다. 이 경우에 '다른'은 관형사다. '딴'과 비슷한 말
이다. 이게 중요한가? 첫 번째 문장은 겹문장이고 두 번째 문장은
홑문장이므로 알아 둘 만하다.

　'진욱이는 민기가 내일 태국으로 떠난다는 소식을 들었다'에서 관
형절은 '민기가 내일 태국으로 떠난다는'인데, 여기에는 생략되어
있는 문장 성분이 없다. 그 자체로 완전하다. 그리고 이 관형절의
내용은 관형절이 꾸미는 체언 '소식'의 내용과 동격 관계에 있다.
다시 말해, 관형절이 꾸미는 '소식'의 내용이 '민기가 내일 태국으
로 떠난다는 것'이다. 이런 관형절을 **동격 관형절**이라고 한다.

　그럼, '피아노 치는 소리가 유난히 크게 들렸다'에서 '피아노 치
는'은 무슨 관형절일까? 이 겹문장을 이루는 두 홑문장은 '(누군가)
피아노를 치다'와 '소리가 유난히 크게 들렸다'일 것이다. 그런데
중복되는 체언이 없다. 그러므로 이 관형절은 관계 관형절이 아니
다. 그렇다고 '피아노 치는 것'과 '소리'가 동격도 아니다. 이처럼
어떤 명사와 어울려 뒷절과 연결되는 관형절을 **연계 관형절**이라고
한다.

　'대구에서 지하철 사고가 일어났다(고 하)는 소식에 온 국민이 놀
랐다'에서 '대구에서 지하철 사고가 일어났다(고 하)는'은 용언의 종
결형에 '-(고 하)는'이 붙어서 만들어진 관형절이다. 이렇게 종결형

으로 끝나는 문장의 뒤에 '-(고 하)는'이 붙어서 이루어진 관형절을 **긴 관형절**이라고 한다. 반면 '철수가 타고 온 지하철이 고장 났다'에서 '철수가 타고 온'은 '오다'의 어간인 '오-'에 관형사형 어미 '-ㄴ'이 바로 붙어서 만들어진 관형절인데, 이렇게 종결형 어미 대신 관형사형 어미가 붙어 이루어진 관형절을 **짧은 관형절**이라고 한다.

부사냐 부사절이냐

문장 속에서 부사어처럼 쓰이는 절을 부사절이라고 한다. 부사절은 용언의 어간에 부사 파생 접미사 '-이'나 부사형 어미 '-게, -도록, -아서/-어서, -(으)면' 등이 붙어서 이루어진다. 부사절을 안고 있는 겹문장을 '부사절을 안은 문장'이라고 한다.

'고양이가 소리도 없이 내게 다가왔다'에서 '소리도 없이'가 부사 파생 접미사 '-이'가 붙어서 된 부사절이다. '경호는 이마에 땀이 나도록 운동을 했다'에서는 '이마에 땀이 나도록'이 부사형 어미 '-도록'이 붙어서 된 부사절이다.

'다빈이는 정신없이 수박을 베어 먹었다'도 부사절을 안은 문장처럼 보인다. 그러나 '정신없이'는 부사다. 그러므로 이 문장은 홑문장이다. 반면 '장미가 아름답게 피어 있다'에서 '아름답게'는 부사처럼 보이지만 부사가 아니라 형용사의 부사형이다. 그러므로 이 문장은 부사절을 안은 겹문장이다. 품사가 부사인지 용언의 부사형인지가 홑문장이냐 겹문장이냐를 가르는 셈이다.

그렇다면 여기에서 다시 한번 따져 보자. 앞에서 '고양이가 소리도 없이 내게 다가왔다'가 부사절을 안은 문장이라고 했다. '소리도 없이'가 부사 파생 접미사 '-이'가 붙어서 된 부사절이라는 뜻이다. 학교 문법에서는 이렇게 설명한다.

그런데 '없이'는 부사다. 그렇게 보면 '소리도 없이'에는 주어 '소리도'에 대응하는 동사나 형용사, 곧 서술어가 없는 셈이다. 그리고 물론 서술어가 없으면 부사절도 될 수 없다. 뭐가 문제일까? '-이'를 부사 파생 접미사라고만 보기 때문에 문제가 생기는 것이다. '소리도 없이'가 부사절이 되려면 '-이'를 부사절을 만드는 부사형 어미로 봐야 하지 않을까?

절 표지가 없어도 서술절

문장 속에서 서술어처럼 쓰이는 절을 서술절이라고 하고, 서술절을 안고 있는 겹문장을 '서술절을 안은 문장'이라고 한다. 다른 안긴문장에는 그것이 절이라는 것을 표시하는 특정한 문법 형태가 있는데, 서술절에는 그런 표지가 없다.

'준호는 코가 크다'에서 '코가 크다'는 주어와 서술어로 이루어져 있으면서, 전체가 주어 '준호는'에 대해 서술어로 쓰인다. 주어가 두 개라는 것도 알 수 있다.

서술절에는 절 표지가 없기 때문에 서술절을 안긴문장으로 인정하지 않고 다른 방식으로 설명하려는 시도가 나타난다.

첫째, 서술절을 안은 문장을 겹문장이 아니라 홑문장으로 보고, 한 홑문장에 주어가 여러 개 있다고 보는 견해다. 가장 간단한 설명이긴 하지만, 홑문장에서는 한 주어에 한 서술어가 대응한다는 일반 원칙에 어긋난다는 결점이 있다.

둘째, 문장의 맨 앞에 오는 명사구를 대주어라고 하고, 그 뒤에 오는 것을 소주어로 보자는 견해다. '토끼는 앞발이 짧다'에서 '토끼는'이 대주어이고 '앞발이'가 소주어가 된다. 대주어는 소주어의 상위 주어로서 소주어와 그 서술 방식을 지배한다고 보는 것이다. 이 견해에 따르면 '할아버지는 돈이 많이 있으시다'에서 서술절의 '-시-'(높임말을 만드는 어미)가 서술절의 주어가 아닌 상위절의 주어에 일치하는 현상을 설명할 수 있다.

셋째, 심층 구조에서는 하나였던 주어가 표층 구조에서는 이중 주어로 만들어진 것이라고 보는 견해다.

'코끼리의 코가 길다.' → '코끼리는 코가 길다.'

'발바닥에 물집이 잡혔다.' → '발바닥이 물집이 잡혔다.'

'영애에게서 향수 냄새가 난다.' → '영애가 향수 냄새가 난다.'

이런 식으로 관형어나 부사어였던 것이 주어 형식으로 바뀌어 이중 구조를 지닌 문장이 된다는 것이다.

그러나 이 설명도 문제가 있다. 무엇보다 왜 이렇게 바뀌는 것인지, 어떤 절차를 거치는 것인지 설명하지 못한다.

넷째, 주어들 가운데 하나를 '주제어'라는 새로운 문장 성분으로 설정하는 방식이나. 여기서 수제어란 문장에서 화제가 되는 문장 성분을 말한다. '태권도는 한국이 최고다'라는 문장에서 '태권도에 대해서 말하자면……'으로 해석되는 '태권도는'이 주제어다.

그러나 이 견해도 문제는 있다. 새로운 문장 성분으로 '주제어'를 설정하면 그만큼 한국어의 문장 성분 체계가 복잡해지는 단점이 있다. 그리고 '화제'는 '문장론'에서 다루는 주제라기보다 '의미론'에서 다루어야 하는 주제이기 때문에 논의가 뒤섞이게 된다는 점도 문제다.

"라고 말했다."-인용절

다른 사람의 말이나 생각을 따온 안긴문장을 인용절이라고 하는데, 주어진 문장에 인용의 부사격 조사 '라고, 고'가 붙어 만들어진다. 인용절을 안고 있는 겹문장을 '인용절을 안은 문장'이라고 한다.

'효리가 "나는 그만 집에 갈게"라고 정아에게 말했다.' 이 문장에서는 다른 사람의 말을 그대로 옮긴 **직접 인용절**이 쓰였다. 따옴표를 친 다음 '라고'를 붙여서 직접 인용절이 되었다. 동사 '하고'를 직접 인용절에 쓸 때도 있다. '옥희는 "날씨가 참 덥네요"∨하고 말했다.' 이때 '하고'는 조사가 아니라 동사이므로 반드시 앞말과 띄어 써야 한다. 거꾸로 '라고'는 조사이므로 앞말에 붙여 써야 한다.

간접 인용은 다른 사람이 한 말을 자신의 입장에서 바꾸어서 인용하는 것이다. 간접 인용절에는 부사격 조사 '고'가 쓰인다. '효리가 자기는 그만 집에 가겠다고 말했다.'

그런데 '고'를 써야 할 자리에 '라고'를 쓰는 사람들이 있다. '나는 그렇다라고 생각해.' 직접 인용과 간접 인용을 구분하지 못하는 이상한 말버릇이다.

서술격 조사 '이다'로 끝나는 간접 인용절에서는 '이다고'가 아니라 '이라고'로 써야 한다. '그는 자기가 그 학생의 선생이라고 말했다'를 '그는 자기가 그 학생의 선생이다고 말했다'라고 쓰면 안 된다는 뜻. '아니다'도 마찬가지다. '나는 학생이 아니다고 말했다'는 이상하다. '나는 학생이 아니라고 말했다'라고 써야 한다.

직접 인용절을 간접 인용절로 바꿀 때는 몇 가지 주의할 점이 있다. 먼저, 말할 때를 기준으로 시제를 바꾸어 주어야 한다. 대명사나 지시성을 띤 말도 '나 → 자기, 여기 → 거기, 이렇게 → 그렇게' 등으로 바꾼다.

직접 인용	그는 어제 "내일 할게요"라고 말했다.
간접 인용	그는 어제 오늘 하겠다고 말했다.
직접 인용	영희가 나서서 "내가 할게"라고 했다.
간접 인용	영희가 나서서 자기가 하겠다고 했다.
직접 인용	그는 "여기가 이렇게 변했어" 하고 말했다.
간접 인용	그는 거기가 그렇게 변했다고 말했다.

높임말도 바꾼다.

직접 인용	"어서 갑시다"라고 재촉했다.
간접 인용	어서 가자고 재촉했다.

감탄문은 평서문으로.

직접 인용	수연이는 "너무 덥구나!" 하고 소리쳤다.
간접 인용	수연이는 너무 덥다고 소리쳤다.

뭔가를 요청하는 뜻의 '주다'는 '달다'로.

직접 인용	"물 좀 주세요"라고 말했다.
간접 인용	물 좀 달라고 말했다.

명령형 어미 '-어라'는 '-으라'로 바뀐다.

직접 인용	아버지께서 "아침을 꼭 먹어라"라고 말씀하셨다.
간접 인용	아버지께서 아침을 꼭 먹으라고 말씀하셨다.

남의 말을 따올 때뿐만 아니라 생각이나 판단, 주장 등을 따올 때도 인용절을 쓴다. '그 피의자는 자기가 결백하다고 주장했다.' '코페르니쿠스는 지구가 돈다고 믿었다.'

인용절은 서술어를 수식한다. 그러므로 부사절의 일부라는 주장도 있으나, 학교 문법에서는 인용절을 따로 다루고 있다.

● 연결 어미로 이어진 문장

'예술은 길고, 인생은 짧다'는 '예술은 길다'라는 홑문장과 '인생은 짧다'라는 홑문장이 '-고'라는 연결 어미로 이어져서 만들어진 겹문장이다. '봄이 오면 꽃이 핀다'는 '봄이 온다'라는 홑문장과 '꽃이 핀다'라는 홑문장이 '-면'이라는 연결 어미로 이어져서 만들어진 겹문장이다. 이처럼 홑문장들이 연결 어미로 나란히 이어져서 만들어지는 겹문장을 이어진문장 또는 연합문이라고 한다.

의미가 독립적일 때-대등하게 이어진 문장

'중기는 극장에 가고, 혜교는 도서관에 갔다'라는 이어진문장에서 앞 절과 뒷절의 의미에 어떤 관계가 있는지 살펴보면, 서로 별 관계가 없는 듯이 보인다. 서로 독립적이다. 그래서 앞 절과 뒷절의 순서를 바꾸어, '혜교는 도서관에 가고, 중기는 극장에 갔다'라고 해도 의미에 큰 차이가 없다. 앞 절과 뒷절의 의미 관계가 이처럼 서로 독립적인 경우를 **대등하게 이어진 문장**(병렬문)이라고 한다.

대등하게 이어진 문장의 앞 절과 뒷절은 짜임새나 뜻으로 보아 서로 대칭을 이룬다. '날씨도 따뜻하고 바람도 불지 않는다'(나열). '도서관을 가든지, 학원을 가든지 마음대로 해라'(선택). '눈이 내리지만, 날은 춥지 않다'(대조). 이처럼 앞 절과 뒷절이 '나열, 선택, 대조'의 의미 관계로 이어진 문장이 대등하게 이어진 문장이다. 그리고 이때에 쓰이는 '-고, -(으)며, -면서, -든지, -거나, -지만, -(으)

나' 등의 연결 어미를 **대등적 연결 어미**라고 부른다.

그러나 대등적 연결 어미 '고'가 쓰였다고 해서 반드시 대등하게 이어진 문장이 되는 것은 아니다. '혜교는 청진기를 내려놓고, 중기를 빤히 바라보았다'처럼 주어가 같고 시간으로 보아 두 문장이 선후 관계에 있는 경우는, 대등하게 이어진 문장이 아니라 나중에 살펴볼 '종속적으로 이어진 문장'이다. 이처럼 어떤 문장이 대등하게 이어진 문장이냐, 종속적으로 이어진 문장이냐를 가를 때에는 어떤 연결 어미가 쓰였느냐 하는 것보다 앞 절과 뒷절의 의미 관계가 더 중요하다.

대등적 연결 어미가 아니라 접속 조사 '와/과'로도 이어진문장이 만들어진다. '나는 맥주와 피자를 좋아한다'는 얼핏 보아 홑문장처럼 보이지만, 이것도 홑문장 '나는 맥주를 좋아한다'와 '나는 피자를 좋아한다'가 이어져서 만들어진 겹문장이다. '아라와 승호가 어제 일본으로 떠났다'라는 문장도 '아라가 어제 일본으로 떠났다'와 '승호가 어제 일본으로 떠났다'가 접속 조사 '와'로 대등하게 이어진 문장이다.

여기에는 반론도 있다. '나는 맥주와 피자를 좋아한다'는 문장과 '나는 맥주를 좋아하고, 나는 피자를 좋아한다'라는 문장의 의미는 좀 다르다는 것이다. '아라와 승호'가 따로따로 일본으로 떠난 것이 아니라 둘이 함께 떠났다면 '아라와 승호'는 원래부터 하나인 주어, 곧 '복합 주어'일 가능성도 있다는 것이다.

의미가 종속적일 때 – 종속적으로 이어진 문장

'바람이 불어서 꽃이 떨어졌다'라는 문장에서 앞 절과 뒷절의 의미 관계를 살펴보자. '꽃이 떨어졌다'라는 말을 하기 위해서 그 원인으로 '바람이 불었다'는 이야기를 한 것이다. 앞 절과 뒷절의 의미가 서로 독립적이지 않다. 그래서 앞 절과 뒷절의 순서를 바꾸어 '꽃이 떨어져서 바람이 불었다'라고 쓰면 문장이 성립하지 않는다. 이처럼 앞 절의 의미가 뒷절의 의미에 종속되어 있는 이어진문장을 **종속적으로 이어진 문장**이라고 한다.

대등하게 이어진 문장에 비해 종속적으로 이어진 문장은 대칭적이지 않다. 대등적 연결 어미에 비해 **종속적 연결 어미**의 수가 훨씬 더 많고, 그만큼 다양한 의미로 앞 절과 뒷절을 이어 준다.

'비가 와서 길이 질다'(원인). '노동자가 없으면 기업도 없다'(조건). '북한산에 올라가려고 우리는 아침 일찍 집을 나섰다'(의도). '내일 비가 와도 야구 경기는 열린다'(양보). '눈은 오는데 날씨는 춥지 않다'(상황). '날이 갈수록 세상이 각박해져 간다'(심화).

이렇게 '-고(서), -자, -아서/-어서, -(으)니까, -(이)라서, -(이)기에, -아도/-어도, -ㄹ지라도, -(으)면, -거든, -ㄴ/는/은데, -(으)러, -게, -도록, -다가, -듯, -ㄹ수록, -어야' 등등 여러 가지 종속적 연결 어미가 쓰여서 '계기, 전제, 연속, 이유, 양보, 가정, 상황, 목적, 결과, 전환, 비유, 심화, 당위' 등 수많은 의미 관계를 맺으며 종속적으로 이어진 문장을 만든다.

종속적으로 이어진 문장의 앞 절은 여러 가지 의미 관계를 맺으며 뒷절에 종속된다. 그런데 '아침 일찍 일어나면, 해가 뜨는 것을 볼 수 있다'에서 '아침 일찍 일어나면'은 뒷절 '해가 뜨는 것을 볼 수 있다'를 수식하는 것으로 볼 수도 있다. 다시 말해, 종속적으로 이어진 문장의 앞 절을 뒷절을 수식하는 부사절이라고 볼 수도 있다는 말이다. 그렇다면 이 문장은 '종속적으로 이어진 문장'이 아니라, '부사절을 안은 문장'이 된다.

종속적으로 이어진 문장의 앞 절을 부사절로 볼 수 있는 근거로 두 가지를 들 수 있다. 먼저, 종속적으로 이어진 문장의 앞 절은 뒷절 속으로 이동할 수도 있다. 앞의 문장을 '해가 뜨는 것을 아침 일찍 일어나면 볼 수 있다'라고 바꿔 쓸 수도 있다는 뜻이다. 또, 대등하게 이어진 문장에서는 앞 절이나 뒷절에 재귀 대명사를 쓸 수 없다. 예를 들어 '석봉이는 글을 쓰고, 자기 동생은 마당을 쓸었다'처럼 대등하게 이어진 문장에서 재귀 대명사를 쓰면 어색한 문장이 된다. 그러나 종속적으로 이어진 문장에서는 재귀 대명사를 쓸 수 있다. '석봉이는 마음씨가 착해서 자기 동생을 보살펴 주었다'처럼 쓸 수 있다는 뜻이다. 이것은 종속적으로 이어진 문장의 앞 절을 부사절로 보는 근거가 된다. 다른 측면에서 말하자면, 종속적 연결 어미를 부사형 어미로 볼 수도 있다는 뜻이다.

이것을 저렇게 볼 수도 있고, 저것을 이렇게 볼 수도 있다? 특정한 언어 현상에 대해서 다양한 사고와 견해를 인정하는 것은 학문하는 데 바람직한 자세일 수 있겠지만, 학교에서 가르치는 문법이 지나치게 열려 있으면 학생들은 좀 헷갈리지 않을까?

한국어는 끝까지 들어 봐야 한다

| 문법 요소 1. 종결 표현 |

● 한국어의 문법 요소

문장을 이루는 재료들 곧 조사나 어미, 단어 등을 **문법 단위**라고 한다. 문법 단위는 문장 속에서 여러 가지 기능을 한다. 예를 들어 조사 '이/가'는 체언에 붙어 주격이나 보격임을 나타낸다. 선어말 어미 '-았/었-'은 과거라는 시제를 나타낸다. 단어 '안/못'은 용언 앞에 쓰여서 부정 표현을 만든다. 문법 단위가 나타내고자 하는 격이나 시제, 부정 등의 기능을 크게 몇 가지로 묶어서 **문법 요소** 또는 **문법 범주**라고 한다.

문법 요소에는 '격(格, case), 인칭(person), 성(性, gender), 시제(tense), 상(相, aspect), 서법(敍法, mood), 태(態, voice), 비교

(comparison)' 등 여러 가지가 있다. 세계의 어떤 언어든 문법 요소는 동일할 것 같지만, 실은 그렇지 않다. 예컨대 우리가 서양 언어를 배울 때는 단어의 성을 외우려고 애쓰기도 하고, 비교 구문 때문에 헷갈리기도 하지만, 우리말에서 성이나 비교라는 문법 요소는 아예 다루어지지 않거나 별로 다루어지지 않는다. 한마디로 골치 썩을 일이 없다.

거꾸로 우리말에서는 높임 표현이 매우 중요한 문법 요소지만, 서양의 여러 언어에서는 높임 표현이 별로 중요하지 않다. 그러므로 그들 나라말에서는 높임 표현이 문법 요소로 설정되지 않는다. 우리말의 대표적인 문법 요소로는 종결 표현, 높임 표현, 시제 표현, 피동 표현, 사동 표현, 부정 표현을 들 수 있다.

한 남학생이 여학생에게 더듬거리며 말한다. '내가, 어제, 너에게, 이것을……' 주어, 목적어, 부사어가 다 나왔는데, 남학생이 여학생에게 하려는 말이 무엇인지 도무지 알 수가 없다. 아직 서술어가, 다시 말해 문장의 끝부분이 나오지 않았기 때문이다. 게다가 무엇을 해 달라고 하는 건지, 그저 자기 뜻을 전하려는 건지도 알 수 없다. 말 그대로 끝까지 들어 봐야 알 수 있다. 이처럼 우리말은 종결 표현이 무엇이냐에 따라 문장의 의미가 달라진다. 종결 표현은 종결 어미가 무엇이냐에 따라 결정되고, 이에 따라 우리말 문장은 보통 '평서문, 의문문, 명령문, 청유문, 감탄문' 다섯 가지로 나뉜다. 서법(敍法, mood)으로 바꾸어 말하면 '평서법, 의문법, 명령법, 청유법, 감탄법'이다.

● 그래서 어쩌라고?
-평서문

'지금 창밖에는 비가 내린다.' 이 문장에서는 말하는 이가 듣는 이에게 특별히 요구하는 바가 없다. 자기 생각을 단순히 전달하는 문장이다. 이런 문장을 평서문이라고 한다.

평서형 종결 어미로는 '-다'가 쓰인다. 그런데 상대 높임의 등급에 따라 종결 어미가 달라진다. '투수가 공을 던진다/던지네/던지오/던집니다'처럼 '-다/-네/-오/-ㅂ니다'로 달리 나타난다. 그래도 모두 평서문이고 모두 평서형 종결 어미다.

평서형 종결 어미 '-다'는 앞뒤에 오는 형태소에 따라 형태가 바뀌기도 한다. '아까 보니까 눈이 오더라' '머지않아 봄이 오리라' '군자는 입이 무거워야 하느니라'에서는 '-더-, -리-, -니-' 다음에 '-라'로 형태가 바뀌었다. '그녀는 나를 사랑이라고 불렀다'에서는 인용격 조사 '고' 앞에서 '-라'로 형태가 바뀌었다.

'강원도에는 눈이 많이 내리지'에 쓰인 '-지'는 '이미 알고 있음'을 의미하는 종결 어미다. 말하는 이가 자신이 이미 알고 있는 '강원도에는 눈이 많이 내린다는 사실'을 듣는 이에게 전달하는 말이다. '내일은 그 친구가 틀림없이 나타나렷다', '네가 나를 배신했것다'에서는 '확인, 강조'를 의미하는 평서형 종결 어미 '-렷다, -것다'가 쓰였다.

'생일 선물로 다이아몬드 반지를 사 주마'에서 '-마'는 '약속'을 뜻하는 종결 어미다. '-ㅁ세, -ㄹ게, -리다' 등은 말하는 이가 어떤 행동을 하기로 듣는 이에게 약속하는 문장을 만든다.

말하는 이가 듣는 이에게 뭔가를 약속할 때는 대개 듣는 이가 바라는 일을 들어주겠다고 약속하는 것이다. 그러므로 듣는 이에게 해가 되는 행위를 약속하는 문장은 어색하다. '그래, 내가 너를 때리마'(?). 따라서 듣는 이에게 해가 되는 행위를 약속하는 문장은 반어적인 느낌이 난다. '오냐, 내가 너를 반드시 죽여 주마.' 사극에서나 나올 법한 대사가 되는 것이다.

일반 평서문은 말로만 그치는 문장이지만, 이런 약속 기능을 하는 평서문은 다른 평서문과 달리 말을 함으로써 약속이라는 행위가 성립한다. 그래서 어떤 학자들은 약속 표현을 별도의 종결 표현으로 보자고 주장한다.

"빨리 일어섭니다."

예비군 훈련장에서는 이런 평서문을 많이 들을 수 있다. 어린 조교들이 나이 많은 선배 예비군에게 명령문을 사용할 수 없어서 이런 표현을 사용하는 것일까? 어쨌든 의미는 '빨리 일어나세요'다. '씩씩한 어린이는 울지 않습니다'는 부모나 유치원 교사가 아이들에게 할 법한 말이다. '울음을 그치라'는 뜻이다. 이처럼 형식은 평서문이지만 의미를 따져 보면 명령형인 문장도 있다. 평서문의 특별한 기능이라고 할 수 있을지 모르겠다.

● 꼭 궁금해서 묻는 것은 아니다
- 의문문

'어제는 어디 갔니?'처럼 말하는 이가 듣는 이에게 대답을 요구하는 문장을 의문문이라고 한다. '근호는 벌써 자니/자나/자오/잡니까?'처럼 의문문도 평서문처럼 상대 높임의 정도에 따라 종결 어미의 형태가 달리 나타난다.

말하는 이가 듣는 이에게 요구하는 대답의 성격에 따라 의문문은 몇 가지 유형으로 나뉜다. '우리 오늘 어디에서 만나요?' 같은 의문문은 말하는 이가 듣는 이에게 구체적인 대답이나 설명을 요구하는 의문문이다. 이런 의문문을 **설명 의문문**이라고 한다.

'점심으로 무엇을 먹었니?(↘)' '왜 그런 짓을 했니?(↘)' '전화를 발명한 사람은 누구입니까?(↘)'처럼 설명 의문문에는 '무엇을 물어보는지'를 나타내는 의문 대명사 '누구, 어디, 무엇, 왜' 등이 반드시 들어 있다. 설명 의문문은 문장 끝에 억양을 높이지 않아도 된다. 이미 의문 대명사가 들어 있어 듣는 이가 의문문임을 알기 때문이다.

'지금 비가 오나요?(↗)'는 말하는 이가 듣는 이에게 '예/아니요'로 답해 주기를 바라는 의문문이다. '지금 비가 오는지 안 오는지'

판정을 내려 달라고 요구하는 의문문이기 때문에 **판정 의문문**이라고 한다.

'오늘 저녁에 시간 있니?(↗)' '디캐프리오 나오는 그 영화 봤니?(↗)'처럼 판정 의문문의 끝에서는 억양을 올려야 한다. 의문 대명사가 문장 속에 나타나지 않기 때문에 의문문임을 나타내는 보조 수단이 필요한 것이다.

'내가 점심 한 번쯤 못 사겠니?'는 의문형 어미가 붙어 있기는 하지만, 말하는 이가 듣는 이에게 굳이 대답을 요구하는 의문문은 아니다. '점심 한 번쯤은 살 수 있다'는 뜻을 강조하는 평서문의 기능을 한다. 이처럼 의문문의 기능이 아니라, 다른 종결 표현의 기능을 하는 의문문을 **수사 의문문**이라고 한다.

수사 의문문은 '그렇게만 된다면 얼마나 좋을까?'처럼 감탄의 뜻을 나타내기도 하고, '얼른 일어서지 못할까?'처럼 명령의 뜻을 나타내기도 한다. '내가 이까짓 것을 못 들겠어?'라고 할 때는 '들 수 있다'는 것을 강조하려고 반어법을 사용하는 것이다. 이 때문에 수사 의문문을 '반어 의문문'이라고도 한다.

'그걸 알면 내가 천재게?' '이게 무슨 꼴이람?' '쟤는 또 왜 저런다니?' 여러 가지 의문형 종결 어미로 끝나는 이런 문장들도 굳이 대답을 요구하지 않는 수사 의문문이라고 볼 수 있다.

부정 의문문에 대한 대답을 할 때, 우리말과 영어는 대답하는 방식이 다르다. 예를 들어 '아직 식사 안 하셨나요?'라는 질문에 식사를 했으면 '아니요, 했어요'라고 대답하고, 안 했으면 '예, 안 했어요'

라고 대답하는 것이 우리말 어법에 맞는 방식이다. 우리말에서는 듣는 사람을 중심에 놓고 대답한다. 다시 말해 듣는 사람(물은 사람) 입장에서 긍정이면 '예'라고 대답하고, 부정이면 '아니요'라고 대답하는 것이다. 우리말에서 '예'라는 것은 말하자면 '당신 말씀이 맞소'라는 뜻이다.

영어는 다르다. 묻는 사람이 긍정으로 물었건, 부정으로 물었건 상관없이 자신의 대답이 긍정이면 무조건 'Yes', 부정이면 무조건 'No'다.

그런데 우리나라 사람들도 요즘에는 많이들 서양식으로 대답한다. 그래서 '예, 아니요'라는 대답을 듣고도 뒷말을 더 들어야 의사소통이 된다. '예, 했어요/안 했어요.' '아니요, 했어요/안 했어요.' 영어를 너무 열심히 공부한 탓인지 우리말이 많이 혼란스러워졌다. 실은 서양에서도 이런 경우는 마찬가지로 많이 혼란스러워졌다. 그 사람들도 대답을 끝까지 들어야 의사소통이 된다는 뜻이다.

● '그러다 넘어질라'도 명령일까?
─ 명령문

'물 좀 주시오'처럼 말하는 이가 듣는 이에게 자기 의도대로 행동해 줄 것을 요구하는 문장을 명령문이라고 한다. 명령문은 서술어의 어간에 '-어라/-아라, -거라, -여라, -너라' 등의 명령형 종결 어미가 붙어서 만들어진다. '옷을 달라고 하다'에 쓰인 '달다'의 명령형은 '다오'다.

명령문은 듣는 이에게 어떤 특정한 행동을 하라고 요구하는 것이다. 그러므로 명령형의 주어는 늘 2인칭 대명사다. 그래서 굳이 밝히지 않아도 되므로 주어를 생략하는 것이 보통이다. '(너는) 공부를 열심히 해라', '얘들아, (너희는) 먼저 가라' 등등.

또, 듣는 이에게 어떤 특정한 행동을 하라고 요구하는 것이기 때문에 동사만이 쓰일 수 있고, 형용사나 서술격 조사는 쓰일 수 없다. '아들아, 너는 키가 좀 작아라'(×). '이것은 빵이어라'(×). 형용사나 서술격 조사가 명령문에 쓰일 수 없는 것은 그것들에 '동작성'이 없기 때문이다. 행동을 요구할 수가 없는 것이다. 그런데도 앞에서 잠깐 말했듯이 형용사를 명령문에 쓰는 경우가 늘고 있다. '행복하세요'(인사말). '건강하세요'(인사말). '봄처럼 새로워라'(시). 모두 비문법적인 문장이다. 그러나 이런 경우가 점점 많아지는 것을 보면 우리말 문법이 조금 바뀌어야 하나, 아니면 우리말에도 형용동사라는 품사가 새로 생기려나, 하는 생각이 든다.

명령문에는 시제를 나타내는 어미가 붙지 않는다. '저것 좀 보아라'처럼 명령문에는 동사 어간 '보-'에 명령형 종결 어미 '-아라'가 바로 붙는다. '저것을 좀 보았어라/보겠어라/보더라'처럼 시제 형태소인 '-았-, -겠-, -더-' 등을 붙이면 문법에 안 맞는 문장이 된다.

평서문, 의문문, 감탄문에서는 부정을 나타내는 보조 용언으로 '아니하다/못하다'가 쓰인다. '아라는 그곳에 가지 않았다/못했다,

않았니?/못했니?, 않았구나/못했구나.' 그런데 명령문에서는 부정을 나타내는 보조 용언으로 '말다'가 쓰인다. '아라야, 그곳에 가지 마(라).' '가지 말아(라)'라고 써도 된다. 복수 표준형이다. '가지 마요'도 되고, '가지 말아요'도 된다. 그러나 '그곳에 가지 마십시오'라고 써야지 '그곳에 가지 말으십시오'(×)는 안 된다.

명령문은 대개 말하는 이와 듣는 이가 직접 만난 자리에서 쓰이는 **직접 명령문**이다. 그런데 신문이나 현수막, 표어, 시험 문제지 등 매체를 통해서 명령문이 쓰일 때가 있다. 이렇게 간접적으로 쓰이는 명령문을 **간접 명령문**이라고 한다.

'다음 중 알맞은 답을 보기에서 고르라.' '정부는 청년 실업 대책을 마련하라.' 이처럼 간접 명령문은 동사 어간에 '-(으)라'가 붙어서 이루어진다. 신문 기사나 표어 등에 쓰이는 간접 명령문에 일반적인 명령형 종결 어미를 사용하면 문장이 어색해진다.

"노동법 개악 말아라."(?)

"한일 '위안부' 합의 철회해라."(?)

"노동법 개악 말라", "한일 '위안부' 합의 철회하라"라고 써야 제대로 된 간접 명령문이 된다.

뜻과 기능이 조금씩 다른 명령문도 있다. '모두 강당에 모여라'(지시). '신이시여, 우리를 구원하소서'(간청). '그럼 너 먼저 먹으렴'(허락). '그러다 넘어질라'(경계). 각각 서로 다른 명령형 종결 어미 '-어라, -소서, -(으)렴, -ㄹ라'를 쓴 것에 주의하자.

숫제 명령이다
−청유문

'우리 이제 집에 가자'처럼, 말하는 이가 듣는 이에게 어떤 행동을 같이할 것을 요청하거나 제안하는 문장을 '청유문'이라고 한다. 청유문은 뜻으로 보면 명령문과 비슷하지만, 주어에 듣는 이와 말하는 이가 함께 포함된다.

'우리도 앞으로 나가자' '우리도 이 사업에 함께 참여하세' '다 같이 세금을 내지 맙시다' '이제 슬슬 가시지요'처럼 청유문은 청유형 종결 어미 '−자, −(으)세, (으)ㅂ시다, −시지요' 등이 붙어서 이루어진다.

명령문이 2인칭으로 이루어진다면, 청유문은 1인칭 복수로 이루어지는 명령문이라고 할 수 있다. 그래서 청유문의 특징은 명령문의 특징과 비슷하다. 먼저, 청유문은 듣는 이에게 어떤 행동을 함께 할 것을 요구하는 문장이므로 '우리'만이 주어로 쓰일 수 있다. 그래서 '(우리) 같이 밥이나 먹으러 가세', '애들아, 여기부터 (우리가) 치우자'처럼 흔히 주어가 생략된다.

청유문에서도 어떤 행동을 같이 하자는 것이므로 동사만이 서술어로 쓰일 수 있다. 그래서 '애들아, 우리 좀 더 느리자'(?), '우리는 앞으로 개구쟁이이자'(?)와 같이 형용사나 서술격 조사가 서술어로 쓰인 청유문은 있을 수 없다.

그런데 학교의 교훈에서는 형용사가 서술어로 쓰인 청유문을 흔히 볼 수 있다. '부지런하자' '성실하자' '정직하자' 등등. 이런 말을 교훈으로 삼은 교장 선생님의 심정을 모르는 바는 아니지만, 어쨌든 문법에 맞지 않는 문장이다.

시간 표현을 나타내는 어미 '-았/었-, -겠-, -더-'가 쓰일 수 없다는 것도 명령문과 같다.

청유문도 명령문과 비슷하므로 부정을 나타내는 보조 용언으로 '세금 내지 맙시다', '꽃으로도 때리지 말자'처럼 '말다'가 쓰인다.

청유문은 원칙적으로 말하는 이가 듣는 이에게 어떤 특정한 행동을 같이하자고 요청하는 문장이다. 그런데 말하는 이만의 행동을 요청하는 특별한 용법으로 쓰일 수도 있다. '나도 말 좀 하자', '좀 내립시다'에서는 주어가 '우리'가 아니라 '나'다. 자기 혼자 어떤 행동을 하게 해 달라는 요청의 뜻을 지닌다. 형식으로 보면 청유문이지만, 의미를 보면 말하는 이가 자신의 행동을 듣는 이에게 허락해 달라고 요청하는 문장이다.

'거 좀 조용히 합시다', '내리고 탑시다'는 어떨까? 청유문 형식을 빌리기는 했지만 의미상으로는 '조용히 하세요', '타지 말고 기다리시오'라는 명령의 뜻을 지닌다. 청유문도 어떤 상황에서 말해지느냐에 따라 특수한 기능을 한다는 것을 알 수 있다.

● 감정을 드러내는 유일한 문장 표현
─ 감탄문

'앗, 뜨거워라!'처럼 말하는 이가 듣는 이를 의식하지 않거나 거의 독백하는 상태에서 자신의 느낌을 표현하는 문장을 '감탄문'이라고 한다.

'아, 오늘 하루가 벌써 다 갔구나', '앗, 아파라!'처럼 감탄문은 감탄형 종결 어미 '-구나, -어라/-아라, -네, -구먼' 등이 붙어서 만들어진다.

감탄문은 평서문과 구성이 별로 다르지 않지만, 감정을 표출하는 정서적 기능을 갖춘 문장이라는 점에서 평서문과 다르다. 그리고 감탄문은 말하는 이가 새롭게 알게 된 사실에 대해 말할 때에 쓰이는 문장이다.

'-구나, -구먼, -구려'가 붙는 '구'형 감탄문은 새롭게 알게 된 사실에 대해서 쓰이는 일반적인 유형이다. '승호가 결혼을 했구나/했구먼/했구려'라고 하면, 말하는 이는 승호가 결혼한 사실을 처음으로 알게 되었다는 의미를 나타낸다. '-구나'가 줄면 '-군'이 되고, '-군'에 보조사 '요'가 붙으면 '-군요'가 된다. 그렇군요.

새롭게 알게 된 사실에 대해서, 자신의 느낌을 즉각적으로 아주 강하게 표현할 때에는 '-어라'형 감탄문이 쓰인다. '아이고, 추워라!' '앗, 차가워라!' '-어라' 대신 '-어'가 쓰이기도 한다. '아이고, 추워!' '앗, 차가워!' 이렇게 말하는 이는 추위나 차가움을 느끼자마자 즉각적으로 반응해 강하게 말하는 것이다. 아주 크게 소리를 지를지도 모른다. 그래서 문장 첫머리에 '앗, 아이고' 같은 감탄사가 등장하는 것이 일반적이다. 그만큼 듣는 사람은 생각지도 못하는 상황이며, 독백으로 나타나는 문장이라고 하겠다.

'-어라'형 감탄문에는 형용사만 쓰일 수 있다. '우리 팀이 졌구나' 하고 말할 수는 있어도, '우리 팀이 졌어라' 하고 말할 수는 없다. 그러나 '미역국이 아주 뜨겁구나' 하고 말할 수도 있고, '아이고, 뜨거워라' 하고 말할 수도 있다. 이처럼 '구'형 감탄문에는 동사와 형용사 모두 쓰일 수 있지만, '-어라'형 감탄문에 동사가 쓰이면 어색한 문장이 된다.

어? 그럼 교과서에 자주 나오는 변영로 선생의 시 〈논개〉에서 후렴처럼 쓰인 '양귀비꽃보다도 더 붉은 그 마음 흘러라'라는 구절은 뭐지? '흐르다'는 동사잖아? 이렇게 생각하는 사람도 있을 것이다. 이것은 시적 허용이라는 것이다. 시에서는 문학적 효과를 높이기 위해서 가끔 비문도 쓰이는 것.

'아, 오늘은 날씨가 정말 춥구나'는 말이 돼도, '아, 오늘은 날씨가 정말 추워라'는 말이 안 된다. '구'형 감탄문에는 독립어와 서술어뿐만 아니라 주어나 부사어와 같은 다른 문장 성분도 나타날 수 있다. 그러나 '-어라'형 감탄문에는 독립어와 서술어만 나타날 수 있고, 주어와 부사어 등이 등장하면 비문법적인 문장이 된다. '-어라' 형 감탄문은 자기의 느낌을 즉각적으로 표현하는 감탄문인데, 그와중에 주어, 부사어 등을 챙기면 이상하기 때문일 것이다.

얻다 대고 반말이야?

| 문법 요소 2. 높임 표현 |

"고객님, 감사합니다." 은행에서건 백화점에서건 흔히 듣는 말이
다. 그러나 듣고 나면 마음이 편치 않다. '고객'이란 단어 자체가 높
임말인데 거기에 '님' 자를 더 붙여서 불러 주니, 황송하다. 지나치
게 황송하다. 하긴 '고객'이라고 부르는 것도 어색하긴 하다. 그냥
'손님'만으로 충분하다. 듣기에도 부드럽고 더 정겹다.

사무실에서 자리를 비웠다가 돌아오면 가끔 부하 직원이 이렇게
말한다. "이사님, 아까 전화 오셨는데요." 전화가 오셔? 뭔가 이상
하다. 상사에게 공경하는 태도를 보이려는 직원의 마음을 모르는
건 아니지만, 뭔가 잘못되었다.

자고로 예의를 중요하게 여겨 온 우리 민족에게 예의에 어긋나지
않게 말하는 것은 매우 중요한 일이다. 우리말은 듣는 이가 누구냐

에 따라서, 그리고 어떤 대상에 대해 이야기하느냐에 따라서 말하는 방식이 다르다. 말하는 이가 어떤 대상이나 상대에 대해 높이거나 낮추어 표현하는 방식을 '높임법'이라고 하고, 높임법이 문장 속에 나타난 것을 '높임 표현'이라고 한다.

높임법은 높이는 대상이 누구냐 또는 무엇이냐에 따라서 높임을 실현하는 방법이 달라지는데, 상대 높임법, 주체 높임법, 객체 높임법, 이렇게 세 가지가 있다.

● 듣는 이에 맞추어 말하는 상대 높임법

"선생님, 근영이는 먼저 집에 갔습니다." 이 문장에서 듣는 이는 선생님이고, 말하는 이는 학생이다. 선생님에게 하는 말이므로 '습니다'라는 종결 어미를 사용해서 듣는 이(선생님)를 아주 높여 표현했다. "현주야, 근영이는 먼저 집에 갔다." 이 문장에서 듣는 이는 아마 말하는 이와 친구인 현주라는 학생이다. 그래서 '-다'라는 종결 어미를 사용해서 듣는 이(친구)를 낮추어 표현했다. 이처럼 특정한 종결 어미를 사용해서 듣는 이(상대)를 높이거나 낮추어 표현하는 것을 상대 높임법이라고 한다.

상대 높임법에 쓰이는 종결 어미는 6개 등급이 있다.

'기차가 온다'(평서문), '지하철을 타자'(청유문), '택시를 타라/타렴/타려무나'(명령문), '숙제는 했니?/했느냐?'(의문문), '비가 오는

구나!'(감탄문)에 쓰인 종결 형태를 **해라체**라고 한다. 아주낮춤 등급이다. 듣는 이가 손아랫사람일 때나, 아주 가까운 사이에 쓴다.

'서울에 댄스홀을 허하라', '옥시 영국 본사, 진정 사과한다면 수사 협조하라'처럼 간접 명령문에 쓰이는 '하라체'도 해라체의 변형이라고 볼 수 있다. 그러므로 상대 높임법의 하나라고 할 수 있는데, 하라체는 주로 광고문, 연설문, 신문 사설의 제목 등에서 볼 수 있다. 그러나 이때의 상대는 특정 개인이 아니므로, 상대를 낮추거나 높일 의도가 있다고 보기 어렵기 때문에 '중립체'라고 해도 되겠다.

'이제 가지'(청유문), '여기 앉아'(명령문), '이걸 먹어?'(의문문)에서는 **해체**가 쓰였다. 해체도 친구 사이나 아랫사람에게 쓰는데, 해라체보다는 상대를 한 등급 위로 대우한다. 서로 넘나들 수도 있지만, 엄격하게 구별해 써야 하는 경우도 있다. 장교가 공식적인 자리에서 부하들에게 '나는 이번에 새로 부임한 소대장이다'라고 말해야 할 때, '나는 소대장이야'라고 말하면 안 된다. 직장에서 상사가 부하 직원에게 '김 대리도 거기 갈 거냐?' 하고 말해도 안 된다. 그렇게 말했다가는 예의를 모르는 사람이 된다. 하긴, 예의를 모르는 갑질 상사도 적지 않다.

해체를 '반말', '반말체'라고도 하는데, '반말'이라는 단어의 뜻에는 '손아랫사람에게 하듯 낮추어 하는 말'이라는 일반적인 뜻도 있으니까 구별해서 사용해야 한다. "당신, 얻다 대고 반말이야?" 하고 누군가 쌍심지를 돋우면서 말한 '반말'은 절대 '해체'를 가리키는 게 아닌 것이다.

'잘 알겠네'(평서문), '같이 가세'(청유문), '여기 좀 앉게'(명령문), '비가 오는가?'(의문문)에서는 **하게체**가 쓰였다. 하게체는 보통으로 낮추면서 상대를 약간 대접해 말할 때 쓴다. 보통 나이 든 사람이 손아랫사람을 대접할 때나 친구 사이에 점잖게 말할 때 하게체로 말한다. 하지만 요즘에는 하게체를 쓰는 사람을 보기 어렵다. 텔레비전 드라마에서 장인이 사위에게 말할 때나 쓰는 말이 되었다. 높임법이 복잡해서 사람들이 그냥 해체를 사용하는 것도 한 가지 이유이겠다.

'보고 싶소'(평서문), '줄을 서시오'(명령문), '다 그런 거 아니겠소?'(의문문), '해가 지는구려'(감탄문)에서는 **하오체**가 쓰였다. 상대를 보통으로 높이는 이 높임법도 사극에서나 쓰이지 현대 한국어에서는 사라져 간다. 하지만 경고문이나 안내문에서는 아직도 하오체가 많이 쓰인다. '이쪽으로 가시오' '당기시오' '담배를 피우지 마시오' 등등.

'예, 아니요'로 답하라고 할 때의 '아니요'를 '아니오'로 아는 사람이 많은데, '아니오'는 '이것은 파이프가 아니오', '거미는 곤충이 아니오'처럼 서술어로만 쓴다. '예/네'에 상대되는 말은 '아니요'다. '밥은 먹었니?' 하고 물으면 '아니요, 아직 안 먹었어요'라고 대답한다. 이때의 '요'는 보조사로 하오체의 어미 '-오'와는 다르다. 보조사 '요'는 문장 속에서 빠져도 문장에 해를 끼치지 않는다. 예를 들어, '아니요' '참 잘했어요' '그것 참 안됐군요'에서 '요'를 빼도 완전한 문장이 된다. '요'는 해체에 존대의 뜻을 나타내기 위해서 덧붙이는 보조사이기 때문이다.

'책을 읽었어요'(평서문), '얼른 들어가요'(명령문), '벌써 끝났어요?'(의문문), '밖에 눈이 와요!'(감탄문)에 쓰인 **해요체**가 바로 해체에 보조사 '요'를 덧붙인 형태다. 앞에서도 말했듯이 '요'는 빼도 완전한 문장이 되며, 그때 남은 종결 어미가 해체라고 생각하면 된다. 예를 들어 '그만 가지'에서 '-지'가 해라체인지 해체인지 헷갈릴 때는 '요'를 붙여 보는 것이다. '그만 가지요.' 말이 된다. 그럼 '-지'는 해라체가 아니라 해체 어미다. 해라체에 '요'를 붙인 '그만 가자요'는 말이 안 된다. 농담으로 이렇게 말하는 것은 들어 봤지만.

'학교에 가십니다'(평서문), '안녕히 가십시오'(명령문), '댁에 가십니까?'(의문문)에서는 **하십시오체**가 쓰였다. 듣는 이를 가장 정중하게 대우하는 등급으로, 격식을 갖추어야 할 자리에서는 반드시 하십시오체를 써야 한다. 하십시오체와 해요체를 섞어서 쓰는 수도 많다. "안녕하십니까? 오랜만입니다. 그동안 어떻게 지내셨어요?" 이렇게 섞어 써도 이상하지 않다. 그런데 반드시 하십시오체를 써야 할 경우도 있다. 텔레비전 뉴스의 진행자가 "아홉 시 뉴스를 시작하겠어요"라고 말하면 사람들은 개그 프로그램이라고 생각할 것이다.

상대 높임법은 듣는 이의 나이나 사회적 지위 등을 따져 상대방을 높이거나 낮추는 언어 예절이다. 원칙적으로는 사회적인 규범에 따라 격식을 갖추어서 높임법을 결정해야 한다. 이럴 때 쓰이는 어미가 '하십시오체, 하오체, 하게체, 해라체'다. 그래서 이들 네 가지 어미를 격식체라고 한다.

그러나 말하는 이와 듣는 이의 관계가 반드시 격식을 차려야 하는 관계가 아닐 때도 있다. 둘 사이의 관계가 친밀할 때, 말하는 이의 개인적인 감정이나 느낌, 태도 등을 듣는 이에게 전달하며 쓰는 어미가 '해체, 해요체'다. 이들 두 가지 어미를 '비격식체'라고 한다.

상대 높임법의 6단계와 각 단계에 해당하는 종결 어미를 정리하면 다음과 같다.

하십시오체	:	-십시오, -소서, -나이다, -ㅂ니다, -올시다
하오체	:	-오/-소, -구려, -리다
하게체	:	-게, -네, -나, -는가, -ㅁ세, -세
해라체	:	-어라/-아라, -느냐, -니, -다, -려무나, -마, -자
해요체	:	-어요, -지요, -군요, -ㄹ게요, -ㄹ까요
해체	:	-어, -야, -지, -나

이 밖에 '-(으)옵/오-, -삽/사옵/사오-, -잡/자옵/자오-' 같은 어미도 듣는 이에 대해서 공손한 뜻을 나타낸다. '죽어도 아니 눈물 흘리오리다.' '당신을 믿사옵고 따르옵니다.' '그는 벌써 떠났사옵니다.' 이 어미들은 누구의 행위를 높이거나 낮추는 것이라기보다 말

하는 이의 공손한 뜻을 나타낸다.

이런 어미들이 '-시-'와 같이 쓰일 때도 있다. '평안히 가시옵소서.' 흔히 '-시옵-' 형태로 쓰이는데, 종교 단체에서는 '-옵시-'라고 쓰는 것도 볼 수 있다. '나라이 임하옵시며, …… 우리에게 일용할 양식을 주옵시고, …… 우리 죄를 사하여 주옵시고, 우리를 시험에 들게 하지 마옵시고…….'

● 문장의 주어를 높이는 주체 높임법

학생이 친구들에게 말한다. "선생이 교실로 온다." 여기에서 서술어는 '온다'이고 '온다'라는 행위의 주체(서술어의 주어)는 '선생'이다. 이 '선생'을 높여 말하면 이 문장은 '선생님께서 교실로 오신다'가 된다. 주어인 명사에 접미사 '-님'을 붙이고, 주격 조사 '이'를 '께서'로 고치고, 서술어에 선어말 어미 '-시-'를 사용했다. 이처럼 서술어의 주체를 높이는 방법을 주체 높임법이라고 한다.

주체 높임법은 기본적으로 선어말 어미 '-시-'를 사용하는 높임법이다. 거기에다가 필요하면 주격 조사 '-께서'를 붙이거나 접미사 '-님'을 붙인다. 그런데 용언이 여러 개일 경우, 각 용언에 모두 '-시-'를 붙이면 문장이 어색해진다. '할머니가 버스에 앉으셔서 책을 읽으시고 계셨다.' 이 문장은 그냥 이렇게 고치는 게 낫다. '할머니가 버스에 앉아서 책을 읽고 계셨다.'

단순히 선어말 어미 '-시-'를 붙이는 게 아니라, '계시다, 잡수시다, 주무시다, 편찮다, 돌아가시다'와 같이 자체적으로 높임의 뜻을 지닌 특수한 용언을 사용하여 주체 높임법을 실현할 수도 있다. '할머니께서는 시골에 계신다.' '할아버지께서는 죽을 두 그릇이나 잡수셨어요.' '아버지께서 많이 편찮으세요.' 이렇게 특수한 용언이 있을 경우, 특수 용언을 쓰지 않고 '-시-'만 붙이는 것으로는 높임법이 되지 않는다. '할머니께서는 시골에 있으시다'(×). '할아버지께서는 죽을 두 그릇이나 먹으셨어요'(×). '아버지께서 많이 아프세요'(×).

물론 '계시다, 잡수시다, 주무시다, 돌아가시다' 같은 특수 용언에 흔히 나타나는 '-시-'는 선어말 어미 '-시-'와는 다르다. 원래 단어에 들어가 있는 것으로, 어미가 아니라 단어의 어간이다.

선어말 어미 '-시-' 대신 쓰는 특수 용언 외에 특수 명사도 있다. '아버지, 어머니, 할아버지, 할머니'는 그 자체로 존대의 대상이 된다. 그런데 '박사님, 교수님, 선생님, 목사님, 스님'처럼 '-님'을 붙이는 경우가 있다. 사람을 나타내는 모든 명사에 '-님'이 붙을 수 있는 것은 아니다. '임금님, 여왕님'은 돼도, '왕님'은 안 된다. '형님, 누님, 오라버님, 장모님'은 있어도 '언니님, 장인님'은 없다. '외삼촌님'이라는 말은 없지만 '외숙부님'이라는 말은 있다. '따님, 아드님'까지는 있지만, 아무리 부르고 싶어도 '손자님, 손녀님'은 없다.

그리고 '밥/진지, 나이/연세/춘추, 병/병환, 집/댁, 말/말씀'처럼 높임말이 따로 있는 명사도 있다. 그런데 '할머니는 밥을 참 잘 지으신다'라고 할 수는 있지만, '할머니는 진지를 참 잘 지으신다'라고는 할 수 없다. '할머니가 직접 드시는 밥'만 '진지'라고 표현하는 것이다. '말씀'은 '형님 말씀도 맞아요'처럼 남의 말을 높여 이르는 말이지만, '글쎄, 형님 말씀만 듣지 마시고, 제 말씀도 들어 보세요'처럼 자기의 말을 낮추어 이르는 말이기도 하다. 뜻을 정확히 알고 쓸 일이다.

'하루는 할아버지가 장터에 가셨습니다'에서는 '-시-'를 붙여서 할아버지라는 주체를 높였다. 이렇게 말하는 이가 문장의 주체(주어)를 직접 높이는 것을 **직접 높임**이라고 한다. 그런데 주체를 직접 높이지 않고 주체에 딸린 것들, 이를테면 가족, 신체의 일부, 소유물 등까지 확대하여 높임으로써 주체를 높일 때가 있다. 이것을 **간접 높임**이라고 한다. '요즘 대통령께서는 고민이 많으십니다'에서 '고민'은 사람이 아니기 때문에 원래는 높임의 대상이 되는 말이 아니다. 그런데 다른 사람도 아니고 대통령의 고민이기 때문에 높임의 대상이 된다. 그래서 고민을 높여서 표현함으로써 실제로 높여서 표현해야 할 대통령을 간접적으로 높이는 것이다.

'어머님께서도 다 생각이 있으십니다', '할머니는 아직도 귀가 밝으세요'에서는 서술절의 주어로 표현되는 대상을 높여서 문장의 전체 주어를 간접적으로 높였다. '사장님의 말씀이 있으시겠습니다', '이사님의 의견이 타당하십니다'에서는 관형어의 수식을 받는 체언(주어)을 높여서 표현함으로써 관형어로 표현된 인물을 간접적으로 높였다.

이렇게 간접 높임을 할 때에는 특수 어휘를 사용해서는 안 된다. '-시-'를 붙여서 나타내야 한다. '사장님의 말씀이 계시겠습니다(×)/있으시겠습니다(○).' '아버지는 다치신 다리가 아직도 편찮으십니다(×)/아프십니다(○).' '선생님께는 따님이 또 한 분 계십니다(×)/있으십니다(○).' 이처럼 직접 높임은 특수 어휘로 하지만, 간접 높임은 어미 '-시-'로 한다. '계시다/있으시다', '편찮다/아프시다'를 각각 구분해서 사용해야 하는 것이다.

직접 높임	선생님께서 이 자리에 계십니다.
간접 높임	선생님의 말씀이 있으시겠습니다.
직접 높임	아버지께서 많이 편찮으세요.
간접 높임	아버지께서는 다리가 아직도 아프십니다.

문장의 주체가 말하는 이에게는 윗사람이지만, 듣는 이에게는 아랫사람일 때가 있다. 이럴 때는 주체를 높여서 말하기가 어렵다. 존대하는 표현을 억누른다는 뜻일까? **압존법**이라고 한다. '할아버지, 아버지께서 오셨습니다'라고 하면 듣는 할아버지는 기분이 나빠질 것이다. 당신 앞에서 당신의 아들을 높이다니. 그래서 이렇게 말하지 않고, '할아버지, 아버지가 왔습니다'라고 말해야 한다. '-시-'를 쓸 수 없다. 이것이 압존법이다. 우리말 높임법에서는 이처럼 듣는 이의 입장에서 생각하고 말한다.

집안에서는 이렇게 철저히 압존법을 지켜야 하지만, 사회에서는 좀 다르다. 과장이 사장에게 말한다. 압존법을 지킨다면 '사장님, 이 부장은 오늘 출장입니다'라고 말해야 할 것이다. 그러나 '사장님, 이 부장님은 오늘 출장이십니다'라고 말해야 어법에 맞는다. 아무리 아랫사람이지만 사장에게도 이 부장은 존중해야 할 대상이기 때문이다. 어쨌든 갈수록 압존법은 지켜지지 않고 있다. 이 높임법도 앞으로는 텔레비전 역사 드라마에서나 보게 될 날이 올지도 모르겠다.

높임 선어말 어미 '-시-'를 사용했다 하더라도 높임의 뜻을 담지 않을 때가 있다. '이 선생, 발 좀 내리시지.' '어디 한번 덤벼 보시지.' 이런 문장에서는 듣는 이와 문장의 주어가 같다. 그런데 종결 어미는 낮춤 표현(해체)을 사용하고 주체 높임에서는 '-시-'를 사용했다. 뜻으로 보면 높임보다는 꾸짖거나 비꼬는 의미가 더 많이 드러난다.

일부러 주체 높임을 하지 않는 경우도 많다. 텔레비전이나 라디오 뉴스 방송에서는 '대통령이 이란 국빈 방문을 마치고 오늘 돌아왔습니다'라고 하지, '돌아오셨습니다'라고 하지 않는다. 아무리 대통령이라지만 국민보다 지위가 높을 수는 없기 때문이다. 교과서에서도 '세종 대왕이 한글을 창제했다'라고 하지, '창제하셨습니다'라고 쓰지 않는다. 객관적인 정보 전달이 필요한 경우에는 세종 대왕이라 하더라도 일반 명사 취급을 받는다.

주체 높임을 하지 않아야 할 경우인데도 주체 높임을 할 때가 있다. "아빠 안 계시니? 아빠 친구한테서 전화 왔었다고 전해 줄래?" 아빠 친구인데도 아빠를 주체 높임 했다. 이것은 듣는 이(자식)를 고려해서 주체를 높인 것이다. 이처럼 우리말 높임법은 어느 정도 탄력적으로 사용되고, 무엇보다 듣는 이를 고려해서 이루어진다.

● 목적어나 부사어를 높이는 객체 높임법

'인영이는 조카를 데리고 유치원에 갔다.' 이 문장에서 '데리고'의 목적어는 '조카'다. '인영이는 그림책을 동생에게 주었다'에서 '주었다'의 대상이 되는 부사어는 '동생'이다. 이 '조카'나 '동생'처럼 문장 속에서 목적어나 부사어가 되는 대상을 **서술의 객체**라고 한다.

　서술의 객체가 말하는 이나 문장의 주체보다 높여 말해야 할 사람인 경우가 있다. '인영이는 어머니를 모시고 병원에 갔다'에서는 서술의 객체가 '어머니'로 인영이보다 높여 말해야 할 사람이다. 그래서 '데리고' 대신 '모시고'라는 특수 용언을 사용했다. '인영이는 그림책을 아버지께 드렸다'에서는 서술의 객체가 '아버지'다. 그래서 '주었다' 대신 '드렸다'라는 특수 용언을 사용해 아버지를 높였다.

　이처럼 문장에서 목적어나 부사어가 되는 대상(서술의 객체)을 높이는 방법을 객체 높임법이라고 한다. 객체 높임법에서는 높임의 의미를 지니는 '모시다, 드리다, 뵙다, 여쭈다' 같은 특수 용언이 사용된다. 그리고 이에 어울리는 '께'라는 부사격 조사가 쓰인다.

'도연이는 할아버지를 뵈러 고향에 갔다.' '나래는 선생님께 궁금했던 점에 대해 여쭈어 보았다.' 객체 높임법이 쓰인 문장들인데, 현대 한국어에는 객체 높임법에 사용되는 특수 용언이 몇 개 남지 않았다.

언제 있었던 일이지?

| 문법 요소 3. 시제 표현 |

우리가 말을 하다 보면 어떤 일이 과거에 있었던 일인지, 지금 일어
나고 있는 일인지, 아니면 앞으로 일어날 일인지 말을 달리해서 시
간 표현을 해야 할 필요가 있다. 그래서 우리말을 비롯한 여러 언어
에는 시간을 나타내는 표현법이 따로 존재하는데, 이것을 '시제'라
고 한다.

　우리가 말을 할 때를 **발화시**라고 하는데, 발화시는 지금 우리가
말을 하고 있는 시점이므로 늘 현재다. 그리고 우리가 발화하는 문
장 속에서 이야기하는 사건이나 상황이 일어난 시점은 **사건시**라고
한다.

● 형태만 갖고는 알기 어렵다
– 과거 시제

'나는 어제 영화 〈해어화〉를 보았다'라는 문장에서 말하고 있는 발화시는 현재다. 그리고 영화를 본 사건은 발화시보다 앞선 어제, 곧 과거다. 이처럼 문장이 표현하는 사건이 발화시 이전에 일어난 경우의 시제를 '과거 시제'라고 한다. 이 문장에서는 '보다 → 보았다'로 어미 '-았-'을 써서 과거 시제를 표현했다. 이처럼 과거 시제를 나타내는 대표적인 방법은 과거 시제 선어말 어미 '-았/었-'을 사용하는 것이다. 물론 '어제, 옛날, 지난' 등의 표현을 사용하면 과거 시제임을 더 분명하게 알릴 수 있다.

'작년에는 해진이가 여기에 왔었지'에서는 '-았었-'을 사용해 과거 시제를 나타냈다. '-았었/었었-'도 과거를 나타내는 표현이다. 발화시보다 훨씬 전에 발생해서 현재와는 강하게 단절된 사건을 표현한다. 다시 말해 이 문장은 '지금은 해진이가 여기에 있지 않다'는 의미를 담고 있다는 뜻이다. 그냥 '작년에 해진이가 여기에 왔다'라고 하면, 해진이가 작년에 여기에 와서 지금까지 계속 있다는 것인지, 아니면 지금은 없다는 것인지 분명하지 않다. 그래서 '-았었/었었-'을 사용한 시제를 '대과거'나 '과거 완료'라고 간주하자는 사람들도 있다.

여기에는 반대 의견도 적지 않다. 특히 이오덕 선생님은, '-았었/었었-'을 사용하는 것은 서양말 어법이고 우리말에는 없는 어법이라고 했다. '작년에는 해진이가 여기에 왔었지'라는 문장은 '작년에는 해진이가 여기에 왔지'라는 문장과 의미가 같다는 것. 그래서 굳이 '왔었지'라고 하지 말고 '왔지'라고 해야 더 우리말답다는 것이다. 사실 '작년에도 해진이가 여기에 왔었지'라고 보조사 '는'을 '도'로 살짝 바꾸어 말하기만 해도 '올해도 해진이가 여기에 왔다'는 뜻이 된다. 꼭 '-았었/었었-'을 사용한다고 해서 현재와는 단절된 사건을 나타낸다고 말할 수 없다는 뜻이다. 여러분은 어떤가. '-았었/었었-'을 사용할 때와 '-았/었-'을 사용할 때, 의미의 차이가 있다고 생각하는가. 어쨌건 꼭 써야 할 필요가 없다면 '-았었/었었-' 사용을 삼가는 것이 좋겠다.

'승호는 할아버지를 많이 닮았다'에서는 '-았-'이 쓰였지만, 꼭 과거를 표현한다고 하기 어렵다. 승호는 과거뿐만 아니라 지금도 할아버지를 닮았을 것이기 때문이다. 물론 성형 수술을 받지 않았다면. 이런 경우의 '-았/었-'은 완결된 일이 현재도 지속되고 아마 미래에도 지속될 것을 나타낸다. 곧 '완결 지속'을 의미한다.

'승호는 아까 오고, 아라는 지금 왔다'에서는 '지금'이라고 현재를 나타내는 부사를 썼지만 '왔다'라는 과거 시제로 표현했다. 이것도 과거에 있었던 사건을 나타낸다기보다는 이미 실현된 일을 나타내는 것으로 보인다. 이런 경우를 '실현 인식'이라고 한다.

'밥이 엉망이 됐으니, 우리 이제 저녁은 다 먹었다'에서는 과거 시제를 썼지만 앞으로 일어날 일, 저녁에 반드시 실현될 사건을 표현한다. 이것도 '실현 인식'이다.

'근영이는 어제 드라마 촬영하고 있더라'에서는 '-더-'를 사용하여 과거 시제를 표현했다. 말하는 이가 과거의 어느 때 직접 경험하고 확인한 사건을 지금에 와서 표현할 때는 이처럼 '-더-'를 사용해서 말한다. 그래서 이 '-더-'를 '회상의 선어말 어미'라고 한다.

'-더-'는 말하는 이가 직접 경험하고 확인한 일에만 쓰인다. 그러므로 자기가 직접 경험하지 못한 일에 '-더-'를 쓰면 문장이 이상해진다. '주몽은 정말 활을 잘 쏘더라.' 주몽을 직접 본 사람은 우리 가운데 아무도 없을 것이기 때문에, 이 문장은 비문이다. 주몽을 소재로 한 영화나 드라마 속 등장인물은 이렇게 말할 수도 있겠지만.

'내가 어제 영화를 보고 있더라'라는 문장은 말하는 이가 주어다. 보통은 이런 1인칭 평서문에 '-더-'를 쓰면 어색하다. 단지 자기가 직접 경험했을 뿐 아니라 그렇게 해서 새롭게 알게 된 일에 대해서만 '-더-'를 쓸 수 있기 때문이다. '네가 어제 영화를 보았더냐?'는 2인칭 의문문인데 어색하긴 마찬가지다. 이것 또한 듣는 이(2인칭)가 직접 경험해서 새롭게 알 만한 일에 대해 묻는 것이 아니기 때문이다.

자기가 자기 일을 과거에 직접 경험해서 새롭게 알게 된다는 것은 있을 수 없는 일이다. 그런데 현실에서는 이런 일도 가끔 일어난다. '깨어 보니 나는 병원에 누워 있더라'에서는 자기 일이지만, 새롭게 경험해서 안 것이기 때문에 어색하지 않다.

'나는 매운 치킨이 더 맛있더라', '나는 그 배우가 참 좋더라'에서도 1인칭 문장에 '-더-'가 쓰였다. 그래도 어색하지 않다. 이때의

'-더-'는 서술어가 1인칭 주어의 심리를 나타내는 경우에 쓰여, 지난 일을 감탄조로 말함을 나타낸다.

이런 경우를 따져 보면, '-더-'가 단순히 과거 시제를 나타내는 선어말 어미라고 일반적으로 말하는 데에는 무리가 있다는 생각이 든다. 심지어 '어제 알아보았더니 나는 내일 가더라'라는 문장에서는 '-더-'가 앞으로 있을 일을 표현하는 데에 쓰였다.

'김 선생님은 다 읽은 책을 도서관에 반납했다.' '진구는 읽던 책을 덮고 혜교에게 말했다.' 이처럼 관형절 속의 서술어가 동사일 때, '-은, -던'을 써서 과거 시제를 나타낸다. 그런데 둘 사이에는 조금 차이가 있다. '읽은'은 동작이 완료되었음을 뜻하고, '읽던'은 동작이 완료되지 않고 중간에 중단되었음을 뜻한다. '과거 미완'이라고 한다.

'그렇게 곱던 얼굴이 많이 상하셨어요.' '예전에 씨름 선수이던 준호가 지금은 식당을 한답니다.' 이들 문장에서처럼 관형절 속의 서술어가 형용사이거나 서술격 조사일 때는 '-던'을 써서 과거 시제를 나타낸다.

'그렇게 고왔던 얼굴이 많이 상하셨어요.' '예전에 씨름 선수였던 준호가 지금은 식당을 한답니다.' 이처럼 '-던' 앞에 과거 시제 선어말 어미 '-았/었-'을 쓸 수도 있다. 과거 사건이 현재와 대조를 이루거나 현재는 사건의 내용이 달라졌음을 분명히 나타내고자 할 때, 이런 표현을 쓴다.

● 동사, 형용사가 다르다
- 현재 시제

'어린이가 잠을 잔다', '참으로 평화롭게 자는구나!'처럼 발화시와 사건시가 일치하는 시제를 현재 시제라고 한다. 서술어가 동사일 때는 이들 문장에서처럼 '-ㄴ-, -는-'이 사용된다.

'오늘은 어제처럼 날이 춥다', '저분이 새 담임 선생님이다'와 같이 서술어가 형용사이거나 서술격 조사일 때는 선어말 어미가 쓰이지 않고, 기본형 종결 어미가 바로 붙어 현재 시제를 나타낸다. 이른바 '영형태(∅)'가 쓰이는 것이다.

형용사에는 현재 시제로 선어말 어미가 쓰이지 않기 때문에, 어떤 단어의 어간에 '-ㄴ/-는다'를 붙여 보면 그 단어의 품사가 형용사인지 동사인지 알아볼 수 있다. '흥부는 행복한다'(×). '나는 그게 고맙는다'(×). '행복하다, 고맙다'는 형용사다. '아기는 자랄수록 엄마를 닮는다'(○). '나는 그 일에 감사한다'(○). '닮다, 감사하다'는 동사다.

'도서관에서 책을 읽는 학생들은 모두 이 학교 학생들이다'처럼 동사의 관형사형 현재 시제는 '-는'으로 표현한다. 그러나 형용사나 서술격 조사에서는 '-(으)ㄴ'으로 나타난다. '가장 빠른 비행기는 미국에서 개발되었다.' '미국 공군 대위인 머피가 개발한 법칙이다.' 그러나 '있다'와 '없다'는 형용사이긴 하지만, 관형사형 어미 '-는'

이 쓰인다. '교과서가 있는 사람은 그대로 있고, 교과서가 없는 사람만 손을 들어라.'

'해는 동쪽에서 뜬다', '고래는 포유류다'에서는 현재 시제가 쓰였지만, 이처럼 보편적인 사실을 전달하는 문장은 현재 시제를 사용하더라도 현재를 나타낸다고 보기는 어렵다. 시간의 제한에 구애받지 않기 때문이다.

가장 분명하게 현재 시제를 나타내는 방법은 '지금, 오늘, 요즘, 현재' 같은 시간 부사어를 쓰는 것이다. 다른 시제에서도 이런 점은 마찬가지다. '나는 내일 미국으로 떠난다'에서는 현재 시제 선어말어미 '-ㄴ-'을 사용했지만, 앞으로 일어날 일을 나타낸다. 어미보다 시간 부사어가 시제를 결정하는 데 더 큰 역할을 함을 알 수 있다.

● 우리말에도 미래 시제가 있을까?
-미래 시제

'내일은 비가 오겠다'처럼 발화시보다 사건시가 나중에 오는 시제를 미래 시제라고 한다. 미래 시제는 주로 선어말 어미 '-겠-'을 써서 나타낸다. 물론 '내일, 모레, 곧'과 같은 미래를 나타내는 부사어를 쓰면 더 분명하게 미래 시제를 나타낼 수 있다.

'내일이면 분명히 비가 내리리라'에서는 '-(으)리-'가 미래 시제를 나타내는 어미로 쓰였다. 그런데 '-(으)리-'는 '-(으)리다, -(으)리까, -(으)리니, -(으)리라' 등과 같이 한정된 표현에서만 쓰이며, 예스럽게 들린다.

'나는 내년에 결혼할 생각이다'처럼 관형사형에서는 관형사형 어미 '-(으)ㄹ'이 미래 시제로 쓰인다. 관형사형 어미 '-(으)ㄹ'과 의존명사 '것'이 결합된 '-(으)ㄹ 것이-'도 널리 쓰이는데, '-겠-'과 의미가 비슷하다. '앞으로 세 시간이면 도착할 것입니다.'

'-겠-, -(으)리-'는 미래를 나타내는 시제뿐 아니라 말하는 이의 '추측, 의도, 가능성' 등을 표현하는 것으로 볼 수도 있다. '올 겨울에도 눈이 많이 내리겠다'(추측). '제가 그 일을 반드시 하겠습니다'(의지). '나도 그 정도는 할 수 있겠다'(가능성). '오늘도 런던에는 비가 오고 있으리라'(추측). '내 반드시 살아서 돌아오리다'(의지).

이처럼 '-겠-, -(으)리-'에는 말하는 이의 심리적인 태도를 나타내는 기능이 있는데, 이러한 기능을 **서법**(敍法, mood)이라고 한다.

'-겠-, -(으)리-'가 순수하게 미래 시제를 나타내는 어미가 아니라면, 아니 오히려 '추측'이나 '의지' 속에 미래를 가리키는 의미가 포함되어 있다면, 이런 의문이 든다. 우리말에 미래 시제라는 것이 있을까?

더구나 '어제 고궁으로 많이 놀러들 갔겠어', '지금 극장에는 사람들이 많겠군'에서는 '-겠-'이 과거나 현재에 대한 추측을 나타낸다. '나는 내일 제네바로 떠난다', '그들은 모레 한국에 온다'처럼 현재 시제로 충분히 미래 시제를 표현할 수도 있다. 이것을 보면 우리말의 시제를 '과거·현재·미래'라는 삼원 체계가 아니라, '과거·현재' 또는 '과거·비과거'의 이원 체계로 생각해 볼 만도 하다.

● 시제가 일치하지 않는 이유
- 절대 시제와 상대 시제

'흥부는 지나가는 사람에게 물어본다'에서 안은문장의 시제는 현재이고, 안긴문장의 시제도 현재다. 그래서 '지나가는'이라고 현재 시제를 사용했다. 아무 문제가 없다. 그런데 '흥부는 지나가는 사람에게 물어보았다'에서는 안은문장의 시제가 과거인데, 안긴문장의 시제는 현재를 사용했다. 이상하다. 물론 과거 시제를 써서 '흥부는 지나가던 사람에게 물어보았다'라고 해도 되지만, 문제는 왜 안긴문장에서는 현재 시제를 써도 괜찮으냐는 것이다.

우리가 시제에 대해서 이야기할 때, 기준이 되는 시점은 발화시다. 이때의 시제를 **절대 시제**라고 한다. 그런데 발화시를 기준으로 하지 않고, 사건시를 기준으로 시제를 이야기할 수도 있다. 사건시를 기준으로 하는 시제는 **상대 시제**라고 한다.

위 문장에서 발화시는 말하는 이가 이 문장을 발화하는 시간이다. 그리고 사건시는 '흥부가 물어본 시간'이다. 발화시를 기준으로 보면 '(어떤) 사람이 지나간 것'은 과거의 일이지만, 사건시를 기준으로 보면 '(어떤) 사람이 지나가는 것'은 현재의 일이다. 어떤 사람이 홍부 곁을 지나가는 것과 홍부가 그 사람에게 물어본 것은 동시에 일어난 일이다. 그래서 '지나가는'이라고 현재 시제를 사용해도 조금도 이상하지 않은 것이다. 다시 말해 안긴문장의 상대 시제는 현재다.

'어제 처음 자동차 지나가는 소리를 들었다'에서 안긴문장의 '지나가는'이 현재 시제로 쓰였다. 소리를 들은 사건시를 기준으로 보면 자동차가 지나간 것이 현재이기 때문이다. 다시 말해 '지나가는'의 상대 시제가 현재이기 때문이다. '종소리가 울리자, 사람들이 모두 거리로 쏟아져 나왔다'에서는 종속절의 '울리자'가 현재 시제로 쓰였다. 사람들이 거리로 쏟아져 나온 것을 기준으로 보아 '울리자'의 상대 시제는 현재인 것이다. 이런 경우는 '울렸자'라고 과거 시제로 쓰는 게 더 이상하다. 아니, 과거 시제로 쓰면 비문이 된다. 안긴문장이나 이어진문장의 종속절에서는 상대 시제를 써야 어법에 더 맞는다는 것을 알 수 있다.

● 끝났나, 안 끝났나
─동작상

문장 속에서 동사가 나타내는 어떤 동작이 완료되었는지, 아니면 지속되고 있는지를 표현하는 것을 **상**(相, aspect) 또는 **동작상**이라고 한다. 동작상은 크게 완료상과 미완료상으로 나뉘고, 미완료상은 다시 진행상과 예정상으로 나뉜다.

'도연이는 빵을 다 먹어 버렸다', '부인은 아무도 모르게 비밀 번호를 수첩에 적어 놓았다'에서는 '-어 버리다, -어 놓다'라는 보조 용언을 통해서 동작이 완료되었음을 나타냈다. 이처럼 **완료상**은 보조 용언으로 표현할 수 있다. 이외에도 '-어 내다, -고 나다, -어 두다, -어 있다' 등이 완료상을 나타내는 데에 쓰이는 보조 용언이다.

'근영이는 텔레비전을 보다가 잠이 들었다'에서는 '-다가'라는 연결 어미를 통해 동작이 완전히 끝났음을 표현했다. 이처럼 완료상은 '-고, -고서, -다가, -어서/-아서, -어야/-아야, -자, -자마자' 등의 연결 어미를 써서도 표현할 수 있다. 연결 어미를 통해 완료상을 표현하면, 이어진문장의 앞 절에 쓰인 동사의 동작이 완전히 끝나고 뒷절의 동작이 시작된다는 뜻을 나타낸다.

'코끼리가 물을 뿜고 있다'에서 '뿜고 있다'는 발화시(현재)를 전후해서 '뿜는 동작'이 지속되고 있음을 나타내는 **미완료상**이다. 이것을 **현재 진행상**이라고 한다. '하마는 그늘에서 졸고 있었다'는 과거의 어떤 시점을 기준으로 그 전후에 '자는 동작'이 진행되고 있던 것을 표현한 **과거 진행상**이다. 이처럼 진행상은 '-고 있다, -아/-어 가다, -아/-어 오다' 같은 보조 용언을 통해 표현할 수 있다.

'혜교는 환자를 진찰하는 중이다'처럼 '-는 중이다'도 진행상을 표현한다. 그러나 이 표현에는 동작성이 강한 동사만을 써야 한다. '알다, 믿다'처럼 상태를 나타내는 동사를 쓰면 어색하다. '나는 그 말을 아는 중이다'(×). '나는 네 말을 믿는 중이다'(×). 부정형에도 이 표현을 쓰면 이상하다. '나는 어제 밥을 안 먹는 중이었다'(×). '나는 학교에 안 가는 중이다'(×).

'혜교는 음악을 들으면서 책을 보았다'에서는 '-면서'라는 연결 어미를 사용하여 앞 절의 동작이 진행되는 동시에 뒷절의 동작이 이루어지는 것을 표현했다. '-느라고'도 진행상을 표현하는 연결 어미로 흔히 사용된다.

'어머니는 한복을 입고 계셨다'처럼 '입다, 쓰다, 차다' 등의 부착 동사를 쓰면 두 가지 동작상으로 해석될 수 있다. 중의문이 되는 것이다. '한복을 입는 중'이라면 진행상, '한복을 입은 차림으로 계셨다'면 완료상이다.

'우리도 대학에 다니게 되었다', '저희도 가고자 합니다' 같은 문장에서는 '-게 되다, -고자'를 사용하여 어떤 동작이 예정되어 있음을 나타냈다. 이것을 **예정상**이라고 한다. 이외에도 '-게 하다, -려고, -러'를 써서 예정상을 나타낸다. 예정상에는 미래 시제와 마찬가지로 말하는 이의 바람이나 의지가 담긴 표현이 많다.

잊혀져야 하는 건가요?

| 문법 요소 4. 피동 표현 |

"지금도 기억하고 있어요, 시월의 마지막 밤을. 뜻 모를 이야기만 남긴 채 우리는 헤어졌지요. 그날의 쓸쓸했던 표정이 그대의 진실인가요. 한마디 변명도 못 하고 잊혀져야 하는 건가요."

가사 덕분인지 시월의 마지막 밤만 되면 불리는 노래, 이용의 〈잊혀진 계절〉이라는 노래 가사다. 무엇이 잊혀진다는 것인지, 가사만 보면 알기 어렵다. 제목으로 보면 계절이 잊혀진다는 건데, 여기서 문제 삼고 싶은 것은 실은 가사의 내용이 아니고, '잊혀지다'라는 언어 표현이다.

'잊혀지다'의 능동형은 '잊다'다. '잊다'의 피동형은 '잊히다'다. 그럼 '잊혀지다'는? '잊히다'를 다시 한번 피동형으로 만든 것이다. 소위 이중 피동형인데, 문법적으로 이것이 옳은 표현일까?

● 당했다는 뜻이 없을 때도 있다
-피동문의 뜻

문장은 어떤 동작이나 행위를 누가 하느냐에 따라 능동문과 피동문으로 나뉜다.

'호랑이가 사슴을 물었다'는 주어 '호랑이'가 자기 스스로 사슴을 물었다는 뜻이다. 이처럼 주어가 제힘으로 어떤 행위를 하는 것을 능동이라고 하고, 능동으로 표현된 문장을 **능동문**이라고 한다.

이 문장을 사슴의 입장에서 다시 써 보면 '사슴이 호랑이에게 물렸다'가 된다. 주어 '사슴'이 다른 존재인 호랑이에게 자기 뜻과는 상관없이 물렸다는 뜻이다. 이처럼 주어가 타인에게 어떤 행위를 당하는 것을 피동이라고 하고, 피동으로 표현된 문장을 **피동문**이라고 한다.

능동문을 피동문으로 바꾸는 방법을 **피동법**이라고 하는데, 조금 더 자세히 살펴보자. 먼저, 능동문의 주어 '호랑이가'가 피동문에서는 부사어 '호랑이에게'로 바뀌었다. 능동문에서 목적어로 쓰였던 '사슴을'은 피동문에서 '사슴이'라는 주어가 되었다. 그리고 능동문의 동사 '물었다'는 피동문에서 '물렸다'로 바뀌었다.

'수배 중이던 범인이 강원도 원주에서 경찰한테 잡혔다'도 '범인'이 경찰에게 당한 것을 표현한 피동문이다. 이 피동문에서는 부사어 '-에게' 대신 '-한테'가 쓰였다. '-에게'는 글말에 많이 쓰이고 입말에는 '-한테'가 더 많이 쓰인다. '커다란 나무가 태풍에 쓰러졌다'

에서는 '-에게' 대신 '-에'가 쓰였다. 유정 명사에는 '-에게'가 쓰이지만, 이처럼 무정 명사에는 '-에'가 쓰인다. '오래된 고문서가 한 승려에 의해 발견되었다'에서는 '-에게'가 아니라 '-에 의해(서)'가 쓰였다. '-에 의해(서)'는 유정 명사와 무정 명사에 두루 쓰인다.

능동문에 쓰이는 동사를 능동사라고 하고, 피동문에 쓰이는 동사를 피동사라고 한다. '진구는 중기를 때렸다'는 능동문이다. 이 문장을 '중기는 진구에게 맞았다'로 바꾸어 보자. 뜻은 피동이지만, 이 문장은 피동문이 아니다. 뜻이 피동이라 하더라도, 피동형으로 표현되지 않은 문장은 피동문이라고 하지 않는다. '맞다'는 분명히 피동의 의미를 띠지만, 피동형이 아니기 때문이다. 다시 말해 피동사가 아니기 때문이다.

능동문을 모두 피동문으로 바꿀 수는 없다. '승호는 짜장면을 먹었다'를 피동문으로 바꾸면 '짜장면이 승호한테 먹혔다' 또는 '짜장면이 승호에게 먹어졌다' 정도가 될 것이다. 그러나 특별한 효과를 노리지 않는 한 이런 문장을 쓰는 사람은 없을 것이다. '아라가 큰 소리로 불경을 읽었다', '중이 고기 맛을 보았다' 등도 마찬가지다. 피동문으로 바꾸면 이상한 문장이 된다. '불경이 아라에 의해서 큰 소리로 읽혔다/읽어졌다'(?). '고기 맛이 중에게 보였다'(?). 이처럼 우리말에서는 무정 명사가 피동문의 주어로 오면 대체로 어색하다. 피동문을 설정할 수 없는 이런 경우를 **피동문의 공백**이라고 부르기도 한다.

주어가 무정 명사인데도 피동문이 자연스러운 경우도 있다. '운동화 끈이 풀렸다.' '온 마을이 하얗게 보인다.' 이런 문장을 '(무언가가) 운동화 끈을 풀었다', '(우리가) 온 마을을 하얗게 본다'로 고치면 오히려 어색하다. 이런 문장들은 피동형이 쓰인 피동문이 분명하지만, 의미상 피동으로 보기 어렵다. 주체가 다른 대상에게 어떤 동작이나 행위를 당했다고 해석할 수 없기 때문이다.

'기가 막히다', '맥이 풀리다' 같은 관용어도 피동으로 보기 어렵다. 의미로 봐서도 그렇고, 이에 상응하는 능동문을 만들기도 어렵다. '기를 막다'? '맥을 풀다'? 많이 이상하다.

피동사가 쓰였는데도 피동문으로 보기 어려운 문장이 또 있다. '아라는 승호에게 손목을 잡혔다'는 분명 피동사 '잡히다'가 쓰인 피동문이다. 아니, 피동문처럼 보인다. 그런데 능동문의 목적어가 피동문의 주어가 되는 거 아니었어? 그런데 이 문장에는 '손목을'이라는 목적어가 또 있네? 게다가 피동문의 피동사는 모두 자동사인데, 여기서는 목적어가 딸려 있으니 '잡혔다'를 타동사로 볼 수밖에 없다. 그러나 '승호에게'라는 부사어도 있고, '잡혔다'라는 피동사도 쓰였으니 피동문이라고 봐야겠다. 이런 피동문을 '목적어가 있는 피동문'이라고 불러도 되겠다.

이 문장을 능동문으로 바꾸어 보면 '승호는 아라를 손목을 잡았다'처럼 목적어가 두 개 있는 문장이 된다. 손목은 아라의 부분이라고 보면, '승호는 아라의 손목을 잡았다'라는 능동문으로 바꾸어 쓸 수 있겠다.

● 능동과 피동, 뜻이 같지만은 않다

능동문 '사냥개가 여우를 물었다'와 피동문 '여우가 사냥개에게 물렸다'는 의미가 같을까? 문장을 읽을 때는 아무래도 주어에 초점이 간다. 능동문에서는 '사냥개'가 무엇을 했는지에 초점이 가고, 피동문에서는 '여우'가 무슨 일을 당했는지에 초점이 간다. 그래서 능동문에서는 사냥개가 거칠게 여우를 무는 동작성이 느껴지지만, 피동문에서는 사냥개의 동작성이 약하게 느껴진다. 그러므로 주체(능동문의 주어)의 동작성이 덜 중요할 때, 주체의 동작성을 드러낼 필요가 없을 때는 피동문을 쓰는 것이 낫다('노인의 눈에 상어가 보였다'). 거꾸로 주체의 동작성을 강조하려면 피동문이 아니라 능동문으로 써야 한다('노인은 상어의 가슴팍에 작살을 힘차게 꽂았다').

수량을 나타내는 말이 등장하면 능동문과 피동문의 의미가 달라지기도 한다. '세 사람이 책 두 권을 읽었다'라는 능동문의 의미는 중의적이다. '세 사람이 함께 같은 책 두 권을 돌려 읽었다'는 뜻일 수도 있고, '세 사람이 각각 책을 두 권씩 읽었다'는 뜻일 수도 있다. 그러나 피동문 '책 두 권이 세 사람에게 읽혔다'는 '같은 책 두 권을 세 사람이 돌려 읽었다'는 뜻 한 가지로만 해석된다.

부정 표현을 쓰면 의미 차이가 더욱 커진다. '경찰은 그 범인을 잡지 못했다'를 '그 범인은 경찰에게 잡히지 못했다'로 바꾸면, 피동문이 많이 어색해진다. 범인에게 무슨 대단한 사연이 숨어 있는 듯하다. '그녀는 그를 붙잡지 않았다'를 '그는 그녀에게 붙잡히지 않았다'로 바꾸면 어떨까? 피동문에서는 그가 '그녀에게서 벗어나려고 애쓰던 사람'인 것처럼 느껴진다. 그러나 능동문에서는 이런 의미를 읽을 수 없다.

수식하는 말의 주체가 달라지는 수도 있다. 능동문 '이 도령은 춘향이를 슬픈 마음으로 안았다'에서 '슬픈 마음으로' 안는 주체는 이 도령이다. 그러나 피동문 '춘향이는 이 도령에게 슬픈 마음으로 안겼다'에서는 '슬픈 마음으로' 안기는 주체가 춘향이로 바뀐다.

● 피동사로 만드는 파생적 피동

'멀리 한강이 보였다'는 피동사 '보이다'가 쓰인 피동문이다. '보이다'는 능동사(=타동사) '보다'의 어근에 파생 접미사 '-이-'가 붙어서 만들어진다. '학교에서는 학생들의 활동 상황이 하나하나 기록된다'라는 피동문에서는 피동사 '기록되다'가 쓰였다. '기록되다'는 '기록'이라는 체언에 '-되다'라는 파생 접미사가 붙어서 만들어진다. 이처럼 파생 접미사를 사용하는 피동법, 다시 말해 피동사를 사용하는 피동법을 **파생적 피동**(짧은 피동)이라고 한다.

피동사는 능동사의 어근에 파생 접사가 붙어서 만들어진다. 예를 들어 피동사 '보이다, 잡히다, 들리다, 안기다'는 각각 능동사 '보다, 잡다, 들다, 안다'에 파생 접사 '-이-, -히-, -리-, -기-'가 붙어서 피동사가 되었다.

하지만 능동사로 쓰이는 타동사가 모두 파생적 피동사로 만들어질 수 있는 것은 아니다. 타동사 가운데에는 피동사로 만들어질 수 없는 것이 더 많다. '주다, 드리다, 얻다, 잃다, 찾다, 돕다, 알다, 배우다, 느끼다, 만나다' 등은 파생적 피동사를 만들 수 없는 타동사다. 그래서 '-이-, -히-, -리-, -기-' 등을 어미(굴절 접사)로 보지 않고 파생 접사로 보는 것이다. 이렇게 파생 접사가 붙어서 만들어진 피동사는 한 단어로 인정되어 모두 사전에 올라 있다.

{명사+-하다}로 이루어진 능동사는 명사에 파생 접사 '-되다'가 붙어서 피동사가 된다. 예를 들어 능동사 '연구하다, 조사하다, 걱정하다'의 피동사는 '연구되다, 조사되다, 걱정되다'다. 그러나 '-하다'가 붙은 말 가운데서도 '사랑하다, 장난하다, 숙제하다'처럼 '-되다'가 붙을 수 없는 말이 많다.

'-이-, -히-, -리-, -기-'가 아니라 '-되다'를 붙여서도 피동사를 만들 수 있다면, '거절당하다, 무시당하다, 사랑받다, 축복받다'처럼 '-당하다, -받다'가 붙어도 피동사가 될 수 있는 것 아닌가? 이런 동사들도 분명히 피동의 의미를 지니는데? 이것은 매우 정당한 의문인 것 같다. 그러나 학교 문법에서는 '-되다'가 붙는 방법만 파생적 피동(짧은 피동)으로 인정한다. 아마 '-당하다, -받다'가 붙을 수 있는 말의 수효가 그리 많지 않아서 일반화하기 어렵다고 여기기 때문이 아닐까.

'깨우다, 날리다, 높이다'는 '깨다, 날다, 높다'에 접사가 붙어서 사동사, 곧 남에게 뭔가를 시키는 뜻을 지닌 동사가 된 말이다. 이런 사동사에도 피동 접미사가 붙을 수 없다. '깨우이다, 날리히다, 높이리다'? 다 이상하다. 그럼 사동사는 피동으로 만들 수 없는 것일까?

● 보조 용언으로 만드는 통사적 피동

'이 장면에서는 깊은 슬픔이 느껴졌다'라는 문장은 능동사 '느끼다'에 보조 용언 '-어지다'가 붙어서 피동문이 되었다. '곧 사실이 드러나게 된다'는 보조 용언 '-게 되다'가 붙어서 피동문이 되었다. 이처럼 보조 용언 '-어지다, -게 되다'를 붙여서 피동을 만드는 방법을 **통사적 피동**(긴 피동)이라고 한다. 단어 차원에서 이루어지는 파생적 피동과 달리 긴 피동은 구와 어절 차원에서 이루어지기 때문에 '통사적'이라는 이름이 붙었다.

하나 주의할 것은 '-어지다'는 보조 용언이지만, 다른 보조 용언들과 달리 붙여 써야 한다는 것이다. 이유는? '-어지다'는 피동의 뜻이 강해 한 단어처럼 쓰여서 그런다고. 하지만 똑같이 피동의 뜻을 지닌 '-게 되다'는 띄어 쓰므로 별 설득력이 없는 설명이다. 어쨌든 '-어지다'는 붙여 쓰는 것으로 알고 넘어가자.

앞에서 사동사에는 피동 접미사가 붙을 수 없다고 했다. 그럼 사동사는 어떻게 피동으로 만들까? 사동사를 피동형으로 만들 때도 통사적 피동을 사용한다. '홈스에 의해 놀라운 사실이 밝혀졌다'에서는 사동사 '밝히다'가 '밝혀지다'라는 피동형으로 바뀌었다. '정부 소식통에 의해 놀라운 소식이 알려졌다'에서는 '알리다'가 '알려지다'로 되었다.

'잊혀진 계절'처럼 능동사(잊다)에 피동 접미사가 붙어서 피동사가 되었는데(잊히다), 거기에 다시 '-어지다'를 붙인 이중 피동도 있다. '잊힌 → 잊혀진', '되는 → 되어지는', '나뉜 → 나뉘어진', '끊긴 → 끊겨진', '찢긴 → 찢겨진', '믿기지 → 믿겨지지' 등이 흔히 쓰이는 이중 피동 표현이다. 피동을 한 번만 써서는 의미가 약하다고 생각해선지 이런 이중 피동을 쓰는 사람이 적지 않다. 피동을 한 번 쓰는 것과 두 번 쓰는 것에는 의미의 차이가 조금 있다고 주장하는 사람도 있다. 이중 피동이 아니면 어색하다고 생각하는 사람들도 있다.

그러나 이런 것은 언어 습관에 따른 부분적인 현상일 뿐, 보편적이고 일반적인 현상이라고 볼 수 없다. 이중 피동은 군더더기 표현이다. 문법적으로 올바르지 않으므로 쓰지 말아야 한다. 모든 중복 표현이 대개 그렇듯이 문체상으로도 그리 깔끔해 보이지 않는다.

'하루는 내가 호텔에 묵게 되었다.' 통사적 피동문이다. 그런데 이 문장에서 동작의 주체가 누구일까? 다시 말해, 나를 호텔에 묵게 한 사람이 누구일까? 아마 그저 날이 저물어 가까운 호텔에 묵게 되었을 가능성이 높다. '그는 서울에서 운명의 연인을 만나게 된다'에서는 주체가 '운명'일까? 이처럼 '-게 되다' 형태의 피동문에는 동작의 주체가 누구인지 알기 어렵거나 의식하지도 않아도 되는 경우가 많다. 그런데도 이런 문장을 피동문으로 보는 것은 문제가 좀 있지 않을까?

'숲을 지나다 옷이 가시에 걸렸다'는 '걸리다'라는 피동사가 쓰인 파생적 피동문이다. 누가 일부러 옷을 가시에 걸리게 한 것이 아니라 의도하지 않았지만 가시에 걸렸다는 뜻이다. '몇 번 시도하고 나서야 겨우 옷이 못에 걸어졌다'는 보조 용언 '-어지다'가 쓰인 통사적 피동문이다. 옷을 못에 걸려고 의도적으로 노력하다가 겨우 걸었다는 뜻이다.

이처럼 파생적 피동문에서는 피동의 동작이 행위자의 의도 없이 이루어질 수도 있다. 그러나 '-어지다'로 만들어지는 피동문은 피동의 동작이 의도적으로 이루어진 것이라는 뜻을 담는다. 그러므로 행위자의 의도가 없는 상황에서는 '-어지다' 피동문을 쓸 수 없다. 예를 들어 '책상 위에 먼지가 허옇게 쌓였다'라고는 쓸 수 있어도, '책상 위에 먼지가 허옇게 쌓아졌다'라고 쓰면 문장이 어색해진다.

좋은 사람 있으면 소개시켜 줘

| 문법 요소 5. 사동 표현 |

영화 〈좋은 사람 있으면 소개시켜 줘〉(2002)에서 효진(신은경 분)은 유능한 커플 매니저지만, 정작 본인은 외로운 싱글로 살아간다. 어느 날 잘생긴 현수(정준호 분)가 고객으로 등록하고, 현수 앞에 퀸카가 등장한다. 효진은 커플 매니저로서 자기 할 일을 해야 할까, 아니면 운명적인 사랑을 위해 직업 윤리 따위는 던져 버리고 현수에게 고백이라도 해야 할까?

뒷일이 어떻게 될지 궁금하지만, 여기서 관심을 두어야 할 것은 '소개시키다'라는 표현이다. 영화 제목 〈좋은 사람 있으면 소개시켜 줘〉에서는 누가 누구를 누구에게 소개한다는 뜻일까? 문맥으로 보아서는 좋은 사람 있으면 나한테 소개해 달라고 듣는 이한테 부탁하는 말인 것 같은데…… 그렇다면 '소개하다'와 '소개시키다'는 같은 뜻일까?

● 직접 하느냐, 남에게 시키느냐
-사동문의 뜻

문장의 주어가 어떤 행위를 직접 하느냐, 아니면 다른 사람에게 그 행위를 하도록 시키느냐에 따라서 주동문과 사동문이 나뉜다.

'아이가 밥을 먹는다'에서는 밥을 먹는 행위를 주어인 아이가 직접 한다. 이렇게 주어가 행위를 직접 하는 것을 주동이라고 하고, 주동으로 표현된 문장을 **주동문**이라고 한다. '엄마가 아이에게 밥을 먹인다'에서는 주어인 엄마가 밥을 먹는 행위를 아이에게 시킨다. 이처럼 주어가 남에게 어떤 행위를 하도록 시키는 것을 사동이라고 하고, 사동으로 표현된 문장을 **사동문**이라고 한다.

'얼음이 녹는다'는 주어가 행위를 직접 하는 주동문으로, 주동사는 '녹다'라는 자동사다. 이것을 사동문으로 바꾸면 '(봄볕이) 얼음을 녹인다'가 된다. 이렇게 주동문을 사동문으로 바꾸는 것을 **사동법**이라고 하는데, 주어 '얼음이'가 목적어 '얼음을'로 바뀌고, '녹는다'는 자동사가 '녹인다'는 사동사로 바뀌었다. 그리고 없었던 주어 '봄볕이'가 새로 등장했다.

'효주가 꽃신을 신었다'는 목적어가 있는 주동문으로, 주동사 '신었다'는 타동사다. 이것을 사동문으로 바꾸면 '(윤우가) 효주에게/한테 꽃신을 신겼다' 또는 '(윤우가) 효주를 꽃신을 신겼다'가 된다. 주어 '효주가'가 '효주에게/한테'라는 부사어가 되거나 '효주를'이라는 목적어가 되고, 목적어 '꽃신을'은 그대로 목적어가 되었다. 그리고 주동사 '신었다'는 사동사 '신겼다'가 되었다.

서술어가 형용사인 문장도 사동문으로 바꿀 수 있다. '길이 넓다'라는 문장을 사동문으로 바꾸면 '(사람들이) 길을 넓힌다'가 된다. 주어 '길이'가 사동문에서 목적어 '길을'로 바뀌었다. 서술어 '넓다'는 '넓히다'라는 사동사로 바뀌었다. 그리고 없었던 주어 '사람들이'가 새로 생겼다.

동사의 형태가 사동형처럼 보이더라도 사동문이 아닌 경우가 있다. '삼촌네는 소를 먹여서 돈을 많이 벌었다' '친구들의 싸움은 말려야 한다' '작은 아이라고 놀려서는 안 된다'에서 '먹이다, 말리다, 놀리다'는 사동사처럼 보이지만, 주어가 행위를 직접 하는 주동사들이다.

● 사동사로 만드는 파생적 사동

앞에서 예로 든 사동법에서는 주동사 '녹다, 신다, 넓다'에 파생 접미사 '-이-, -기-, -히-'를 붙여서 '녹이다, 신기다, 넓히다'라는 사동사를 만들었다. 이처럼 접미사를 사용한 사동법을 **파생적 사동**(**짧은 사동**)이라고 한다.

사동사는 주동사의 어근에 '-이-, -히-, -리-, -기-, -우-, -구-, -추-' 등의 사동 파생 접미사가 붙어서 만들어진다. '끓다 → 끓이다, 먹다 → 먹이다, 높다 → 높이다, 맞다 → 맞히다, (아이가 연필을) 잡다 → (부모가 아이에게 연필을) 잡히다, 좁다 → 좁히다, 날다 → 날리다, (아기가 젖을) 물다 → (엄마가 아기에게 젖을) 물리다, 남다 → 남기다, (꽃다발을) 안다 → (친구에게 꽃다발을) 안기다, 깨다 → 깨우다, (짐을) 지다 → 지우다, 돋다 → 돋구다, 곧다 → 곧추다, 낮다 → 낮추다' 등이 그 예다.

'서다 → 세우다, 차다 → 채우다'처럼 접사 '-이우-'가 결합될 때도 있다. '-이우-'를 사동 접사 '-이-'와 '-우-'가 중복 표현된 것이라고 보는 사람도 있지만, 어원은 그럴지 몰라도 현대 한국어 문법에서는 그냥 한 접사로 보는 것이 낫겠다. 흔히 쓰이는 단어인 '없다'의 사동형은 '없애다'로, 특이하게 '-애-'가 결합된 경우다.

피동사와 마찬가지로 주동사에 대응하는 사동사는 그리 많지 않다. '가다, 하다, 모으다, 닫다' 등 우리가 흔히 쓰는 동사에 대응하는 파생 사동사가 없다. 그래서 사동사를 만드는 '-이-, -히-, -리-, -기-, -우-, -구-, -추-, -이우-, -애-' 등은 어미가 아니라 접미사로 간주하고, 이들이 붙어서 만들어진 사동사는 한 단어로 인정해 사전에 올린다.

'정지하다, 고생하다'처럼 {명사+-하다}의 짜임으로 된 동사는 어근인 명사에 '-시키다'라는 사동 접미사를 붙여서 '정지시키다, 고생시키다'와 같은 사동형으로 만들기도 한다.

다만 원래 사동의 뜻을 지니는 단어에 또 '-시키다'를 붙여 쓰는 것은 삼가야 한다. 예를 들어 '신장하다'는 '세력이나 권리 따위가 늘어나다, 또는 늘어나게 하다'라는 뜻이고, '오염하다'는 '더럽게 물들다, 또는 더럽게 물들게 하다'라는 뜻으로, 주동의 의미뿐만 아니라 사동의 의미도 지닌다. 그러므로 '신장시키다, 오염시키다'라고 쓸 이유가 없다.

또, '유발하다'는 원래가 '어떤 것이 다른 일을 일어나게 하다'라는 사동의 뜻이므로 '유발시키다'라고 쓰면 틀린다. '소개하다'도 흔히 '소개시키다'로 잘못 사용되는데, 본래 '서로 모르는 사람들 사이에서 양편이 알고 지내도록 관계를 맺어 주다'라는 뜻으로 '나는 은숙이에게 종권이를 소개해 주었다'라는 식으로 사용한다. 이것을 '나는 은숙이에게 종권이를 소개시켜 주었다'라고 쓰면 '나는 은숙이에게 종권이를 소개하게 해 주었다'라는 뜻이 된다. '내가 은숙이에게 종권이를 소개하는 것'이 아니라, '은숙이가 종권이를 누군가 다른 사람에게 소개하는 것'이 된다. 응? 아닌가? 우아, 복잡하다. 앞으로는 '소개시켜' 주지 말고 그냥 '소개해' 주자.

● 보조 용언으로 만드는 통사적 사동

'조카들이 운동장에서 뛰어놀았다'라는 주동문은 '(나는) 조카들이 운동장에서 뛰어놀게 했다'라는 사동문으로 바꿀 수 있다. 이처럼 주동사에 '-게 하다'라는 보조 용언을 붙여서 사동문을 만드는 사동법을 **통사적 사동**(긴 사동)이라고 한다. '-게 하다'는 사동사 파생이 가능한 동사뿐만 아니라 사동사 파생이 불가능한 동사에도 붙어서 사동문을 만들 수 있다. 그래서 통사적 사동은 파생적 사동보다 더 두루 쓰인다.

통사적 사동문에는 본용언과 보조 용언이 쓰여 용언이 둘이기 때문에, 그에 따라 주동문의 주어가 사동문에서는 주어로 쓰이기도 하고, 목적어로 쓰이기도 하고, 부사어로 쓰이기도 한다. '나는 조카들이 운동장에서 뛰어놀게 했다'에서는 '조카들이'가 '뛰어놀다'라는 용언의 주어로 쓰였다. '나는 조카들을 운동장에서 뛰어놀게 했다'에서는 '조카들을'이 '뛰어놀게 했다'라는 서술어에 대한 목적어로 쓰였다. '나는 조카들에게 운동장에서 뛰어놀게 했다'에서는 '했다'라는 용언에 대해 '조카들에게'라는 부사어가 쓰였다. 그런가 하면 '나는 조카들로 하여금 운동장에서 뛰어놀게 했다'처럼 '조카들로 하여금'이라는 부사어도 쓰인다.

'음악 애호가인 어머니는 아이들에게 피아노를 배우게 한다', '음악 애호가인 어머니는 아이들에게 피아노를 배우게 했다'처럼 '-게 하다' 사동문에서는 시제를 표현하는 어미 '-ㄴ-, -았/었-' 등이 '하다'에 붙는다.

● 서로 똑같지는 않다
–파생적 사동문과 통사적 사동문

'아버지는 할아버지에게 새 옷을 입히셨다'는 파생적 사동문이다. 이에 상응하는 통사적 사동문은 '아버지는 할아버지에게 새 옷을 입게 하셨다'다. 그런데 이 두 문장에는 몇 가지 차이가 있다.

첫째, 파생적 사동문에는 동사가 하나밖에 없다. 그런데 앞에서도 이야기했듯이 통사적 사동문에는 동사가 두 개 있다. 그래서 뒷 문장은 '아버지는 할아버지를/할아버지에게/할아버지가 새 옷을 입게 하셨다'라고 여러 가지로 표현할 수 있다. 그리고 파생적 사동문에서는 높임을 표현하는 '–시–'가 한 군데만 나타나지만, 통사적 사동문에는 동사가 두 개이므로 '아버지는 할아버지에게 새 옷을 입으시게 하셨다'처럼 '–시–'가 두 군데에 나타날 수 있다. '입으시게'는 할아버지를 높인 것이고, '하셨다'는 아버지를 높인 것이다.

둘째, 파생적 사동문은 중의적으로 해석할 수 있다. '아버지는 할아버지에게 새 옷을 입히셨다'는 아버지가 직접 할아버지에게 새 옷을 입히는 행동을 했다는 뜻일 수도 있고, 할아버지가 새 옷을 입으시도록 아버지가 말했다는 뜻으로 해석할 수도 있다. 그러나 통사적 사동문 '아버지는 할아버지에게 새 옷을 입으시게 하셨다'는 직접 행동을 하지 않고 말로 했다는 뜻으로만 해석된다. 이처럼 파생적 사동문은 **직접 사동**으로 해석될 수도 있고 **간접 사동**으로 해석될 수도 있지만, 통사적 사동문은 간접 사동으로만 해석된다. 그러므로 시킴을 받는 이가 무정 명사일 때는 통사적 사동문을 쓸 수 없다. 예를 들어 '혜교는 인형에(게) 옷을 입혔다'는 말이 되어도, '혜교는 인형에(게) 옷을 입게 했다'는 이상하다. '사탄의 인형'처럼 말도 하고 움직이기도 하는 인형이라면 모를까.

셋째, 두 가지 사동문은 부사어가 수식하는 내용이 서로 다르다. '수녀님은 아그네스를 기도실에서 울렸다'는 수녀님이 기도실에서 아그네스를 혼내거나 해서 직접 울렸다는 뜻이다. 그러나 '수녀님은 아그네스를 기도실에서 울게 했다'는 무슨 일인지 몰라도 울고 있는, 또는 울려고 하는 아그네스가 다른 곳에서 울지 말고 기도실에서 울도록 수녀님이 조치했다는 뜻이다. '누나는 동생에게 빵을 빨리 먹였다'에서 '빨리'는 누나의 시키는 행위를 꾸민다. 그러나 '누나는 동생에게 빵을 빨리 먹게 했다'에서는 '빨리'가 동생의 먹는 행위를 꾸민다. '그 개그맨은 오늘도 관객을 못 웃겼다'는 개그맨의 능력이 부족하다는 뜻이지만, '그 개그맨은 오늘도 관객을 못 웃게 했다'는 개그맨이 관객에게 웃음 금지 명령을 내렸다는 뜻이다. 이런 개그맨도 있을까?

넷째, 시차의 문제. '어제 다빈이는 아이에게 오늘 새벽에 옷을 입혔다'는 이상하지만, '어제 다빈이는 아이에게 오늘 새벽에 옷을 입게 했다'는 있을 수 있다. 이처럼 파생적 사동문에서는 시키는 행위와 그에 따르는 행위 사이에 시차가 있을 수 없지만, 통사적 사동문에서는 두 행위 사이에 시차가 있을 수 있다.

파생적 사동문도 간접 사동으로만 해석될 경우가 있다. '선생님은 진구에게 책을 읽혔다'는 파생적 사동문이지만, 선생님이 진구에게 책을 읽으라고 말로 시켰다는 뜻만 담겨 있다. 책을 읽는 것은 선생님이 대신 해 줄 수 없는 일이기 때문이다. 이것을 보면 파생적 사동문과 통사적 사동문의 의미 차이는 서술어나 다른 문장 성분의 특성에 따라 달라진다고 해야 하겠다.

안 해, 아니 못 해!

| 문법 요소 6. 부정 표현 |

"열 사람 중에서 아홉 사람이 내 얼굴을 보더니 손가락질해. 그놈의 손가락질 받기 싫지만, 위선은 싫다, 거짓은 싫어. 못생긴 내 얼굴 맨 처음부터 못생긴 걸 어떡해."

한돌의 노래 〈못생긴 내 얼굴〉의 가사다. 원래 가사는 이랬지만, 정작 한돌의 음반에는 가사가 많이 바뀌어 있다. 심의에 걸려서. 노래 이야기는 나중에 하기로 하고, 여기서는 '못생기다'라는 단어 이야기를 하자.

'나는 학교에 안 갔다/가지 않았다', '나는 고수풀을 못 먹는다/먹지 못한다'처럼 부정 표현이 사용된 문장을 부정문이라고 한다. 그럼 '오달수는 배우치고는 아주 못생겼다'도 부정문일까? '못'이라는 글자가 있으니까? 아니면 부정 표현이 사용됐으니까? 그럼 '그렇게 말하는 것은 조금 불합리하다'는 문장은 어떨까? '불' 자가 들어가 있는데?

● 부정한다고 부정문은 아니다
-부정문의 뜻

'신혜는 영화를 보았다'는 긍정문이다. 이것을 부정문으로 바꾸면 '신혜는 영화를 안 보았다/보지 않았다/못 보았다/보지 못했다' 등이 된다. '신혜는 겁쟁이가 아니다.' '신혜를 놀리지 마라.' 이 두 문장도 부정문이다. 이처럼 부정 부사 '안(아니), 못'과 부정 용언 '않다(아니하다), 못하다, 아니다, 말다' 같은 부정의 의미를 나타내는 요소를 쓰면 부정문을 만들 수 있다. 거꾸로 말하면, 이런 부정의 요소가 들어가지 않은 문장은 아무리 부정의 의미를 나타내더라도 부정문이라고 하지 않는다.

그러므로 '내 얼굴은 못생겼다'는 긍정문이다. '못' 자가 들어가기는 했지만 이때의 '못'은 '못나다, 못하다, 못되다'에서처럼 접두사 구실을 한다. 곧 '못생기다'는 한 단어이고, 이 문장에는 부정의 요소 '못'이 사용되지 않았다. 그러므로 이 문장은 부정문이 아니라 긍정문이다. 같은 이유로 '아라는 아직 미성년자다' '도시 사람들은 이웃의 생활에 무관심하다' '그것은 매우 비도덕적인 행위다' '세상은 원래 불공평하다' 등에 쓰인 접두사 '미-, 무-, 비-, 불-'도 모두 부정의 의미를 띠지만 이들 문장은 부정문이라고 하지 않는다. 이런 접두사들은 문법상 부정의 요소가 아니기 때문이다.

'우리에게 내일은 없다' '나는 그 사람을 모르오' '오늘은 이상하게 학교에 가기가 싫다' '오늘 집에 가기는 다 틀렸네' '그게 다 내 잘못이라네' 등도 모두 부정의 의미를 띠지만, 부정문이 아니라 긍정문이다. 부정의 요소가 쓰이지 않았기 때문이다. '없다, 모르다, 싫다, 틀리다, 잘못' 등은 문법상 부정의 요소가 아니라는 뜻이다.

거꾸로 긍정의 의미를 띤다 하더라도 부정의 요소가 쓰였으면 그것은 부정문이다. '말은 그렇게 했지만, 그리 싫은 눈치는 아니었다.' 조금이나마 좋아한다는 긍정의 의미를 나타내는 문장이다. '독재자는 물러날 생각이 없지 않았다.' 물러날 생각이 있다는 긍정의 의미를 띠는 문장이다. 이들 문장은 긍정의 의미를 지니지만 부정의 요소 '아니다, 않다'가 쓰였으므로 부정문이다.

● 짧은 부정문과 긴 부정문

'세영이는 오늘도 아침을 안 먹었다.' '실은 늦잠을 자는 바람에 못 먹었다.' 여기서는 부정 부사 '안, 못'이 서술어 앞에 쓰여 부정문을 만들었다. 이 두 문장은 이렇게 바꾸어 쓸 수도 있다. '세영이는 오늘도 아침을 먹지 않았다.' '실은 늦잠을 자는 바람에 먹지 못했다.' 여기서는 부정을 나타내는 보조 용언 '-지 아니하다, -지 못하다'가 본용언 뒤에 쓰여 부정문을 만들었다.

부정 부사 '안, 못'을 쓴 부정문이 보조 용언 '-지 아니하다, -지 못하다'를 쓴 부정문보다 길이가 더 짧기 때문에 '안, 못'을 쓴 부정문을 **짧은 부정문**이라고 하고, '-지 아니하다, -지 못하다'를 쓴 부정문을 **긴 부정문**이라고 한다.

짧은 부정문과 긴 부정문은 문법적인 형식만 다른 것이 아니라, 서술어로 쓰이는 용언의 종류도 다르다.

예를 들어 '(전쟁이 한창이었지만) 마을 사람들은 안 굶주렸다'는 이상하지만, '마을 사람들은 굶주리지 않았다'는 괜찮다. '(어제는 다른 일이 있어서) 동건이는 하루 종일 안 공부했다'는 어색하지만, '동건이는 하루 종일 공부하지 않았다'라고는 쓸 수 있다. 이처럼 합성어나 파생어 같은 복합어인 용언은 짧은 부정문에서 서술어로 잘 쓰이지 않는다. '난 안 잠잤어', '아직 안 배고파' 같은 문장은 아직 말을 배우는 유아들이나 쓸 법한 말이다.

그런데 복합어 가운데서도 짧은 부정문에 서술어로 쓰일 수 있는 것이 있다. '가까이 좀 와. 안 잡아먹어.' '마셔 봐. 별로 안 독해.' '그 개그맨은 하나도 안 웃긴다.' 이들 문장에서는 '잡아먹다, 독하다, 웃기다'라는 복합어가 서술어로 쓰였지만, 문장이 어색하지 않다. 흔히 쓰는 문장들이다.

사실, 복합어가 아닌데도 '나는 그런 사실을 전혀 못 알았다(×)/알지 못했다(○)'처럼 '알다' 같은 동사는 반드시 긴 부정문에만 쓰인다. 이처럼 어떤 용언이 짧은 부정문에서 서술어로 쓰일 수 없는

지에 대해서는 일반적인 규칙을 설정하기가 어렵다. 특히 말을 경제적으로 하려는 사람들의 성향 때문인지, 입말에서는 점점 더 많은 용언이 짧은 부정문에 쓰이는 듯하다. '그 사람 지금 보니 안 얄미워', '별로 안 새빨간데' 같은 말에서처럼 '얄밉다, 새빨갛다' 같은 복합어가 점점 더 자주 짧은 부정문에 사용되고 있고, 사람들은 점점 더 이런 문장에 익숙해지고 있다.

'효주는 우희가 연석을 만났다는 사실을 안 몰랐다'(×). '우희 혼자 외출을 하는 일은 안 없었다'(×). 둘 다 어색한 문장이다. 그 자체로 부정의 의미를 띠는 '모르다, 없다'는 이처럼 짧은 부정문에는 쓰이지 않고 긴 부정문에만 쓰인다. '효주는 우희가 연석을 만났다는 사실을 모르지 않았다'(○). '우희 혼자 외출을 하는 일은 없지 않았다'(○).

'-하다'가 붙은 말은 짧은 부정문에 잘 쓰이지 않지만, '공부하다, 연구하다, 일하다, 청소하다'처럼 분리될 수 있는 체언에 '-하다'가 붙어서 만들어진 파생 동사는 체언을 분리한 다음 짧은 부정문으로 만들 수 있다. '그 학생은 지금 공부를 안 한다', '그 교수는 연구를 안 한다' 등등.

짧은 부정문 형태가 관용 표현으로 굳어진 것도 있다. '아버지가 돌아가셨다니, 그것 참 안됐구나'에서 '안되다'는 '섭섭하거나 가엾어 마음이 언짢다'라는 뜻이 있는 관용 표현이다. '무엇이든 지나치면 못쓴다'에서 '못쓰다'는 '옳지 않다, 또는 바람직한 상태가 아니다'라는 뜻을 지닌 관용 표현이다. 그래서 '되지 않았구나', '쓰지 못한다'라는 긴 부정문 형태로 바꾸어 쓰면 의미가 달라진다. 그리고 이들 관용 표현은 한 단어로 굳어진 것이므로 띄어 쓰면 안 된다.

긴 부정문에 쓰이는 '아니하다'는 동사 뒤에 쓰이면 동사가 되고 형용사 뒤에 쓰이면 형용사가 된다. '효주는 평소 같으면 유행가를 부르지 않는다'에서는 '부르다'가 동사이므로 '않는다'가 되었다. '오늘은 날씨가 맑지 않다'에서는 '맑다'가 형용사이므로 '않다'가 되었다.

'이 말을 들은 윤우는 마음이 편하지 않았다' 같은 긴 부정문에서 시제 표현 어미 '-았/었-'은 '아니하다(않다)'에 붙는다. '우희는 녹음실에 가지 않았어?'와 같은 부정 의문문에서도 시제 표현 어미는 '않다'에 붙는다.

그런데 '우희는 녹음실에 갔지 않아?'에서는 시제 표현 어미 '-았-'이 '아니하다(않다)'에 붙지 않고 그 앞의 본용언에 붙었다. 이 문장은 일반적인 부정 의문문이 아니라 어떤 사실을 알고 그것을 확인하는 **확인 의문문**이다. 이처럼 확인 의문문에서는 시제 표현 어미 '-았/었-, -더-, -겠-' 등이 본용언에 붙을 수도 있다. 이럴 경우 말을 할 때 말끝이 올라가지 않으며, '-지 않-'이 '-잖-'으로 축약될 수도 있다. '너는 벌써 두 개나 먹었지 않아/먹었잖아?'

'확인'뿐만 아니라 '의심'을 나타내는 경우도 마찬가지다. '산에 눈이 많이 오지 않았을까/왔지 않을까/왔잖을까 걱정이구나.'

● 아니, 안 되지, 돌아서면 안 되지
- '안' 부정문

'지민이는 연습실에 안 갔다' '초아는 기타를 치지 않았다' '설현은 학생이 아니다'처럼 부정 부사 '안(아니)'이나 보조 용언 '-지 아니하다(않다)', 부정의 뜻을 나타내는 형용사 '아니다'를 써서 만드는 부정문을 '안' 부정문이라고 한다.

'유나는 오늘 안색이 안 좋았다/좋지 않았다', '연습실은 그리 안 넓었다/넓지 않았다'에서는 서술어로 형용사 '좋다, 넓다'가 쓰였는데, 형용사는 동작이나 행위가 드러나지 않는 비행동성 용언이다. 이처럼 비행동성 용언이 '안' 부정문에 서술어로 쓰이면, 문장에서 표현하는 사실을 단순하게 부정하는 **단순 부정**의 의미만 나타난다.

'유경이는 오늘 연습실에 안 갔다/가지 않았다', '혜정이는 점심을 안 먹었다/먹지 않았다'에서는 서술어로 '가다, 먹다'라는 동사가 쓰였다. 동사는 동작이나 행위를 나타내는 품사이기 때문에 동사가 서술어로 쓰인 '안' 부정문에서는 주어가 자기 의지에 따라 어떤 행위를 일부러 하지 않았다는 **의지 부정**의 의미가 나타난다. 유경이가 연습실에 가지 않았다는 단순 부정의 뜻뿐만 아니라, 가기 싫어서 일부러 가지 않았다는 뜻까지 나타나는 것이다.

'오늘은 비가 안 왔다/오지 않았다'에서는 '오다'라는 동사가 서술어로 쓰였지만, 의지 부정으로는 해석하기 어렵다. 주어 '비'가 의지를 갖고 의도적으로 행동하는 유정 명사가 아니라, 의지나 의도를 가질 수 없는 무정 명사이기 때문이다.

> 나는 사람이다.　　→　　나는 안 사람이다.　(×)
>
> 　　　　　　　　　→　　나는 사람이지 않다.　(×)
>
> 　　　　　　　　　→　　나는 사람이 아니다.　(○)

'나는 사람이다'처럼 {체언＋이다}로 된 문장은 체언에 보격 조사 '이/가'를 붙이고 서술격 조사 '이다' 대신 '아니다'를 써서 부정문을 만든다. 보격 조사가 추가되는 까닭은 서술격 조사 '이다'가 독립적으로 사용되지 못하기 때문이다. 체언 없이 '이냐, 아니냐?'라고만 쓸 수는 없다. '이다'는 조사라서 단독으로 쓸 수 없기 때문이다. '기냐, 아니냐?'라고는 쓸 수 있다. '기다'는 '그것이다'가 줄어든 말이다.

● 나는 내 마음 못 주네
- '못' 부정문

'어제는 머리가 아파 잠을 못 잤다/자지 못했다'처럼 부정 부사 '못'이나 보조 용언 '-지 못하다'를 써서 만드는 부정문을 '못' 부정문이라고 한다.

'찬미는 고기를 못 먹는다'는 찬미가 이가 아프거나 소화가 안 되기 때문에 고기를 먹을 능력이 없다는 **능력 부정**의 의미를 나타낸다. '민아는 여권을 집에 두고 와 비행기에 타지 못했다'에서는 어떤 조건이나 자격을 갖추지 않았기 때문에 비행기 탑승이 **금지**되었다는 의미를 나타낸다. 그런가 하면 강한 의지를 나타낼 때도 '못' 부정문이 쓰이기도 한다. '나는 그 의견에 절대 찬성 못 하겠네'라는 것은 능력 부정도 아니고 금지도 아닌 **거부**의 의미를 나타낸다.

'못' 부정문은 기본적으로 주체의 능력이 부족하다는 능력 부정의 의미를 띤다. 움직임이나 변화를 나타내는 동사라면 주체의 능력에 따라서 '할 수 있는 일'과 '할 수 없는 일'로 나뉠 수 있다. 그러나 형용사는 움직임이나 변화가 아니라 상태를 나타내기 때문에 '할 수 있는 일'과 '할 수 없는 일'로 나뉠 수 없다. 그러므로 '못' 부정문에서는 형용사가 서술어로 쓰이지 않는다. '초아는 손가락이 안 길다(○)/못 길다(×).' '맹구는 그리 안 똑똑하다(○)/못 똑똑하다(×).'

그런데 '-지 못하다' 앞에는 형용사가 올 때도 있다. '소인배는 마음 씀씀이가 넉넉하지 못하다', '흥부네 집은 살림살이가 풍족하지 못하다'에서는 서술어로 '넉넉하다, 풍족하다'라는 형용사가 쓰였지만 문장이 조금도 어색하지 않다. 이때는 말하는 이의 기대나 바람에 뭔가가 미치지 못한다는 것을 표현한다. 그러므로 이때 쓰일 수 있는 형용사는 '좋다, 아름답다, 슬기롭다, 풍부하다, 넉넉하다, 옳다' 등등 평가의 의미가 담겨 있는 것들이다.

'이 액체는 철을 녹이지 않는다'는 주어가 무정 명사인 '안' 부정문으로, 단순 부정의 의미만을 나타낸다. 그러나 '이 액체는 철을 녹이지 못한다'라고 '못' 부정문으로 쓰면 말하는 이의 아쉬움이 나타난다. 비록 무정 명사이긴 하지만 '이 액체가 철을 녹일 수 있었으면' 하고 바라는 듯하다.

동사라도 사람이 노력하거나 능력을 발휘할 턱이 없는 행위를 가리키는 말은 '못' 부정문의 서술어로 쓰이지 않는다. '지민이는 콘서트에 대해서는 조금도 걱정하지 못했다(×)/않았다(○).' '유나는 키보드 조작에 실패하지 못했다(×)/않았다(○).' 사람이 노력해서 일부러 걱정하고, 실패할 리는 없다. 이처럼 사람의 의지, 노력과 능력의 대상이 되지 않아서 의미상 충돌이 일어나는 '고민하다, 걱정하다, 염려하다, 참회하다, 후회하다, 실패하다, 망하다, 잃다, 당하다' 등의 동사는 '못' 부정문의 서술어로 쓰이지 않는다.

거꾸로 주체의 능력이나 노력을 전제로 하는 행위를 나타내는 동사는 '못' 부정문에만 쓰인다. '원균은 채 한 시간도 견디지 않고(×)/못하고(○) 항복하고 말았다.' '나는 네가 거기에 있다는 것도 알지 않았다(×)/못했다(○).' 다시 말하지만, '안' 부정문은 능력 부족이 아니라 단순 부정이나 의지 부정으로만 해석할 수 있기 때문이다.

● 가지 말라고, 가지 말라고
-'말다' 부정문

'나는 하와이에 안/못 간다.' '너는 하와이에 안 가니? 못 가는구나.' 이처럼 '안' 부정법이나 '못' 부정법은 평서문과 의문문, 감탄문에 쓰인다. 그럼 명령문과 청유문은 어떻게 부정문으로 만들까? '하와이에 안 가라'(×). '우리 하와이에 안 가자'(×). 이렇게는 쓰지 않는다. 명령문과 청유문에서는 '하와이에 가지 마라', '우리 하와이로는 가지 말자'처럼 보조 용언 '-지 말다'를 써서 부정문을 만든다. 이 부정문을 '말다' 부정문이라고 한다.

'여름철에는 날고기를 먹지 마라.' '촛불을 끄지 마.' '애야, 말도 마라.' 이 문장들은 명령형으로 쓰인 '말다' 부정문이다. 부정의 명령을 뜻하는 것이므로 **금지**를 나타낸다. '마(요)'와 '말아(요)', '마라'와 '말아라' 모두 표준형(복수 표준형)이다. 그러나 '마라라'(×)라고는 쓰지 않는다. 틀린 표기다. 간접 명령을 뜻하는 하라체로는 '말라'라고 쓴다. 그러므로 "그는 내게 '가지 마라'라고 말했다"(직접 명령), "가지 말라고 가지 말라고 애원하며 잡았었는데"(간접 명령)라고 써야 한다.

'우리 돈 내지 맙시다', '다시는 잊지 말자' 등은 청유형 '말다' 부정문으로 부정의 청유, 역시 **금지**를 나타낸다.

'-지 말다'는 명령이나 청유에만 쓰이기 때문에 평서문이나 의문문에 쓰면 문장이 이상해진다. '지민이는 오늘 연습도 하지 말고 일찍 잠들었다'(×). '너는 연습도 하지 말고 오디션을 봤니?'(×).

그런데 명령과 청유가 아닌데도 '-지 말다'가 쓰일 때가 있다. '순애는 수일이가 자기 곁을 떠나지 않기를/말기를 빌었다.' '안중근은 일본 형사가 자기 쪽을 보지 않았으면/말았으면 하고 간절히 바랐다.' 여기에서는 '않다, 말다' 둘 다 쓰일 수 있다. 이처럼 **희망**이나 **기원**을 바라는 동사가 서술어로 쓰이면 명령과 청유가 아닌 경우에도 '말다'가 쓰일 수 있다. 아마 희망이나 기원은 뭔가를 요구한다는 점에서 명령과 의미가 통하기 때문일 것이다.

명령문과 청유문은 듣는 이에게 특정한 행위를 요구하는 문장 종결 표현이다. 그러므로 행위를 뜻하지 않는 형용사는 서술어로 쓰일 수 없다. '부지런하지 말아라'(×). '우리 친절하지 맙시다'(×). 그런데 형용사에 '-지 말다'가 붙어 명령문의 형식을 취하는 경우가 있다. '내일 날씨가 덥지만 마라.' '제발 키나 작지 말아라.' 이런 문장이 가능한 것도 이들 문장에는 명령이 아니라 희망의 뜻이 담겨 있기 때문이다.

● 무엇을 부정하느냐
–부정의 범위

'민아는 연습실에서 초아를 밀지 않았다.' 이 문장은 여러 가지로 해석될 수 있다. '민아가 아니라 다른 사람이 밀었다.' '연습실이 아

니라 다른 곳에서 밀었다.' '초아가 아니라 다른 사람을 밀었다.'
'미는 행동을 하지 않았다.' 이처럼 '안' 부정문은 부정하려는 문장
성분이 무엇이냐에 따라서 여러 가지 의미로 해석될 수 있다. 한 단
어나 문장이 두 가지 이상의 뜻으로 해석될 수 있는 특성을 **중의성**
이라고 한다.

수량을 나타내는 부사어가 부정문에 쓰이면 전체 부정이 되기도
하고 부분 부정이 되기도 해서 문장이 중의성을 띠게 된다. '멤버들
이 다 오지 않았다'에서는 수량 부사 '다'가 쓰였다. 이 문장은 무슨
뜻일까? '멤버 8명이 모두 안 왔다'(전체 부정)라는 뜻일까, 아니면
'멤버 중 아직 몇 명이 오지 않았다'(부분 부정)라는 뜻일까?

부정하려는 문장 성분에 '차이, 대조'를 뜻하는 보조사 '은/는'을
쓰면 부정문에 나타나는 중의성을 없앨 수도 있다.

'민아가 연습실에서는 초아를 밀지 않았다.' '민아가 연습실에서
초아는 밀지 않았다.' '민아가 연습실에서 초아를 밀지는 않았다.'
보조사 '는'을 써서 '않았다'가 부정하는 문장 성분이 무엇인지 밝
힘으로써 중의성이 해소되었다.

'멤버들이 다는 오지 않았다.' '멤버들이 다 오지는 않았다.' 여기
서도 보조사 '는'을 쓰자 중의성이 해소되어서 '부분 부정'으로만
해석된다. 문장의 중의성에 대해서는 나중에 더 자세히 살펴보기로
하자.

움직임에 온 신경을 곤두세운 채, 나는 마치 얼음조각이라도 된 양 가만히 서 있었다. 갑자기 잊었던 것, 그래서 가물가물 흐릿한 의식 저편으로부터 서서히 생각이 그 모습을 드러내며 돌아오는 떨림이 감지됐다. 언어의 신비가 베일을 벗는 순간이었다."

바람의 방향을 가리키는 풍향계, 기온을 나타내는 온도계, 불을 나타내는 연기 등은 형식이 내용의 결과를 나타낸다. 이런 기호를 지표 기호라고 한다.

교통 신호등이나 군대의 계급장, 병원을 나타내는 녹십자 등은 '이런 형식은 이런 내용을 가리키는 것으로 합시다' 하고 사람들끼리 서로 약속하고 관습적으로 인정한 것이다. 이런 기호는 상징 기

언어서도 지역마다 말소리가 다른 경우도 없다. 이처럼 방언이 존재한다는 것도 언어의 자의성을 보여 주는 예다.

또 있다. 옛날에는 '어엿브다'라는 말소리가 '불쌍하다'는 의미였지만, 지금 그 말소리는 '어여쁘다로, 의미는 아름답다'로 형식과 내용이 모두 바뀌었다. 만약 말소리와 의미의 관계가 필연적이라면 말소리와 의미에 변화가 있어서는 안 될 것이다. 이것도 언어가 자의성을 띤다는 것을 보여 준다.

소리를 흉내 내는 말은 그래도 자의성이 덜하지 않을까? 한국 개나 영국 개나 짖는 소리는 같지 않을까? 그런데 이것도 [멍멍], [바우와우]로 서로 형식이 다르다.

"누군가 펌프에서 물을 긷고 있었다. 선생님은 물이 쏟아져 나오는 복지 아래에다 내 손을 갖다 대셨다. 차디찬 물줄기가 복지에 닿은 손으로 계속해서 쏟아져 흘렀다. 선생님은 다른 한 손에다 처음에는 천천히, 두 번째는 빠르게 '물'이라고 쓰셨다. 선생님의 손가락 움직임에 온 신경을 곤두세운 채, 나는 마치 얼음조각이라도 된 양 가만히 서 있었다. 갑자기 잊었던 것, 그래서 가물가물 흐릿한 의식 저편으로부터 서서히 생각이 그 모습을 드러내며 돌아오는 떨림이 감지됐다. 언어의 신비가 베일을 벗는 순간이었다."

바람의 방향을 가리키는 풍향계, 기온을 나타내는 온도계, 불을 나타내는 연기 등은 형식이 내용의 결과를 나타낸다. 이런 기호를 지표 기호라고 한다.

교통 신호등이나 군대의 계급장, 병원을 나타내는 녹십자 등은 '이런 형식은 이런 내용을 가리키는 것으로 합시다' 하고 사람들끼리 서로 약속하고 관습적으로 인정한 것이다. 이런 기호는 상징 기호라고 한다. 형식과 내용이 밀접하게 연관된 도상 기호나 지표 기호와 달리, 상징 기호는 형식과 내용 사이에 직접적인 연관성이 없다. 그저 사람들이 사회적 합의하에 그 내용과 형식을 연결해서 기호로 사용하고 있을 뿐이다.

그럼 언어는? 언어도 생각을 전달하는 수단이 분명하니까 기호의 일종이다. 그렇다면 언어의 내용은 '전달하고자 하는 의미'일 테고, 형식은 '말소리나 글자'가 되겠다. 그리고 '자연계에 강, 호수, 바다, 지하수 따위의 형태로 널리 분포하는 액체'를 가리킬 때 '물'이라는 말소리 또는 글자를 쓰는 사람들끼리 관습적으로 받아들이는 일이다. 그러므로 언어는 상징 기호의 하나가 되었다.

6
의미
말의 뜻이란

말소리와 의미에 변화가 있어서는 안 될 것이다. 이것도 언어가 자의성을 띤다는 것을 보여 준다.

소리를 흉내 내는 말은 그래도 자의성이 덜

나 영국 개나 짖는 소리는 같지 않을까? 그런데 이것도 우와우]로 서로 형식이 다르다.

혼자서는 살 수 없으니까 사회적 약속을 ... 괘터 빅셀의 소설 《책상은 책... 문득 '왜 책상을 꼭 책상이라고 ... 그 이유를 납득할 수 없었던 남자 ... 자 자명종이라 부르고, 책상을 양탄 ... 서 그 남자는 아예 그림에다 입어다 ... 밀병에 앉아 무엇을 어떻게 부를까 ... 남말을 바꾸는 작업을 계속하던 남자는 어떻게 ... 말소리와 의미의 관계가 자의적이긴 하지만, 사회에 한번 받아들여지고 나면 개인이 함부로 바꿀 수 없다. 자의성이 있다 하더라

... 수 있는 것이 아니다. 무지개는 원래 경계선이 ... 연속적 스펙트럼으로 이루어진다. 그런데 우리는 노, 초, 파, 남, 보라고 마치 무지개가 일곱 가지 색깔로 분명히 나뉘어 있는 듯이 표현한다. 경계가 분명하지 않은데도 우리는 그릇의 종류를 '접시, 대접, 사발, 공기'로 나누어 부른다. 동해, 남해, 서해라고 나누어 부르는것도 하지만 실제로 바다를 쪼갤 수는 없는 노릇이다. 이 또한 언어의 분절성을 보여 주는 예들이다.
공통점이 무언가~추상성

말을 이해에서 웃거나 자기 생각으로 보는 사람들에게 이해해버가 어렵다. 소설 속의 남자는 결국 침묵 속에서 혼자 살아갈 수밖에 없게 되었다.
시간이 가면 변한다~역사성
언어 기호는 사회적인 약속이기는 하지만, 시간이 흐름에 따라 변하기도 한다. 이것을 언어의 역사성이라고 한다. '꽃고리 → 퍼뜨리처럼 말소리가 바뀌기도 하고, 어리다는 말소리가 '어리다다' 는 의미에서 '나이가 적다'는 의미로 바뀌기도 한다. 예전에 쓰이던 '온, 즈믄, 을 대신해 새로운 낱말 '백, 천, 강'이 쓰이기도 한다. '지혜 넘칠 주리에(사해를 다른 누구에게 주리오)'처럼 예전에는

사람은 예컨대 검은 점도 개와 고양이가 사진을 보느 ... 지 고양이인지 알아맞힌다. 그러나 인공 지능이 이런 능력을 갖기 한 매우 어려운 일이라고 한다. 서로 다른 개 사진 수만 장과 고양이 사진 수만 장을 입력해도, 개의 공통된 특징과 고양이의 공통된 특징을 파악하지 못하고 개와 고양이 사이의 차이점을 알아내지 못하기 때문이다. 수많은 종류의 개나 고양이에게서 공통된 특징을 뽑아내는 능력을 추상화하는 능력이라고 하는데, 로봇에게는 없는 추상화 능력이 사람들에게는 있다. 그래서 대어섯 살배기 아이도 사진을 보고 개인지 고양이인지 구별해 낸다.
개 한 마리 한 마리의 생김새와 속성은 모두 다르다. 사람들은 이

언어와 의미

● 의미의 의미는?

어떤 사람이 '나무'라고 말하는 소리(음성)를 듣거나, '나무'라는 말소리를 옮겨 쓴 글자를 읽으면 우리는 머릿속으로 나무의 모습을 그리기도 하고 딱딱한 재질을 생각하기도 한다. 머릿속에 떠오르는 영상이나 어떤 생각은 '나무'라는 단어의 의미다.

음성이나 글자는 언어의 형식이라고 할 수 있고, 의미는 언어의 내용이라고 할 수 있다. 언어의 내용을 이루는 의미는 언어의 형식과 달리 귀로 듣거나 눈으로 볼 수 없다. 물론 만질 수도 냄새 맡을 수도 없다. 언어의 의미는 이처럼 우리의 감각으로 파악하기 어렵기 때문에 '언어의 의미가 무엇일까?' 하는 문제에 대해서는 학자들마다 의견이 분분하다. 의미의 의미가 무엇일까?

무엇을 가리키느냐─지시설

"나무가 무슨 뜻이야?"

아이가 나무의 의미가 무엇인지 묻는다. 이 질문에 대답할 때는 "나무? 저게 나무야" 하고 공원에 서 있는 나무를 가리키는 것이 가장 쉬운 방법일 것이다. 설리번 선생이 헬렌 켈러에게 '물'이라는 단어를 가르칠 때 쓴 방법도 이와 같다. 따라서 음성이든 글자든 언어 표현이 가리키는 대상이 그 언어 표현의 의미라는 것이다. 이것을 지시설이라고 한다. '나무, 꽃, 사람, 호랑이, 건물, 의자'처럼 지시하는 대상의 실체가 있을 때는 딱 맞는 말이다. '김유신, 세종 대왕, 유승호' 같은 고유 명사의 경우에도 실제로 존재하는 사람들을 가리키기 때문에 상식적으로 맞는 말이다. 이해하기 쉽다.

그러나 '사랑, 평화, 추억, 분노' 같은 추상 명사라면 구체적인 지시 대상을 생각하기 어렵다. '기억하다, 이해하다, 그리워하다, 어렵다'와 같이 추상적인 개념을 가진 용언들도 구체적인 지시 대상을 상상하기 어렵다. 나아가 '용, 불사조, 일각수'처럼 이름만 있고 실체가 없는, 지시 대상이 존재하지 않는 경우는 또 어떨까?

'개밥바라기'와 '샛별' 모두 태양에서 둘째로 가까운 행성인 '금성'을 가리키는 말이기 때문에 세 단어의 의미가 같다고 할 수 있을까? 개밥바라기는 '저녁 무렵 서쪽 하늘에 보이는 금성'이고, 샛별은 '새벽 무렵 동쪽 하늘에 보이는 금성'인데?

이처럼 지시 대상이 추상적이거나 실체가 없을 때, 같은 지시 대상을 여러 단어가 가리킬 때는 지시설로 의미가 무엇인지 설명하기 어렵다.

무엇이 떠오르느냐―개념설

그래서 언어 표현의 의미는 지시 대상이 아니라, 그 언어 표현을 대했을 때 사람들이 머릿속에 떠올리는 개념이라는 주장도 있다. 우리가 '나무'라는 언어 표현을 대하면, 다시 말해 '나무'라는 음성을 듣거나 글자를 보면 머릿속에 영상을 떠올린다. 이 영상이 '나무'의 의미라는 말이다.

지시 대상이 '나무'와 같은 구체적인 대상이 아니라 '사랑, 평화, 믿다, 괴로워하다'와 같은 추상적인 것이라 하더라도 우리는 머릿속에 어떤 생각을 떠올릴 수 있다. 설령 '귀신, 불사조'처럼 실체가 없는 대상이라 하더라도 머릿속에서 어떤 영상이나 생각을 떠올린다. 이런 영상이나 생각을 개념이라고 하는데, 언어의 의미란 언어 표현을 대했을 때 우리가 머릿속에 떠올리는 개념이라는 것이다. 이것이 개념설이다.

그런데 '커피'라는 언어 표현을 대해 보자. 여러분은 어떤 개념이 머릿속에 떠오르는가? 자판기 커피를 떠올리는 사람도 있을 테고, 집에서 내려 먹는 드립 커피를 떠올리는 사람도 있을 테고, 커피 전문점에서 사 마시는 아메리카노를 떠올리는 사람도 있을 것이다. 이처럼 같은 단어라 할지라도 사람마다 머릿속에 떠올리는 개념이 다르다.

또, 모든 언어 표현에 대해 우리가 쉽게 어떤 개념을 떠올릴 수 있는 것도 아니다. 예를 들어 '그러나, 그리고'와 같은 접속 부사를 대하면 여러분은 어떤 개념이 떠오르는가? '가, 를, 에게, 처럼' 같은 조사를 대하면 어떤가? 이런 단어들이 문장 속에서 어떤 기능을 한다거나 어떨 때에 쓰인다거나 하는 설명은 떠오를지 몰라도 구체적인 개념은 잘 떠오르지 않을 것이다.

그래서 언어의 의미가 무엇인지 설명하는 이론으로 개념설도 충분하지 못하다는 것을 알 수 있다.

무슨 짓을 하느냐-행동설

언어의 의미가 무엇인지 알기 위해서 좀 더 근본적인 방법을 생각할 수도 있겠다. 원시 부족 사회로 떠나 보자. 그들이 쓰는 언어를 우리는 단 한 마디도 이해하지 못한다. 그러면 어떻게 해야 할까? 일단 관찰하는 수밖에.

한 남자와 한 여자가 밀림 속을 걷고 있다. 문득 여자가 걸음을 멈추더니 나무 위를 가리키면서 뭐라고 말을 한다. "아, 파고. 이랄추." 이게 뭔 말이야? 나무 위를 쳐다보니 빨간 열매가 여럿 달려 있다. 여자의 말을 들은 남자가 나무를 기어오른다. 그러고는 여자에게 빨간 열매 두세 알을 따다 준다. 관찰자인 우리는 그제야 고개를 끄덕인다. '아, 파고. 이랄추'라는 말은 '저 열매 좀 따다 줘'라는 뜻인가 보다 하고 추측할 수 있겠다.

이것을 모형으로 만들어 보면 '자극(여자가 열매를 발견한다)-반응(여자가 말을 한다)-자극(남자가 여자 말을 듣는다)-반응(남자가 열매를 따다 준다)', 이렇게 된다. 결국 언어의 의미는 말하는 사람의 상황과 그에 대한 듣는 사람의 행동을 보면 알 수 있다는 것이다. 이것이 자극 반응설 또는 행동설이다. 행동설은 추상적이고 심리적인 의미를 자극과 반응이라는 실험하고 관찰할 수 있는 대상으로 파악하려고 하는 것이다. 그런 점에서 의미가 있다.

그런데 이것도 문제가 있다. 같은 상황에 처했을 때, 여자가 꼭 '저 열매 좀 따다 줘'라고 말하리란 보장이 없다. '아, 멋지다'라고 말할 수도 있고, 심지어는 아무 말도 없이 가 버릴 수도 있다. 남자의 반응도 예측 불가능하다. 열매를 따다 주는 대신, 갖고 있던 육포를 내줄지도 모른다. 상황과 그에 대한 행동이 매번 달라질 수 있다는 뜻이다. 그래서 행동설은 언어의 의미가 무엇인지 일관성 있게 설명할 수 있는 방법은 되지 못한다.

언제 어떻게 쓰이느냐―용법설

어느 벽돌공이 제자에게 벽돌 쌓는 시범을 보인다. 벽돌공이 한 손을 내밀며 제자에게 말한다. "벽돌!" 그러자, 제자가 벽돌 하나를 벽돌공에게 건넨다. 벽돌공이 시범을 보인 뒤, 이번에는 제자가 벽돌을 쌓는다. 조금 높게 쌓았다 싶었는데, 중간쯤에 있던 벽돌 하나가 흔들거린다. 벽돌공이 놀라서 소리친다. "벽돌!"

벽돌공은 두 번 다 '벽돌'이라는 단어를 사용했다. 그러나 같은 단어지만 두 '벽돌'의 의미는 다르다. 앞엣것은 '벽돌을 달라'는 뜻이고, 뒤엣것은 '벽돌을 조심하라'는 뜻이다. 이렇듯 같은 단어라도 어떤 맥락에서 쓰이느냐에 따라서 의미가 다르다.

언어 철학자 비트겐슈타인은 '단어의 의미는 그 단어의 용법'이라고 주장했다. 단어의 의미는 고정되어 있는 것이 아니라 그 단어가 어떤 맥락에서 어떻게 사용되느냐에 따라 달라진다는 것이다. 비트겐슈타인은 체스를 좋아했는지, 체스를 예로 들어 이렇게 설명했다. 체스의 '나이트'나 '비숍'의 의미는 그것들이 어떻게 생겼는지 무엇으로 만들어졌는지를 통해서는 전혀 알 수가 없다. 체스의 규칙을 알고 체스판에서 그것들이 어떻게 움직이는지를 알아야 그 의미를 알 수 있다. 단어의 의미를 안다는 것 역시 그 단어가 어떤 맥락에서 어떤 규칙으로 사용되는지를 안다는 것이다. 이것을 용법설이라고 한다.

용도와 맥락에 따라 같은 말이라도 의미가 다르다는 것은 언어를 사용하는 사람이라면 누구나 실감하는 일이다. 더구나 앞에서 말했던 '그리고, 그러나'와 같은 접속 부사나 '가, 을, 에게, 처럼'과 같은 조사의 의미는 용법설에 따라 의미를 설명할 때 가장 설득력이 있다.

그러나 용법에 따라 의미가 달라진다는 주장 자체 때문에 용법설에는 한계가 있다. 한 단어에는 여러 가지 의미가 있다. 다른 말로 하면 용법이 다양하다. 우리가 자주 쓰는 단어일수록 그러하다. 예를 들어 '손'만 해도 '사람의 팔목 끝에 달린 부분(손으로 잡다), 손가락(손에 반지를 끼다), 일하는 사람(손이 부족하다), 힘이나 노력, 기술(손이 많이 간다), 영향력이나 권한(손에 넣다), 수완이나 꾀(장사꾼의 손에 놀아나다)' 등등 용법에 따라 의미가 다양하다. 게다가 이런 용법은 시간이 지남에 따라 변화하고, 그 경우의 수도 많아질 것이다. 이렇게 변화무쌍한 단어의 용법을 모두 일일이 들어 설명하는 것은 거의 불가능하지 않을까.

어떤 관계에 있느냐—의의 관계설

'할머니'란 단어를 사전에서 찾아보면, '부모의 어머니를 이르는 말'이라고 나와 있다. 이런 뜻풀이는 지시 대상을 분명히 드러내는 것으로 '지시'라고 한다. 그러나 '할머니'라는 단어의 의미를 좀 더 정확하고 구체적으로 살피려면, 할머니라는 단어와 다른 단어들의 관계를 살펴봐야 한다. 예를 들어 '할머니'는 '인간이며, 여자이고, 할아버지의 아내이며, 한자로는 조모'라고 한다. 이렇게 다른 단어들과의 관계에서 드러나는 의미를 '의의'라고 한다. '지시'보다 '의의'에 더 중점을 두고 단어의 의미를 살펴보는 입장을 '의의 관계설'이라고 한다.

의의 관계설은 단어들 사이의 관계, 곧 서로 포함하는 관계인지, 비슷한 말인지, 반대말인지 등을 중요하게 생각한다. 그래서 단어들 간의 관계 속에서 단어의 의미를 이해하는 데에 큰 도움을 주기는 하지만, 그 자체로 완전하게 단어의 의미를 기술하는 데에는 한계가 있다.

좀 더 그것다운 것—원형설

'언어 표현의 의미는 고정되어 있지 않고, 한 범주를 이루고 있다. 각 범주에는 원형적 구성원과 주변적 구성원이 있다.' 이런 학설을 원형설이라고 한다.

예를 들어 '새'의 의미를 사전에서 찾아보면 '몸에 깃털이 있고 다리가 둘이며, 하늘을 자유로이 날 수 있는 짐승을 통틀어 이르는 말'이라고 되어 있다. 그러나 '새'의 의미를 이렇게 고정시켜 버리면 하늘을 날지 못하는 타조나 펭귄은 새가 아니란 말인가? 닭은 또 어떡하나?

그러나 원형설에 따르면 이 문제를 해결할 수 있다. '새'의 원형적 구성원은 참새 정도이고 타조, 펭귄, 닭은 주변적 구성원이라고 설명하면 된다. '새'의 의미는 원형적 구성원이 갖추고 있는 '날개가 있다, 날 수 있다'라는 의미 성분을 중심으로 이루어지지만, 날지 못한다고 해서 새가 아닌 것은 아닌 것이다. 다만 더 새다운 새와 덜 새다운 새가 있을 뿐이다.

원형설이라고 해서 문제가 없는 것은 아니다. 어디까지가 원형이냐, 원형의 특성들 사이에 서열을 어떻게 매길 것이냐 하는 문제를 해결하기 어렵기 때문이다.

● 의미의 유형

의미의 의미를 밝히는 것은 이처럼 어렵다. 앞에서도 보았듯이 단어의 의미는 누가 사용하느냐에 따라서도 다르고, 상황에 따라서도 여러 가지로 해석될 수 있다. 문맥에 따라 같은 단어라도 의미가 다르다. 의미가 다르고 해석이 다르다는 것은 의미에 여러 가지 유형이 있다는 뜻이다. 그리고 의미를 바라보는 관점이 다양한 만큼, 의미의 유형도 더욱 다양해진다.

의미의 유형을 분류하는 데에는 다양한 견해가 있으나, 가장 잘 알려진 것은 리치G. Leech가 분류한 것이다. 리치는 의미를 '개념적 의미, 연상적 의미, 주제적 의미', 이렇게 셋으로 나눈 다음, 다시 연상적 의미를 '함축적 의미, 사회적 의미, 정서적 의미, 반사적 의미, 언어적 의미', 다섯으로 나누었다. 결국 의미에는 일곱 가지 유형이 있는 셈이다.

사전을 찾아보면 - 개념적 의미

누가 사용하느냐에 따라, 그리고 상황과 문맥에 따라 언어의 의미가 달라진다고는 하지만, 원래 그 말이 기본적으로 간직하고 있는 의미가 있다. 이것을 개념적 의미라고 한다. 개념적 의미는 가장 중심적이고 핵심적인 의미다. 감정에 따라 달라지거나 문맥에 따라 달라지지 않는 의미다. '사전적 의미'라고도 한다. 사전에서는 개념적인 의미를 중심으로 의미를 풀이하기 때문이다.

단어의 개념적 의미는 흔히 **의미 성분**으로 표시한다. 의미 성분? 그게 뭐지?

어떤 단어에 의미가 있다고 할 때, 그 의미는 한 덩어리로 되어 있을까, 아니면 어떤 물질이 분자나 원자들로 이루어져 있는 것처럼 몇 개의 의미 조각으로 이루어져 있을까?

'수녀는 부처님을 모신다. 수녀 가운데는 남자도 있다. 저 수녀는 작년에 결혼했다.' 우리는 이 세 문장이 모두 잘못임을 안다. 문장 자체가 잘못된 것은 아니다. 문법적으로는 하자가 없는 문장들이다. 이 문장들의 내용이 잘못이다. '수녀'라는 단어의 의미와 어긋난 말들을 하고 있기 때문이다. 천주교의 수녀가 부처님을 모실 리없고, 남자가 수녀가 될 수도 없으며, 수녀는 독신이어야 한다. 이렇게 보면 '수녀'라는 단어의 의미에는 '천주교, 여자, 결혼하지 않은'이라는 의미가 숨어 있다. 만일 '수녀'라는 단어의 의미가 한 덩어리로 되어 있다면, 의미가 어긋난 문장이 이처럼 세 개나 나올 수없을 것이다. 그러므로 '수녀'의 의미는 여러 개의 의미 조각으로 이루어져 있다고 할 수 있다.

이처럼 한 단어의 의미는 의미 조각 몇 개의 집합이다. 이때 한 단어의 의미를 이루고 있는 조각들을 의미 성분이라고 한다. **의미자질** 또는 **의미 요소**라고 부르기도 한다. 의미가 의미 성분의 결합체이기 때문에 어떤 단어의 의미를 파악하려면 그 단어의 의미가 어떤 성분들로 이루어져 있는지 분석해 보면 된다.

예를 들어 '소녀'의 의미는 '인간이고, 여성이며, 성숙하지 않은'

으로 분석할 수 있다. 이것을 〔+인간〕〔+여성〕〔-성숙〕이라고 표현하자. 그러면 '소년'은 〔+인간〕〔-여성〕〔-성숙〕이라고 표현할 수 있겠다. 이것을 보면 '소년'과 '소녀'는 서로 반대말인데, 의미 성분이 하나만 빼고 모두 같다는 사실을 알 수 있다. 그리고 이것이 바로 '소년'과 '소녀'의 개념적 의미가 된다.

'부인'의 개념적 의미는 〔+인간〕〔+결혼〕〔+여성〕〔+성인〕으로 의미 성분을 분석하여 설명할 수 있다. 다시 말해 '인간이고, 결혼을 했으며 여성인 성인'이 '부인'의 개념적 의미라는 말이다.

더불어 생각난다-함축적 의미

'부인'이라는 단어에서는 개념적 의미에 덧붙여 '우아하다, 자상하다, 아름답다, 점잖다' 등의 부차적인 의미를 연상할 수 있다. 이런 의미를 '내포적 의미'라고 한다. '계란'의 개념적 의미는 '닭의 알'이지만, '계란으로 바위 치기'에서 '계란'은 '깨지기 쉽다'는 의미를 함축하고 있다. 그래서 내포적 의미를 함축적 의미라고도 한다.

시에서는 함축적 의미를 많이 사용한다. "풀이 눕는다 / 바람보다도 더 빨리 눕는다." 김수영 시인의 〈풀〉이라는 시의 한 구절이다. 이 시에서 '풀'이란 '힘없는 민중을 가리킨다', '인간 본연의 여린 삶을 가리킨다' 등등 여러 가지 이견이 있을 수 있겠으나, '풀'이 '초본 식물'이라는 개념적 의미 외에 담고 있는 이런 의미를 함축적 의미라고 한다. 시인은 이런 언어의 함축적 의미에 기대어 시를 쓴다. 시를 읽는 독자 또한 함축적 의미를 생각하지 않고서는 시를 제대로 감상할 수 없다.

'풀'이 지닌 함축적 의미를 어떻게 생각하느냐에 따라서 김수영 시인의 〈풀〉이라는 시는 참여시가 될 수도 있고, 순수시가 될 수도 있다. 이처럼 내포적 의미 또는 함축적 의미는 누구나 공통으로 인식하고 받아들이는 의미일 수는 없다. 개념적 의미에 붙어서 특별한 상황에서 그 모습을 드러낼 뿐이다.

말씨가 다르다―사회적 의미

'오메, 단풍 들겄네.' 누군가 이렇게 말했다면 우리는 '말하는 사람이 전라도 사람인가 보다' 하고 짐작할 수 있다. '아니, 이놈의 여편네가!' 하는 남자의 말소리를 들었다면, '누군가 부부 싸움을 하나 보군' 하는 생각도 하겠지만, 동시에 '남편이 그리 교육 수준이 높지 못한가 봐' 또는 '사회적으로 지위가 그리 높은 사람은 아닌가 보네' 하고 추측할 수도 있다. 이렇게 어떤 언어에서 말하는 사람의 출신, 연령, 성별, 직업, 종교, 사회적 지위 따위를 드러내는 의미를 언어의 사회적 의미라고 한다.

말하는 사람의 사회적인 위치가 다르면 쓰는 말씨도 다르다. "종이 진지를 고하거든 '올리라' 말고 '들이라' 하고, 숭늉을 먹으려 하거든 '가져오라' 말고 '진지하라' 하느니라." 조선 숙종 때 박두세라는 사람이 쓴 수필 〈요로원야화기〉의 한 대목이다. 과거에 떨어진 시골 선비의 입을 빌려 서울 양반의 허세와 교만함을 풍자하기 위해 썼다는 수필이다. 이처럼 양반과 상민은 말씨부터 다르다. 말씨를 글로 쓰면 문체가 된다. 그래서 사회적 의미를 '문체적 의미'라고도 한다.

기분이 다르다—정서적 의미

농구 선수가 자기 키만큼이나 높이 뛴 다음 멋지게 덩크 슛을 성공시킨다. 관중의 입에서 탄성이 터져 나온다. "잘한다!" 말썽꾸러기 남자 중학생들이 교실에서 스네이크 슛을 쏜다고 공을 뻥 찬다. 교실 유리창 하나가 박살이 난다. 마침 들어온 선생님 입에서 탄식이 터져 나온다. "잘한다!" 둘 다 '잘한다'지만 의미는 전혀 다르다. 말하는 사람의 기분이 전혀 다른 것이다.

이처럼 말하는 사람의 감정이나 태도가 언어에 반영되어 나타나는 의미를 '정서적 의미'라고 한다. 정서적 의미는 말소리의 높낮이나 강약, 길이, 억양 등을 통해 나타나는 경우가 많다. 앞에 나온 두 '잘한다'를 어떻게 발음하는지 생각해 보면 된다. 이런 차이 때문에 같은 단어나 단어들로 이루어진 말을 듣고도 듣는 사람은 말하는 사람의 기분이 좋은지, 나쁜지, 슬픈지, 기쁜지 알 수 있다. 정서적 의미를 파악하는 것이다.

듣기만 해도 생각나—반사적 의미

우리나라에서는 자기 이름을 바꾸려면 법원의 허가를 받아야 한다. 출생 신고서에 쓰였던 자기 이름을 바꾸고 싶다고 개명 신청을 하는 사람이 한 해에 십수만 명에 이른단다. 출생 신고서에 이름이 잘

못 기재된 것을 바로잡으려는 사람이 제일 많고, 이름의 어감이나 뜻이 좋지 않아서 바꾼다는 경우도 아주 많단다. 예를 들어 '문둥이, 도야지, 강도범' 같은 이름은 왜 바꾸려고 하는지 이해가 된다. 사람 이름뿐만이 아니다. '종갓집 식당'은 뭔가 맛있을 것 같지만, '큰집 식당'은 들어가기가 찜찜해진다. 매운 음식을 먹을 때 같이 마시면 끝내 준다는 음료, '쿨피스'. 영어권에서는 잘 안 팔린다. 아무리 'coolpis'라고 표기해 놓아도 'cool piss(시원한 오줌)'가 생각나기 때문.

사실 이름 자체는 그 사람의 인격이나 인성 등 그 사람에 대해서 중요한 것은 아무것도 말해 주지 않는다. 식당 이름과 음식 맛은 아마도 아무 관련이 없을 것이다. 그러나 그 이름은 원래 의미나 의도와는 상관없는 어떤 반응을 불러일으킨다. 이처럼 어떤 언어 표현이 가지고 있는 개념적 의미와는 아무 관련 없는 반응을 일으키면서 나타나는 의미를 반사적 의미라고 한다.

나쁜 반응이 있다면 좋은 반응도 있다. 반사적 의미가 꼭 나쁜 의미인 것만은 아니다. 그래서 좋은 반사적 의미를 불러일으키기 위해 개명 신청을 하는 사람도 많다. 갖고 싶은 이름으로 남자는 '민준, 서준, 도현, 현우, 정우', 여자는 '서윤, 서연, 서영, 지원, 수연'이라는 이름이 인기 있다. 눈치 채셨는지……. 대개 텔레비전 인기 드라마의 주연 배우나 주인공의 이름들이나.

어떤 단어와 연결되느냐-연어적 의미

'짙은 빨강, 짙은 안개, 짙은 커피, 짙은 우수'에서는 같은 '짙은'이란 단어지만 그 의미가 '색깔이 진하다, 잔뜩 끼어 흐릿하다, 농도가 진하다, 느낌이 강하다'로 모두 다르다. 어떤 단어가 뒤에 오느냐에 따라 의미가 달라지는 것이다. 이처럼 한 언어 표현이 어떤 단어와 연결되느냐에 따라서 달라지는 의미를 연어적(連語的) 의미라고 한다. 단어의 배열에 따라 달라지는 의미이기 때문에 '배열적 의미'라고도 한다.

'귀엽다'라는 단어의 사전적 의미는 '예쁘고 곱거나 또는 애교가 있어서 사랑스럽다'다. 그래서 '귀여운 아이, 귀여운 강아지, 귀여운 인형' 등은 자연스럽다. 그런데 '귀여운 야수, 귀여운 도둑'에서는 '귀엽다'가 그리 귀엽지 않다. 사전적 의미가 아닌 뭔가 다른 의미가 느껴진다. 바로 뒤에 오는 단어 때문이다. 이런 의미도 연어적 의미다.

무슨 말을 하고 싶으냐-주제적 의미

같은 말이라도 말하는 사람이나 글 쓰는 사람의 의도에 따라 표현이 달라질 수 있다. '유아인이 대종상 영화제에서 남우 주연상을 받은 게 아니야'라는 문장에서 '유아인이'를 강하게 발음했다면 그다음 말은 '황정민이 받았지' 정도가 될 것이다. '대종상 영화제에서'를 강하게 발음했다면 그다음 말은 '청룡 영화제에서 받았지'쯤이 될 테고, '받은'을 강하게 발음했다면 그다음 말은 '후보에만 올랐지'쯤이 될 것이다. 말하는 사람의 의도가 다르기 때문에 억양이 달라진 것이다.

같은 문장이라도 '전지현은 영화 〈암살〉로 여우 주연상을 받았다', '영화 〈암살〉로 전지현은 여우 주연상을 받았다', '여우 주연상을 전지현은 영화 〈암살〉로 받았다', 이렇게 어순을 바꾸면 문장의 의미가 조금씩 달라진다. 말하는 사람의 의도가 각각 달리 드러나는 것이다.

이처럼 억양이나 어순 교체를 통해 말하는 사람이나 글 쓰는 사람은 자기의 의도를 드러내고, 이렇게 해서 드러나는 의미를 주제적 의미라고 한다.

영어 공부를 할 때 많이 하는 연습이 능동태를 수동태로 바꾸거나, 그 반대로 하는 것이다. 우리말에서는 능동과 수동이라는 말 대신 능동과 피동이라는 말을 쓴다. '서진우 변호사가 살인 사건의 전말을 밝혔다'라는 능동문을 피동문으로 바꾸면 '살인 사건의 전말이 서진우 변호사에 의해 밝혀졌다'가 될 것이다. 외국어를 배울 때에는 두 문장의 의미가 똑같은 것처럼 서로 바꾸는 연습을 하지만, 두 문장의 의미가 정말 똑같을까? 두 문장의 의미가 똑같다고 한다면 그것은 개념적 의미가 같다는 말일 것이다. 두 문장의 의미가 다르다고 한다면 그것은 바로 주제적 의미가 다르다는 뜻이다. '서진우 변호사'에 대해서 말하고 싶으냐, 아니면 '살인 사건' 이야기를 더 하고 싶으냐, 말하는 사람의 의도에 따라 문장 형식도 달라지고, 각각의 문장이 전하는 전달 가치도 달라지는 법이다.

단어의 의미 관계

● 비슷하다고 대신할 수는 없다
  -유의 관계

'나는 때로 산에 오른다'라는 문장에서 '때로' 대신 쓸 수 있는 단어
는? 우선 '가끔'이라는 단어가 떠오른다. '나는 가끔 산에 오른다.'
두 문장의 의미는 같다. 이렇게 문장에서 어떤 단어 대신 대치할 수
있는 단어는 뜻이 같거나 비슷해야 한다. '때로'와 '가끔'처럼 말소
리는 다르지만 의미가 서로 비슷한 단어를 **유의어**라고 한다.

　유의어가 '뜻이 비슷한 말'이라면, **동의어**는 '뜻이 완전히 같은 말'
이다. 그런데 뜻이 완전히 같은 말이 세상에 있을까? 뜻이 정밀하
고 한정된 전문어 '염화나트륨'의 동의어는 '소금'이다. 그러나 식

탁에서 '거기 있는 소금 좀 줄래?' 대신 '거기 있는 염화나트륨 좀 줄래?' 하고 말할 사람은 아무도 없을 것이다. 농담이나 장난 삼아 말하는 것이 아니라면. 상황에 따라 쓰임이 다르다면 그것은 동의어라고 할 수 없다. 그러므로 엄밀한 의미에서 동의어는 세상에 없다고 하겠다.

어떤 단어의 유의어가 하나만 있는 것은 아니다. '더러, 이따금, 때때로, 간혹, 간간이, 종종' 등도 '때로'의 유의어다. 이렇게 한 단어에는 여러 유의어가 있을 수 있다. 이러한 유의어들을 서로 '유의 관계'에 있다고 말한다. 어떤 단어들이 유의 관계에 있다는 것은 그 단어들의 개념적 의미가 같다는 뜻이다. 그렇다고 해서 어느 경우에나 그 단어들을 서로 바꾸어 쓸 수 있는 것은 아니다.

'요즘에는 바빠서 운동할 틈이 없네'라는 문장에서 '틈'을 '겨를'로 바꾸어 '요즘에는 바빠서 운동할 겨를이 없네'라고 쓸 수도 있다. 그러므로 '틈'과 '겨를'은 유의어다. 그러나 '몸집이 큰 곰돌이 푸는 그 틈으로 빠져나갈 수 없었어요'라는 문장은 '틈'을 '겨를'로 바꾸어 '몸집이 큰 곰돌이 푸는 그 겨를로 빠져나갈 수 없었어요'라고 쓸 수 없다. '틈'은 공간적인 맥락과 시간적인 맥락 모두에서 사용할 수 있지만, '겨를'은 시간적인 맥락에서만 사용되기 때문이다. 이처럼 유의어는 동의어가 아니기 때문에 미묘한 의미상의 차이가 있을 수밖에 없다. 그러므로 정확한 문장을 쓰려면 상황과 맥락에 따라 그에 꼭 맞는 단어를 찾아서 써야 한다.《보바리 부인》의 작가 플로베르는 '어떤 사물을 나타내는 가장 적절한 말은 하나밖에 없다'고 주장했다고 한다. 이른바 일물일어설(一物一語說)이다. 정말로 플로베르가 이런 말을 했는지는 모르지만, 어쨌든 새겨들을 만한 이야기다.

여러 개 있는 유의어가 어느 정도 의미에 차이가 있는지, 어떤 자리에 어떤 유의어를 쓰는 게 좋을지 등을 알아보는 몇 가지 방법이 있다.

첫째, 유의어는 서로 대치할 수 있는 말이지만, 늘 그런 것은 아니라고 했다. 그러므로 대치를 해 보는 것이다. '잡다'와 '쥐다'의 경우, '공을 잡다, 손끝으로 잡다, 도둑을 잡다, 자리를 잡다'는 모두 되지만, '손끝으로 쥐다, 도둑을 쥐다, 자리를 쥐다'라고는 쓸 수 없다.

둘째, 반대말을 사용해 서로 대비해 보는 것이다. '맑다'와 '깨끗하다'는 유의어다. 그런데 '맑은 물'과 '깨끗한 물'은 어떻게 다를까? 이런 경우, 두 단어의 반대말이라 할 수 있는 '흐리다'와 '더럽다'를 사용해 대비해 보면 '맑은 물/흐린 물', '깨끗한 물/더러운 물'에서 볼 수 있듯이 두 단어의 의미 차이가 드러난다.

셋째, 유의어들이 서로 얼마나 비슷한지 모호할 때는 같은 계열의 말들을 늘어놓아 본다. 예를 들어 '개울'과 '시내'는 얼마나 의미가 비슷할까? 같은 계열의 말들을 크기 순서로 늘어놓아 보자. '실개천-개울-시내-내-하천-강-대하.' 이렇게 늘어놓고 보면 두 단어의 의미 차이가 어느 정도인지 드러난다.

우리말에는 특히 유의어가 많다. '아내, 처, 와이프'처럼 고유어와 한자어, 외래어가 함께 쓰이기 때문이기도 하고, '저, 나, 본인'처럼 높임법이 발달되어 있기 때문이기도 하며, '노랗다, 노르스름하다, 노릇하다'처럼 감각어가 발달되어 있기 때문이기도 하다. 그런가 하면 '삼각형 → 세모, 네티즌 → 누리꾼'처럼 국어 순화의 결과로, '변소 → 화장실'처럼 완곡어 사용 등으로 유의어가 많아지기도 했다.

유의어라고 해서 꼭 같은 대접을 받는 것은 아니다. 유의어 가운데서도 '잡다'처럼 더 많은 경우에 사용되는 유의어가 있고, '쥐다'처럼 덜 사용되는 유의어도 있다. 길고 발음하기 어려운 유의어도 있고, 배우기 어렵고 기억하기 힘든 유의어도 있다. 그래서 이런 유의어들은 세상에서 사라지기도 한다.

그러나 지금도 어떤 유의어가 쓰인다는 것은 그 유의어 나름의 제 역할이 있다는 뜻이다. 그러므로 유의 관계에 있는 여러 단어들을 쓰여야 할 자리에 적절히 활용하면 정확하고 풍요로운 문장 생활을 할 수 있다.

● '아버지'의 반대말이 '딸'이 아닌 까닭
-반의 관계

'빛/어둠', '하늘/땅', '선/악'처럼 서로 대립되는 의미를 가진 단어 사이의 의미 관계를 '반의 관계'라고 하고, 반의 관계에 있는 단어를 **반의어**라고 한다.

'대립된다'는 게 무슨 뜻일까? 제비는 몸에 깃털이 있고 하늘을 날아다닌다. 붕어는 몸이 비늘로 덮여 있고 물속을 헤엄쳐 다닌다. 제비와 붕어는 얼른 보아도 중요한 특성 가운데 여러 가지가 서로 다르다. 그러나 제비와 붕어를 서로 대립적인 관계라고 생각하는 사람은 없을 것이다.

그럼 누구나 반의 관계에 있다고 생각할 '남편'과 '아내'는 어떤가? '남편'과 '아내'는 둘 다 '인간이고 성숙하며 결혼을 한 부부의 한 사람'이다. 그러나 둘은 '남성'과 '여성'이라는 점에서 다르다. 다시 말해 '남편'과 '아내'는 의미상 여러 가지 공통점이 있지만, '성'이라는 한 가지 기준에서는 차이가 있다. 이처럼 반의 관계는 의미상 많은 공통점을 지니고 있으면서 오직 한 가지 차별점이 있을 때 성립한다.

의미 성분을 분석해 보면 이런 사실을 잘 알 수 있다. '노총각'의 반의어는 '노처녀'다. '노총각'의 의미 성분을 분석해 보면 〔+사람〕〔+성숙〕〔+미혼〕〔−여자〕이고, '노처녀'는 〔+사람〕〔+성숙〕〔+미혼〕〔+여자〕다. 단 한 가지 의미 성분만 다르다.

비교 기준에 따라 한 단어에 여러 반의어가 있을 수 있다. '아버지'의 의미 성분은 〔+사람〕〔+부모〕〔−여자〕이고 '어머니'는 〔+사람〕〔+부모〕〔+여자〕다. '아들'은 〔+사람〕〔−부모〕〔−여자〕다. '아버지와 어머니'는 '성'이라는 비교 기준에서 반의 관계에 있고, '아버지와 아들'은 '세대'라는 비교 기준에서 마찬가지로 반의 관계에 있다. 그런데 '딸'은 〔+사람〕〔-부모〕〔+여자〕로 반의 관계가 아니다. '아버지'와 두 개나 다르다. 그러므로 '아버지'의 반의어는 '어머니'나 '아들'은 될 수 있어도 '딸'은 될 수 없다.

반의어에는 '참/거짓, 기혼/미혼'처럼 그 단어의 부정이 곧 반의어가 되는 경우, '크다/작다, 좋다/나쁘다'처럼 서로 맞선 의미를 가지지만 중간 영역이 있을 경우, '사다/팔다, 주다/받다'처럼 서로 대칭 관계에 있을 경우, 세 가지가 있다.

'많다/적다, 길다/짧다, 쉽다/어렵다, 덥다/춥다'는 반의 관계에 있는 반의어들이다. 그런데 '많지 않다'고 해서 반드시 '적다'고는 할 수 없다. '길지 않다'고 해서 반드시 '짧다'는 법도 없다. 많지도 적지도 않을 수 있고, 길지도 짧지도 않을 수 있는 것이다. 이런 반의어를 **정도 반의어**라고 한다. 말 그대로 정도를 나타내는 반의어이기 때문에 정도를 나타내는 부사랑 함께 쓸 수 있다. '사람이 매우 많다, 끈이 꽤 길다, 문제가 너무 어렵다, 날씨가 몹시 춥다.' 그리고 비교도 가능하다. '사과가 배보다 많다, 압록강이 두만강보다 더 길다, 살기가 죽기보다 더 어렵다, 어제보다 오늘이 더 덥다.' 이럴 때의 '수량, 길이, 난이도, 추위' 등을 재는 기준은 물론 상대적이다. 아무리 큰 개구리라도 작은 코끼리보다는 작을 수밖에 없는 것이다.

정도 반의어와 달리 '남자/여자, 삶/죽음, 출석/결석'과 같은 반의어들은 정도를 나타내지 않으므로 중간 영역이 없다. 남자가 아니면 여자이고, 산 것이 아니면 죽은 것이다. 이처럼 어떤 개념을 서로 침범하지 못할 두 영역으로, 다시 말해 서로 배타적인 영역으로 완전히 딱 잘라 둘로 가르는 단어 쌍을 **상보 반의어**라고 한다. '상보'라는 말은 '서로 보완한다'는 말인데, 배타적인 두 반의어를 상보 반의어라고 하니까 헷갈릴 수도 있다. 서로 전혀 달라야 서로 도울 일도 있다고 이해하면 되겠다. 어디에 서 있느냐에 따라 오르막길이 내리막길도 되고 내리막길이 오르막길도 되는 것.

정신적으로나 육체적으로나 남자이기도 하고 여자이기도 한 양성 보유자도 있지 않으냐, 죽은 것도 아니고 산 것도 아닌 식물인간은 뭐란 말이냐, 하고 따지는 사람도 있겠다. 그러나 과학적인 엄밀함과 우리의 언어 감정은 다른 것이다. 어쨌든 문제가 되면 의학적으로, 그리고 법률적으로 기어이 남녀를 가리고 생사를 판단하는 것이 우리네 사회이기도 하다.

'가다/오다, 올라가다/내려가다, 전진하다/후퇴하다'처럼 어떤 기준점을 중심으로 맞서는 움직임을 나타내는 반의어들을 **방향 반의어**라고 한다. 대칭 관계에 있는 '사다/팔다, 주다/받다, 가르치다/배우다' 등도 방향 반의어의 일종이고, 공간적·시간적으로 대칭을 이루는 '위/아래, 오른쪽/왼쪽, 남극/북극, 시작/끝'도 방향 반의어의 일종이며, 인간관계에서 대칭을 이루는 '부모/자식, 형/동생, 남편/아내' 등도 방향 반의어의 일종이다.

어떤 단어에 여러 가지 의미가 있을 경우에는 반의어도 그에 따라 여러 개가 있을 수 있다. '서다'의 의미가 '일어나다'일 경우의 반의어는 '앉다'이지만, '멈추다'일 때는 '가다', '(체면이) 서다'일 때는 '깎이다', '(날이) 서다'일 때는 '무뎌지다'가 되는 것이다. 마찬가지로 입은 '열거나 다물고', 문은 '열거나 닫고', 뚜껑은 '열거나 덮고', 마개는 '열거나 막고', 자물쇠는 '열거나 잠근다'. 모자는 '벗거나 쓰고', 안경은 '벗거나 끼고', 옷은 '벗거나 입고', 신발은 '벗거나 신는다'.

반의어를 이루는 한 쌍의 단어 각각이 똑같은 대접을 받는 것은 아니다. 정도 반의어 '길다/짧다, 높다/낮다, 깊다/얕다, 넓다/좁다, 두껍다/얇다'의 두 단어 가운데에서 일상생활에 더 많이 쓰이는 단어는 앞에 있는 단어들이다. '길이, 높이, 깊이, 넓이, 두께'라는 말은 있어도 '짧이, 낮이, 얕이, 좁이, 얄게'라는 말은 없다. 영어에서도 'How old are you?'라고 묻지, 'How young are you?'라고 묻지 않는다. 하긴 짝짓기 사이트에서 어떤 노인네가 자기를 소개할 때 '75 years old'라고 하지 않고 '75 years young'이라고 하더라만.

앞에 나온 '벗다'는 한 단어인데, 반의어는 '쓰다, 끼다, 입다, 신다, 매다' 등 왜 이리 많을까? '풀다'는 한 단어인데 반의어는 '(넥타이를) 매다, (시계를) 차다, (댕기를) 드리다' 등등 왜 여러 개일까? 아마도 '착(着)'하는 데는 힘이 많이 들고 더 복잡하기 때문에 신경을 많이 써야 하고, '탈(脫)'하는 데는 힘도 덜 들고 간단해서 신경을 안 써도 되기 때문이 아닐까?

철학에 '이원론'이라는 이론이 있다. 세계가 '선과 악', '정신과 물질' 등과 같이 서로 대립하는 두 근본 원리로 이루어져 있다고 주장하는 이론이다. 우리 눈에 보이는 세상이 '해와 달', '남자와 여자', '낮과 밤', 이런 식으로 대립되는 쌍으로 이루어져 있으니 자연스러운 사고방식이다. 세상 모든 것을 대립되는 쌍으로 나누어 보면서 세상의 이치를 이해하려고 했던 이런 경향 때문에 언어 세상에도 반의어가 많이 생겨났다.

"대체로 문자를 가르침에서는 맑을 청(淸) 자로 흐릴 탁(濁) 자를 깨우치고, 가까울 근(近) 자로 멀 원(遠) 자를 깨우치며, 가벼울 경(經) 자로 무거울 중(重) 자를 깨우치고, 얕을 천(淺) 자로 깊을 심(深) 자를 깨우치는데, 두 자씩 들어서 대조하여 밝히면 두 가지의 뜻을 함께 알게 되고, 한 자씩 들어 말하면 두 가지 뜻을 함께 모르게 된다."

정약용 선생의 〈천문평〉 가운데 한 대목이다. 여기에 나온 '맑다/흐리다, 가깝다/멀다, 가볍다/무겁다, 얕다/깊다'는 반의 관계에 있는 반의어들이다. 정약용 선생이 설파하신 대로 반의어를 알면 원래 단어의 의미를 좀 더 명확히 파악할 수 있음은 물론, 그 과정에서 사고를 명확하게 할 수도 있고, 어휘력도 길러진다는 것은 굳이 말하지 않아도 될 것이다.

● 말에도 위아래가 있다
-상하 관계

'공무원, 은행원, 작가, 농민, 연예인'을 통틀어 '직업'이라고 한다. 이처럼 한쪽이 의미상 다른 한쪽을 포함하거나 포함되는 의미 관계를 '상하 관계'라고 한다. 포함하는 단어를 **상위어**라고 하고, 포함되는 단어를 **하위어**라고 한다. '직업'이 상위어가 되고, '공무원, 은행원, 작가, 농민, 연예인'은 하위어가 될 것이다. 물론 상의, 하의라는 것은 상대적인 개념이다. '연예인에는 무용수, 가수, 배우 등이 있다'고 하면 이번에는 '연예인'이 상위어가 되고, '무용수, 가수, 배우'는 하위어가 된다.

상위어와 하위어는 철학의 '유개념과 종개념', 수학의 '전체 집합과 부분 집합'과 비슷하다. 그러나 상하 관계에서 말하는 상위어와 하위어는 그렇게 엄밀한 과학적 분류법에 따른 것은 아니다. 우리 언어 감정이 허락하는 한에서 분류하는 것이다. '대'나 '바나나'가 '풀'이냐 '나무'냐를 놓고 심각하게 싸우지 말자는 뜻이다. 언어의 세상에서는 '딸기'가 과일이 될 수도 있고, 채소가 될 수도 있다.

• 구분의 기준이 같아야 한다
-부분-전체 관계

'머리, 팔, 몸통, 다리'는 '몸'을 이루고 있는 부분들이다. 이처럼 한 단어가 다른 단어의 부분이 되는 관계를 '부분-전체 관계'라고 한 다. 그리고 부분을 가리키는 단어를 **부분어**, 전체를 가리키는 단어 를 **전체어**라고 한다.

　부분-전체 관계를 상하 관계와 혼동할 수 있겠다. 상하 관계에서 는 종류를 따져 보면 된다. 하위어가 상위어의 한 종류이면 두 단 어는 상하 관계를 이루는 것. '진돗개'는 '개'의 한 종류이므로 상하 관계다. 그러나 '다리'가 '몸'의 한 종류는 아니다. '몸'의 한 부분이 니까 두 단어는 부분-전체 관계를 이룬다.

　그런데 전체어의 부분어라도 동일한 부분어 집합에 포함될 수 없 을 때가 있다. '팔, 다리, 머리, 몸통'이라는 부분어 집합에 '심장'이 들어갈 수는 없다는 말이다. 전체와 부분으로 나눌 때에는 구분의 기준이 같아야 하는 것이다.

• 한 가지 의미에서 파생되었다
-다의 관계

'가다'라는 동사의 의미는 기본적으로 '한 곳에서 다른 곳으로 장소를 이동하다'라는 뜻이다. 이것이 '가다'의 **중심적 의미**다.

그런데 여기에서 뜻이 갈라져 나와 '관심이 쏠리다(오늘 만난 남자에게 무척 호감이 간다), 전해지다(신호가 가는데 전화는 받지 않는다), 일이 일어나다(그분에게는 피해가 가지 않도록 해라), 생기다(그는 다리뼈에 금이 갔다), 시간이 되다(결국에 가서는 잘못됐음을 알게 될 거야), 수고가 들다(조그만 조각품에는 손이 많이 간다), 사람이 죽다(어머니께서는 고생만 하다가 가셨다), 이해가 되다(얼마나 억울하면 그럴까 하고 이해가 가기도 한다), 어느 정도에 이르다(그는 성적이 중간은 간다)' 등등의 의미도 띤다. 이렇게 중심적 의미에서 파생되어 나온 의미를 **주변적 의미**라고 한다.

그리고 '가다'처럼 여러 가지 의미를 지닌 단어를 **다의어**라고 한다. 물론 의미가 하나밖에 없는 단어는 **단의어**라고 한다. 다의어가 지닌 두 가지 이상의 서로 다른 의미 사이의 관계를 '다의 관계'라고 한다. 다의 관계에 있는 의미는 서로 다르기는 하지만, 한 가지 중심적 의미에서 파생되어 나온 것이기 때문에 서로 연관성이 있다.

● 소리만 같다
−동음이의 관계

'나는 다리가 아프다'에서 '다리'는 '사람이나 동물의 몸통 아래 붙어 있는 신체의 부분'을 가리키는 말이다. '드디어 우리 마을에도 다리가 놓였다'에서 '다리'는 '물을 건너거나 또는 한편의 높은 곳에서 다른 편의 높은 곳으로 건너다닐 수 있도록 만든 시설물'이라는 뜻이다. 둘 다 말소리는 〔다리〕로 같다. 이처럼 말소리는 같지만 의미가 다른 단어들 사이의 관계를 '동음이의 관계'라고 하고, 이들 단어들을 **동음이의어**라고 한다. '하늘에서 내리는 눈'과 '사물을 보는 눈'은 〔눈:〕과 〔눈〕으로, 엄밀히 말하면 소리가 다르지만, 유사 동음이의어로 취급한다.

그런데 궁금하다. 그냥 '다리'가 다의어라고 치고 '사람의 다리, 물 위에 놓는 다리' 등등 여러 가지 의미가 있다고 하면 안 될까? '눈'에 '사람의 눈, 하늘에서 내리는 눈' 등 여러 가지 의미가 있다고 하면 어디가 덧날까?

앞에서도 이야기했듯이 다의 관계에 있으려면 중심적 의미와 주변적 의미 사이에 연관성이 있어야 한다. 그러나 '사람의 다리'와 '물 위에 놓는 다리', '사람의 눈'과 '하늘에서 내리는 눈' 사이에는 의미상으로 보아 연관성이 없다. 그래서 동음이의어의 존재를 인정하고 사전에도 따로 올린다.

하지만 의미상 연관성이 있느냐 없느냐를 가르는 기준은 그리 명확한 것이 아니다. '벽에 못을 박다'의 '못(목재 따위의 접합이나 고정에 쓰는 물건)'과 '손에 못이 박이다'의 '못(주로 손바닥이나 발바닥에 생기는 단단하게 굳은 살)'은 사전에 따로따로 올라 있다. 사전 편찬자들은 이 둘을 동음이의어로 봤다는 뜻이다. 그러나 아무리 봐도 두 의미

사이에는 연관성이 있는 것 같다. 여러분 생각은 어떠신가? 다의어로 처리해야 하지 않을까?

의미의 변화

'만물은 유전한다.' 그리스 철학자 헤라클레이토스가 한 말이라고 알려져 있다. '세상에 존재하는 모든 것은 변화한다'는 뜻이다. 언어도 마찬가지다. 형태도 변하고 의미도 변한다. 형태(말소리나 글자)의 변화는 귀와 눈으로 쉽게 확인할 수 있지만, 의미는 그렇지 않다. 언어의 의미는 몹시 느린 속도로 변하기 때문에 우리는 그것을 느끼지 못할 수도 있다. 그러나 언어, 특히 단어의 의미는 계속 변해 왔으며 앞으로도 변할 것이다.

● 더 넓어진다
—의미의 확장

'다리'는 원래 '동물의 다리'를 뜻했는데, '책상 다리, 안경다리'처럼 '사물을 지탱해 주는 하체'를 모두 '다리'라고 부르게 되었다. '지갑'은 종이 지(紙) 자에서 알 수 있듯이 원래는 종이로 만든 것만을 뜻했는데, 지금은 비닐이나 가죽으로 만든 것이 더 많다. 이처럼 이미 있는 단어의 의미가 더 넓어지고 커지는 쪽으로 의미가 변화한 것을 '의미의 확장'이라고 한다.

'먹다'가 '마시다(물을 먹다), 품다(마음을 먹다), 더하다(나이를 먹다), 느끼다(겁을 먹다), 당하다(욕을 먹다)' 등의 의미를 지니게 된 것도 의미의 확장이다. '손을 씻음'이라는 뜻이었던 '세수'가 '손과 얼굴을 씻음'이라는 뜻으로 확장되었고, '숙부'를 뜻하던 '아저씨'가 '남자 어른'을 가리키는 뜻으로, '숙모'를 뜻하던 '아주머니'가 '중년 여자'라는 뜻으로 확장되었다.

특정 분야에서 쓰이던 단어가 일반 사회에서 널리 쓰이게 된 경우도 있다. '대학원의 박사 과정을 마치고 규정된 절차를 밟아 학위를 받은 사람'을 가리키는 '박사'가 '어떤 일에 정통하거나 숙달된 사람'을 비유적으로 부르는 말로 쓰이게 되었고, '꼭두각시놀음에 나오는 인형'이었던 '꼭두각시'가 '남의 조종에 따라 움직이는 사람'이라는 뜻으로 의미가 확장되었다.

● 더 좁아진다
-의미의 축소

단어의 의미가 그대로이긴 하나, 사용 범위가 좁아지는 경우도 있다. 《훈민정음》 서문에 '어린 백성이 니르고져 홀 배 이셔도 무춤내 제 뜨들 시러 펴디 몯 홀 노미 하니라'라는 구절이 나온다. '어리석은 백성들이 말하고자 하는 바가 있어도 마침내 제 뜻을 능히 펴지 못하는 사람들이 많구나'라는 뜻이다. 여기서 '노미'를 현대식으로 적으면 '놈이'인데, '놈'이란 옛날에는 이렇게 '일반 남녀'를 뜻하는 말이었다. 지금은 아무에게나 '놈'이라고 했다간 싸움이 날 것이다. 이렇게 단어가 뜻하는 영역이 좁아지고 한정되는 것을 '의미의 축소'라고 한다.

'얼굴'은 원래 '몸 전체의 생김새'를 가리키는 말이었는데, 지금은 '안면'만을 의미한다. 옛날에는 '여자'를 '계집'이라고 불렀는데, 지금은 여자를 낮잡아 부를 때만 쓰인다. '짐승'은 '살아 있는 모든 무리(중생)'라는 뜻이었는데, 지금은 '사람 아닌 동물'을 의미한다. 물론 사람 같지 않은 사람은 '짐승'이라고 불러도 된다. 모두 의미가 축소된 결과다.

● 옮아간다
−의미의 이동

다시 《훈민정음》 서문. '어린 백성'이란 '어리석은 백성'이라는 뜻이었다. 그런데 지금은 '어리다'가 '나이가 적다'는 뜻으로 의미가 변했다. '가게'란 '가가(假家, 임시로 지은 집)'에서 온 말로, 지금은 '상점'이라는 뜻이다. 이렇게 한 단어의 의미가 다른 의미로 바뀐 것을 '의미의 이동'이라고 한다.

'부아'는 원래 '허파'라는 뜻이었는데, '노엽거나 분한 마음'으로 의미가 이동했다. '부아가 치민다, 부아가 난다'라는 식으로 사용한다. '수작'이라는 말도 원래는 '술잔을 주고받음'이라는 뜻이었다. 이것이 '서로 말을 주고받음'이라는 뜻으로 바뀌었다가 지금은 '낮잡아 볼 만한 행위나 계획'이라고 의미가 이동했다. '어여쁘다(불쌍하다 → 예쁘다)', '구실(관아의 일 → 마땅히 해야 할 책임)', '성가시다(파리하다 → 귀찮다)', '인정(벼슬아치에게 몰래 주던 선물 → 남을 동정하는 따뜻한 마음)' 등은 모두 의미가 이동한 단어다.

● 왜 변할까?
−의미 변화의 원인

이처럼 단어의 의미는 변화한다. 확장되기도 하고 축소되기도 하고 이동하기도 한다. 그런데 단어의 의미는 왜 변화하는 것일까? '만물은 유전한다'며? 당연한 거 아닌가? 당연히 보이는 것에도 다 원인이 있고 이유가 있는 법이다.

시대가 바뀌면 – 역사적인 원인

시대가 변함에 따라 과학이 발전하고 새로운 사물이 생겨난다. 원래 있었던 사물도 쓰임새가 변하고 성질이 변한다. 그럴 때마다 새 단어를 만들어 쓰면 좋겠지만, 사람의 기억력에는 한계가 있고 끝없이 생겨나는 새 단어를 다 기억하기에 우리는 너무 게으르다. 그래서 원래 있던 단어에 새로운 의미를 덧붙여 쓰기도 하고, 아예 의미를 바꾸어 쓰기도 한다. 결국 의미가 변하게 된다.

물에 뜨는 '배'는 원래 나무로 만들었지만, 요즘에는 쇠로 만든 배가 더 많다. '바가지'는 박으로 만들었었지만, 지금은 플라스틱 바가지가 더 많다. 예전에는 '역'에 말이 있었지만, 지금은 기차가 있다. '신'이라면 짚신이나 가죽신이었을 텐데, 지금은 구두, 운동화, 작업화, 군화, 슬리퍼, 등산화 등등 그 종류가 하도 많아 '신'이라는 단어가 아예 안 쓰일 정도다. '양반'이란 '문반과 무반, 관리'를 의미했는데, '점잖은 사람'을 가리키는 말로 변했다가, 지금은 '보통남자'를 가리키는 말이 되었다. "아니, 이 양반이!" 이렇게 말하면 화내는 사람도 있다.

인터넷과 휴대폰의 시대다. '전화'는 휴대 전화를 가리키고, '신문'은 인터넷 신문, '문자'는 휴대 전화 메시지를 가리키는 시대가 되었다. 모두 시대의 변화에 따라 단어의 의미가 변한 것이다. 의미 변화의 역사적인 원인이라 하겠다.

역사적인 원인뿐만 아니라 말 자체의 원인에 의해서도 단어의 의미 변화가 일어난다. 언어적인 원인으로는 단어 일부의 생략, 단어 사이의 전염, 유의어 사이의 경쟁, 의미의 유연화 등을 들 수 있다.

언어적인 원인 1. 다 말하지 않아도 되어서 – 생략

'늘 콧물을 흘리는 아이'를 '코흘리개'라고 한다. 엄밀히 말하자면 '콧물흘리개'라고 해야 할 것이다. '머리가 길다'는 것은 '콘헤드'라는 뜻이 아니라 '머리카락이 길다'는 뜻이다. 이처럼 길게 다 말하지 않아도 의사소통에 지장에 없다고 보고 단어의 일부를 잘라 버리고 말하는 것을 '생략'이라고 한다. 생략하고 남은 단어가 생략된 단어의 뜻까지 갖게 되면서 의미에 변화가 일어나는 것.

'미니스커트 → 미니, 아침밥/점심밥/저녁밥 → 아침/점심/저녁, 교통경찰 → 교통, 퍼머넌트 웨이브 → 파마' 등이 생략의 예다. '퍼머'가 아니라 '파마'가 표준어다.

생략은 단어 차원에서뿐만 아니라 구나 문장 차원에서도 많이 일어난다. '제 나름대로 열심히 했어요'를 '나름대로 열심히 했어요'라고 말한다. 심지어는 '나름 열심히 했어요'라고 '나름'을 마치 부사처럼 쓴다. '별로 재미없어'라고 할 말을 '별로야'라고 하고 만다. '내 말이 그 말이야'라고 해야 하는데 '내 말이' 하고 끝이다.

'내 말이' 정도는 문법적으로 잘못은 아니라고 할 수 있겠다. 그러나 '나름'은 의존 명사다. 그러므로 앞에 반드시 체언을 꾸미는 말(관형어)이 와야 한다. '생략된 거지, 뭐' 하고 넘어가면 그만이지만, 엄밀히 말하면 '나름 열심히 했어요'라는 문장은 틀린 문장이다. '만큼 놀았어요', '것은 좋았어요'라고 말하는 사람은 없지 않나? 비슷한 경우로 '뿐만 아니라, 때문에' 하고 시작하는 문장도 틀린 문장이다. '뿐, 때문' 둘 다 의존 명사이기 때문이다. '그뿐만 아니라, 그 때문에'라고 관형어와 함께 써야 문법적으로 올바른 문장이 된다. 아직까지는. 앞으로 문법이 어떻게 바뀔지 모르지만.

'별로야'라는 말도 어색하다. 부사 '별로'는 부정을 뜻하는 말과 함께 쓰여야 문법적으로 올바르다. '별로 나아지지 않았다, 별로 생각해 본 적 없다'라고 써야 문법적으로 적절하다. 뭐, '그건 별로야, 너무 아니다', 이런 식의 말투가 흥미를 끌 수는 있겠다.

언어적인 원인 2. 어울리다 보니 물들어서 - 전염

'주책'은 원래 '일정한 주관이나 판단력'을 뜻했다. 그래서 '주책이 없다'라고 많이 쓰였는데, '없다'라는 말과 같이 쓰이다 보니 '주책이다, 주책 맞다, 주책 떨다'에서처럼 '주책' 자체가 '일정한 줏대가 없이 되는대로 하는 짓'이라는 뜻으로 바뀌고 말았다. 이처럼 어떤 단어가 문장 안에서 특정 단어와 자주 어울리다 보면 그 단어에 다른 단어의 의미가 옮겨지는 수가 있다. 이것을 '전염'이라고 한다. 다른 사람의 습관, 분위기, 기분 따위에 물든다는 뜻이다.

'변명'은 원래 '옳고 그름을 가린다'는 뜻이었다. 그런데 '변명을 한다, 그런 변명은 통하지 않는다'는 식으로 많이 쓰다 보니 '변명'이 '핑계'라는 뜻이 되어 버렸다. '시비'도 '옳고 그름'이라는 뜻이었다. 그래서 예로부터 시비를 가릴 일이 많았는데, 그러다 보니 '시비하다'가 '말다툼하다'라는 뜻이 돼 버렸다. '엉터리'라는 말은 원래 '대강의 윤곽'이라는 뜻이었다. 그래서 '엉터리없다'는 말은 '정도나 내용이 전혀 이치에 맞지 않다'라는 뜻이다. 그런데 자주 쓰이다 보니 '엉터리없는 것'이 그냥 '엉터리'가 되어 버렸다. '우연히'는 '뜻하지 않게'라는 뜻이다. 그런데 '우연찮게'라는 부정형이 많이 쓰이다 보니 '우연찮게'가 '우연히'와 뜻이 비슷해졌다. '우연찮다'를 사전에서 찾아보면 '꼭 우연한 것은 아니나, 뜻하지도 아니하다'와 같이 상반된 두 가지 뜻을 함께 담아 풀이해 놓았다. '우연'과 '필연'의 중간쯤 되는 게 '우연찮은 것'인가 보다.

언어적인 원인 3. 서로 경쟁하다 보니 - 유의 경쟁

우리는 경쟁 사회에 살고 있다. 이름난 학교를 가기 위한 입시 경쟁, 좋은 직장을 얻기 위한 취업 경쟁, 권력을 잡기 위한 정당 간, 정치가 간의 경쟁 등등……. 이 가운데 우리 사회의 성격을 가장 잘 설명하는 것은 기업 간의 경쟁일 것이다. 기업은 제품을 낼 때마다 타사와의 경쟁 상황에 돌입한다. 제품과 서비스 면에서 다른 회사보다 질적으로 더 뛰어나야 한다. 하다못해 가격이라도 싸야 한다. 그렇지 않으면 달라도 뭔가 달라야 한다.

단어의 세계에서도 마찬가지다. 단어는 다른 단어와 다른 의미를 가질 때 존재의 의의가 있다. 그래서 비슷한 의미를 지닌 다른 단어가 있을 때는 단어 사이에 경쟁이 일어난다. 아니, 의미 영역이 조금만 겹치더라도 경쟁이 일어난다. 경쟁이 여의치 않을 때에는 기업들처럼 차별화를 시도한다. '유의 경쟁'을 통해 의미의 변화가 일어나는 것이다.

'주택'은 원래 '사람이 살 수 있게 지은 건물'을 뜻했는데, '아파트'가 등장해서 더 많은 사람이 살게 되자 주로 '단독 주택'을 의미하게 되었다. '연립 주택'에는 휴가용 별장을 뜻했던 '빌라'라는 이름이 붙었다. '언니'는 본래 남성과 여성 모두 '동성인 손위 동기'를 부르는 말이었는데, 남성들이 '형'이라는 호칭을 많이 사용하면서 여성들 사이에서만 쓰이게 되었다. 그리고 '사랑하다'란 단어는 예전에 '생각하다'와 비슷한 뜻으로 쓰이며 경쟁하는 관계였는데 이제 서로 뜻이 달라졌다. 그러면서 과거에 윗사람이 아랫사람을 아끼는 것을 뜻하던 '괴다'와 남녀 간에 사랑하는 것을 뜻하던 '둣다'라는 단어는 '사랑하다'에 밀려 사라지고 말았다.

언어적인 원인 4. 새롭게 인연을 맺어서 – 의미의 유연화

어떤 단어의 형태나 의미가 크게 바뀌면 언중은 그 형태와 의미 사이의 연관성을 알기 어렵게 된다. 그래서 해당 단어의 형태나 의미와 비슷한 단어를 끌어들여 둘 사이의 관계를 새롭게 해석하고 이해한다.

'행주치마'는 16세기 문헌에 '힝ᄌ쵸마'로 처음 나타난다. '힝ᄌ'는 '닦는 천'이라는 뜻이고, '쵸마'는 '치마'의 옛 형태인 듯하다. 그러므로 '행주치마'는 손에 묻은 물을 훔치거나 그릇 따위를 닦는 천 조각이었을 것이다. 그런데 '힝ᄌ'가 '행주'로 변하자, 형태와 의미 사이에 연관성을 알기 어렵게 됐다. 언중은 '행주'를 경기도의 행주로 해석했고, 여자들이 앞치마에 돌을 나르며 투석전을 벌였던 행주 대첩을 연상했다. 그래서 '행주치마'는 '행주대첩에서 입었던 치마'가 되었다. 이렇게 민간의 속설로 믿어지는 단어의 어원을 '민간 어원'이라고 하는데, 단어의 의미 변화라는 측면에서는 '의미의 유연화'라고 부른다. 형태와 의미 사이에 인연을 맺어 준다는 뜻이라고 이해하자.

'곱'은 '지방'이라는 뜻이고, '곱창'은 '지방이 많은 창자, 작은창자'를 말한다. 그런데 '곱은 창자'라고 생각하는 사람들이 많다. '우레'는 '천둥'이라는 뜻의 토박이말로 '울다'에서 온 말이다. 옛 사람들이 천둥이 치면 하늘이 운다고 생각하여 '우레'라고 한 것. 그런데 '울다'와 '우레' 사이에서 연관성을 찾지 못한 언중이 '우레'를 천둥 뢰(雷) 자를 쓴 '우뢰(雨雷)'라고 오해했다. 물론 '우뢰'는 표준어가 아니다. '양치질'을 옛날에는 '양지질'이라고 했다. '양지'는 버드나무 가지를 말하는데, 옛 사람들은 버드나무 가지로 이를 닦았나 보다. 그런데 '양지'가 버드나무 가지라고 생각지 못한 언중이 '지'가 이의 한자어인 '치'라고 생각해서 '양지질'이 '양치질'로 바뀌고 말았다.

사회가 바뀌면 – 사회적인 원인

남자가 결혼을 하게 되면 '장가간다'고 한다. '장인의 집으로 간다'는 뜻이다. 여자가 결혼을 하게 되면 '시집간다'고 한다. '시아버지의 집으로 간다'는 뜻이다. 뭔가 좀 이상하다. 그럼 두 사람은 언제 같이 사나? 아주 오랜 옛날에는 모계 사회였기 때문에 남녀가 결혼을 하면 남자가 여자의 집으로 들어가서 살았다. 그런데 부계 사회로 바뀌면서 여자가 남자의 집으로 들어가게 되었다. 지금은 원래의 뜻이 없어지고 '장가가다, 시집가다'는 '결혼하다'라는 뜻이 되었다. 이처럼 사회 제도가 바뀜에 따라, 또는 사회 구조가 바뀜에 따라 단어의 의미가 바뀌는 것을 '사회적인 원인에 따른 단어의 의미 변화'라고 한다.

'출혈'이 금융권에서는 '재정적인 손해'를 뜻한다. '활용'이 언어학에서는 '용언의 변화'를 뜻한다. '시점'이 문학에서는 '이야기를 서술해 나가는 관점'을 뜻하고, '꺾기'란 금융권에서는 '대출금의 일부를 다시 예금으로 받아들이는 것'을 말한다. 이처럼 일반 사회에서 사용하던 말이 특수 분야에서 사용되면 의미가 특수해진다. 이런 **의미의 특수화**도 사회적인 원인에 따른 의미 변화다.

반대 현상도 있다. 야구에서 쓰이던 '대타'가 일반 사회에서는 '대행하는 사람'이라는 뜻이 된다. 의료계의 '수술'이 '근본적인 개혁'이라는 뜻이 되고, 도교의 '도사'는 '어떤 일을 능숙하게 해내는 사람'이 된다. '망나니'는 '사형 집행을 하던 사람'이었는데 '막된 사람'을 뜻하게 되었고, 기독교의 '십자가'는 '희생'이라는 뜻으로 사용된다. 이처럼 특수 집단에서 쓰이던 말이 일반 사회에서 쓰이면서 일어나는 **의미의 일반화**도 사회적인 원인에 따른 의미 변화다.

사회 구조가 바뀌면 있었던 단어의 의미에 대한 새로운 해석이 일어난다. 과거에는 연예인을 천시해 '딴따라'라고 낮잡아 부르고, 또 직업적 예능인을 뜻하는 '광대'라는 말 자체가 멸시의 대상이 되기도 했다. 그러나 요즘 연예인들은 오히려 자랑스럽게 스스로를 '광대'나 '딴따라'로 칭하곤 한다. '하느님'은 본래 조물주나 옥황상제를 뜻하는 보통 명사였는데, 기독교가 전래되어 널리 퍼진 뒤로는 주로 기독교에서 믿는 유일신을 의미하게 되었다. '선생님'은 본래 '남자 어른을 높여 부르는 말'이었는데, 요즘에는 남성 여성 가리지 않고 일반적으로 높여 부르는 호칭이 되었다. 이러한 **의미의 재해석**도 사회적인 원인에 따른 의미 변화라 하겠다.

유사성에 착안하면 – 심리적인 원인

새 단어를 만드는 것은 어려운 일이다. 그래서 비슷한 사물이나 현상에는 이미 있던 단어를 활용해 쓰게 된다. 그러다 보니 원래 단어의 의미가 달라진다. 이러한 단어의 의미 변화를 심리적인 원인에 따른 의미 변화라고 한다.

'마법사'는 원래 '마법을 부리는 사람'이었다. 그런데 컴퓨터가 널리 보급되고 컴퓨터 프로그램에 대한 관심이 커지면서 컴퓨터 분야에서는 기존에 없던 새 개념이 많이 등장했고, 이들 개념을 가리키는 새 단어들이 절실히 필요해졌다. 그러나 새 단어를 만드는 것은 쉬운 일이 아니므로 이미 있던 단어들을 끌어다 쓰기 시작했다. 다른 프로그램의 실행 작업 등을 도와주는 프로그램을 가리키는 말로는 '마법사'라는 단어를 끌어다 썼다. 하는 일이 비슷하기 때문이다. 유사성에 착안하여 다른 분야의 단어를 '견인'해 쓴 것이다.

돈을 빌려서 주식을 샀는데 주식 가치가 떨어져서, 있는 주식을 다 팔아도 빚을 못 갚게 된 경우, 그 주식 계좌는 '깡통계좌'가 된다. 일반적으로 쓰이는 '깡통'이란 말을 증권가에서 끌어다가 특수한 의미로 쓰는 것이다. 정치권에서는 상대방 선거 후보에 맞서 싸울 사람을 '대항마'라고 부른다. 경마에서 쓰던 말을 끌어다 쓰는 것이다.

'주인공'은 연극이나 영화에서 중심이 되는 인물을 가리키는 말이다. 그러던 것이 지금은 스포츠, 정치, 경제 등등 사회 일반에서 주도적인 역할을 맡는 사람은 모두 '주인공'이라고 한다. 이것도 하는 일의 유사성 때문에 단어의 의미가 '확장'된 것이라 할 수 있다.

'죽다'는 원래 생물이 수명을 다했다는 뜻인데, 시계와 같은 무생물도 '죽었다'고 표현한다. 의미가 확장된 것이다. 무기의 일종인 '따발총'의 의미가 확장되어 '말을 빨리하는 사람'이라는 뜻으로 쓰인다. 증권 시장에서 쓰이던 '주가'라는 말을 일반 사람들도 쓰게 되었다.

우리는 두렵거나 더러운 대상을 직접 지칭하는 것을 금기시한다. 그래서 금기의 대상이 되는 금기어 대신 완곡어를 쓰는 일이 많다. 그러다 보니 단어의 의미가 변화한다. 이것도 심리적인 원인에 따른 단어의 의미 변화다.

무서운 호랑이를 '산신'이라 부르고, 천연두를 '마마', 구렁이를 '집지킴', 도둑을 '밤손님'이라고 부른다. 천한 이름을 지어 주면 병에 걸리지 않는다고 하여 아이 이름을 '개똥이'라고 짓기도 했다.

불쾌하고 불길한 것을 연상시키는 것도 에둘러 표현한다. 대소변을 보는 곳을 '화장실'이라고 부르고, 죽는 것을 '돌아가시다, 운명하다, 타계하다, 별세하다' 등으로 말하고, 아픈 것을 '불편하다'고 한다.

신체 부위를 직접 표현하지 않고 '국부, 가슴, 중요 부위'라고 에둘러서 표현하는 것이 예절 바른 표현이 된다. 사람 이름을 함부로 부르는 것도 올바른 예법은 아니다. 그래서 '가친, 자친, 춘부장, 자당' 등의 어려운 한자말을 쓴다.

단어의 합이 문장은 아니다

| 문장의 의미와 의미 관계 |

단어들 사이에 여러 가지 의미 관계가 있듯이, 문장들 사이에도 여러 가지 의미 관계가 이루어진다. 당연한 이야기처럼 들리기는 한데, 응? 문장이란 단어들이 모여서 이루어지는 거 아닌가? 단어들 사이의 의미 관계를 파악하면 문장들 사이의 의미 관계도 저절로 파악되는 거 아닌가? 그런데 그렇지가 않다.

문장이 단어들로 이루어지는 것이 사실이기는 하지만, 단어의 의미를 합한다고 해서 그대로 문장의 의미가 되는 것은 아니다. 다시 말해 문장의 의미는 단순히 단어의 의미를 합한 것과는 다르다. 레고 블록 두 개로 만들 수 있는 조합의 수는 무려 24가지나 된다. 같은 단어들이라도 어떤 방식으로 결합하느냐에 따라서 의미가 다른 문장 여러 개가 나올 수 있다는 말이다.

'정민이가 아인이를 때렸다.' '아인이가 정민이에게 맞았다.' 두 문장은 같은 상황을 기술하고는 있지만, 의미가 꼭 같다고는 할 수 없다. 무엇보다 말하는 사람의 초점이 다르다. 두 문장의 의미가 다르다는 것은 부사어를 넣어 보면 더 명확히 알 수 있다. '어쩔 수 없이, 정민이가 아인이를 때렸다.' '어쩔 수 없이, 아인이가 정민이에게 맞았다.' 이제 같은 상황이라고 말하기도 어렵게 된다.

● 어휘와 문장 구조가 다른
-유의 관계 문장

'양 생원은 외동아들을 군대에 빼앗겼다.' '양 생원은 하나밖에 없는 아들을 군대에 빼앗겼다.' '외동아들'을 '하나밖에 없는 아들'이라고 바꾸어 썼다. 중심적 의미는 그대로 두고 표현만 바꾼 것이다. 두 문장은 의미가 비슷한 **유의문**이고, 두 문장의 관계를 **유의 관계**라고 한다. 세상에 동의어는 없다고 한 것처럼 '동의문'이라는 표현도 쓰지 않았다. 아무리 내용이 같다 하더라도 어감과 초점은 다르지 않은가.

유의문에도 여러 가지가 있다. '거리 양쪽으로 상점들이 늘어서 있었다.' '거리 양쪽으로 가게들이 늘어서 있었다.' 유의어를 이용한 유의문이다. '오늘은 점심시간이 다 되어서야 마수걸이를 했습니다.' '오늘은 점심시간이 다 되어서야 처음으로 물건을 팔았습니다.' 단어를 다른 말로 바꾸어 쓴 유의문이다. '옷을 갈아입은 것을 보니 남자가 아니었습니다.' '옷을 갈아입은 것을 보니 여자였습니다.' 상보 반의어를 사용한 유의문이다. '공자는 자로에게 지식이 무엇인지 가르쳤다.' '자로는 공자에게서 지식이 무엇인지 배웠다.' 방향 반의어를 이용한 유의문이다. '빙구는 생각보다 발이 넓었다.' '빙구는 생각보다 아는 사람이 많았다.' 관용 표현을 이용한 유의문이다. 이들은 모두 의미가 비슷한 유의문이지만, 말하는 사람이 선택한 어휘가 각각 다르다. 이런 유의문을 **어휘적 유의문**이라고 한다.

'호랑이가 사슴을 잡았다'는 능동문이고 '사슴이 호랑이에게 잡혔다'는 피동문이다. 태가 다른 유의문이다. '그는 오늘 점심을 안 먹었다'는 짧은 부정이고 '그는 오늘 점심을 먹지 않았다'는 긴 부정이다. 단형 문장과 장형 문장의 차이에 따른 유의문이다. '강호는 아인이가 괜찮은 녀석이라고 생각한다', '강호는 아인이를 괜찮은 녀석이라고 생각한다'는 문장 구조가 다른 유의문이다. '해진이가 고은이에게 장미를 선물했다', '고은이에게 해진이가 장미를 선물했다'는 어순의 차이에 따른 유의문이다. 이처럼 문장 구조의 차이에 따른 유의문을 **통사적 유의문**이라고 한다.

유의문처럼 보이지만 유의문이 아닌 것들도 있다. '그 말을 듣고 동근은 밥을 먹지 않았다.' '그 말을 듣고 동근은 밥을 먹지 못했다.' 앞 문장은 의지 부정이고 뒷문장은 능력 부정이다. 유의문이 아니라 반의문처럼 보인다. '불쌍하게 소녀는 죽었다'와 '소녀는 불쌍하게 죽었다'도 유의문처럼 보인다. 그러나 앞 문장에서는 소녀가 죽은 사실이 불쌍하다는 것이고, 뒷문장에서는 죽은 방법이 불쌍하다는 것이므로 의미에 차이가 있다.

● 한 가지 기준을 적용한다
－반의 관계 문장

서로 반대되는 의미를 지닌 두 문장을 **반의 관계**에 있다고 하고, 반의 관계에 있는 두 문장을 **반의문**이라고 한다.

'아라는 피자를 좋아한다'와 '아라는 피자를 싫어한다'는 반의 관계에 있는 반의문이다. '좋아하다'와 '싫어하다'라는 반의어를 사용함으로써 반의 관계 문장이 되었다.

보조사의 사용으로 반의문이 만들어지기도 한다. '경호는 영어만 잘한다.' '경호는 영어도 잘한다.' 두 문장도 반의 관계에 있는 반의문이다. 앞 문장은 '다른 것은 못한다'는 부정적인 뜻을 지니고, 뒷문장은 '다른 것도 다 잘한다'는 긍정적인 뜻을 지닌다. 보조사 '만, 도'의 사용으로 반의문이 되었다.

이상하다. '영어만 잘한다'의 반의문은 '영어만 못한다' 아닌가? 흠, 이 문장도 반의문 맞는다. 그런데 지금은 보조사 사용에 관한 이야기를 하는 거다. 보조사를 사용한 반의문의 기준은 보조사다.

'김좌진은 북쪽에 있는 적군을 향해 천천히 나아갔다'의 반의문은

'김좌진은 남쪽에 있는 적군을 향해 천천히 나아갔다'다. 물론 '김좌진은 북쪽에 있는 적군을 향해 빨리 나아갔다'도 반의문이다. 그러나 '김좌진은 남쪽에 있는 적군을 향해 빨리 나아갔다'는 반의문이 될 수 없다. 반의어를 두 개나 사용했기 때문이다. 다시 말해 반의 관계 기준이 두 개나 되기 때문이다. '아버지'의 반의어가 '어머니'나 '아들'은 될 수 있어도 '딸'은 될 수 없는 것과 마찬가지 이치다.

부정 표현 '안, 아니하다, 못, 못하다'를 사용해서 반의문이 만들어지기도 한다. '김 씨는 오늘 회사에 간다'를 부정문으로 만들면 ㉠ '김 씨는 오늘 회사에 안 간다', ㉡ '김 씨는 오늘 회사에 가지 않는다', ㉢ '김 씨는 오늘 회사에 못 간다', ㉣ '김 씨는 오늘 회사에 가지 못한다', 네 문장이 된다. 모두 원래 문장과 반의 관계에 있는 반의문이다. 하지만 ㉠㉡ 문장과 ㉢㉣ 문장은 반의 관계의 기준이 다르다. 앞엣것은 의지 부정이 기준이고, 뒤엣것은 능력 부정이 기준이다.

그런데 ㉠과 ㉡(또는 ㉢과 ㉣) 중 어느 것이 반의문인가? 두 문장은 의미에 차이가 없는 듯 보인다. 부정의 범위를 보아도 차이를 발견하기 어렵다. 보통은 한 기준에 따라 한 반의문이 만들어지는데, 부정문에는 이런 법칙이 적용되지 않는다.

● 이런 뜻도 되고 저런 뜻도 되고
─중의문

밀란 쿤데라가 쓴《참을 수 없는 존재의 가벼움》이라는 책을 옆구리에 끼고 있자니, 한 선배가 갑자기 이마에 주름을 잡는다.

"나는 정말 이런 제목을 보면 참을 수가 없더라."

그 선배의 말인즉슨, 참을 수 없는 것이 '존재'인지 '가벼움'인지 모르겠다는 것이다. 그래서 짜증이 좀 난다는 뜻. 이처럼 '한 단어나 문장의 뜻이 두 가지 이상으로 해석될 수 있는 현상이나 특성'을 **중의성**이라고 하고, 중의성이 있는 문장을 **중의문**이라고 한다.

'길이 있다'에서 '길'이란 '자동차가 다니는 도로'가 있다는 것일까? 아니면 '살아갈 방법'이 있다는 말일까? '길'이라는 단어가 여러 가지 뜻을 지닌 다의어이기 때문에 중의성이 생겼다. '김 비서가 차를 준비했습니다'에서 '차'가 마시는 차일까, 타는 차일까? 여기에서는 '차'가 동음이의어이기 때문에 중의성이 생겼다. '고은이가 한복을 입고 있다'는 고은이가 지금 한복을 입는 중이라는 말일까, 이미 한복을 다 입고 어딘가에 서 있거나 앉아 있다는 말일까? 동사 '입다'가 동작과 상태 두 가지를 모두 의미하기 때문에 중의성이 생겼다. '입다'뿐만 아니라 '쓰다, 매다, 감다, 얹다, 짚다, 타다' 같은 접촉성 동사들은 모두 중의성을 야기한다. 이와 같이 문장 속에서 쓰인 어휘의 특성 때문에 나타나는 중의성을 **어휘적 중의성**이라고 한다.

'내가 좋아하는 미리의 남편을 길에서 만났다.' 내가 좋아하는 사람이 미리인지, 그녀의 남편인지 헷갈린다. '내가 좋아하는'이 어디까지 꾸미는지 수식의 범위가 넓어서 중의성이 생겼다. '김 박사가 최 간호사와 환자들을 둘러보았다'에서는 '누가' 환자들을 둘러보았는지 두 가지 해석이 가능하다. 서술어의 주체를 누구로 보느냐로 중의성을 갖게 되었다. '아라는 울면서 떠나는 승호의 뒷모습을 바라보았다'에서도 누가 우는 건지 두 가지로 해석이 가능하다. '어머니는 아버지보다 딸을 더 사랑한다'는 '어머니가 아버지와 딸 가운데서 딸을 더 사랑한다'는 뜻인지, '어머니와 아버지 가운데서 어머니가 더 딸을 사랑한다'는 뜻인지 헷갈린다. 비교의 대상인지 주체인지가 분명하지 않아서 생긴 중의성이다. '인아와 승하는 인정사정 보지 않고 싸웠다.' 두 사람이 서로 싸웠다는 건지, 두 사람이 힘을 합쳐 다른 상대와 싸웠다는 건지 알 수 없다. 이처럼 문장을 이루고 있는 성분들 사이의 관계 때문에 나타나는 중의성을 **구조적 중의성**이라고 한다.

'모든 소녀가 한 소년을 사랑한다'는 모든 소녀가 같은 소년을 사랑한다는 뜻일까, 소녀들이 각각 한 명씩 소년을 사랑한다는 뜻일까? '모든 소녀'와 '한 소년' 중에 어느 것이 더 넓은 영향을 미치느냐에 따라 해석이 달라진다. 부정사가 미치는 영향의 범위에 따라서도 중의성이 생긴다. '아이가 집에 오지 않았다'는 다른 사람이 왔다는 건지, 아이가 다른 데로 갔다는 건지, 아이가 유치원에 그대로 있었다는 건지, 여러 가지로 해석이 가능하다. '학생들이 모두 오지 않았다'는 온 학생이 한 명도 없다는 뜻일까, 온 학생이 몇 명 있기는 있다는 뜻일까? '강호는 건방지게 말하지 않았다'는 말하지 않은 것이 건방지다는 뜻일까, 말하는 태도가 건방지지 않았다는 뜻일까? 이처럼 어떤 단어가 의미 해석에 영향을 미치는 범위에 따라 생기는 중의성을 **영향권 중의성**이라고 한다.

앞에서 살펴본 세 가지 중의성은 언어 자체에 있는 요인으로 해서 생기는 중의성이다. 그런데 같은 언어 표현이라 하더라도 말하는 상황에 따라 달리 해석되는 수가 있다. '토요일에 시간 있어요?'라는 말은 경우에 따라 '나와 함께 등산을 가자'는 뜻일 수도 있고, '사무실에 나와 일을 하라'는 뜻일 수도 있다. 이처럼 말하는 사람과 듣는 사람에 따라, 또 언제 어디서 대화가 이루어지느냐에 따라 생기는 중의성을 **화용적 중의성**이라고 한다. '화용'이란 '말의 쓰임새'라는 뜻이다.

중의성이 있는 중의문은 우리의 의사소통에 장애를 가져올 수 있다. 그러므로 정확하고 원활한 의사소통을 위해서는 중의성을 해소해야 한다. 중의성을 해소하려면 어떻게 해야 할까?

첫째, 필요한 곳에 쉼표를 찍어 준다. '김 박사가 최 간호사와 환자들을 둘러보았다'라는 문장은 '김 박사가, 최 간호사와 환자들을 둘러보았다'라고 바꾸거나 '김 박사가 최 간호사와, 환자들을 둘러보았다'라고 바꾸면 중의성이 없어진다.

둘째, 보조사 '은/는'을 사용하면 중의성을 해소할 수 있다. '아이가 집에 오지 않았다'는 문장에 보조사 '는'을 넣어서 '아이가 집에는 오지 않았다' 또는 '아이가 집에 오지는 않았다'라고 바꾸어 쓰면 중의성이 없어진다.

《참을 수 없는 존재의 가벼움》에서 참을 수 없는 것은 다들 아시겠지만 '존재'가 아니라 '가벼움'이다. 이 책은 원래 프랑스 어로 씌었는데, 제목이 《L'Insoutenable Légèreté de l'être》다. 영문 제목은 《The Unbearable Lightness of Being》, 일본어 제목은《存在の耐えられない軽さ》다. 외국어를 잘 몰라서인가? '존재의 참을 수 없는 가벼움'이라고 번역할 제목이다. 그런데 왜 한국에서만 이렇게 번역했을까? 어쨌든 이렇게 어순을 바꾸면 중의성이 해소되기도 한다. 그런 의미에서 〈잠자는 숲 속의 공주〉도 〈숲 속의 잠자는 공주〉가 더 애매하지 않은 표현이다.

● 얼마나, 어디까지?
   −모호문

'말이나 태도 따위가 희미하고 흐려 분명하지 아니하다.' '애매모호하다'의 사전적 의미다. 일상생활에서도 두리뭉실하게 '애매모호하다'라는 말을 많이 사용하는데, 엄밀하게 따지면 '애매'와 '모호'는 다른 개념이다. **애매하다**ambiguous는 한 문장이 둘 이상의 의미로 해석될 수 있는데, 그중 어느 것인지를 알 수 없다는 뜻이다. 다시 말해 중의성이 있는 문장의 의미가 애매한 것이다. **모호하다**vague는 문장이 의미하는 바의 경계가 뚜렷하지 않아 문장의 의미가 불분명하다는 뜻이다.

'늙은 남편과 아내가 걸어간다'는 문장은 '늙은 남편, 그리고 아내가 걸어간다'라는 의미로 해석될 수도 있고, '노부부가 걸어간다'라는 의미로 해석될 수도 있다. 그러나 각각의 의미는 분명하다. 이런 문장이 중의문이다.

그런데 '소금을 충분히 넣어야 음식 맛이 살아난다'라는 문장에서는 소금을 얼마나 넣어야 충분히 넣는 것인지 불분명하다. 다시 말해 이 문장은 애매하지는 않지만 모호하다. '충분히'라는 단어가 의미하는 경계가 불분명해서 생기는 모호성이다. 이런 문장을 **모호문**이라고 한다.

'소라고 하기는 좀 그렇고 아직 송아지다'에서 송아지가 얼마만큼 자라야 소라고 할 수 있을까? '강이 아니라 옆에 시내가 흐르고 있다'에서는 '강'과 '시내'의 경계가 불분명하다. '수지는 연습실에서 했다.' 무엇을 했다는 말일까? 구체적인 행위가 나와 있지 않기 때문에 의미가 모호하다. '일찍 자라.' 어머니가 하신 이 말씀에서 '일찍'은 얼마나 '일찍'일까? 몇 시를 말하는 것일까. 이 문장들이 다 모호성을 지닌 모호문이다.

움직임에 온 신경을 곤두세운 채, 나는 마치 얼음조각이라도 된 양 가만히 서 있었다. 갑자기 잇었던 것, 그래서 가물가물 흐릿한 의식 저편으로부터 서서히 생각이 그 모습을 드러내며 돌아오는 빌림이 감지됐다. 언어의 신비가 베일을 벗는 순간이었다."

바람의 방향을 가리키는 풍향계, 기온을 나타내는 온도계, 불을 나타내는 연기 등은 형식이 내용의 결과를 나타낸다. 이런 기호를 지표 기호라고 한다.

교통 신호등이나 군대의 계급장, 병원을 나타내는 녹십자 등은 '이런 형식은 이런 내용을 가리키는 것으로 합시다' 하고 사람들끼리 서로 약속하고 관습적으로 인정한 것이다. 이런 기호는 상징 기

안에서도 지역마다 말소리가 다른 경우도 많다. 이처럼 방언이 존재한다는 것도 언어의 자의성을 보여 주는 예다.

또 있다. 옛날에는 '어엿브다'라는 말소리가 '불쌍하다'는 의미였지만, 지금 그 말소리는 '어여쁘다로, 의미는 아름답다'로 형식과 내용이 모두 바뀌었다. 만약 말소리와 의미의 관계가 필연적이라면 말소리와 의미에 변화가 있어서는 안 될 것이다. 이것도 언어가 자의성을 띤다는 것을 보여 준다.

소리를 흉내 내는 말은 그래도 자의성이 덜하지 않을까? 한국 개나 영국 개나 짖는 소리는 같지 않을까? 그런데 이것도 [멍멍], [바우와우]로 서로 형식이 다르다.

7
발화와 담화
화용론

"누군가 펌프에서 물을 길고 있었다. 선생님은 물이 쏟아져 나오는 꼭지 아래에다 내 손을 갖다 대었다. 차디찬 물줄기가 꼭지에 닿은 손으로 계속해서 쏟아져 흘렀다. 선생님은 다른 한 손에다 처음에는 천천히, 두 번째는 빠르게 '물'이라고 쓰셨다. 선생님의 손가락 움직임에 온 신경을 곤두세운 채, 나는 마치 얼음조각이라도 된 양 가만히 서 있었다. 갑자기 잇었던 것, 그래서 가물가물 흐릿한 의식 저편으로부터 서서히 생각이 그 모습을 드러내며 돌아오는 빌림이 감지됐다. 언어의 신비가 베일을 벗는 순간이었다."

바람의 방향을 가리키는 풍향계, 기온을 나타내는 온도계, 불을 나타내는 연기 등은 형식이 내용의 결과를 나타낸다. 이런 기호를 지표 기호라고 한다.

교통 신호등이나 군대의 계급장, 병원을 나타내는 녹십자 등은 '이런 형식은 이런 내용을 가리키는 것으로 합시다' 하고 사람들끼리 서로 약속하고 관습적으로 인정한 것이다. 이런 기호는 상징 기호라고 한다. 형식과 내용이 밀접하게 연관된 도상 기호나 지표 기호와 달리, 상징 기호는 형식과 내용 사이에 직접적인 연관성이 없다. 그저 사람들이 사회적 합의하에 그 내용과 형식을 연결해서 기호로 사용하고 있을 뿐이다.

그럼 언어는? 언어도 생각을 전달하는 수단이거나 기호의 일종이다. 그렇다면 언어의 내용은 '전달하고자 하는 의미'일 테고, 형식은 '말소리나 글자'가 되겠다. 그리고 '자연계의 강, 호수, 바다, 지하수 따위의 형태로 널리 분포하는 액체를 가리킬 때 물'이라는 말소리 또는 글자를 쓰는 것은 사람들끼리 관습적으로 받아들이는 일이다. 그러므로 언어는 상징 기호의 하나가 되겠다.

말소리와 의미에 변화가 있어서는 안 될 것이다. 이것도 언어가 자의성을 띤다는 것을 보여 준다.

소리를 흉내 내는 말은 그래도 자의성이 덜…… 나 영국 개나 짖는 소리는 같지 않을…… 우와우]로 서로 형식이 다르다.

말을 마음대로 못하고 자기 생각도 다른 사람에게 이해시키기 어렵다. 소설 속의 그 남자는 결국 침묵 속에서 혼자 살아갈 수밖에 없게 되었다.

시간이 가면 변한다-역사성
언어 기호는 사회적인 약속이기는 하지만, 시간이 흐름에 따라 변하기도 한다. 이것을 언어의 역사성이라고 한다. 곳그리 → 뼈고리처럼 말소리가 바뀌기도 하고, '어리다'는 말소리가 '어리석다'는 의미에서 '나이가 적다'는 의미로 바뀌기도 한다. 예전에 쓰이던 '은, 즈믄, '을 대신해 새로운 낱말 '백, 천, 강이 쓰이기도 한다. '사레 낟걸 쑤리여(사례를 다른 누구에게 쑤리오)'처럼 예전에는

사람은 태어나 걸만 채고 개와 고양이 사진을 보고 고양이 개인 지 고양이인지 알아맞힌다. 그러나 인공 지능이 이런 능력을 갖기란 매우 어려운 일이라고 한다. 서로 다른 개 사진 수만 장과 고양이 사진 수만 장을 입력해도, 개의 공통된 특징과 고양이의 공통된 특징을 파악하지 못하고 개와 고양이 사이의 차이점을 알아내지 못하기 때문이다. 수많은 종류의 개나 고양이에게서 공통된 특징을 뽑아내는 능력을 추상화하는 능력이라고 하는데, 로봇에게는 없는 추상화 능력이 사람에게는 있다. 그래서 태어난 지 얼마 안 된 아이도 사진을 보고 개인지 고양이인지 구별해 낸다.

개 한 마리 한 마리의 생김새와 속성은 모두 다르다. 사람들은 이

상황 속에서 주고받는 말

| 발화 |

무지막지하게 더운 어느 여름날, 대학 강의실 에어컨이 고장 났다. 교수님도 학생들도 잔뜩 짜증이 난 상태로 수업을 하고 있었다. 수업이 시작된 지 20분이 됐는데, 강의실 뒷문이 열리더니 한 청년이 들어섰다.

교수: "자네, 지금 몇 시인데 이제 오나?"

청년: "아, 차가 좀 막혀서요."

교수: (화를 억누르며) "어제 저녁에는 뭘 했길래, 그 꼬락서니가 뭔가?"

청년: "친구들하고 고스톱 치고 술 먹다 잤는데요."

교수: (소리를 벌컥 지르며) "아니, 자네 도대체 뭐하는 사람인가?"

청년: "저, 에어컨 수리하는 사람인데요."

    우리가 말을 할 때는 늘 일정한 상황에서 말을 한다. 상황은 말하는 사람과 듣는 사람, 그리고 말을 주고받는 시간과 장소 등으로 이루어진다. 이런 일정한 상황에서 주고받는 말을 **발화**라고 한다. 그러므로 같은 형식의 발화라고 하더라도 상황에 따라 의미가 전혀 달라질 수 있다. 수리 기사와 교수는 상대방의 상황을 몰라서 서로의 말을 제대로 이해하지 못했다. 상황에서 동떨어진 채 기사는 교수의 질문을 글자 그대로 해석해서 교수를 화나게 만들고, 아마도 학생들에게는 웃음을 주었을 것이다.

    이처럼 어떤 발화의 의미를 제대로 파악하려면 발화가 이루어지는 상황을 고려해야 한다. 이때 발화를 한 가지 행위로 보고 발화 행위에 대해 연구하는 학문을 발화 행위 이론, 줄여서 '화행 이론'이라고 한다.

● 세 가지 행위가 거의 동시에 일어난다
−발화 행위

한 부부가 모처럼 큰맘 먹고 오페라를 보러 갔다. 두 시간이 넘는 오페라를 감동 깊게 관람한 부부가 극장 밖으로 나왔다. 기분이 좋아진 아내가 하늘을 보면서 말한다.

"달이 참 밝네요."

그러자 남편이 아내의 팔짱을 낀다.

아내는 '달이 참 밝다'고 진술했다. 이것은 실제로 말을 한 행위로 서 **언표적 행위**라고 한다. 아내는 말은 이렇게 했지만, 머릿속으로는 여러 가지 다른 생각을 할 수 있다. 예를 들어 '분위기 좋은데 뭐라도 좀 해 봐요'라고 생각할 수도 있다. '달이 밝다'는 사실을 진술하는 행위를 통해, 실제로는 '분위기를 살려 보라'는 요청 행위를 실천한 것이다. 이것을 **언표 내적 행위**라고 한다. 언표적 행위에 수반된 다른 행위다. 남편도 아내의 말을 듣고, '그럼 와인이나 한잔할까?' 라고 생각할 수 있다. 뭔가를 요청하는 아내의 '요청 발화'를 듣고 남편의 마음속에서 드는 생각이다. 이렇게 화자가 말로써 청자의 머릿속에 반향을 일으키는 행위를 **언향적 행위**라고 한다.

언표적 행위, 언표 내적 행위, 언향적 행위 가운데 실제로 언어 행위가 이루어지는 것은 언표적 행위뿐이다. 나머지 둘은 말하는 사람과 듣는 사람의 머릿속에서 일어나는 일이다. 세 행위는 별개의 행위가 아니라, 한 발화가 수행하는 세 가지 행위다. 흔히 '발화 행위의 종류'로 이 세 가지를 들기 때문에 세 가지 행위가 각각 별개의 행위라는 오해를 불러일으킨다.

언향적 행위를 '발화의 결과로 일어나는 행위'라고 설명하기 때문에 오해가 생기기도 한다. 앞의 예에서 보자면, 남편이 아내의 말을 듣고 "그럼, 와인이나 한잔할까?" 하고 말하거나, 아내를 데리고 와인을 마시러 가는 행위를 언향적 행위라고 이해하는 것인데, 이것은 또 다른 발화나 행위일지 몰라도 언향적 행위는 아니다. 다시 말하자면 언향적 행위란 화자의 '주장, 요청, 축하' 등을 의미하는 발화에 영향을 받아, 청자의 머릿속에 '수긍, 수락, 감사' 등을 내용으로 하는 반향이 일어나는 것을 말한다.

화행 이론에서 주로 관심을 기울이는 것은 언표 내적 행위다. 우리가 발화 행위를 하면서 실제로는 '진술, 약속, 명령, 요청, 사과' 등의 행위를 실천하는 것이라고 주장하는 화행 이론에 가장 잘 들어맞는 것이 언표 내적 행위이기 때문이다.

오빠가 동생에게 '너랑 동물원에 갈게'라고 말하면 이 말을 함과 동시에 오빠는 동생에게 '약속'이라는 행위를 하는 것이다. 재판관이 '피고인은 무죄다'라고 말할 때 재판관은 '선언'이라는 행위를 하는 것이다. '오늘 안으로 범인을 잡으'고 부하에게 말하는 반장은 '명령'하고 있는 것이고, 입사 시험에 합격한 후배에게 '이제 고생 끝이군' 하고 말하는 선배는 '축하'하는 행위를 하는 것이다.

● 상황이 먼저냐, 의도가 먼저냐
– 직접 화행과 간접 화행

텔레비전으로 야구 중계를 보고 있는 사람에게 "지금 누가 이기고 있습니까?"라고 물어본다. 이 문장의 형태는 '의문문'이고 언표 내적 행위는 '질문'이다. '소리 좀 줄여라'라는 '명령문'의 언표 내적 행위는 '명령'이다. 이처럼 문장 형태와 언표 내적 행위가 일치하는 경우를 **직접 발화 행위**라고 한다. 줄여서 **직접 화행**. 상황보다는 의도를 더 드러내는 표현이라고 하겠다.

그런데 문장 형태와 언표 내적 행위가 일치하지 않는 경우가 있다. 신나게 라면을 먹고 있는 동생에게 '나도 입 있다'고 말했다면, 문장은 '평서문'의 형태지만 언표 내적 행위는 '진술'이 아니라 '라면 좀 달라'는 '명령이나 요청'이다. '저, 시간 좀 있으세요?'는 대개의 경우 '나랑 이야기 좀 하자'는 '요청'의 의미를 띤다. 이처럼 문장 형태와 언표 내적 행위가 일치하지 않는 경우를 **간접 발화 행위**(간접 화행)라고 한다. 의도보다는 상황이 더 고려된 표현이기 때문에 상황 맥락을 무시하면 오해가 생긴다.

또 다른 의미가 숨어 있다

| 함축 |

어떤 할머니가 택시를 잡아탔다.

할머니: "기사 양반, 나 용산역까지만 태워다 줘요."

택시가 용산역에 도착했다.

기사: "할머니, 용산역입니다. 5000원입니다."

그런데 할머니는 2500원을 내밀었다.

기사: (의아해하며) "할머니, 5000원인데요."

할머니: "기사 양반도 같이 타고 왔잖수."

할머니는 '그러니까 기사 양반도 요금의 절반인 2500원을 내야지'라는 말을 하지 않았다. 할머니처럼 우리는 말을 할 때, 발화 문장에 드러나는 의미 이상의 다른 의미를 그 발화 속에 넣어서 말하기도 한다. 이때, 직접 전달한 것 이상으로 추가된 의미를 **함축**이라고 한다. 발화를 통해 전달되는 것은 문장의 의미 그대로인 '말해진 것'과 화자가 간접적으로 돌려서 전하는 '함축된 것' 두 가지로 이루어진다고 하겠다.

"수진이 못 봤니?"

진구가 묻자, 혜교가 대답한다.

"편의점에서 삼각 김밥 세일하던데."

혜교의 대답에는 어떤 의미가 함축되어 있다. 진구는 그 함축된 의미를 짐작할 수 있다. 아마 '수진이가 편의점에 갔을 것이다'라는 의미일 것이다.

언뜻 보면 혜교는 진구의 질문에 엉뚱한 답을 한 것처럼 보인다. 그러나 진구는 혜교가 자신의 질문과 관련이 있는 대답을 했으리라고 믿는다. 혜교가 자신에게 협력한다고 믿기 때문이다. 이처럼 청자가 화자의 발화에서 함축된 의미를 추측하고, 둘 사이에 원활한 의사소통이 이루어지는 것은 화자와 청자가 서로 협력한다고 믿기 때문이다.

● 대화에서 지켜야 할 것
- 대화 격률

이처럼 대화 참여자들은 서로 협력하면서 대화를 이어 나간다. 서로 대화를 하기 위해서 지켜야 할 규칙을 상대도 잘 지킬 것이라고 믿는다. 그래야만 발화 속에 숨어 있는 함축적인 의미를 짐작해 가면서 대화를 원활하게 끌어 나갈 수 있다. 원활한 대화를 위해 지켜야 할 규칙을 **대화 격률**이라고 한다.

대화에 필요한 만큼의 정보는 충분히 제공해야 한다. 필요 이상 제공해도 안 된다. 빙구가 말한다. "타이거즈가 이번 시즌에는 그런대로 괜찮았어." 우리는 빙구가 알고 있는 정보를 모두 말했다고 믿는다. 그러므로 우리는 이 발화에 '타이거즈가 이번 시즌에 우승은 하지 못했다'는 의미가 함축되어 있다고 추측할 수 있다(**양의 격률**).

거짓이거나, 자기도 못 믿는 말은 하지 않아야 한다. 아인이가 "아라는 집에 있어"라고 말하면, 아인이는 아라가 집에 있다고 믿는다는 뜻이다. '아라는 지금 집에 있지만, 나는 그렇게 믿지 않아'라고 말하면 안 된다(**질의 격률**).

관련이 없는 이야기는 하지 말아야 한다. 운전자가 "차에 기름이 다 떨어졌어요" 하자, 행인이 "모퉁이에 주유소가 있어요"라고 대답한다. 운전자는 행인이 자신의 말과 관련이 있는 이야기를 한 것으로 가정한다. 그렇다면 행인의 발화는 그 주유소에 가면 기름을 구할 수 있으리라는 뜻을 함축한다(**관련성의 격률**).

명료하고 간결하게, 순서에 맞게 이야기해야 한다. '명수는 동화책을 읽다가 잠이 들었다'라고 하면 '명수가 먼저 동화책을 읽기 시작하고, 나중에 잠이 들었다'는 의미가 함축되어 있다고 간주된다. 일이 일어난 순서대로 말을 한다고 가정하는 것이다(**방식의 격률**).

대화 격률을 지키지 않으면 - 격률 울타리

일반적으로 사람들은 화자가 대화 격률을 지켜 가면서 발화를 한다고 가정한다. 그래서 발화에 숨어 있는 화자의 의도, 곧 함축된 의미를 추측할 수 있다. 그런데 화자가 대화 격률을 지키지 않으면 특별한 의미를 추측하게 된다.

'전쟁은 전쟁이다.' 동어 반복이기 때문에 이 발화 자체에는 아무런 의미가 없다. '뭔가 더 할 말이 있을 듯한데……' 하고 생각하게 만든다. 양의 격률을 어긴 것이다. 화자가 이렇게 말하면 청자는 '전쟁 중에는 친구도 적이 될 수 있단 말이군', '전쟁 중에는 죽음이란 피할 수 없는 거지' 등등의 온갖 추측을 다 하게 되고, 화자는 의도적으로 격률을 어김으로써 더 많은 의미를 전달한 셈이다.

드라마의 한 장면. 탑골 공원. 기억을 잃은 총리에게 어떤 노인이 손가락질한다. "당신이 총리라고? 그럼 나는 미국 대통령이다!" 화자는 의도적으로 거짓말을 한 것이다. 질의 격률을 어긴 것. 그럼으로써 총리가 하는 말이 절대로 진실일 수 없다는 뜻을 강조했다.

다시 드라마의 한 장면. 여자 스파이가 전화로 말한다. "그럼 오늘 8시에 그곳으로 오세요." 그런데 사무실에서 전화를 받던 남자 스파이는 엉뚱한 말을 한다. "아니오, 살 생각 없어요." 그리고 전화를 끊는다. 여자 스파이는 '직장 동료가 사무실에 들어왔나?' '혹시 나를 피하는 건가?' 등등 여러 가지 추측을 할 수 있다. 남자 스파이는 관련성의 격률을 어김으로써 전화 통화를 계속하기 어렵다는 뜻을 전한 것이다.

직원이 사장에게 묻는다. "올해 연봉 인상은 얼마나 해 주려고 하십니까?" 그러자 사장의 표정이 묘해진다. "글쎄. 올해는 경기도 안 좋고, 환율도 많이 인상되어서 말이야, 세계 경제 자체가 불황이니…… 수출도 어렵고…… 인건비는 올랐는데, 경쟁은 심해서 가격도 올릴 수가 없고…… 조금 더 기다려 보세. 경기가 좋아질 때도 되지 않았나?" 무슨 말인지 잘 알 수가 없다. '명료하게 말하라'는 방식의 격률을 어겼다. 어찌 보면 정보를 지나치게 많이 제공해 양의 격률을 위반한 것처럼도 보인다. 어쨌든 이런 말을 들은 직원은 '올해도 임금 동결이로구나, 어휴' 하고 한숨을 쉴 것이다.

우리는 대화를 하는 상대방이 내 말에 귀를 기울이고 성심성의껏 답을 해 주리라고 기대한다. 그러나 어디 세상이 그러기만 한가. 내 말에 관심을 가져 주는 사람도 많지 않을뿐더러, 심지어 내 말을 믿지 않으려 하는 사람도 있을지 모른다.

그래서 우리는 말을 할 때, 단언을 하기보다 뭔가 한정적인 표현을 덧붙인다. '김치국 씨는 회사를 그만둡니다'라고 하지 않고 '제가 알기로는, 김치국 씨는 회사를 그만둡니다'라고 말한다. 이것은 화자가 자신이 대화 격률을 지키고 있다는 것을 청자에게 알리고자 하는 심리가 있기 때문이다. 이렇게 화자가 대화 격률을 지키는 정도를 말하기 위한 한정적 표현을 **격률 울타리**라고 한다.

'알고 있겠지만, 커피를 많이 마시면 몸에 안 좋다네'에서는 '양의 격률 울타리'를 친 것이다. '모르긴 몰라도, 수지가 효리를 찾아간 것은 돈 문제 때문이었을 거야'는 '질의 격률 울타리'를 친 것이고,

'어리석은 질문 같지만, 우리가 꼭 이것을 해야 합니까?'에서는 '관련성의 격률 울타리', '너무 말이 길어지는 것 같기는 한데, 내 이야기를 한 번만 더 들어 주세요'에서는 '방식의 격률 울타리'를 친 것이다. 화자는 격률 울타리를 침으로써 자신이 대화 격률을 잘 지키고 있음을 청자에게 말하고자 한다. 자신이 협력적인 대화 상대임을 청자가 인정해 주기를 기대하는 것이다.

● 이, 그, 저
─직시

'나는 너를 평생 기다려 왔다'에서 '나'는 화자를 가리키고 '너'는 청자를 가리킨다. '나'와 '너'는 화자가 어떤 장면에서 말을 하면서 대상을 직접 지시하는 말이다. 대상을 직접 지시하기 때문에 장면이 바뀌면 지시 대상도 달라진다. '나'와 '너'는 '승호와 아라'였다가 '로미오와 줄리엣'이 될 수도 있다. 이처럼 화자가 말을 하면서 어떤 대상을 직접 가리키는 것을 **직시**(直示)라고 한다.

'이 사람이 그 시를 쓴 학생입니다.' '그 사진은 누가 찍은 것이냐?' '저 집은 누구의 집입니까?' '이, 그, 저'처럼 직시에 쓰이는 언어 표현을 **직시 표현**이라고 한다. '이, 그, 저'는 직시 표현 가운데에서 가장 많이 쓰이는 표현이다. '이'는 화자와 가까이 있는 것을 가리키고, '그'는 청자와 가까이 있는 것을 가리킨다. 그리고 '저'는 화자와 청자 둘 다로부터 멀리 떨어져 있는 것을 가리킨다.

'이, 그, 저'는 '사람, 사물, 장소' 등을 직시하는 지시 관형사로 쓰인다. 이뿐만 아니라 이러한 직시 체계는 '이것/그것/저것, 여기/거기/저기, 이런/그런/저런, 이리/그리/저리'에서 볼 수 있듯이 지시 대명사, 지시 형용사, 지시 부사에서도 비슷하게 쓰인다.

'이 건물 뒤에는 여기서는 보이지 않지만, 유치원이 있다. 그 유치원에 내 조카가 다닌다.' 이 문장은, '유치원'이 눈앞에 보이지 않으면 '그 유치원' 대신 '저 유치원'이라고 말할 수 없다. '그, 이'는 눈에 보이지 않아도 쓸 수 있지만, '저'는 눈에 보이는 대상만을 가리킨다.

응? 그렇다면 유치환의 시 〈생명의 서〉에 나오는 '저 머나먼 아라비아의 사막으로 나는 가자'는 뭐지? '저 머나먼 아라비아의 사막'이 화자나 청자의 눈에 보일 리가 없잖아. 이것을 단순히 '시적 표현'이라고 하고 넘어갈 수는 없다. 시적 표현이라도 말이 되어야 시도 된다. 청자가 있는 상황에서 보이지 않는 대상을 직시하며 '저'라는 표현을 하면 이상해진다. 그러나 청자를 상정하지 않는 혼잣말에서는 가능하지 않을까? 이 시는 꼭 청자를 상정한 발화 상황을 가정하고 쓴 것이 아니라 혼자서 다짐하는 형식으로 쓴 것이기 때문에 그것이 가능하다고 보인다. 이용복의 노래 〈그 얼굴에 햇살을〉 가사에 나오는 '저 멀리, 저 멀리서 무지개 타고 오네'도 독백조의 노래라서 가능한 표현이 된다.

화자가 어떤 대상을 가리킬 때는 '가깝다, 멀다'고 할 수 있는 기준점이 필요하다. 그 기준점을 **직시의 중심**이라고 한다.

'내가 생각하고 있는 것은 이 컴퓨터입니다.' '놀기에는 저 클럽이 좋겠어요.' '어제 선생님께서 미국으로 떠나셨습니다.' 여기에서 '나'는 화자를 가리키고, '이'는 화자와 가까이 있는 사물을, '저'는 화자로부터 멀리 떨어진 장소를, '어제'는 화자가 발화한 시점으로부터 하루 전날의 시간을 직시한다. 직시 표현이 지시하는 것은 각각 '사람, 장소, 시간'인데, 모두 그 중심에 화자가 자리 잡고 있다. 그러므로 직시의 중심은 화자이며 '인칭, 장소, 시간'으로 보아서 '나, 여기, 지금'이 된다. 사람은 자기중심적으로 사고하고 행동할 수밖에 없기 때문일 것이다.

직시 표현이 여러 개 어울릴 때도 화자 중심으로 이루어진다. 자신에게 가까운 것을 먼저 들고 먼 것은 나중에 든다. 이른바 '나 먼저 원리'가 작동하는 것이다. 그래서 '이것저것, 여기저기, 이리저리, 이럭저럭, 이만저만, 이모저모, 이러쿵저러쿵, 이제나저제나, 이쪽저쪽, 요리조리, 그나저나, 그럭저럭, 그만저만, 그러나저러나, 엊그제, 오늘내일, 내일모레'라고 '이, 그, 저' 순서로 쓴다.

직시의 중심에 화자가 있는 것이 일반적이지만 때로 직시의 중심이 다른 사람으로 이동한 것처럼 보일 때도 있다. 청자가 미국에 있으면 한국에 있는 화자는, 한국은 아침이더라도 '굿 나잇!'이라고 인사할 수 있다. 잠시 자리를 비울 때는 같이 있던 사람에게 '금방 올게'라고 말한다. 마치 자신이 다른 곳에 이미 가 있는 것처럼 그곳에 자신을 투사하는 것이다. 이처럼 직시의 중심을 다른 곳으로 이동하여 그곳에 화자 자신이 있는 것처럼 말하는 것을 **직시의 투사**라고 한다. '지금은 전화를 받을 수 없습니다'라는 전화의 자동 응답 메시지도 직시의 투사의 한 예다. 미리 녹음해 둔 말이지만, 청자 입장을 고려해서 청자의 시간에 화자 자신을 투사한 것이다.

담화

우리는 언제나 일정한 상황에서 말을 주고받는다. 이때 주고받는 문장 단위의 말을 발화라고 하고, 발화들이 모여서 통일되고 완결된 내용을 갖추면 **담화**가 된다. 다시 말해 발화의 연속체 또는 통일체가 담화다.

● 담화의 요소

담화가 성립되려면 말하는 사람(**화자**)과 듣는 사람(**청자**)이 있어야 한다. 독백 같은 경우는 청자가 없지 않으냐, 하고 이의를 제기하는 사람도 있을지 모르겠다. 그러나 그런 경우에는 청자와 화자가 같다고 보는 것이 옳다. 그리고 화자와 청자가 **언어**를 통해 주고받는 **내용**이 있어야 한다. 발화를 통해 화자가 전달하고자 하는 느낌, 생각, 믿음 등의 정보가 있어야 한다는 소리다. 마지막으로 시간적이고 공간적인 배경이 있어야 하는데, 이것을 **담화의 장면**이라고 한다. 발화의 의미가 장면에 따라서 여러 가지로 달라질 수 있기 때문에, 담화의 장면은 담화의 흐름이나 의미 해석에 매우 중요한 영향을 미친다.

● 담화의 기능

담화는 화자와 청자 사이의 의사소통이다. 담화에는 화자가 청자에게 요구하는 의도가 있을 수밖에 없는데, 이것을 담화의 기능이라고 한다.

　신문이나 방송은 우리에게 새로운 소식을 전해 준다. 일기 예보를 전해 주기도 한다. 지하철이나 버스의 안내 방송은 내릴 곳을 미리 알려 준다. 안내문이나 보고서도 정보를 제공한다. 이처럼 담화는 어떤 정보나 지식을 전달해 주는 **정보 제공 기능**을 한다.

　광고는 소비자들의 관심을 끌어서 상품을 구입하게 하려 한다. 설교나 연설은 청중으로 하여금 어떤 행위를 하도록 설득하려는 것이다. 이처럼 청자에게 어떤 행동을 하도록 설득하려는 의도를 담은 담화에는 **호소 기능**이 있다.

혼인 서약을 하거나 운동 경기에 앞서서 서로 정정당당히 싸울 것을 선서하는 것은 어떤 행위를 할 것을 약속하는 담화다. 서약서, 계약서, 합의서 등도 **약속 기능**을 하는 담화의 일종이다.

인간관계를 원만히 하기 위해서도 담화가 필요하다. 모임에서 친교를 목적으로 잡담을 하거나 처음 만나는 사람과 인사를 나누거나 가벼운 대화를 나눈다. 문안 편지나 위문 편지, 연애 편지, 축하 전문 등도 모두 **사교 기능**을 하는 담화의 일종이다.

어떤 개인이나 단체의 방침, 의견, 주장 따위를 널리 펴서 공식적으로 알리는 담화도 있다. 법원에서 사건에 대해 판결을 내리고, 어떤 단체에서 그 단체의 입장이나 견해, 방침 따위를 밝히는 성명을 발표하는 일도 있다. 판결문, 성명서, 유언장, 포고문 따위는 모두 **선언 기능**을 하는 담화들이다.

한 담화에 꼭 한 가지 목적만 있는 것은 아니다. 정보를 제공하면서 호소할 수도 있고, 사교를 목적으로 이야기를 나누면서 약속을 할 수도 있다. 담화는 이렇게 여러 가지 기능을 한꺼번에 수행할 수도 있다.

● 담화의 요건

담화는 발화의 모임이라고 했다. 그러나 발화가 둘 이상 모였다고 해서 항상 적절하고 자연스러운 담화가 이루어지는 것은 아니다.

통일성

담화를 이루려면 먼저 내용 면에서 통일성이 있어야 한다. 이야기의 주제가 하나로 통일되어야 한다는 뜻이다. 서로 동문서답을 해서는 담화가 제대로 기능할 리가 없다. 이 말 했다가 저 말 했다가 하는 것도 통일성을 깨뜨리는 짓이다.

관용어는 어떤 표현이 습관적으로 굳어져 사용됨으로써 원래의 뜻을 잃어버린 언어 표현을 의미한다. 예를 들어 '내 코가 석 자', '미역국을 먹었다'라는 관용어를 살펴보자. 이 말은 코의 길이나 미역국에 대한 내용을 담고 있는 것이 아니다. 즉, 이 표현들을 이루고 있는 단어들의 표면적인 뜻만 가지고는 그 의미를 알 수가 없다. 이러한 관용어는 우리의 전통문화를 잘 보여 준다.

관용어가 무엇인지, 관용어의 의미에 대해 설명하는 글이다. 곧 이 글의 주제는 '관용어의 의미'다. 첫 문장에서 관용어를 정의한 다음, 관용어의 예를 들어 관용어의 의미를 자세하게 서술했다. 그런데 마지막 문장에 나와 있는 '관용어와 우리의 전통문화'에 관한 내용은 관용어의 의미와는 관련이 없다. 이처럼 주제와 관련이 없는 내용이 있으면 글의 일관성이 사라진다. 이렇게 이 말 했다가 저 말 했다가 하면 통일성이 깨진다.

반복과 생략 – 응집성

담화를 이루려면 형식 면에서 응집성이 있어야 한다. 담화를 이루는 각각의 발화들이 서로 관련되어 있음을 알려 주는 표현이 있어야 한다. 발화들을 묶어서 한 담화가 되도록 연결해 주는 문법 장치를 '연결어'라고 한다. 앞에서 나온 말을 반복하거나 생략하는 것도 발화와 발화를 연결해 주는 중요한 문법 장치가 된다.

앞에서 나온 말을 반복하는 것은 언뜻 생각하면 비효율적인 것 같다. 그러나 이러한 반복은 우리말의 특징 가운데 하나다. 특히 우리말에는 대명사가 비교적 덜 발달되어 있기 때문에, 3인칭을 가리킬 때는 앞의 명사를 반복하는 것이 훨씬 더 자연스럽다. 좋은 글을 쓰려면 앞에 나온 명사를 반복하지 않아야 한다고 믿는 사람들도 있다. 내가 보기에 그들은 외국 문법을 너무 열심히 공부했거나 번역 서적을 지나치게 많이 읽은 나머지 그런 믿음을 갖게 된 듯하다. 그러나 절대 그렇지 않다. 명사를 반복하는 것이 우리말답다.

교실에 쥐가 들어왔다. 어디선가 소리는 들리는데 도저히 찾을 수 없었다. 바로 그때 선생님이 스티비에게 말했다.

"네가 한번 찾아볼래? 너는 보지 못하는 대신 아주 작은 소리도 들을 수 있는 특별한 귀가 있잖아."

'나에게 특별한 귀가 있다고?'

정말 그랬다. 스티비는 아주 작은 소리도 구별할 줄 알았다. 악보는 보지 못했지만, 듣기만 하고도 노래를 그대로 따라 불렀다. 이 사건이 스티비의 일생을 뒤바꿔 놓았다. 스티비는 자라서 세계 최고의 가수가 되었다. 스티비를 세계 최고의 가수로 만든 사람은 안 보이는 눈 대신 잘 들을 수 있는 귀가 있다는 걸 깨닫게 해 준 선생님이었다.

이 담화에서는 '스티비'라는 이름이 반복되어 나오면서 담화를 형식적으로 짜임새 있게 이어 가고 있다. 이처럼 반복 표현은 담화를 이어 가는 연결 고리 기능을 하기에, 담화의 응집성을 높이는 가장 간단한 방법이다. '스티비' 대신 '그'라는 3인칭 대명사를 쓰면 우리말다운 자연스러운 담화는 될 수 없을 것이다.

반복 표현과는 정반대로 앞에 나온 내용을 생략함으로써 담화의 응집성을 높이는 방법도 있다. 화자와 청자가 이미 알고 있는 내용을 반복하는 것은 자칫 의사 전달력을 떨어뜨릴 수 있다. 담화를 이루는 장면을 통해 이미 많은 정보를 알 수 있을 때는 이미 공유한 정보는 생략하는 것이 원활하고 신속한 의사소통을 가능하게 해 준다.

데이비드 커닝스는 사무실 벽에 붙은 업무 분담표를 보고 눈을 의심하지 않을 수 없었다.

'커닝스, 인터뷰, 엘리너 루스벨트.'

초짜 기자가 대통령 부인을 만나게 되다니(일이 어떻게 이렇게 되었는지 놀라웠다).

커닝스는 대통령 부인을 인터뷰할 준비를 했다. 도서관에 가서 자료를 찾고, 찾은 자료를 정리하고 질문을 뽑았다. (커닝스는) '한 가지만은 (다른 인터뷰와는 달리) 특별한 질문을 하자'라고 단단히 결심했다.

(인터뷰하기로 되어 있는) 방에 들어가자, 일흔다섯 노부인이 먼저 일어나서 악수를 청했다. (커닝스는) 특별하다고 생각하는 질문을 맨 먼저 던졌다.

"(당신이) 그동안 만나 본 사람들 가운데 가장 흥미로운 사람은 누구였나요?"

커닝스는 (엘리너의 답이) 남편 루스벨트나 처칠, 헬렌 켈러 중 하나일 거라고 짐작했다. (대답이) 이 중 하나면 그것으로 인터뷰를 이어 갈 요량이었다. 그러나 (엘리너의) 답은 (커닝스의) 예상을 빗나갔다.

"데이비드 커닝스. (바로 당신입니다.)"

"(다른 사람을 지명할 줄 알았는데, 처음 보는 저라니) 그게…… 무슨 뜻인가요?"

"(그건 이런 뜻이에요. 당신과 같은) 낯선 사람과 만난다는 것은 (낯선 사람과의) 새로운 관계가 시작된다는 뜻입니다. (당신과 같은) 낯선 사람을 만나는 것이 (세상에서) 가장 즐거운 일이지요."

커닝스는 이 한 시간짜리 인터뷰로 '미국 뉴스 보도상'을 받았다. 그러나 (미국 뉴스 보도상을 받은 것보다) 더 큰 수확은 다음과 같은 교훈을 얻은 것이었다.

　"새로운 친구 사귀기를 두려워 말고, 새로운 세상에 용감하
게 뛰어들라."

　괄호 안에 들어간 내용은 원래 없는 내용이다. 담화에 참여하는
화자와 청자, 그리고 독자가 이미 아는 정보들이기 때문에 생략된
내용이다. 이미 알고 있는 정보가 반복되면 대화 참가자들의 주의
력이 떨어지고 그 때문에 의사 전달력이 떨어진다. 이처럼 적절한
생략은 담화의 응집성을 높인다.

지시 표현

앞에서 언급되었거나 뒤에 나올 내용을 지시하는 역할을 하는 것이
지시 표현이다. 지시 대명사나 지시 용언 등의 지시 표현은 담화 속
의 다른 부분을 지시함으로써 발화와 발화를 연결해 주고, 군더더
기 정보를 제거하여 담화를 간결하게 만들어 준다.

　수업을 마치고 집으로 돌아가던 카네기가 공사장을 지나치
게 되었다. '그곳'에서는 사장처럼 보이는 한 남자가 일꾼들을
지휘하고 있었다. 카네기는 '그'에게 다가가서 물었다.
　"'지금' 무엇을 하고 있는 건가요?"
　"우리 백화점 건물을 짓고 있단다."
　"어떻게 하면 아저씨처럼 성공할 수 있나요?"

카네기가 부러운 듯 물었다.

"붉은색 옷을 사 입거라."

"'그게' 성공하고 무슨 상관이 있나요?"

사장이 일꾼들을 가리키며 말했다.

"봐라, '저' 일꾼들은 모두 똑같이 푸른색 옷을 입고 있지? '저렇게' 입고 있으니 누가 누군지 알 수가 없잖아. 그런데 붉은색 옷을 입은 사람이 하나 보이지? 나는 저 친구를 내 조수로 삼을 생각이란다. 다른 사람들과 똑같다면 어떻게 다른 사람보다 더 많은 기회를 얻을 수 있겠니?"

'다른 사람과 달라야 더 많은 기회를 얻을 수 있다.'

카네기는 '이 말'을 가슴 깊이 새겼다.

'그곳'은 공사장을 지시하고, '그'는 사장을 지시하는 표현이다. 모두 앞에 나온 내용을 지시한다. '지금'은 발화하는 시간을 지시한다. '그게'는 붉은색 옷을 사 입는 것을 뜻한다. '저'는 화자나 청자 모두로부터 떨어져 있는 것을 가리킨다. '저렇게'는 '모두 똑같이 푸른색 옷을'을 가리킨다. '이 말'은 카네기가 깨달은 생각을 가리킨다. 모두 지시 표현들로서 앞에서 언급된 내용을 가리키거나 요약해서 담화를 간결하게 만들어 주는 장치로 작용하고 있다.

접속 표현

발화와 발화를 이어 주는 대표적인 문법 장치는 접속 표현이다. 접속 표현에 쓰이는 연결어로는 '그리고, 그런데, 그래서' 같은 접속 부사가 대표적이다. '그뿐만 아니라, 예를 들면, 지금까지 살펴본 바와 같이, 다시 말하면' 등의 어구도 연결어로 많이 쓰인다.

조앤은 소설을 쓰기로 결심했습니다. 오래전부터 생각해 두 었던 줄거리가 머릿속에 있었습니다. **그러나** 조앤은 마땅한 일 자리를 찾지 못해 돈이 없었습니다. **그래서** 추운 단칸방과 마 을 카페를 오가며 조앤은 소설을 완성했습니다.

하지만 원고를 복사할 돈이 없었습니다. 조앤은 8만 단어에 이르는 엄청난 양의 원고를 타자기로 쳐서 출판사에 보냈습니 다. **그런데** 아무도 조앤의 원고를 책으로 내려 하지 않았습니 다. 무려 열두 군데나 되는 출판사에서 퇴짜를 맞았습니다. 그 **러다** 블룸스베리라는 출판사에서 겨우 책을 내 주기로 했습니 다. 1997년에 겨우 500부가 처음 세상에 나왔습니다.

얼마 뒤에는 미국 출판사가 2000만 원 가까운 돈을 주고서 판 권을 사 갔습니다. 이 소설은 미국에서 나오자마자 베스트셀 러가 되었습니다. 이 소설이 바로 세계에서 두 번째로 많이 팔 린 책,《해리 포터》입니다.

"그 시기에 나는 정말 힘들었고, 그 긴 터널이 언제 끝날지 도 알 수 없었다. **그렇지만** 나는 살아 있었고, 사랑하는 딸이 있 었고, 낡은 타자기와 엄청난 아이디어가 있었다. 세상을 바꾸 는 데 마법은 필요하지 않다."

소설가 조앤 롤링의 이야기다. 이 글에서 쓰인 '그러나, 하지만, 그런데, 그렇지만'은 앞의 내용과 상반되는 내용을 말할 때 쓰는 접속 표현이고, '그래서'는 이유를 나타내며, '그러다'는 일의 상태가 바뀌는 것을 뜻하는 접속 표현이다. '얼마 뒤에'는 시간의 흐름을 나타낸다. 접속 표현은 이처럼 앞뒤 발화 내용에 따라서 '인과, 전환, 역접, 예시, 첨가, 비교, 요약' 등 다양한 의미를 전달하면서 발화와 발화를 이어 나간다. 이런 의미가 쌓여 나가면서 담화가 응집성을 높여 간다.

안에서도 지역마다 말소리가 다른 경우도 있다. 이처럼 방언이 존재한다는 것도 언어의 자의성을 보여 주는 예다.

또 있다. 옛날에는 '악하다'라는 말소리가 '불쌍하다'는 의미였지만, 지금 그 말소리는 '어여쁘다'로, 의미는 '아름답다'로 형식과 내용이 모두 바뀌었다. 만약 말소리와 의미의 관계가 필연적이라면 말소리와 의미에 변화가 있어서는 안 될 것이다. 이것도 언어가 자의성을 띤다는 것을 보여 준다.

소리를 흉내 내는 말은 그래도 자의성이 덜하지 않을까? 한국 개나 영국 개나 짖는 소리는 같지 않을까? 그런데 이것도 '멍멍', '바우와우'로 서로 형식이 다르다.

8

한국어의 규범

'누군가 펌프에서 물을 긷고 있었다. 선생님은 물이 뿜어져 나오는 꼭지 아래에다 내 손을 갖다 대셨다. 차가운 물줄기가 꼭지에 닿은 손으로 계속해서 쏟아져 흘렀다. 선생님은 다른 한 손에다 처음에는 천천히, 두 번째는 빠르게 '물'이라고 쓰셨다. 선생님의 손가락 움직임에 온 신경을 곤두세운 채, 나는 마치 얼음조각이라도 된 양 가만히 서 있었다. 갑자기 잇딴 것, 그래서 가물가물 흐릿한 의식 저편으로부터 서서히 생각이 그 모습을 드러내며 떠오르는 밀림이 감지됐다. 언어의 신비가 베일을 벗는 순간이었다.'

바람의 방향을 가리키는 풍향계, 기온을 나타내는 온도계, 불을 나타내는 연기 등은 형식이 내용의 결과를 나타낸다. 이런 기호를 지표 기호라고 한다.

교통 신호등이나 군대의 계급장, 병원을 나타내는 녹십자 등은 '이런 형식은 이런 내용을 가리키는 것으로 합시다' 하고 사람들끼리 서로 약속하고 관습적으로 인정한 것이다. 이런 기호는 상징 기호라고 한다. 형식과 내용이 밀접하게 연관된 도상 기호나 지표 기호와 달리, 상징 기호는 형식과 내용 사이에 직접적인 연관성이 없다. 그저 사람들이 사회적 합의하에 그 내용과 형식을 연결해서 기호로 사용하고 있을 뿐이다.

그럼 언어는? 언어는 생각을 전달하는 수단이 분명하니까 기호의 일종이다. 그렇다면 언어의 내용은 '전달하고자 하는 의미'일 테고, 형식은 '말소리나 글자'가 되겠다. 그리고 '거연체에 강, 호수, 바다, 지하수 따위의 형태로 널리 분포하는 액체'를 가리킬 때 '물'이라는 말소리 또는 글자를 쓰는 것은 사람들끼리 관습적으로 받아들이는 일이다. 그러므로 언어는 상징 기호와 하나가 되겠다.

말소리와 의미에 변화가 있어서는 안 될 것이다. 이것도 언어가 자의성을 띤다는 것을 보여 준다.

소리를 흉내 내는 말은 그래도 자의성이 덜

나 영국 개나 짖는 소리는 같지 않을 [...] 한 분절음 때문에 한정된 언어 기호를 이용해서 다양한 우와우로 서로 형식이 다르다. [...] 수 있다. '송호가 공을 찬다' '여러가 공을 찬다' '송호 혼내서는 살 수 없으니까 사회 [...] 호가 공을 던진다' '송호가 공을 찼다' '송호가 공 페터 빅셀의 소설 《책상은 책 [...] 은 송호가 날아오는 공을 잡았다' 등등. 문득 '왜 책상을 책상이라고 [...] 수 있는 것이 아니다. 무지개는 원래 경계선이 그 이유를 납득할 수 없었던 남자 [...] 는 연속적 스펙트럼으로 이루어진다. 그런데 우리는 자를 자명종이라 부르고, 책상을 양탄 [...] 노, 초, 남, 보라고 마치 무지개가 일곱 가지 색말로 분 서 그 남자는 아침에 그대로서 일어나 옷을 입고 [...] 명히 나뉘어 있는 듯이 표현한다. 경계가 분명하지 않은데도 우리 명종에 앉아 무엇을 어떻게 부를까 곰곰이 생각하게 된다. 이렇게 는 그분의 종류를 '컵시, 대접, 사발, 공기'로 나누어서 부른다. 동해, 날말을 바꾸는 작업을 계속한 남자는 어떻게 됐을까? 남해, 서해라고 나누어 부르는다 하지만 실제로 바다를 뽀낼 수는 말소리와 의미의 관계가 자의적이긴 하지만, 사회에서 한번 받아 없는 노릇이다. 이 또한 언어의 분절성을 보여 주는 예들이다. 들여지고 나면 개인이 함부로 바꿀 수 없다. 자의성이 있다 하더라 공통점이 무언가-추상성

말을 이해하지 못하고 자기 생각을 남과 사람에게 이해시키기 어렵다. 소설 속의 그 남자는 결국 침묵 속에서 혼자 살아갈 수밖에 없게 되었다.

시간이 가면 변한다-역사성
언어 기호는 사회적인 약속이기는 하지만, 시간이 흐름에 따라 변하기도 한다. 이것을 언어의 역사성이라고 한다. '곳고리 → 꾀꼬리'처럼 말소리가 바뀌기도 하고, '어리다'는 말소리가 '어리석다'는 의미에서 '나이가 적다'는 의미로 바뀌기도 한다. 예전에 쓰이던 '온, 즈믄,'을 대신해 새로운 낱말 '백, 천, 경'이 쓰이기도 한다. '자네 년글 주리여[사례를 다른 누구에게 주리오]'처럼 예전에는

사람은 너에게 검은 체조 개와 고양이 사진을 보고 고양이 /개인지 고양이인지 알아맞힌다. 그러나 인공 지능이 이런 능력을 갖기란 매우 어려운 일이라고 한다. 서로 다른 개 사진 수만 장과 고양이 사진 수만 장을 입력해도, 개의 공통된 특징과 고양이의 공통된 특징을 파악하지 못하고 개와 고양이 사이의 차이점을 알아내지 못하기 때문이다. 수많은 종류의 개나 고양이에게서 공통된 특징을 뽑아내는 능력을 추상화하는 능력이라고 하는데, 로봇에게는 없는 추상화 능력이 사람에게는 있다. 그래서 태어난 지 얼마 안 된 아이도 사진을 보고 개인지 고양이인지 구별해 낸다.

개 한 마리의 생김새와 속성은 모두 다르다. 사람들은 이

표준어 사정 원칙

꼭 표준어를 사용해야 할까? 텔레비전에 나와서 공식적인 인터뷰를 하는 사람들 가운데에도 표준어를 사용하지 않는 사람들이 있던데? 하지만 그런 사람들도 가만히 보면 억양이 서울말과 달라서 그렇지, 사투리에서만 쓰이는 어휘를 쓴다거나 어미를 쓰지는 않는다. 평소에는 사투리를 쓰는 사람이라도 공식적인 자리에서는 표준어를 사용하려고 애쓴다.

개인적인 신념이나 취향 때문에 표준어를 일부러 쓰지 않는 사람이라 할지라도, 표준어가 무엇인지는 알아야 한다. 다른 사람들이 하는 표준어를 알아들을 수 있어야 하고, 또 몰라서 못 쓰는 것과 알고도 안 쓰는 것은 별개 문제니까. 그럼 표준어란 무엇일까? 1988년 문교부에서 마련한 〈표준어 규정〉에 '표준어는 교양 있는 사람들이 두루 쓰는 현대 서울말로 정함을 원칙으로 한다'라고 되어 있다. '외래어'에 대해서는 별도의 규정이 있다.

● 발음 변화에 따른 표준어 규정

자음

세월이 가면 강산도 변하고 말도 변하는 법이다. 발음이 변해서 원래의 표준어를 그대로 고수할 수 없기 때문에 표준어가 바뀌는 경우가 있다. 중요한 것만 간추려 보자.

'녁'이 아니라 '녘'이 표준어다. '동녘, 새벽녘, 들녘.' 이렇게 쓴다. 물론 이것은 합성어의 경우다. '녘'은 의존 명사이기 때문에 합성어가 아닐 때에는 '아침 녘, 동틀 녘, 해 질 녘'처럼 띄어 써야 한다. 무엇이 합성어인지 사전을 반드시 찾아보기.

'칸막이, 빈칸, 방 한 칸'처럼 '칸'이라고 써야 맞다. 그러나 '초가삼간, 곳간, 뒷간'처럼 관습처럼 굳어진 표현에서는 '간'이라고 쓴다.

어원에서 멀어진 형태로 굳어져서 널리 쓰이는 말은 멀어진 형태를 표준어로 삼는다. 원래는 강남에서 왔을지 모르지만 '강낭콩'이 표준어이고, '삭월세'(×)에서 왔겠지만 '사글세'(○)가 표준어다. 물론 '월세'도 표준어다.

'적다'에서 온 '적이'는 '적게'라는 뜻이 아니고 '꽤 어지간한 정도로'라는 뜻으로 변해 버렸다. 어원과는 반대되는 뜻으로 변해 버렸지만, '적이'(○)가 표준어다. '저으기'(×)라고 쓰면 틀린다.

예전에는 '돐, 돌'을 구분해서 썼지만 지금은 '돌'만 표준어다.

'빌다, 빌리다'도 구분해 썼는데, 지금은 '빌리다' 하나로만 쓴다. 돈을 빌려 달라고 하고 돈을 빌려 주는 시대가 된 것이다. 그러므로 '이 자리를 빌어 감사의 말씀을 드린다'(×)라고 하면 안 된다. '이 자리를 빌려 감사의 말씀을 드린다'(○)라고 해야 한다. '빌다'는 '소원을 빌다(기원하다)', '밥을 빌다(남의 물건을 공짜로 달라고 호소하여 얻다)'라고 쓸 자리에만 쓰인다.

'두째, 세째, 네째'(×)라는 말도 틀린다. '둘째, 셋째, 넷째'(○)라고 써야 한다. 다만, '둘째'는 십 단위 너머 순서를 나타낼 때에는 '두째'로 한다. '열두째, 스물두째' 하는 식으로 쓰라는 얘기다. 물론 '열두 개째'라는 뜻은 '열둘째'라고 쓴다. 쉽게 말하면 관형사로 쓸 때는 '열두째', 명사로 쓸 때는 '열둘째'다. '나는 부모님의 열두째 자식이다.' '나는 형제자매 중 열둘째다.'

수컷을 이르는 접두사는 '수-'로 통일한다. 그래서 '수꿩, 수나사, 수놈, 수사돈, 수소'라고 쓴다. 다만 '수캉아지, 수캐, 수컷, 수키와, 수탉, 수탕나귀, 수톨쩌귀, 수퇘지, 수평아리'라고 쓰고, '숫양, 숫염소, 숫쥐'라고 쓴다. 접두사 '암-'이 결합할 때도 이에 준한다. 주의할 것은 '수캐미, 수커미, 수펄'(×)이 아니라 '수개미, 수거미, 수벌'(○)이라는 것. 굉장히 혼란스러운 규정이다.

모음

양성 모음이 음성 모음으로 바뀌어 굳어진 단어는 음성 모음 형태를 표준어로 삼는다. '깡총깡총, 오똑이, 주춧돌'(×)이라고 쓰지 말고, '깡충깡충, 오뚝이, 주춧돌'(○)이라고 쓰라는 얘기다.

'막둥이, 쌍둥이, 귀염둥이'도 '-童이'에서 온 말일 테지만 모두 '-둥이'라고 써야 맞는다.

'앗아, 앗아라'(×)는 '빼앗다'라는 뜻으로는 쓰이지 않고 '하지 말라고 금지하는 말'로만 쓰이므로 '아서, 아서라'(○)라고 소리 나는 대로 써야 한다.

다만, '부조, 사돈, 삼촌'은 한자어라는 의식이 강하므로 그대로 사용하기로 했다. '부줏돈, 사둔, 삼춘'(×)은 표준어가 아니다.

'ㅣ' 모음 역행 동화 현상으로 나는 발음은 원칙적으로 표준 발음으로 인정하지 않는다. 이 현상은 워낙 광범위하게 일어나는 현상이기 때문에 예를 들어 '학교 → 핵교, 공일 → 굉일'까지 표준어로 인정하면 보통 일이 아닐 것이다. 다만 '-내기, 냄비, 동댕이치다'는 표준어로 삼는다. 그래서 '서울내기, 시골내기, 여간내기, 보통내기, 풋내기' 등이 모두 표준어다. 그런데 '아지랭이'(×)는 표준어가 아니다. '아지랑이'(○)가 표준어다.

기술자에게는 '-장이'가 붙고, 그 외에는 '-쟁이'가 붙는다. 뜻이 달라질 때가 있다. '갓장이'는 '갓을 만들거나 고치는 일을 하는 사람'이지만, '갓쟁이'는 '갓을 쓴 사람을 낮잡아 이르는 말'이 된다.

다음 단어는 모음이 단순화된 형태를 표준어로 삼는다. '괴팍하다

(○)/괴퍅하다(×), -구먼(○)/-구면(×), 미루나무(○)/미류나무(×), 으레(○)/으례(×), 케케묵다(○)/켸켸묵다(×), 허우대(○)/허위대(×), 허우적허우적(○)/허위적허위적(×)'에서 앞엣것들이 표준어다. '으레, 케케묵다, 허우대'는 잘 틀리는 단어들이다. 조심!

모음의 발음 변화를 인정하여 바뀐 형태를 표준어로 삼는 단어들도 있다. '상추, 주책, 미숫가루'(○)라고 해야 표준어다. '상치, 주착, 미싯가루'(×)라고 하면 안 된다.

'바라다'가 표준어이므로 '바람'(○)이 표준어이고 '바램'(×)은 틀린 말이다. 물론 '볕이나 습기를 받아 색이 변하다'(종이가 누렇게 바래다)나 '가는 사람을 일정한 곳까지 배웅하거나 바라보다'(어머니를 공항까지 바래다 드려라)의 뜻으로는 '바래다'를 써야 한다.

'나무래다, 지리하다'(×)도 표준어가 아니다. '나무라다, 지루하다'(○)로 써야 한다.

'웃-'과 '윗-'은 명사 '위'에 맞추어 '윗-'으로 통일해서 쓴다. '웃눈썹, 웃니, 웃도리, 웃목, 웃몸, 웃변, 웃입술'(×)이라고 쓰지 말고 '윗눈썹, 윗니, 윗도리, 윗목, 윗몸, 윗변, 윗입술'(○)이라고 통일해서 쓰자는 소리다.

물론 된소리나 거센소리 앞에서는 사이시옷을 쓰지 않으므로 '위쪽, 위채, 위층, 위턱, 위팔'처럼 '위-'라고 쓴다.

다만, 위아래의 대립이 없는 '웃돈, 웃어른'은 '웃-'으로만 쓴다. '아랫돈, 아랫어른'이란 말은 없다는 뜻이다.

'웃옷'이라는 단어도 쓰이는데 '웃옷'과 '윗옷'은 뜻이 다른 말이다. '웃옷'은 '맨 겉에 입는 옷'이고 '윗옷'은 위에 입는 옷, 곧 '상의'라는 뜻이다.

'웃물'과 '윗물'도 둘 다 표준어다. '웃물'은 '잘 섞이지 못하고 위로 떠서 따로 도는 물'이라는 뜻이고, '윗물'은 '윗물이 맑아야 아랫물이 맑다'에서처럼 '상류에서 흐르는 물'을 말한다.

한자 '구(句)'가 붙어서 이루어진 단어는 '구'로 통일한다. '귀절, 결귀, 경귀, 대귀, 문귀, 시귀, 어귀'(×)라 쓰지 말고, '구절, 결구, 경구, 대구〔대ː꾸〕, 문구, 시구〔시꾸〕, 어구'(○)라고 쓰라는 뜻이다.

다만, '글귀'(○)를 '글구'(×)라고 쓰면 틀린다. 한자 '구(句)'의 뜻이 바로 '글귀'이기 때문이다.

준말

준말이 널리 쓰이고 본말이 잘 쓰이지 않는 경우에는 준말만을 표준어로 삼는다. '또아리, 무우, 배암, 새앙쥐, 소리개'(×)가 아니라 '똬리, 무, 뱀, 생쥐, 솔개'(○)처럼 준 것이 표준어다. 준말이라는 의식이 남아서인지 '솔개' 빼고는 줄어든 부분이 모두 긴 소리로 발음된다.

준말과 본말이 다 같이 널리 쓰이면서 준말의 효용이 뚜렷이 인정되는 것은, 두 가지를 다 표준어로 삼는다. '노을/놀, 막대기/막대, 망태기/망태, 머무르다/머물다, 서두르다/서둘다, 서투르다/서툴다, 외우다/외다, 이기죽거리다/이죽거리다, 찌꺼기/찌끼' 모두 표준어다.

다만, '머물다, 서둘다, 서툴다' 같은 준말에 모음 어미가 연결될 때는 '머물으니, 서둘어서, 서툴었다'(×)가 아니라 '머무니, 서둘러서, 서툴렀다'(○)가 된다. '가지다'의 준말 '갖다'가 '갖으니, 갖아서, 갖았다'(×)로 활용하지 않는 것과 마찬가지다.

단수 표준어

발음이 비슷한 몇 가지 형태가 같이 쓰일 경우, 그 의미에 아무런 차이가 없고, 그중 하나가 더 널리 쓰이면, 널리 쓰이는 그 한 형태만을 표준어로 삼는다. 다음 단어들은 앞엣것이 표준어다. '꼭두각시(○)/꼭둑각시(×), 냠냠거리다(○)/얌냠거리다(×), -(으)려고(○)/-(으)ㄹ라고(×), -(으)려야(○)/-(으)ㄹ래야(×), -습니다(○)/-읍니다(×), -올시다(○)/-올습니다(×), 봉숭아(○)/봉숭화(×), 뺨따귀(○)/뺨따구니(×), 쪽(○)/짝(×), 천장(○)/천정(×), 코맹맹이(○)/코맹녕이(×).'

다만 '봉선화'도 표준어이고, '이쪽, 저쪽'이라고 쓰지만 '아무짝'이라고 쓴다. '물가가 천정부지로 치솟는다' 할 때는 '천정'이라고 쓴다.

'가려고'를 '갈려고, 갈라고, 갈라구'(×) 등으로 쓰는 일이 많은데 '가려고'(○)만 표준어다. '뗄래야 뗄 수 없다'(×)고 쓰는 일도 많다. 그러나 '떼려야 뗄 수 없다는'(○)고 써야 표준어다.

'서, 너/석, 넉'은 골치 아프다. '서 돈, 너 말, 서 발, 너 푼'처럼 '서, 너'를 쓰고, '석 냥, 넉 되, 석 섬, 넉 자'처럼 '석, 넉'을 쓴다.

그런데 이거 요즘 제대로 쓰는 사람이 있을까? 어쨌든 이렇게 안 쓰면 표준어 규정에 어긋난다.

'있읍니다, 없읍니다'(×)가 아니라 '있습니다, 없습니다'(○)가 표준어라고 하니까 이들 명사형을 '있슴, 없슴'(×)이라고 쓰는 사람들도 있다. 그러나 명사형 어미는 '-슴'이 아니라 '-음'이므로 '있음, 없음'(○)이라고 써야 한다. '죽음, 웃음'을 '죽슴, 웃슴'이라고 쓰는 사람은 없겠지?

'살다, 알다, 만들다'처럼 어간이 ㄹ 받침으로 끝나는 경우의 명사형은 '삶, 앎, 만듦'이 된다.

복수 표준어

'네/예, 쇠-/소-, 괴다/고이다, 꾀다/꼬이다, 쐬다/쏘이다, 죄다/조이다, 쬐다/쪼이다'는 모두 표준어다.

전통적으로는 '쇠고기'에서처럼 '쇠-'를 많이 썼는데, 이에 못지 않게 '소-'도 많이 쓰이므로 '쇠-/소-' 둘 다 표준어로 인정받았다. 그런데 늘 그렇지는 않다. '쇠발개발, 쇠뼈다귀, 쇠파리'에서는 '쇠'만 쓰고, '소도둑, 소띠, 소싸움'에서는 아직도 '소-'만 쓴다.

● 어휘 선택의 변화에 따른 표준어 규정

단수 표준어

의미가 똑같은 형태가 몇 가지 있을 경우, 그중 한 형태만 널리 쓰이면 그 형태의 단어를 표준어로 삼는다. '샛별(○)/새벽별(×), 자두(○)/오얏(×), 총각무(○)/알타리무(×), -게끔(○)/-게시리(×), 까다롭다(○)/까탈스럽다(×), 안절부절못하다(○)/안절부절하다(×), 애달프다(○)/애닯다(×), 주책없다(○)/주책이다(×)'에서 앞엣것들이 표준어다.

'오얏'은 한자의 뜻풀이에서 '오얏 리(李)'라고 쓰이기는 하지만, 다른 데서는 쓰임이 없으므로 죽은말로 본다. 요즘 한자 사전에는 '李'의 뜻도 '자두나무 리'라고 나온다.

'메아리가 살게시리 나무를 심자'라는 노래를 열심히 불렀는데, 사투리라니……

'안절부절하다, 주책이다' 역시 많이들 쓰는데 잘못이다.

'애닯다'는 '애닯다 어이하리'라고 노랫말로 흔히 쓰이지만, 그때 말고는 쓰일 때가 없으므로 역시 죽은말이라고 본다.

별도의 표준어로 나중에 정해진 것들도 있다. '-길래, 개기다, 개발새발, 꼬시다, 나래, 내음, 놀잇감, 눈꼬리, 떨구다, 딴지, 뜨락, 먹거리, 메꾸다, 손주, 어리숙하다, 연신, 의론, 잎새, 푸르르다, 횡하니, 걸리적거리다, 끄적거리다, 두리뭉실하다, 맨숭맨숭/맹숭맹숭, 바둥바둥, 사그라들다, 새초롬하다, 섬찟, 아웅다웅, 야멸차다,

오손도손, 찌뿌둥하다, 추근거리다, 허접하다' 등은 비슷한 단어가 있지만 의미에 약간 차이가 있다고 보아 별도 표준어로 정한 것들이다.

복수 표준어

같은 의미를 나타내는 형태 몇 가지가 널리 쓰이면, 그 모두를 표준어로 삼는다.

'가뭄/가물, 가엾다/가엽다, 개수통/설거지통, -거리다/-대다, 게을러빠지다/게을러터지다, 고깃간/푸줏간, 극성떨다/극성부리다, 나귀/당나귀, 넝쿨/덩굴, 녘/쪽, 눈대중/눈어림/눈짐작, 느리광이/느림보/늘보, -다마다/-고말고, 되우/된통/되게, 뒷갈망/뒷감당, 들락거리다/들랑거리다, 들락날락/들랑날랑, 딴전/딴청, 땔감/땔거리, -뜨리다/-트리다, 만큼/만치, 멀찌감치/멀찌가니/멀찍이, 모내다/모심다, 모쪼록/아무쪼록, 버들강아지/버들개지, 벌레/버러지, 변덕스럽다/변덕맞다, 뾰두라지/뾰루지, 생/새앙/생강, 서럽다/섧다, 성글다/성기다, -(으)세요/-(으)셔요, -스레하다/-스름하다, 애순/어린순, 언덕바지/언덕배기, 여쭈다/여쭙다, 여태껏/이제껏/입때껏, 옥수수/강냉이, -이에요/-이어요, 일찌감치/일찌거니, 제가끔/제각기, 좀처럼/좀체, 쪽/편, 척/체, 철따구니/철딱서니, 추어올리다/추어주다, 혼자되다/홀로되다' 등이 모두 복수 표준어다.

'가엾다'는 '가엾은, 가엾어라'로 활용하고 '가엽다'는 '가여운, 가여워라'로 활용한다.

'가물거리다/가물대다, 출렁거리다/출렁대다'처럼 '-거리다'가 붙을 수 있는 말은 모두 '-대다'도 붙을 수 있다.

'덩쿨'(×)은 표준어가 아니다.

'깨뜨리다/깨트리다, 떨어뜨리다/떨어트리다'처럼 '-뜨리다'가 붙는 말은 모두 '-트리다'로도 쓸 수 있다.

'거무스레하다/거무스름하다, 발그스레하다/발그스름하다'처럼 '-스레하다'와 '-스름하다'를 바꾸어 쓸 수 있다.

'여직껏'(×)은 표준어가 아니다.

'옥수수를 튀긴 것'만 '강냉이'라고 부르는 사람이 있는데, '강냉이' 자체가 '옥수수'라는 뜻이다.

'-이에요'를 '-이예요'(×)라고 쓰면 잘못이다. '-이에요'의 준말이 '-예요'다. 받침이 있는 말은 '책상이에요, 선생님이에요'처럼 '-이에요'를 쓰고, 받침이 없는 말은 '의자예요, 교사예요'처럼 '-예요'를 쓴다.

'좀체로'(×)는 표준어가 아니다.

'알은척/알은체'는 '나를 보고 알은척/알은체도 안 하다니, 기분 나쁜데'처럼 쓰인다. 잘 알지도 못하면서 '아는 체'하는 사람은 밉상이다.

'추켜올리다'(×)는 표준어가 아니다.

나중에야 표준어로 추가되었기 때문에 우리를 헷갈리게 하는 것들도 있다. '간지럽히다/간질이다, -고프다/-고 싶다, 굽신거리다/굽실거리다, 남사스럽다/남우세스럽다, 마실/마을, 맨날/만날, 복

숭아뼈/복사뼈, 삐지다/삐치다, 쌉싸름하다/쌉싸래하다, 짜장면/자
장면, 찰지다/차지다, 택견/태껸, 품새/품세, 허접쓰레기/허섭스레
기' 등은 뜻이 같은 복수 표준어다.

표준 발음법

표준 발음법은 표준어의 실제 발음을 따르되, 국어의 전통성과 합리성을 고려하여 정함을 원칙으로 한다. 표준어를 '교양 있는 사람들이 두루 쓰는 현대 서울말로 정한다'고 했으니까, 표준 발음이란 교양 있는 사람들이 두루 쓰는 현대 서울말의 발음이겠다. 이것이 근본 원칙이다. 여기에 역사적으로 발음해 오던 전통을 존중하고, 또 한국어의 규칙과 법칙에 맞게 합리적으로 정한다는 뜻이다.

마지막으로, '원칙으로 한다'라고 한 것은 예외도 있다는 뜻이다. 전통성과 합리성에 어긋나더라도 실제 발음이 그와 다르면 인정도 하겠다는 것. 2장에서 이미 많이 다루었으므로 중복된 것은 생략하고 주요한 것만 살펴보자.

● 자음과 모음

표준어의 자음은 'ㄱ, ㄲ, ㄴ, ㄷ, ㄸ, ㄹ, ㅁ, ㅂ, ㅃ, ㅅ, ㅆ, ㅇ, ㅈ, ㅉ, ㅊ, ㅋ, ㅌ, ㅍ, ㅎ' 이렇게 19개다. 이 순서는 이들 자음이 국어 사전에 나오는 순서이기도 하다. 표준 발음법에서는 여기에 나오지 않는 자음의 발음, 예를 들어 [f, v] 같은 발음은 인정하지 않는다는 뜻이기도 하다.

표준어의 모음은 'ㅏ, ㅐ, ㅑ, ㅒ, ㅓ, ㅔ, ㅕ, ㅖ, ㅗ, ㅘ, ㅙ, ㅚ, ㅛ, ㅜ, ㅝ, ㅞ, ㅟ, ㅠ, ㅡ, ㅢ, ㅣ' 이렇게 21개다. 자음과 마찬가지로 국어사전에 나오는 순서다. 여기에 있지 않은 발음, 예를 들어 '쓔ᇰ, 꼬ᇰ, 쥬ㅣ' 등의 발음은 한국어의 표준 발음이 아니다.

단모음 10개 'ㅏ, ㅐ, ㅓ, ㅔ, ㅗ, ㅚ, ㅜ, ㅟ, ㅡ, ㅣ'는 단모음으로 발음한다. 여기서 '단모음'이란 '장모음'의 반대가 아니라 '이중 모음'이 아니라는 뜻이다. 단모음은 발음하는 동안 발음 기관의 모양이 바뀌지 않아 처음과 나중의 소리가 같아야 한다. 다만 'ㅚ, ㅟ'는 이중 모음으로 발음하는 것도 허용한다. [φ, ɥ]로 발음하는 것이 원칙이지만 [we, wi]로 발음해도 된다는 뜻이다.

이중 모음 11개 'ㅑ, ㅒ, ㅕ, ㅖ, ㅘ, ㅙ, ㅛ, ㅝ, ㅞ, ㅠ, ㅢ'는 단모음의 앞이나 뒤에 [j, w]를 붙여서 이중 모음으로 발음한다.

다만 '가지어 → 가져[가저], 찌어 → 쪄[쩌], 다치어 → 다쳐[다처]' 처럼 용언의 활용형에 나타나는 '-져, -쪄, -쳐'는 [저, 쩌, 처]로 발음한다.

시계〔시:계/시:게〕, 개폐〔개:폐/개:페〕, 혜택〔혜:택/헤:택〕처럼 '예, 례' 이외의 'ㅖ'는 〔ㅔ〕로도 발음한다.

희망〔히망〕, 무늬〔무니〕처럼 자음을 첫소리로 하는 음절의 'ㅢ'는 〔ㅣ〕로 발음한다.

주의〔주의/주이〕, 협의〔혀븨/혀비〕, 우리의〔우리의/우리에〕처럼 단어의 첫음절 외의 '의'는 〔ㅣ〕로, 조사 '의'는 〔ㅔ〕로 발음함도 허용한다.

● 음의 길이

'눈보라〔눈:보라〕, 첫눈〔천눈〕', '말씨〔말:씨〕, 참말〔참말〕', '밤나무〔밤:나무〕, 쌍동밤〔쌍동밤〕'처럼 모음의 장단을 구별하여 발음하되, 단어의 첫음절에서만 긴소리를 내는 것을 원칙으로 한다.

그래서인지 둘 이상의 단어를 한 마디로 발음할 경우, 뒷자리에 놓인 체언은 긴소리로 발음되지 않는다. '밤〔:〕 → 이 밤이〔이바미〕', '사람〔사:람〕 → 그 사람도〔그사람도〕', '오리〔오:리〕 → 저 오리는〔저오리는〕'으로 발음된다.

다만 '반신반의〔반:신바:늬/반:신바:니〕, 재삼재사〔재:삼재:사〕'처럼 첩어 성격을 지닌 합성어인 경우에는 둘째 음절 이하에서도 긴소리를 인정한다.

'보아 → 봐〔봐:〕, 기어 → 겨〔겨:〕, 되어 → 돼〔돼:〕, 두어 → 둬〔둬:〕, 하여 → 해〔해:〕'처럼 용언의 단음절 어간에 어미 '-아/-어'가 결합되어 한 음절로 축약되는 경우에도 긴소리로 발음한다. 음절 수가 준 것에 대한 보상으로 반모음이 포함된 모음을 길게 발음하는 것이다.

다만, 이유는 밝혀지지 않았지만 '오아 → 와, 지어 → 져, 찌어 → 쪄, 치어 → 쳐'는 긴소리로 발음하지 않는다. 같은 모음끼리 만나 모음 하나가 빠진 '가＋아 → 가, 서＋어 → 서, 켜＋어 → 켜' 등도 긴소리로 발음하지 않는다.

긴소리를 가진 음절이라도 '감다〔감ː따〕/감으니〔가므니〕, 밟다〔밥ː따〕/밟으면〔발브면〕, 신다〔신ː따〕/신어〔시너〕'처럼 단음절인 용언 어간에 모음으로 시작된 어미가 결합되는 경우에는 짧게 발음한다. 그런데 '끌다〔끌ː다〕/끌어〔끄ː러〕, 떫다〔떨ː따〕/떫은〔떨ː븐〕, 벌다〔벌ː다〕/벌어〔버ː러〕, 썰다〔썰ː다〕/썰어〔써ː러〕, 없다〔업ː따〕/없으니〔업ː쓰니〕, 웃다〔운ː따〕/웃어〔우ː서〕, 좋다〔조ː타〕/좋아〔조ː아〕'처럼 예외가 많다.

'감다〔감ː따〕/감기다〔감기다〕, 밟다〔밥ː따〕/밟히다〔발피다〕, 신다〔신ː따〕/신기다〔신기다〕'처럼 용언 어간에 피동, 사동의 접미사가 결합되는 경우에도 짧게 발음한다. 여기에도 '끌리다〔끌ː리다〕, 벌리다〔벌ː리다〕, 썰리다〔썰ː리다〕, 없애다〔업ː쌔다〕, 웃기다〔운ː끼다〕'처럼 예외가 많다.

● 받침의 발음

받침소리로는 'ㄱ, ㄴ, ㄷ, ㄹ, ㅁ, ㅂ, ㅇ' 7개 자음만 발음한다. 그래서 '닦다[닥따], 부엌[부억], 옷[옫], 있다[읻따], 젖[젇], 꽃[꼳], 솥[솓], 앞[압]'과 같이 받침 'ㄲ ㅋ', 'ㅅ ㅆ ㅈ ㅊ ㅌ', 'ㅍ'은 어말 또는 자음 앞에서 각각 대표음 [ㄱ], [ㄷ], [ㅂ]으로 발음한다.

'넋[넉], 앉다[안따], 여덟[여덜], 넓다[널따], 외곬[외골], 핥다[할따], 값[갑], 없다[업ː따]'와 같이 겹받침 'ㄳ', 'ㄵ', 'ㄼ ㄽ ㄾ', 'ㅄ'은 어말 또는 자음 앞에서 각각 [ㄱ], [ㄴ], [ㄹ], [ㅂ]으로 발음한다.

다만, '밟-'은 '밟다[밥ː따]/밟지[밥ː찌]/밟는[밥ː는 → 밤ː는]/밟고[밥ː꼬]'처럼 자음 앞에서 [밥]으로 발음한다. 그리고 '넓-'은 '넓죽하다[넙쭈카다], 넓둥글다[넙뚱글다]'의 경우에 [넙]으로 발음한다.

'닭[닥], 흙과[흑꽈], 맑다[막따], 늙지[늑찌], 삶[삼ː], 젊다[점ː따], 읊고[읍꼬], 읊다[읍따]'처럼 겹받침 'ㄺ, ㄻ, ㄿ'은 어말 또는 자음 앞에서 각각 [ㄱ, ㅁ, ㅂ]으로 발음한다.

다만, '맑게[말께], 묽고[물꼬], 얽거나[얼꺼나]'처럼 용언의 어간 끝소리 'ㄺ'은 ㄱ 앞에서 [ㄹ]로 발음한다.

'놓고[노코], 좋던[조ː턴], 쌓지[싸치], 많고[만ː코], 않던[안턴], 닳지[달치]'처럼 받침 ㅎ(ㄶ, ㅀ) 뒤에 'ㄱ, ㄷ, ㅈ'이 결합되는 경우에는, 뒤 음절 첫소리와 합쳐서 [ㅋ, ㅌ, ㅊ]으로 발음한다.

'각하[가카], 먹히다[머키다], 밝히다[발키다], 맏형[마텽], 좁히다[조피다], 넓히다[널피다], 꽂히다[꼬치다], 앉히다[안치다]'처럼 받침 'ㄱ

(ㄹ), ㄷ, ㅂ(ㄿ), ㅈ(ㄵ)'이 뒤 음절 첫소리 ㅎ과 결합되는 경우에도, 역시 두 음을 합쳐서 〔ㅋ, ㅌ, ㅍ, ㅊ〕으로 발음한다.

'닿소〔다쏘〕, 많소〔만:쏘〕, 싫소〔실쏘〕'처럼 받침 ㅎ(ㄶ, ㅀ) 뒤에 'ㅅ'이 결합되는 경우에는, 'ㅅ'을 〔ㅆ〕으로 발음한다. 그러므로 '어떻습니까'의 발음은 〔어떤씁니까〕가 아니라 〔어떠씁니까〕다.

'놓는〔논는〕, 쌓네〔싼네〕'처럼 받침 'ㅎ' 뒤에 ㄴ이 결합되는 경우에는 〔ㄴ〕으로 발음하고, '않네〔안네〕, 뚫는〔뚤는 → 뚤른〕'처럼 'ㄶ, ㅀ' 뒤에 ㄴ이 결합되는 경우에는, 'ㅎ'을 발음하지 않는다. '낳은〔나은〕, 많아〔마:나〕, 닳아〔다라〕'처럼 받침 'ㅎ(ㄶ, ㅀ) 뒤에 모음으로 시작하는 어미나 접미사가 결합되는 경우에도 'ㅎ'을 발음하지 않는다.

한글 맞춤법

한글 맞춤법은 표준어를 소리대로 적되, 어법에 맞도록 함을 원칙으로 한다. 한글 맞춤법은 표준어를 적는 방법이다. 표준어가 아닌 방언에 대해서는 이야기하지 않는다는 뜻이다. 소리대로 적는다는 것은 소리 나는 대로 적는다는 것, 예를 들어 '옷바'라고 적지 않고 '오빠'라고 적고, '로인'이라고 적지 않고 '노인'이라고 적는다는 뜻이다.

어법에 맞도록 한다는 것은 소리 나는 대로만 적으면 읽기가 불편하기 때문에 '소리의 형태와 규칙'(어법)을 세워서 그에 맞게 적는다는 뜻이다. 예를 들어, '새미 기픈 무른 가무메도 아니 마른다'라고 소리 나는 대로만 적으면 뜻을 파악하기가 쉽지 않다. 그래서 이렇게 적지 않고 어법에 맞게 단어의 원형을 밝혀서 '샘이 깊은 물은

가뭄에도 아니 마른다'라고 적는다는 뜻이다.

'원칙으로 한다'라고 한 것은 여기에도 예외가 있다는 뜻이다. 원형을 밝혀 적는 의미가 없어졌을 경우는 그냥 소리 나는 대로 쓴다는 것인데, '우습다'를 '웃읍다'라고 적지 않는다는 뜻이다.

문장의 각 단어는 띄어 씀을 원칙으로 한다. 이것도 읽기 편하게 하기 위해서다. '서울시장애인의집'(?), '아버지가방에들어가신다'(?). 이렇게 띄어쓰기를 하지 않고 적으면 오해의 소지마저 있다. '원칙으로 한다'는 것은 예외가 있다는 뜻. 조사는 단어지만 예외적으로 앞말에 붙여 쓴다. 조사는 독립적으로 쓰이는 일이 없기 때문이다.

외래어도 우리말의 일부지만 여기서는 다루지 않는다. 각 언어의 특질을 고려해서 표기법을 정해야 하므로 별도로 '외래어 표기법'을 정해 두었다.

앞에서 다룬 것 말고 많이들 틀리는 것 몇 가지만 살펴보자.

● ㅎ 불규칙 활용

형용사 '그렇다, 노랗다, 동그랗다' 등의 어간 끝 받침 'ㅎ'은 모음을 만나면 탈락한다. 적을 때에 이것을 반영해야 한다. '그렇-+-으니 → 그러니, 노랗-+-은 → 노란, 동그랗-+-아요 → 동그래요', 이렇게 'ㅎ'이 탈락한다. 전에는 어미 '-네' 앞에서도 반드시 'ㅎ'을 탈락시켜 '그러네(요), 노라네(요), 동그라네(요)'라고만 써야 했으나, 이제는 '그렇네(요), 노랗네(요), 동그랗네(요)'라고 쓰는 것도 허용한다.

같은 형용사지만 '좋다'는 이와 다르다. '조니, 존/조은, 조네'(×)가 아니라 '좋으니, 좋은, 좋네(요)'(○)라고만 써야 한다. 'ㅎ' 탈락이 일어나지 않는다. '좋으네요'(×)라고 써도 틀린다. 의문형은 '그렇게 좋니/좋으니/좋냐/좋으냐?'(○)로 어느 것을 써도 된다.

형용사가 아니라 동사 '닿다, 놓다' 같은 경우는 당연히 '닿아서, 닿으니, 놓아라, 놓네'라고 활용하여 'ㅎ'이 탈락하지 않는다. 의문형은 '닿니?, 놓냐?'(○)라고 써야지, '닿으니?, 놓으냐?'(×)라고 쓰면 틀린다.

'그렇습니다, 노랗습니다, 동그랗습니다'(○)의 경우는 자음으로 시작하는 어미 '-습니다'가 붙은 것이므로 'ㅎ'이 탈락하지 않는다. 그러므로 '그럽니다, 노랍니다, 동그랍니다'(×)라고 쓰면 틀린다.

그런데 '그러다'는 '그렇다'에서 온 말이 아니라, '그러하다'에서 온 준말이다. 이럴 때는 '제가 좀 바빠서 그럽니다'처럼 쓸 수 있다. 서로 다른 말이라는 것.

● 접미사

'높이, 웃음'은 '높다, 웃다'의 어간에 접미사 '-이, -음'이 붙어서 명사가 된 말들이다. 이런 경우, 어간의 원형을 밝혀 적는 것이 맞춤법이다. 그런데 '-이'나 '-음' 외의 모음으로 시작된 접미사가 붙은 것이나 어간의 뜻과 멀어진 것은 원형을 밝혀 적지 않는다. 그래서 어원이 같더라도 뜻이 분화된 말도 있고, 어원이 다른데도 발음이 비슷해 표기가 헷갈리는 말이 있다.

'목걸이'는 장신구의 하나이고, '목거리'는 목이 붓고 아픈 병이다. '걸음'은 걷는 일을 말하고, '거름'은 비료를 말한다. 노는 일은 '놀음'이고, 도박은 '노름'이다. 죽는 것은 '죽음'이고, 시체는 '주검'이다. 아는 것은 '앎'이고, 사람끼리 서로 아는 일은 '알음'이다.

'넘어'는 동사이고, '너머'는 명사다. '도둑이 창문을 넘어 들어왔다'처럼 '넘어'에는 움직임의 뜻이 들어 있다. 그러나 '노래하는 소리가 큰길 너머까지 들렸다'처럼 '너머'는 움직임이 아니라 어떤 사물의 저쪽 공간을 가리킨다.

'값지다, 낚시, 넋두리, 덮개, 빛깔, 잎사귀, 갉작거리다, 굵다랗다, 굵직하다, 깊숙하다, 넓적하다, 높다랗다, 늙수그레하다'처럼 어간의 원형을 밝혀 적는 것이 맞춤법의 기본이다.

그러나 '널따랗다, 널찍하다, 말끔하다, 말쑥하다, 말짱하다, 실컷, 얄따랗다, 얄팍하다, 짤막하다, 할짝거리다'처럼 겹받침의 끝소리가 드러나지 않는 것은 소리 나는 대로 적는다.

'넓적다리'는 겹받침 'ㄼ'에서 뒤의 'ㅂ'이 발음되므로 '넓-'이라고 쓰고, '널따랗다'는 뒤의 'ㅂ'이 발음되지 않으므로 '널-'이라고 쓴다는 소리다. '넙치'는 '광어'와 비슷한 뜻으로 사용되지만, 어원이 분명하지는 않다. 그래서 '넓치'라고 쓰지 않고 소리 나는 대로 '넙치'라고 쓴다.

'납작하다'는 '넓다'는 뜻이 들어 있기는 하지만, '납다, 낣다'라는 단어가 없으므로 마찬가지로 어원이 불분명하다. 그래서 소리 나는 대로 그냥 '납작하다'라고 쓴다.

'급하다, 꾸준하다, 넉넉하다'처럼 '-하다'로 끝나는 말을 부사로 만들 때는 '급히, 꾸준히, 넉넉히'처럼 접미사 '-히'를 붙인다.

그런데 '어렴풋하다, 깨끗하다, 반듯하다'처럼 어근의 끝소리가 'ㅅ'인 경우에는 접미사 '-이'를 붙여서 '어렴풋이, 깨끗이, 반듯이'로 만든다. 발음은 물론 [어렴푸시, 깨끄시, 반드시], [깨끄치]라고 읽으면 틀린다는 뜻이다. '반듯이'는 '반듯하게'라는 뜻이고 '반드시'는 '꼭'이라는 뜻이다.

부사 '곰곰, 더욱, 생긋, 오뚝, 일찍, 해죽' 등을 다시 부사로 만들 때에도 '-이'를 붙여서 '곰곰이, 더욱이, 생긋이, 오뚝이, 일찍이, 해죽이'로 쓴다. 이 가운데 '일찍'과 '일찍이'는 쓰임이 조금 다를 때가 있다. '그것은 일찍이 없었던 일이다'에서는 '예전에'라는 뜻으로 쓰였다. 이것을 '그것은 일찍 없었던 일이다'라고 바꿔 쓸 수는 없다. '더욱(한층 심하게)'과 '더욱이(그러한 데다가 더)'도 의미 차이가 크다. '세연이는 나이가 어리고, 더욱이 몸도 너무 약하다'에서 '더욱이' 대신 '더욱'을 쓸 수는 없다.

● 합성어 및 접두사

예전에 전화를 한 통 받은 적이 있다. 《원미동 사람들》이라는 책에 오자가 있다는 항의 전화였다. 경호네가 하는 '쌀을 파는 가게'라면 '쌀전'이라고 해야 맞는데, '싸전'이라고 되어 있다는……. 쩝. 그러나 '싸전'이 맞다.

'나날이(날-날-이), 다달이(달-달-이), 따님(딸-님), 마소(말-소), 바느질(바늘-질), 부삽(불-삽), 소나무(솔-나무), 싸전(쌀-전), 아드님(아들-님), 여닫이(열-닫이), 화살(활-살)'처럼 끝소리가 ㄹ인 말과 딴 말이 어울릴 때, ㄹ 소리가 안 나면 안 나는 대로 적는다.

'부단(不斷), 부당(不當), 부동(不同, 不凍, 不動), 부등(不等), 부정(不正, 不貞, 不定), 부조리(不條理), 부주의(不注意)'처럼 한자 '불(不)'이 첫소리 'ㄷ, ㅈ' 앞에서 '부'로 읽히는 단어의 경우도 ㄹ이 떨어진 대로 적는다.

그럼 '얼마나 사무치는 그리움이냐'로 시작되는 노래 〈불나비사랑〉은 맞춤법에 어긋나는 제목이란 말이냐? 아니다. '부나비/불나비/부나방/불나방' 모두 표준어다. 게다가 '불나비사랑'은 한 단어로 '감정에 따라 무조건적이고 맹목적으로 하는 열렬한 사랑'을 뜻한단다.

'소나무/솔나무'도 둘 다 표준어다.

모든 경우에 ㄹ이 탈락하는 것도 아니다. '물난리, 불놀이, 발등, 술잔, 철새, 칼날' 등에서는 ㄹ이 탈락하지 않는다. 경우에 따라 다르니까 답답한 노릇이다.

'반짇고리(바느질~), 사흘날(사흘~), 섣달(설~), 숟가락(술~), 이튿날(이틀~)'처럼 끝소리가 'ㄹ'인 말과 딴 말이 어울릴 적에 'ㄹ' 소리가 'ㄷ' 소리로 나는 것은 'ㄷ'으로 적는다. '섣달'은 음력으로 한 해의 맨 끝 달, 곧 음력 12월을 가리킨다. 그런데 원래는 '설이 드는 달'이라는 뜻이었다. 이 단어가 생길 때는 음력 12월 1일이 설날이었나 보다. 한글 맞춤법에서는 '덧저고리, 돗자리, 웃어른'처럼 'ㄷ'으로 적을 근거가 없는 것은 'ㅅ'으로 적게 되어 있다. 그런데 이 경우는 근거가 분명하기 때문에 'ㄷ'으로 적는 것이다. '묻다/물으니/물어서', '걷다/걸으니/걸어서'와 같은 ㄷ 불규칙 용언의 활용에서 보듯이 한국어에서는 ㄷ과 ㄹ이 서로 잘 바뀌니까 이런 규정을 둔 것이라고 봐도 되겠다.

● 준말

'그것은 → 그건, 그것이 → 그게, 그것을 → 그걸, 그것으로 → 그걸로, 무엇을 → 뭣을/무얼/뭘, 무엇이 → 뭣이/무에'처럼 체언과 조사가 어울려 줄어지는 경우에는 준 대로 적는다. '그 애는 → 걔는 → 걘, 그 애를 → 걔를 → 걜, 그리로 → 글로, 이리로 → 일로, 저리로 → 절로, 조리로 → 졸로'라고 쓸 수 있다. 전라도 사투리에 '알로 본다'는 말이 있다. '아래로 본다' 곧 '무시하다, 깔보다'라는 뜻이다. 그러나 '아래로'를 '알로'로 줄여서 쓰는 것은 표준어가 아니다.

'개어 → 개/개었다 → 갰다', '베어 → 베/베었다 → 벴다', '세어 → 세/세었다 → 셌다'로, '하여 → 해'로 줄여 쓸 수 있다. 이 말은 안 줄여 쓸 수도 있다는 뜻이다.

그러나 '따다, 건너다'처럼 '아/어'로 끝나는 어간에 어미 '-아/-어'가 붙는 형식에서는 '아/어'가 줄어지며, '-았/-었'이 붙는 형식에서는 '아/어'가 줄어지고 ㅆ만 남는다. '따아 → 따/따아서 → 따서/따아도 → 따도/따았다 → 땄다', '건너어 → 건너/건너어서 → 건너서/건너어도 → 건너도/건너었다 → 건넜다'처럼 반드시 줄여서 써야 한다.

물론 '낫다, 젓다'처럼 'ㅅ' 불규칙 용언인 경우에는 '나아/나아서/나아도/나아야/나았다', '저어/저어서/저어도/저어야/저었다'처럼 써야지 줄여서 쓰면 안 된다. '나/나도/나야'(×), '저/저서/저도'(×) 등으로 쓰면 뜻이 달라지거나 통하지 않게 되니까.

'꼬다 → 꽈, 두다 → 둬'처럼 모음 'ㅗ, ㅜ'로 끝나는 어간에 어미 '-아/-어'가 붙어서 'ㅘ/ㅝ'로 줄어지는 것은 'ㅘ/ㅝ'로 적는다.

그러나 '푸다'는 '푸어 → 퍼'처럼 어간 모음 'ㅜ'가 줄어지므로, '풔'(×)로 적지 않는다.

'좋다'의 어간 '좋-'에 어미 '-아'가 붙으면 '좋아'가 되는데, 이 '좋아'가 줄어져서 '좌'(×)가 되지는 않는다.

그러나 '놓다'(규칙 동사)의 경우는 '놓아 → (노아 →) 놔/놓아라 →

(노아라 →)놔라'처럼 어간 받침 'ㅎ'이 줄면서 두 음절이 하나로 줄어진다. '놓다'의 경우는 예외적인 형식을 인정한 것이다.

'누이어 → 뉘어/누여, 뜨이어 → 띄어/뜨여, 보이어 → 뵈어/보여, 싸이어 → 쌔어/싸여, 쏘이어 → 쐬어/쏘여, 쓰이어 → 씌어/쓰여, 트이어 → 틔어/트여'처럼 어간 끝모음 'ㅏ, ㅗ, ㅜ, ㅡ' 뒤에 '-이어'가 결합하여 줄어질 때는 두 가지 형식으로 나타난다.

그러나 '씌어/쓰여'를 '씌여'라고 쓰면 틀린다. 그리고 '띄어 쓰다, 띄어쓰기'의 '띄어'를 '뜨여'라고 써도 안 된다. '뜨이어 쓰다'의 준말로는 '띄어 쓰다'만 인정하기 때문이다. 그래서 '한 칸 띈다' 할 때는 '띄어'로만 쓰고, '눈이 뜨인다' 할 때는 '뜨여'로도 쓴다.

'그렇지 않은 → 그렇잖은, 적지 않은 → 적잖은, 만만하지 않다 → 만만찮다, 변변하지 않다 → 변변찮다'처럼 '-지 않-, -하지 않-'이 줄어지면 '-잖-, -찮-'이 된다. 그래서 '같잖다, 되잖다, 우연찮다' 등으로 쓴다. 그런데 '되지 않은'이라고 써도 되지만, '같지 않은'이라는 표현은 없다.

그리고 '오죽하지 않다'라고는 써도 '오죽찮다'라는 단어는 없다. '오죽잖다'라는 단어가 따로 있기 때문일 것이다.

'젊잖은'이라고 써야 맞을 것 같지만, '점잖은'이 표준어다. 그래서 '점잖지 않다 → 점잖잖다'로 준다.

'연구하도록 → 연구토록, 간편하게 → 간편케, 다정하다 → 다정타, 정결하다 → 정결타'처럼 '하다'의 앞소리가 유성음일 때, 준말은 거센소리로 적는다.

'거북하지 → 거북지, 생각하건대 → 생각건대, 생각하다 못해 → 생각다 못해, 깨끗하지 않다 → 깨끗지 않다, 넉넉하지 않다 → 넉넉지 않다, 못하지 않다 → 못지않다, 섭섭하지 않다 → 섭섭지 않다, 익숙하지 않다 → 익숙지 않다'처럼 '하다'의 앞소리가 무성음일 때, 준말에서는 '하'가 탈락한다.

'서슴지'를 '서슴치'라고 쓰면 틀린다. 원래 '서슴하다'가 아니라 '서슴다'가 기본형이기 때문이다. '삼가다'도 '삼가하다'로 알고 있는 사람이 많은데, '삼가다'가 기본형이다. 그러므로 '삼가해 주십시오'가 아니라 '삼가 주십시오'라고 써야 한다.

'요컨대'를 '요컨데'라고 쓰는 사람도 적지 않은데, '요하다'에 어미 '-건대'가 붙은 것으로 '요컨대'가 맞다. '보건대, 바라건대, 듣건대'처럼 쓴다.

● 띄어쓰기

'꽃이, 꽃마저, 꽃밖에, 꽃에서부터, 꽃으로만, 꽃이나마, 꽃이다'처럼 조사는 앞말에 붙여 쓴다. 가끔 '이다'를 띄어 쓰는 경우를 보는데, '이다'도 분명한 조사, 서술격 조사다.

'집에서처럼, 학교에서만이라도, 여기서부터입니다, 어디까지입니까, 나가면서까지도, 들어가기는커녕, 옵니다그려, 신통하군그래'처럼 조사가 겹쳐지거나 어미 뒤에 붙을 때에도 붙여 쓴다. '커녕, ㄴ커녕, 는커녕, 은커녕' 모두 조사다. '그려, 그래'는 듣는 이에게 문장의 내용을 강조함을 나타내는 보조사이므로 종결 어미 뒤에 붙여 쓴다.

'아는 것이 힘이다' '나도 할 수 있다' '먹을 만큼 먹어라' '아는 이를 만났다' '네가 뜻한 바를 알겠다' '그가 떠난 지가 오래다'처럼 의존 명사 '것, 수, 만큼, 이, 바, 지' 등은 띄어 쓴다.

의존 명사인지 연결 어미인지 발음이 같아 헷갈릴 때가 있다. '지금 가는 데가 어디야?' '그 책을 다 읽는 데 3일이 걸렸다.' '머리 아픈 데 먹는 약.' 이렇게 '장소, 일, 경우'를 뜻하는 '데'는 의존 명사이므로 띄어 쓴다. '아라가 그럴 사람이 아닌데 왜 그랬을까?'처럼 '그런데'라는 뜻을 지니고 있으면 연결 어미이므로 붙여 쓴다.

'승호를 만난 지 3년이 되었다'처럼 시간의 경과를 나타내는 '지'는 의존 명사이므로 띄어 쓴다. '얼마나 부지런한지 세 사람 몫의 일을 해낸다. 내일은 얼마나 날씨가 더울지 모르겠다'처럼 막연한 의문을 나타내는 '-ㄴ지, -ㄹ지'는 연결 어미이므로 붙여 쓴다.

형태가 같아서 구별하기 어려운 의존 명사와 보조사도 있다. '웃을 뿐이다' '아는 대로 말한다' '볼 만큼 보았다'처럼 '뿐, 대로, 만큼'이 용언의 관형사형 '-(으)ㄹ, -ㄴ/-는' 뒤에 쓰이면 의존 명사이므로 띄어 쓴다. 그러나 '믿을 사람은 너뿐이다' '법대로 하자' '키가 전봇대만큼 크다'처럼 체언 뒤에 붙으면 조사이므로 붙여 쓴다.

체언 뒤에 쓰인다고 늘 조사가 되는 것은 아니다. '만'이 '하나만 알고, 둘은 모른다'처럼 한정의 뜻을 나타내는 경우는 조사이므로 체언에 붙여 쓰지만, '온 지 1년 만에 떠나갔다'처럼 경과한 시간을 나타내는 경우는 의존 명사이므로 체언 뒤에서 띄어 쓴다.

'그가 우리의 대표자 격이다' '그는 빚 때문에 고생이 많다' '그렇게 농담 식으로 말하지 마' '건국 이래로 처음 있는 일이야' '보상금 조로 받은 돈이지' '기차 편으로 시골에 내려갔다'에서 '격, 때문, 식, 이래, 조, 편'은 체언 뒤에서 의존 명사로 쓰였다.

'한 개, 차 한 대, 소 한 마리, 옷 한 벌, 열 살, 연필 한 자루, 집 한 채, 신 두 켤레'처럼 단위를 나타내는 명사는 띄어 쓴다.

다만, 순서를 나타내는 경우나 숫자와 어울려 쓰이는 경우에는 '제일과, 삼학년, 육층, 1446년 10월 9일, 2대대, 16동 502호, 80원, 10개, 7미터'처럼 붙여 쓸 수 있다.

붙여 쓸 수 있다고 허용한 경우이므로, 순서가 아니라 수량을 나타낼 때에는 붙여 쓰면 안 된다. '삼 (개)년 육 개월 이십 일(간) 체류했다'라고 써야 한다는 뜻이다.

그러므로 '내 사무실은 삼층에 있다'라고 순서(세 번째 층)를 나타낼 때에는 붙여 써도 되지만, '내 사무실은 삼 층 건물이다'처럼 수량(세 개 층)을 나타낼 때에는 반드시 띄어 써야 한다.

'십이억 삼천사백오십육만 칠천팔백구십팔, 12억 3456만 7898'처럼 수를 적을 적에는 '만(萬)' 단위로 띄어 쓴다. 물론 '만, 억, 조' 및 '경(京), 해(垓), 자(秭)' 단위로 띄어 쓰라는 말이다. 아라비아 숫자로 금액을 표기할 때 쉼표 치듯이 세 자리 단위로 띄어 쓰면 안 된다. 다만 금액을 적을 때는 변조 사고를 방지하려는 뜻에서 '일금

삼십일만오천육백칠십팔원정.', '돈 일백칠십육만오천원임.'처럼 붙여 쓰는 게 관례다. 마지막에 반드시 온점(.)을 쳐야 한다는 것도 잊지 말자.

아직도 성과 이름을 띄어 쓰는 사람들이 있는 듯하다. 그러나 '김양수, 서화담, 채영신 씨, 최치원 선생, 박동식 박사, 이 충무공'처럼 성과 이름, 성과 호는 붙여 쓰고, 이에 덧붙는 호칭어, 관직명 등은 띄어 쓴다. 다만 성과 이름, 성과 호를 분명히 구분할 필요가 있을 경우에는 '남궁억/남궁 억, 독고준/독고 준, 황보지봉/황보 지봉'처럼 띄어 쓸 수 있다.

'채영신 씨'라고 띄어 쓴다는 것은 '씨'가 의존 명사라는 뜻이다. 그런데 '그 성씨 자체', '그 성씨의 가문이나 문중'의 뜻을 더할 때는 접미사 '-씨'가 된다. 그래서 '최씨 문중, 희빈 장씨, 혜경궁 홍씨, 민씨 일파, 그의 성은 남씨입니다'처럼 붙여 쓴다.

'만성 골수성 백혈병 → 만성골수성백혈병, 중거리 탄도 유도탄 → 중거리탄도유도탄'처럼 전문 용어는 단어별로 띄어 씀을 원칙으로 하되, 붙여 쓸 수도 있다. '광개토 대왕, 세종 대왕'도 원래는 이렇게 띄어 써야 하지만, 전문 용어(역사)로 간주해 붙여 쓰는 것도 허용한다.

다만 '간단한 도면 그리기, 아름다운 노래 부르기'처럼 명사가 용언의 관형사형으로 된 관형어의 수식을 받거나, 두 개 이상의 체언이 접속 조사로 연결되는 구조일 때는 붙여 쓰지 않는다.

● 그 밖의 것

부사의 끝음절이 분명히 '이'로만 나는 것은 '-이'로 적고, '히'로만 나거나 '이'나 '히'로 나는 것은 '-히'로 적는다. 규칙은 이렇게 간단하지만, 둘을 구별하는 것은 쉬운 일이 아니다. 사람마다 발음하는 습관이 다르기 때문이다. 그래도 규칙을 따져 보자면 …….

'간간이, 겹겹이, 곳곳이, 길길이, 나날이, 다달이, 번번이, 샅샅이, 알알이, 줄줄이, 짬짬이'처럼 첩어는 '-이'로 적는다.

'깨끗이, 느긋이, 따뜻이, 반듯이, 버젓이, 산뜻이, 의젓이'처럼 ㅅ받침 뒤에서도 '-이'로 적는다.

'가까이, 가벼이, 고이, 기꺼이, 너그러이, 새로이, 쉬이, 외로이'처럼 ㅂ 불규칙 용언의 어간 뒤에도 '-이'로 적는다.

'같이, 굳이, 길이, 깊이, 높이, 많이, 적이, 실없이, 헛되이, 곰곰이, 더욱이, 생긋이, 일찍이'처럼 '-하다'가 붙지 않는 용언이나 부사 뒤에는 '-이'로 적는다.

'가만히, 각별히, 고요히, 공평히, 과감히, 극히, 급히, 꼼꼼히, 능히, 당당히, 도저히, 딱히, 분명히, 상당히, 솔직히, 속히, 심히, 쓸쓸히, 엄격히, 정확히, 조용히, 족히'처럼 어간 끝에 ㅅ 받침이 있는 경우를 제외하고 '-하다'가 붙는 어근 뒤에서는 '-히'로 적는다. '익히, 특히'도 '익숙히, 특별히'에서 온 말로 본다. '열심히'도 이 경우인데, 《표준 국어 대사전》에는 '열심하다'가 없고 명사 '열심'만 있다. 이상한 일이다.

여기까지는 그래도 구별할 만하다. ㄱ 받침 뒤가 문제다. 같은 '-하다'가 붙는 말이라도 '-이'로 적는 경우가 있고 '히'로 적는 경우가 있다.

'고즈넉이, 길쭉이, 깊숙이, 끔찍이, 나직이, 납작이, 멀찍이, 뾰죽이, 수북이, 촉촉이, 큼직이' 등은 '-이'로 쓰고, '가득히, 간곡히, 간략히, 거룩히, 걸쭉히, 그득히, 돈독히, 명백히, 신속히, 아득히, 익숙히, 지독히' 등은 '-히'로 쓴다. 누가 이렇게 정해 놓았을까. 절로 궁금해지지만 하는 수 없다. 외울 도리가 없으니까 헷갈리면 그때그때 사전을 찾아볼 수밖에.

'할게'를 아직도 '할께'라고 쓰는 사람이 적지 않은 듯. 그러나 '-(으)ㄹ걸, -(으)ㄹ게, -(으)ㄹ세, -(으)ㄹ수록, -(으)ㄹ지, -(으)ㄹ지라도, -(으)ㄹ지언정' 등의 어미는 된소리로 소리가 나더라도, 된소리로 적지 않고 예사소리로 적는다. ㄹ 뒤에서 된소리로 발음되는 것은 된소리로 적지 않는 법이다. '할 거야'를 '할 꺼야'라고 적지 않는 것처럼.

다만, 의문을 나타내는 다음 어미들은 된소리로 적는다. '-(으)ㄹ까? -(으)ㄹ꼬? -(스)ㅂ니까? -(으)리까? -(으)ㄹ쏘냐?' 이 경우는 ㄹ 뒤가 아닌데도 〔까〕로 소리가 나는 의문형 어미가 있기 때문에 일관성 있게 하기 위해 된소리로 적는 것이다.

● 문장 부호

'젊은이는 나라의 기둥입니다.' '제 손을 꼭 잡으세요.' '집으로 돌아갑시다.' 이처럼 서술, 명령, 청유 등을 나타내는 문장의 끝에는 마침표(.)를 쓴다.

다만 '압록강은 흐른다', '꺼진 불도 다시 보자'처럼 제목이나 표어에는 쓰지 않음을 원칙으로 한다.

'1919. 3. 1.' '10. 1.~10. 12.' 이렇게 아라비아 숫자만으로 연월일을 표시할 때도 쓴다. 흔히 마지막 마침표를 치지 않는 경우가 많은데, '연, 월, 일'이라는 글자 대신 마침표를 치는 것이기 때문에 마침표를 생략하면 안 된다.

'점심 먹었어?', '이번에 가시면 언제 돌아오세요?'처럼 의문문이나 의문을 나타내는 어구의 끝에는 물음표(?)를 쓴다. '너는 중학생이냐, 고등학생이냐?'처럼 한 문장 안에 선택적인 물음 몇 개가 이어질 때는 맨 끝의 물음에만 쓰고, '너는 여기에 언제 왔니? 어디서 왔니? 무엇하러 왔니?'처럼 각 물음이 독립적일 때는 각 물음의 뒤에 모두 물음표를 쳐야 한다.

'이것이 과연 내가 찾던 행복일까.'처럼 의문의 정도가 약할 때는 물음표 대신 마침표를 쓸 수 있고, '역사란 무엇인가'처럼 제목에는 물음표를 치지 않는다.

'이거 정말 큰일이 났구나!', '어머!'처럼 감탄문이나 감탄사의 끝에는 느낌표(!)를 쓴다. 감탄의 정도가 약할 때는 '어, 벌써 끝났네.', '날씨가 참 좋군.'처럼 쉼표나 마침표를 쓸 수도 있다. 느낌표는 '이야, 정말 재밌다!' '내가 왜 나빠!' '네, 선생님!' 등등 강한 느낌, 놀람, 항의 등 감정을 나타내는 거의 모든 어구나 문장에 쓸 수 있다.

'근면, 검소, 협동은 우리 겨레의 미덕이다'처럼 같은 자격의 어구를 열거할 때는 그 사이에 쉼표(,)를 쓴다. '광역시: 광주, 대구, 대전……'처럼 열거할 어구들을 생략할 때 사용하는 줄임표 앞에는 쉼표를 쓰지 않는다. '첫째, 몸이 튼튼해야 한다'처럼 열거의 순서를 나타내는 어구 다음이나 '지은아, 이리 좀 와 봐' '네, 지금 가겠습니다'처럼 부르거나 대답하는 말 뒤에는 쓰지만, '그러나, 그러므로' 등의 접속어 다음에는 쓰지 않는다.

'문방사우: 종이, 붓, 먹, 벼루'처럼 표제 다음에 해당 항목을 들거나 설명을 붙일 때는 쌍점(:)을 쓴다. 쌍점의 앞은 붙여 쓰고 뒤는 띄어 쓴다. '오전 10:20'처럼 시간을 표시할 때나 '40:60', '청군:백군'처럼 의존 명사 '대(對, vs.)'가 쓰일 자리에 쓰인 경우에는 쌍점의 앞뒤를 붙여 쓴다. 한글 맞춤법에 세미콜론(;)은 없다. 그러므로 쌍점 대신에 세미콜론을 사용해서는 절대로 안 된다.

'먹이다/먹히다, 남반구/북반구'처럼 대비되는 두 개 이상의 어구를 묶어 나타낼 때나 '100미터/초, 1,000원/개'처럼 기준 단위당 수량을 표시할 때는 빗금(/)을 쓴다. 이때 빗금 앞뒤는 붙여 쓰는 것이 원칙인데, '스스로 원리를 깨치다 / 스승이 제자에게 원리를 깨우치다'처럼 대비되는 어구가 두 어절 이상인 경우에는 띄어 쓸 수 있다. '산에는 꽃 피네 / 꽃이 피네 / 갈 봄 여름 없이 / 꽃이 피네 // 산에 / 산에 / 피는 꽃은 / 저만치 혼자서 피어 있네'처럼 시의 행이 바뀌는 부분임을 나타낼 때도 쓰는데, 연이 바뀜을 나타낼 때는 두 번 겹쳐 쓴다. 시의 행과 연이 바뀔 때는 띄어 쓰는 것이 원칙이고 붙여 쓰는 것도 허용한다.

'『훈민정음』은 1997년에 유네스코 세계 기록 유산으로 지정되었다', '《한성순보》는 우리나라 최초의 근대 신문이다'처럼 책의 제목이나 신문 이름 등을 나타낼 때는 겹낫표(『 』)나 겹화살괄호(《 》)를 쓴다. 겹낫표나 겹화살괄호 대신 큰따옴표(" ")를 쓸 수도 있다.

'이 곡은 베르디가 작곡한 「축배의 노래」다', '백남준은 2005년에 〈엄마〉라는 작품을 선보였다'처럼 소제목, 그림이나 노래와 같은 예술 작품의 제목, 상호, 법률, 규정 등을 나타낼 때는 홑낫표(「 」)나 홑화살괄호(〈 〉)를 쓴다. 홑낫표나 홑화살괄호 대신 작은따옴표(' ')를 쓸 수도 있다.

'이번 토론회의 제목은 〈역사 바로잡기 — 근대의 설정 —〉이다'처럼 제목 다음에 표시하는 부제의 앞뒤에는 줄표(—)를 쓴다. 뒤에 오는 줄표는 생략할 수 있다. 줄표의 앞뒤는 띄어 쓰는 것을 원칙으로 하되, 붙여 쓰는 것을 허용한다.

'9월 15일~9월 25일', '김정희(1786~1856)', '서울~천안 정도는 출퇴근이 가능하다'처럼 기간이나 거리 또는 범위를 나타낼 때는 물결표(~)를 쓰는데, '이번 시험의 범위는 3-78쪽입니다'처럼 물결표 대신 붙임표(-)를 쓸 수도 있다.

"어디 나하고 한번……." "빨리 말해!" "……." 할 말을 줄였을 때나 말이 없음, 또는 머뭇거림을 나타낼 때, 그리고 문장이나 글의 일부를 생략할 때는 줄임표(……)를 쓴다. "실은…… 저 사람…… 우리 아저씨일지 몰라"처럼 점을 아래쪽에 찍을 수도 있다. "어디 나하고 한번…"처럼 여섯 점이 아니라 세 점을 찍을 수도 있다. 줄임표는 앞말에 붙여 쓴다. 다만, 글의 일부를 생략할 때는 줄임표의 앞뒤를 띄어 쓴다.

외래어 표기법

● 표기의 원칙

외래어는 국어의 현용 24자모만으로 적는다. 외래어란 외국에서 들어온 말로 국어처럼 쓰이는 말이다. 그러므로 원음에 충실하게 표기해야 한다고 해서 굳이 24자모 외에 새로운 글자를 만들어서 사용할 필요는 없다. 한국어에 없는 [f, v, ʤ, ç] 등을 위한 별도의 글자를 사용하지 않는다는 뜻이다. 그리고 한자어는 엄밀히 말하면 외래어지만, 여기서 말하는 외래어에는 들어가지 않는다.

외래어의 1음운은 원칙적으로 1기호로 적는다. 그래야 기억하기도 좋고 적기도 편할 것이다. 예를 들어 'fantasy'는 '판타지'로 쓰고, 'fry'는 '후라이'로 쓴다면 혼란스러울 것이다. 그래서 [f]는 소리가 비슷한 〔ㅍ〕한 가지 기호로 쓰자는 것이다. '원칙적으로'라고 한 것은 예외가 있다는 뜻. 예를 들어 〔p〕는 '캡cap'에서는 'ㅂ', '파스타pasta'에서는 'ㅍ', '프로필profile'에서는 '프'로 적는다. 어말이냐, 모음 앞이냐, 자음 앞이냐 등 음운 환경에 따라서 달리 적는 것이다.

받침에는 'ㄱ, ㄴ, ㄹ, ㅁ, ㅂ, ㅅ, ㅇ'만을 쓴다. 한국어는 음절의 끝에서 'ㄱ, ㄴ, ㄷ, ㄹ, ㅁ, ㅂ, ㅇ(그냥 둘리만 보여)' 일곱 자음만 발음된다. 외래어 표기에서도 '음절의 끝소리 규칙'에 따라 7개 자음만 받침 표기에 사용하자는 것이다. 응? 그런데 'ㄷ'이 아니라 'ㅅ'이네! 'ㄷ' 대신 'ㅅ'을 쓰는 까닭을 보자. 일단 'racket'을 '라켇'이라고 쓰나 '라켓'이라고 쓰나 발음은 똑같다. 그런데 모음으로 시작하는 조사 '이, 으로, 을'이 붙었을 때, 한국어 사용자라면 누구나 〔라케시, 라케스로, 라케슬〕이라고 발음하리라는 것. 이를 감안하여 'ㅅ'으로 표기하도록 했다. 그래서 'rocket, ticket, chocolate'은 '로켓, 티켓, 초콜릿'이라고 ㅅ 받침을 쓴다. 또 일곱 자음만 받침으로 쓴다고 했으므로 '붘, 컾, 커피숖'이라고 적으면 안 되고, '북, 컵, 커피숍'이라고 적어야 한다.

파열음 표기에는 된소리를 쓰지 않는 것을 원칙으로 한다. 외래어의 유성 파열음 〔b, d, g〕는 예사소리(ㅂ, ㄷ, ㄱ)로 적고, 무성 파열음 〔p, t, k〕는 거센소리(ㅍ, ㅌ, ㅋ)로 적는다. 그리고 '원칙적으로' 된소리는 사용하지 않는다. 그래서 'bus, dam, gas'를 '뻐스, 땜, 까스'라고 적지 않고 '버스, 댐, 가스'로 적고, 'Paris, Tolstoy, café'

를 '빠리, 똘스또이, 까페'라고 적지 않고 '파리, 톨스토이, 카페'로 적는다.

이 규정에는 반대하는 사람도 적지 않다. 된소리를 사용하면 원음에 더 가깝게 표기할 수 있는데, 왜 된소리를 사용하지 않느냐는 것이다. 그러나 어차피 외국어를 정확하게 우리말로 옮겨 적는다는 것은 불가능한 일이다. 그리고 원음에 가깝다는 것도 매우 자의적인 이야기다. 어느 것이 원음에 가까우냐 하는 것은 듣는 사람마다 다르다. 그러므로 좀 더 간결한 쪽을 선택했다고 보면 되겠다.

예외가 있다. 동남아권 외래어(말레이인도네시아 어, 타이 어, 베트남 어)는 파열음을 표기할 때 된소리를 쓴다. 이들 언어의 파열음 체계는 '예사소리, 거센소리, 된소리'로 이루어진 우리말의 파열음 체계와 같아서 그대로 옮겨 적을 수 있기 때문이다. 또, '껌, 빵, 짬뽕, 빨치산, 삐라' 등은 이미 관용으로 굳어졌기 때문에 된소리로 적는다.

파열음이 아닌 된소리(ㅆ, ㅉ)도 서양 언어에서 온 외래어에는 잘 사용되지 않지만, 중국어와 일본어에서 온 외래어에는 사용된다. 그래서 '짜장면, 쓰촨요리, 마오쩌둥, 쓰시마 섬, 쓰나미'라고 쓴다.

이미 굳어진 외래어는 관용으로 존중하되, 그 범위와 용례는 따로 정한다. 'radio, camera'를 외래어 표기법에 따라 쓴다면 원음에 가깝게 '레이디오, 캐머러'라고 써야 할 것이다. 그러나 '라디오, 카메라'라고 쓴다는 말이다. '그 범위와 용례는 따로 정한다'고 했으나 결국 일일이 사전을 찾아보라는 말밖에 더 되겠는가. 어쨌든 '모델, 시스템, 고무, 클라리넷, 코스모스, 가스' 등등 그 용례가 너무 많다. 의미가 분화됨에 따라 표기를 달리하는 것도 있다. '컷'은 영화의 한 장면 또는 책 속의 그림을 뜻하고, '커트'는 머리를 자르는 일, 또는 탁구를 칠 때 깎아 치는 기술 등을 말한다. '복스'는 권투에서 어서 싸우라는 말이고, '박스'는 상자다. 공을 치는 것은 '샷'이고, 영화를 찍는 것은 '숏'이다.

● 표기 세칙

외래어 표기법에는 21개 언어에 대한 표기 세칙이 나와 있다. 각 언어마다 특이 사항들이 있기 때문에 여기서 세부적인 것을 모두 설명할 수는 없고, 영어를 중심으로 중요한 것만 살펴보자.

'gap〔gæp〕갭, cat〔kæt〕캣, book〔buk〕북'처럼 짧은 모음 다음의 어말 무성 파열음(〔p〕, 〔t〕, 〔k〕)은 받침으로 적고, 'cape〔keip〕케이프, make〔meik〕메이크'처럼 이중 모음 뒤에서는 '으'를 붙여 적는다. 그러므로 '케잌, 테잎'처럼 적으면 안 되고, '케이크, 테이프'라고 적어야 한다. 예외도 많아 '배트, 세트, 히트, 네트'라고 적는다.

'bulb〔bʌlb〕벌브, land〔lænd〕랜드, signal〔signəl〕시그널'처럼 어말과 자음 앞에 오는 유성 파열음은 '으'를 붙여 적는다. 이것도 예외가 많아 '클럽, 웹, 백'이라고 쓴다. '바닷가재'는 '로브스터(lobster〔lɔbstə〕)'라고 적어야 하는데, '랍스터'도 예외적인 복수 표기로 인정된다.

'flash〔flæʃ〕플래시, shrub〔ʃrʌb〕슈러브, shark〔ʃɑːk〕샤크, shank〔ʃæŋk〕섕크, fashion〔fæʃən〕패션, sheriff〔ʃerif〕셰리프, shopping〔ʃɔpiŋ〕쇼핑, shoe〔ʃuː〕슈, shim〔ʃim〕심'처럼 어말의 〔ʃ〕는 '시'로 적고, 자음 앞의 〔ʃ〕는 '슈'로, 모음 앞의 〔ʃ〕는 뒤따르는 모음에 따라 '샤, 섀, 셔, 셰, 쇼, 슈, 시'로 적는다. 그러므로 'Einstein'은 '아인시타인'이 아니라 '아인슈타인', 'leadership'은 '리더쉽'이 아니라 '리더십'이라고 적어야 한다. 어말에서는 '잉글리쉬, 브러쉬'가 아니라 '잉글리시, 브러시'라고 적어야 한다.

'mirage〔mirɑːʒ〕미라지, vision〔viʒən〕비전'처럼 어말 또는 자음 앞의 〔ʒ〕와 〔ʤ〕는 '지'로 적고, 모음 앞의 〔ʒ〕와 〔ʤ〕는 'ㅈ'으로 적는다. '배지, 메시지'라고 적고, '텔레비전, 주스'라고 적으라는 뜻이다. '쥬니어, 비쥬얼'이라고 쓰면 틀린다. 우리말의 'ㅈ'은 구개음이기 때문에 '자, 저, 조, 주'와 '쟈, 져, 죠, 쥬'의 발음이 구별되지 않는다. 그래서 단순하게 '주니어, 비주얼'이라고 적기로 한 것이다. 그럼 영화 〈쥬라기 공원〉, 〈쥬라기 월드〉는? 당연히 틀린 표기다. 그렇다고 '주라기'라고 써도 틀린다. '주라'는 영어가 아니라 프랑스 어에서 온 말이라고 한다. 그래서 '쥐라기'가 맞는 표기다.

'차트, 초크, 벤처' 등도 마찬가지로 단모음으로 적어야 한다. '챠트, 쵸크, 벤쳐'라고 적을 사람은 없겠지?

'slide〔slaid〕슬라이드'처럼 모음 앞에 'l'이 오면 'ㄹㄹ'로 적는다. 그러므로 '크리닉, 브라우스, 드라이크리닝, 크라이맥스, 크리너,

프라자'로 쓰면 안 되고 '클리닉, 블라우스, 드라이클리닝, 클라이맥스, 클리너, 플라자'라고 적어야 한다.

'boat(bout) 보트, tower(tauə) 타워'처럼 (ou)는 '오'로, (auə)는 '아워'로 적는다. 그러므로 '윈도우, 도우넛, 슬로우, 보울링, 로울러'가 아니라 '윈도, 도넛, 슬로, 볼링, 롤러'라고 적어야 하고, '아우어, 파우어'가 아니라 '아워, 파워'라고 적어야 한다.

반모음 (j)는 뒤따르는 모음과 합쳐 '야, 얘, 여, 예, 요, 유, 이'로 적되, 'Indian(indjən) 인디언, million(miljən) 밀리언, union(juːnjən) 유니언'처럼 (d), (l), (n) 다음에 (jə)가 올 때에는 각각 '디어, 리어, 니어'로 적는다. '인던, 밀련, 유년'이라고 쓰지 말라는 뜻이다.

● 인명, 지명 표기의 원칙

외국의 인명, 지명 표기 또한 외래어 표기 규정을 따르는 것을 원칙으로 한다. 여기에 포함되어 있지 않은 언어권의 인명, 지명은 원지음을 따른다. 원지음이 아닌 제3국의 발음으로 통용되고 있는 것은 관용을 따른다.

동양의 인명, 지명 표기
중국 인명은 과거인과 현대인을 구분하여 과거인은 종전의 한자음대로 표기하고, 현대인은 원칙적으로 중국어 표기법에 따라 표기하되, 필요한 경우 한자를 병기한다. 과거와 현대를 구분하는 시점은 1911년 중국의 신해혁명이다. 그 전에 활동한 사람은 한자음으로 표기하고, 그 후에 활동한 사람은 중국어 표기법대로 적으면 된다. 과거인은 '공자, 두보, 이태백'이라고 적고, 현대인은 '쑨원, 마오쩌둥, 장제스, 시진핑, 장쯔이'처럼 적으라는 뜻이다. 현대인이라 하더라도 우리가 한자음으로 읽는 관행이 있을 때는 '손문, 모택동, 장개석'이라고 해도 허용한다.

중국의 역사 지명으로서 현재 쓰이지 않는 것은 우리 한자음대로 하고, 현재 지명과 동일한 것은 중국어 표기법에 따라 표기하되, 필요한 경우 한자를 병기한다. 예를 들어 당나라의 수도였던 '장안'이라는 지명은 지금 쓰이지 않으므로 그냥 '장안'이라고 적고, 장안 못지않은 역사 도시 '낙양'은 현재 지명과 같으므로 중국어 표기법에 따라 '뤄양'이라고 적어야 한다는 뜻이다.

일본의 인명과 지명은 과거와 현대의 구분 없이 일본어 표기법에 따라 표기하는 것을 원칙으로 하되, 필요한 경우 한자를 병기한다. 중국의 고전을 배우고 중국과 교류해 온 오랜 역사 때문인지 우리는 중국의 인명과 지명을 한자음으로 읽는 전통이 있다. 그런데 일본은 중국과 달리 우리와 별로 교류가 많지 않았던 탓인지, 과거와 현대를 구분하지 않고 원지음으로만 적는다.

주의할 점은 일본어 'カ, キ, ク, ケ, コ'를 어두에는 '가, 기, 구, 게, 고'로 적고, 어중과 어말에는 '카, 키, 쿠, 케, 코'로 적어야 한다는 것이다. 마찬가지로 'タ, チ, ツ, テ, ト'를 어두에는 '다, 지, 쓰,

데, 도'로 적고 어중과 어말에는 '타, 치, 쓰, 테, 토'로 적어야 한다. 그러므로 '카토 키요마사'가 아니라 '가토 기요마사'라고 적어야 한다. '토쿄'라고 적으면 틀리고 '도쿄'라고 적어야 한다.

'ツ'는 어느 경우든 '쓰'이지 '츠'나 '쯔'가 아니다. 그러므로 일본 사람 성 가운데 하나인 '마쓰시타'(○)를 '마츠시타'(×), '마쯔시타'(×) 또는 '마츠시따'(×)라고 쓰면 안 된다. '츠나미'(×)가 아니라 '쓰나미'(○)다.

이런 현상이 일어나는 까닭은 일본 사람들이 도쿄를 영문으로 'Tokyo'라고 쓰고 'ツ'를 'tsu'라고 표기하기 때문일 것이다. 그러나 외래어 표기법의 기본은 원지음을 우리말로 옮기는 것이지 영문 표기를 우리말로 옮기는 것이 아니다. 영문 표기보다는 우리말 표기 '도쿄, 쓰나미'가 원지음과 더 가깝다.

중국 및 일본의 지명 가운데 한국 한자음으로 읽는 관용이 있는 것은 이를 허용한다. '東京'은 '도쿄/동경', '京都'는 '교토/경도', '上海'는 '상하이/상해', '臺灣'은 '타이완/대만', '黃河'는 '황허/황하' 어느 쪽으로 적어도 된다는 뜻이다.

바다, 섬, 강, 산 등의 표기 세칙

'카리브 해, 북해, 발리 섬, 목요섬'처럼 '해, 섬, 강, 산' 등이 외래어에 붙을 때에는 띄어 쓰고, 우리말에 붙을 때에는 붙여 쓴다. 그래서 같은 강이라도 '양쯔 강'은 띄어 쓰고 '양자강'은 붙여 쓴다. '양자'는 한국 한자음이고 '양쯔'는 중국식 발음이기 때문이다. 마찬가지로 '보르네오 섬, 쓰시마 섬, 나일 강, 카스피 해, 에베레스트 산' 모두 띄어 쓴다.

'온타케 산(御岳), 주장 강(珠江), 도시마 섬(利島), 하야카와 강(早川), 위산 산(玉山)'처럼 한자 사용 지역(일본, 중국)의 지명이 한자 한 글자에 강, 산, 호 등이 붙은 형식으로 되어 있을 경우, 원지음 뒤에 '강, 산, 호, 섬' 등을 겹쳐 적는다. 지명에 '岳'이 들어 있으므로 산이라는 것을 알 수 있고, '江'이 들어 있으므로 강이라는 것을 알 수 있지만, 외국 발음으로는 알기 어려우니 '강, 산, 호, 섬'을 한 번 더 써 주자는 것이다. 물론 앞말이 외래어이므로 띄어 쓴다.

다른 지역의 지명에도 산맥, 산, 강 등의 뜻이 들어 있는 것은 '산맥, 산, 강' 등을 겹쳐 적는다. 'Rio Grande 리오그란데 강, Monte Rosa 몬테로사 산, Mont Blanc 몽블랑 산, Sierra Madre 시에라마드레 산맥'에서 '리오'는 강이라는 뜻이고 '몬테'는 산이라는 뜻이지만, 알기 어려우니 겹쳐 적는다는 뜻이다.

외래어 표기법에는 예외가 너무나 많다. 그리고 우리가 각 언어의 특성을 모두 잘 알 수도 없는 노릇이다. 그래서 규칙을 외우려고 노력하기보다 그냥 한 단어 한 단어를 알아 가는 마음으로 대하는 것이 더 낫겠다는 생각이 든다. 잘 모르겠으면 사전을 열심히 찾아보는 수밖에 없다. 그리고 외래어 표기 용례집도 나와 있으니까 그것을 참고로 하는 게 마음 편할 것이다.

국어의 로마자 표기법

국어의 로마자 표기는 국어의 표준 발음법에 따라 적는 것을 원칙으로 한다. 로마자란 그리스 문자에서 유래한 음소 문자로 유럽 여러 나라를 중심으로 하여 국제적으로 널리 쓰이고 있는 문자를 말하며, 알파벳은 26자다. 국어를 로마자로 표기하는 것은 외국인들도 우리나라의 지명, 인명, 상호, 상품명 등을 읽을 수 있도록 하기 위함이다. 한글 맞춤법에 따라 적지 않고 국어의 표준 발음법에 따라 적는 것을 원칙으로 한다는 것은 한국어 단어의 글자대로 옮겨 적는 것이 아니라 소리 나는 대로 적는 것을 원칙으로 한다는 뜻이다. 예를 들어, 신라[실라]를 'Sinra'라고 적지 않고 'Silla'라고 적는다는 뜻이다. 그리고 로마자 외의 부호는 되도록 사용하지 않는다. 사용하는 부호는 붙임표(-) 하나뿐이다.

모음은 다음과 같이 적는다.

ㅏ	ㅓ	ㅗ	ㅜ	ㅡ	ㅣ	ㅐ	ㅔ	ㅚ	ㅟ
a	eo	o	u	eu	i	ae	e	oe	wi

ㅑ	ㅕ	ㅛ	ㅠ	ㅒ	ㅖ	ㅘ	ㅙ	ㅝ	ㅞ	ㅢ
ya	yeo	yo	yu	yae	ye	wa	wae	wo	we	ui

다만, '광희문 Gwanghuimun'처럼 'ㅢ'는 'ㅣ'로 소리 나더라도 'ui'로 적는다. 장모음의 표기는 따로 하지 않는다. 'ㅓ'와 'ㅡ'는 일부 서양 사람들이 하기 어려워하는 발음이다. 'eo, eu'로 표기하긴 하지만, 이런 형태의 알파벳이 'ㅓ, ㅡ'로 발음되는 일이 거의 없기 때문에 우리가 보기에도 조금 어색하다. '서울'을 'Seoul'이라고 적는다는 것을 떠올리면 되겠다. '는'을 'nn'이라고 표기하고 싶은 사람도 있을 것이다. 그러나 'ㅡ'도 엄연한 모음이다. 그래서 '는'은 반드시 'neun'이라고 적어야 한다.

'구미 Gumi, 영동 Yeongdong, 백암 Baegam, 옥천 Okcheon, 합덕 Hapdeok, 호법 Hobeop, 월곶〔월곧〕Wolgot, 벚꽃〔벋꼳〕beotkkot, 한밭〔한받〕Hanbat'처럼 'ㄱ, ㄷ, ㅂ'은 모음 앞에서는 'g, d, b'로, 자음 앞이나 어말에서는 'k, t, p'로 적는다. 소리 나는 대로 표기하는 것이 원칙이므로 〔 〕안의 발음에 따라 표기한

자음은 다음과 같이 적는다.

ㄱ	ㄲ	ㅋ	ㄷ	ㄸ	ㅌ	ㅂ	ㅃ	ㅍ
g, k	kk	k	d, t	tt	t	b, p	pp	p

ㅈ	ㅉ	ㅊ
j	jj	ch

ㅅ	ㅆ	ㅎ
s	ss	h

ㄴ	ㅁ	ㅇ
n	m	ng

ㄹ
r, l

다. '백암'의 'ㄱ'은 받침이긴 하지만 어말도 아니고 뒤에 모음이 오기 때문에 'g'로 적는다. 소리 나는 대로 적더라도 [배감]이 되므로 'Baekam'이 아니라 'Baegam'이라고 적는다.

'구리 Guri, 설악 Seorak, 칠곡 Chilgok, 임실 Imsil, 울릉 Ulleung'처럼 'ㄹ'은 모음 앞에서는 'r'로, 자음 앞이나 어말에서는 'l'로 적는다. 단, 'ㄹㄹ'은 'll'로 적는다. '설악'의 'ㄹ'은 받침이긴 하지만 어말도 아니고 뒤에 모음이 오기 때문에 'r'로 적는다. 소리 나는 대로 적더라도 [서락]이 되므로 'Seolak'이 아니라 'Seorak'이라고 적는다.

● 표기상의 유의점

'음운 변화가 일어날 때에는 변화의 결과에 따라 적는다'고 규정에
는 적혀 있지만, 엄밀하게 말하면 음운 변화가 아니라 음운 변동이
라고 해야 한다. 소리가 바뀌면 바뀐 대로 적는다는 뜻이니, 결국
소리 나는 대로 적는다는 뜻이다.

'백마〔뱅마〕 Baengma, 신문로〔신문노〕 Sinmunno, 종로〔종노〕
Jongno, 왕십리〔왕심니〕 Wangsimni, 별내〔별래〕 Byeollae, 신라〔실
라〕 Silla'처럼 단어에 비음화나 유음화가 일어나면 그것을 표기에
반영한다.

'학여울〔항녀울〕 Hangnyeoul, 알약〔알략〕 allyak'처럼 ㄴ 첨가
가 일어날 경우에도 표기에 반영하면 된다. 〔알략〕은 〔알냑〕이라고
ㄴ이 첨가된 뒤에 유음화가 일어난 것.

'해돋이〔해도지〕 haedoji, 같이〔가치〕 gachi, 굳히다〔구치다〕
guchida'처럼 구개음화도 물론 표기에 반영한다. 구개음화는 형태
소의 경계에서만 나타나기 때문에 '버티고개〔버티고개〕, 한티〔한티〕'
처럼 원래가 한 단어일 때는 구개음화가 일어나지 않는다. 그래서
구개음화를 반영하지 않고 'Beotigogae, Hanti'라고 소리 나는 대
로 적는다.

'좋고[조코] joko, 놓다[노타] nota, 잡혀[자펴] japyeo, 낳지[나치] nachi'처럼 'ㄱ, ㄷ, ㅂ, ㅈ'이 'ㅎ'과 합하여 거센소리로 나는 경우도 표기에 반영한다. 그런데 이것은 용언에 한해서다. 체언에서 'ㄱ, ㄷ, ㅂ' 뒤에 'ㅎ'이 따를 때에는 '묵호(Mukho), 집현전(Jiphyeonjeon)'처럼 'ㅎ'을 밝혀 적는다. 로마자 표기법에서 다루어지는 체언은 대개 무언가의 이름들인데, 이름에서는 한 글자 한 글자가 중요하기 때문에 그 흔적을 남겨 놓고 싶어서일 것이다. 그러므로 낙화암[나콰암]을 'Nakwaam'이라고 적거나 오죽헌[오주컨]을 'Ojukeon'이라고 적으면 틀린다. 'Nakhwaam, Ojukheon'이라고 적어야 한다.

그런데 소리 나는 대로 적는 것이 대원칙이라고는 하지만, '압구정 Apgujeong, 낙동강 Nakdonggang, 죽변 Jukbyeon, 낙성대 Nakseongdae, 합정 Hapjeong, 샛별 saetbyeol'처럼 된소리되기는 표기에 반영하지 않는다. '압구정'을 'Apggujeong'이라고 적지 않는다는 뜻이다. 받침 'ㄱ, ㄷ, ㅂ' 다음에 오는 'ㄱ, ㄷ, ㅂ, ㅅ, ㅈ'은 자연스럽게 된소리가 되므로 굳이 표기에 반영하지 않겠다는 뜻이다.

이에 준해 '팔당 Paldang, 울산 Ulsan'처럼 'ㄹ' 받침 다음에서도 된소리 표기를 하지 않는다. 결국, 모든 로마자 표기에서 된소리는 표기하지 않는다.

물론 '뚝섬 Ttukseom, 까치산 Kkachisan'처럼 원래 된소리인 것은 된소리로 표기해야 한다.

'Jungang'이라고 적혀 있으면 '준강'일까, '중앙'일까? 이렇게 발음상 혼동의 우려가 있을 때에는 '중앙 Jung-ang, 반구대 Ban-gudae, 세운 Se-un, 해운대 Hae-undae'처럼 음절 사이에 붙임표 (-)를 쓸 수 있다. '준강, 방우대, 슨, 하은대'가 아니라는 뜻이다.

'부산 Busan, 세종 Sejong'처럼 고유 명사는 첫 글자를 대문자로 적는다. 문제는 우리만의 역사와 문화를 담고 있는 명칭들은 고유 명사인지 보통 명사인지 헷갈리는 경우가 많다는 것이다. 로마자 표기 용례 사전을 참고할 일이다.

일반 한국인으로서 로마자 표기법에 가장 큰 관심을 가질 때는 자기 이름을 영문으로 표기해야 할 때일 것이다. '민용하 Min Yongha/Min Yong-ha, 송나리 Song Nari/Song Na-ri'처럼 인명은 성과 이름의 순서로 띄어 쓴다. 이름은 붙여 쓰는 것을 원칙으로 하되 음절 사이에 붙임표(-)를 쓰는 것을 허용한다. 이름에서는 한자 한 자의 의미가 중요하기 때문에 '홍길동 Hong Gil Dong'처럼 한 자 한 자를 모두 대문자로 쓰고 띄어 쓰는 사람이 많은데, 표기법에는 맞지 않는다. 한 자 한 자의 의미가 중요하기 때문에 이름을 표기할 때는 음운 변동도 반영하지 않는다. 음운 변동을 반영하려면 '한복남 Han Bongnam, 홍빛나 Hong Binna'처럼 적어야 하겠지만, 'Han Boknam/Han Bok-nam, Hong Bitna/Hong Bit-na'와 같이 적는 것이 맞는다.

성씨도 로마자 표기법에 따라서 적기로 하면 문제가 없을 듯하지만, 각 문중의 의견도 들어 봐야 해서인지 아직 정해진 바가 없다.

예를 들어 '이(李)'는 로마자 표기법대로 하면 당연히 'I'로 적어야 하겠지만 'Lee'로 적고, '김(金)'은 'Gim'으로 적어야 하는데 'Kim'으로 적는 실정이다. 따로 정한다고 했으니 두고 볼 일이다.

'충청북도 Chungcheongbuk-do, 의정부시 Uijeongbu-si, 양주군 Yangju-gun, 도봉구 Dobong-gu, 신창읍 Sinchang-eup, 삼죽면 Samjuk-myeon, 인왕리 Inwang-ri, 당산동 Dangsan-dong, 봉천 1동 Bongcheon 1(il)-dong, 종로 2가 Jongno 2(i)-ga'처럼 행정 구역 단위 '도, 시, 군, 구, 읍, 면, 리, 동, 가'는 각각 'do, si, gun, gu, eup, myeon, ri, dong, ga'로 적고, 그 앞에 붙임표(-)를 넣는다. 붙임표(-) 앞뒤에서 일어나는 음운 변동은 표기에 반영하지 않는다.

학술 연구 논문 등 특수 분야에서 한글 복원을 전제로 표기할 경우에는 '집 jib, 짚 jip, 밖 bakk, 값 gabs, 붓꽃 buskkoch, 먹는 meogneun, 독립 doglib, 문리 munli, 물엿 mul-yeos, 굳이 gud-i, 좋다 johda, 가곡 gagog, 조랑말 jolangmal, 없었습니다 eobs-eoss-seubnida'처럼 발음이 아니라 한글 표기를 대상으로 적는다. 이때 글자 대응은 표기 일람을 따르되, 'ㄱ, ㄷ, ㅂ, ㄹ'은 'g, d, b, l'로만 적는다. 음가 없는 'ㅇ'은 붙임표(-)로 표기하되 어두에서는 생략하는 것을 원칙으로 한다. 그 밖에 분절할 필요가 있을 때에도 붙임표(-)를 쓴다.

참고 문헌

《(교양 있는 10대를 위한) 우리말 문법 이야기 : 주시경 선생님이 국어 문법 16강》, 최경봉 지음, 이론과실천, 2013.

《(국어 능력 시험과 논술을 대비한) 한국어의 모든 것: 실용 문법 편》, 전용태 지음, 이현복 감수, 언어논리, 2007.

《국어 어휘론 개설》, 심재기·조항범·문금현·조남호·노명희·이선영 공저, 지식과교양, 2011.

《국어 조사의 문법》, 황화상 지음, 지식과교양, 2012.

《국어의 시작과 끝》, 하희정 지음, ST&Books, 2015.

《국어의미론》, 윤평현 지음, 역락, 2008.

《(글쓰기를 위한) 4천만의 국어책》, 이재성 지음/이형진 그림, 들녘, 2006.

《독서와 문법》, 미래엔.

《독서와 문법》, 창비.

《떠먹는 국어문법》, 서울대 국어교육과 페다고지 프로젝트 지음, 쏠티북스, 2015.

《문법》, 교육과학기술부(교육인적자원부).

《(서울대 인문학) 글쓰기 강의》, 이상원 지음, 황소자리, 2011.

《(쉽게 배워 바로 써먹는) 친절한 국어 문법》, 김남미 지음, 사피엔스21, 2010.

《언어학 개설》, 박상규 지음, 집문당, 2012.

《우리말 문법에 대한 궁금증 115가지》, 고영근 편, 박이정, 2010.

《인터넷 수능 문법 다지기 A형》, EBS.

《인터넷 수능 문법 다지기 B형》, EBS.

《표준국어대사전》, 국립국어원.

《표준국어문법론》, 남기심·고영근 공저, 박이정, 2014.

《학교 문법과 문법 교육》, 임지룡·이은규·김종록·송창선·황미향·이문규·최
웅환 공저, 박이정, 2005.

《학교 문법론》, 이관규 지음, 월인, 2007.

《학교 문법론의 이해》, 박덕유 지음, 역락, 2009.

《학교 문법의 이해 1: 언어와 국어, 음운, 문법, 의미》, 나찬연 지음, 경진출판,
2016.

《(학교 문법의 이해) 단어》, 나찬연 지음, 제이앤씨, 2007.

《(학교 문법의 이해) 문장》, 나찬연 지음, 제이앤씨, 2007.

《(학교 문법의 이해) 어휘와 의미》, 이광호 지음, 제이앤씨, 2008.

《학교 문법의 이해》, 이승준 지음, 밥북, 2014.

《학교문법》, 이규호 지음, 한국외국어대학교출판부, 2010.

《한국어 형태론 연구》, 김창섭 지음, 태학사, 2008.

《현대 국어 문법의 이해》, 나찬연, 월인, 2016.

《현대 국어 통사론》, 남기심 지음, 태학사, 2001.

《훈민정음 창제와 연구사》, 강신항 지음, 경진, 2010.

《훈민정음의 이해》, 나찬연 지음, 월인, 2012.

〈한국의 여성언어를 통해 본 여성의 사회문화적 위치에 대한 연구〉, 이화연 지
음, 《사회연구》 2004년 제2호, 한국사회조사연구소.

《(New 스타일) 한국어 관용 표현》, 한국어교육연구소 지음, 동양북스, 2015.

국립국어원 누리집〉자료 찾기〉국어 어휘 역사.

국립국어원 누리집〉자료 찾기〉지역어 자료.